日露戦争と大韓帝国

日露開戦の「定説」をくつがえす

金 文子 Kim Moonja

高文研

はじめに

一八九七年一〇月一二日、朝鮮第二六代国王高宗は自ら皇帝に即位し、国号を「大韓」と宣布した。以降、一九一〇年八月の「併合条約」による滅亡に至るまでの約一三年間を大韓帝国と呼ぶ。本書ではこれを略して韓国と書くことも多いが、現在の大韓民国の略称である韓国とは違うということをあらかじめお断りしておく。

本書は、日露戦争が日本の韓国侵略の野心によって、日本によって引き起こされた侵略戦争であった事実を明らかにしようとするものである。とりわけ日本海軍の作戦の決め手となった通信戦略に注目した。

日本海軍が、日露開戦の一ヶ月も前から、本拠地である佐世保から韓国南岸に極秘裏に海底電線を敷設していたこと（第Ⅵ章）、日本の最初の武力行使は、連合艦隊の佐世保出港に先駆けて、第三艦隊によって実行された韓国の鎮海湾と電信局の占領であったこと（第Ⅶ章）、「日本海海戦」は、無線と有線を組み合わせて朝鮮海峡（※）の戦略的封鎖網を構築した日本海軍のハイテク勝利だったこと（第Ⅷ章）等は、従来の日露戦争研究史に欠落していた部分である。

そしてこれらの日本の軍事行動は、日露両国に対し韓国の戦時中立の保障をもとめ、また世界に向かって日露の紛争に際し「局外中立」を守ることを宣言し、諸外国から承認を得ていた大韓帝国に対する明白な侵略行為であった（第Ⅰ章）。

日本の軍事力に対抗する軍事力を持てなかった大韓帝国が、国際法に則り日本の不法行為を国際社会に訴え続けていた事実を明らかにした（終章）。

本論に入る前に、序章において日本と韓国の国際通信の歴史を振り返った。これはそのまま日露開戦の前史となるものである。

金　文子

※当時の史料においては、対馬の東西両水道を含めて「朝鮮海峡」と表示されており、本書もこの用法に従った。

◆——目次

はじめに……1

序章　日露開戦前史
——電信支配から始まる日本の韓国侵略……15

はじめに
日本の国際通信と大北電信会社
日朝間海底電線の敷設
日清戦争と朝鮮の電信線
三国干渉から王妃殺害まで
露館播遷と日露協定
大韓帝国の成立
日露交渉から開戦へ

Ⅰ　大韓帝国の中立宣言と日韓議定書
——中立宣言を蹂躙した日本の外交と軍事……39

はじめに
李学均と児玉源太郎
中立宣言以前

民族学者・セロシェフスキの証言
駐韓公使・林権助
密約交渉の始まり
林権助の密約案
韓国側対案
密約交渉の頓挫
高宗の外交政策
中立宣言の発表
日本軍の不法上陸
日韓議定書の強要
韓国要人の日本への拉致
枢密顧問官15名の議定書締結方法批判
韓国の利権収奪計画
おわりに

II 日本が仕掛けた日露開戦
――ロシアの回答書を抑留する……99
はじめに
日露交渉

開戦への意志統一
「発動」延期
ロシアは譲歩する
伊藤が主導した「一刀両断の決」
栗野駐露公使の回想
山本海軍大臣の最後の訓示
御前会議
陸海軍合同会議
最後の通牒はベルリンへ
おわりに
Ⅲ すり替えられた日露開戦の第一砲火
——海軍大臣・山本権兵衛の電報改竄とその行方……145
はじめに
『極秘明治三十七八年海戦史』
日露開戦の第一砲火
『日露戦役参加者史談会記録』
当事者たちの回想
「戦時日誌」の改竄

改竄電報「海第一号」
海外メディア操作
国内世論操作
隠され通した真実

IV 旅順艦隊「行方不明」電報の正体
――海軍大臣・山本権兵衛の開戦誘導策……175
はじめに
芝罘における海軍の諜報活動
森中佐の見た「旅順口奇襲作戦」
芝罘からの電報
『極秘　森中佐（後ニ大佐）報告』
日本の密偵となったロシア人新聞記者
森中佐の諜報活動
発信者は誰か
「行方不明」電報の正体

V 陸海軍の対立と合意
――ソウル占領陸軍部隊の極秘輸送作戦……203

はじめに
山本海軍大臣の特別訓令
「ハチスカ」作戦中止
「コロク」作戦決定
韓国臨時派遣隊司令官に与える訓令
韓国臨時派遣隊の輸送
韓国臨時派遣隊員の回想
おわりに

Ⅵ 日本海軍の通信戦略
——韓国沿岸ニ於テハ国際法規ヲ重視スルヲ要セズ（山本権兵衛）……231

はじめに
山本海軍大臣の通信戦略
対露作戦計画の策定
海底電線の敷設計画
第一線（佐世保—八口浦線）の敷設
木浦領事・若松兎三郎

玉島への海底電線陸揚げ
シングル水道の連合艦隊
第二線（厳原―馬山浦線）の敷設
ロシアの通信線を切断
海外発送電報の停止
おわりに
【参考資料1】「海軍中将吉田増次郎（手記）」

Ⅶ　秘匿された韓国侵略戦争
――日露戦争は鎮海湾の占領から始まった

……277
はじめに
第三艦隊と鎮海湾の占領
広大なる良港
馬山浦の軍艦「愛宕」
ロシア海軍が望んだ馬山浦
馬山電信局占領
釜山港の軍艦「筑紫」
釜山領事・幣原喜重郎
海軍大臣の占領解除命令

外務省と韓国電信局占領
馬山領事・三浦彌五郎
不可解だった「占領解除命令」
秘匿された海軍大臣の意図
日露戦争はいつ始まったか？
おわりに

VIII 「日本海海戦」とリヤンコ島（現・竹島＝独島）
——朝鮮海峡の戦略封鎖とX点 …… 331

はじめに
移り変わった島名
ウラジオ艦隊の脅威
上村艦隊のウラジオ艦隊捜索行動
韓国東岸に望楼を設置する
ウラジオ艦隊、東京湾近海に現れる
黄海海戦
蔚山沖海戦
鬱陵島へ海底電線敷設
「新高」のリヤンコ島情報

「対馬」のリヤンコ島上陸調査
リヤンコ島の日本領土編入
「日本海海戦」の真実
竹島望楼の設置と撤去
おわりに

終章　万国平和会議への道
――大韓帝国の皇帝と外交官たち

はじめに
1　駐韓公使・林権助と韓国外交権の剥奪……400
韓国海外公館閉鎖計画
海外公館撤収命令を出す
慶運宮炎上する
2　フランス公使・閔泳瓚……413
閔家の人々
パリ万国博覧会
駐仏全権公使となる
ハーグ平和会議へ
保護条約無効を訴える

高宗の訴えを拒否した米国政府

3　ロシア公使・李範晋とその息子……436

ロシア公使・李範晋
李公使の自決
「ハーグ密使事件」
特使たちの旅立ち
平和会議への告訴状「控告詞」
李瑋鐘のインタヴューと演説
おわりに
【参考資料2】反民族行為特別調査委員会「閔泳瓚被疑者尋問調書」
【参考資料3】ハーグ特使・李瑋鐘の母への手紙

あとがき……471

装丁＝商業デザインセンター・増田 絵里

〔凡例〕

一、頻出史料名については、各章初出以外は左記のとおり簡略化して表示した。
『極秘海戦史』←海軍軍令部編『極秘明治三十七八年海戦史』
『史談会記録』←海軍有終会編『日露戦役参加者史談会記録』
『日外』←外務省編『日本外交文書』
『駐韓』←韓国国史編纂委員会編『駐韓日本公使館記録』

二、史料の引用にあたっては、原則として片仮名を平仮名に置き換え、句読点、濁点を補い、旧漢字、変態仮名は現代語の用法に改めた。引用史料中の筆者の補注には［　］をつけた。難読箇所には読み仮名を振った。

三、引用史料の内、国立公文書館アジア歴史資料センターよりインターネットで公開されているものについては、その一二桁のレファレンスコードを「アジ歴○××××××××××」として付記した。○は所蔵館を示すアルファベットであり、Aは国立公文書館、Bは外交史料館、Cは防衛研究所図書館を示す。
また同一レファレンス番号で示される史料が、大量の画像で構成されている場合は、画像番号を付記した。（例 10/100は、全一〇〇画像中の一〇番目を示す）但し、図書の場合は巻号と頁を示すことによってこれに代えた。

四、年月日は、基本的に西暦表記のみとしたが、必要に応じて日本の元号表記も付記した。

参考地図（初期主要海戦場）
長春
ウラジオストック
豆満江
白頭山
奉天（瀋陽）
遼陽
鴨緑江
営口
義州
仁川奇襲
(1904.2.8)
大弧山
旅順
大連
平壌
元山
旅順奇襲
(1904.2.8)
黄海海戦
(1904.8.10)
鎮南浦
（南浦）
芝罘（煙台）
漢城（ソウル）
仁川
鬱陵島
リヤンコ島
（竹島／独島）
牙山湾
竹辺港
群山
蔚山
釜山
馬山
蔚山沖海戦
(1904.8.14)
八口浦
木浦
広島
巨済島
対馬
鎮海湾占領
(1904.2.6)
沖ノ島
壱岐島
佐世保
済州島
長崎

図版一覧

図番号	図版の名称と出典	頁数
	参考地図（初期主要海戦場）	13
1	「大韓帝国初代皇帝高宗」『日本之朝鮮』（有楽社、1911 年 1 月）	15
2	「在韓国先発軍隊及外交官」『日露戦争実記』6 編（博文館、1904 年 4 月）	39
3	「清韓国陪観諸官ノ一行」『姫路地方特別大演習写真帖』（共益商社、1903 年 12 月）	44
4	「〈高宗の委任状〉写しと称する文書」影印版『駐韓日本公使館記録』19 巻	60
5	「オランダ女王あて高宗の親書」［韓国］王室図書館蔵書閣デジタルアーカイブ「大荷蘭国国書」	69
6	「李容翊」『日露戦争実記』6 編（博文館、1904 年 4 月）	85
7	「国交断絶の訓令電報」『日露戦役ノ際在露帝国公使館撤退及臣民引揚並米国政府保護一件』	99
8	「仁川港で自爆したロシアの小型砲艦コレーツ」『極秘海戦史』付録写真帖	145
9	「海軍大臣山本権兵衛」『日露戦争実記』5 編（博文館、1904 年 3 月）	162
10	『極秘　森中佐（後ニ大佐）報告』表紙	175
11	「韓国臨時派遣隊のソウル侵入」『日露戦争写真画報』1 巻（博文館、1904 年 4 月）	203
12	「1903 年 12 月 30 日重要軍事会議出席者名」『財部彪日記』	213
13	「玉島海軍用地位置図」『極秘海戦史』8 部巻 6	231
14-1	「軍用海底電線の敷設」『極秘海戦史』8 部巻 6	242
14-2	「八口浦」周辺略図	245
14-3	「鎮海湾と巨済島」『極秘海戦史』 8 部巻 6	259
15	「馬山浦」『日露戦争写真画報』1 巻（博文館、1904 年 4 月）	277
16	「〈リヤンコルド〉島略図」『極秘海戦史』1 部巻 10,11「付表及付図」	331
17	「竹辺仮設望楼位置略図」『極秘海戦史』4 部巻 4「備考文書」	349
18	「リヤンコ略図」『軍艦新高行動日誌』5 巻	367
19	「朝鮮海峡ニ於ケル地点幹線警戒線予定図」『極秘海戦史』2 部巻 1	382
20	「第 2 回万国平和会議へ派遣された高宗皇帝の特使たち」『韓国ニ於テ第二回万国平和会議へ密使派遣並同国皇帝ノ譲位及日韓協約一件』1 巻	397
21	「災上せる韓国皇宮」『日露戦争写真画報』2 巻（博文館、1904 年 5 月）	412
22	「パリ万博韓国名誉総裁 閔泳瓚」*Exposition universelle de 1900:portraits des commissaries généraux*	418
23	「パリ万博韓国館」*Le Petit Journal* 1900 年 12 月 16 日号	419
24	「パリ万博日本館」*Le Petit Journal* 1900 年 9 月 9 日号	419

序章　日露開戦前史

――電信支配から始まる日本の韓国侵略

図１：大韓帝国初代皇帝高宗（『グラヒック特別増刊 日本之朝鮮』〈有楽社、1911 年１月〉より）

はじめに

切手とポストと定期集配を骨格とし、国家が独占的に経営する近代的郵便制度は、イギリスにおいて一八四〇年に始まった。この制度はほどなく各国に広がり、一八七四年には万国郵便連合が設立され、加盟国間で郵便物を交換する仕組みがつくられた。これには蒸気船の発明、スエズ運河の開削、定期航路の発足等が大きく貢献している。

一方、文字情報を電気信号に変換し電気回路に乗せて送る電気通信の技術もやはり一九世紀前半に発明され、徐々に実用化された。とりわけ一八五一年にイギリスのブラット兄弟がドーバー海峡に海底電線を敷設して通信に成功して以降、大英帝国の国策会社が世界の海に海底電線を敷設していき、一九〇二年には地球を取り巻くAll Red Route（英国世界海底通信網）が完成した。〈注1〉

これによって、世界の主要都市は数時間から一日で結ばれるようになった。蒸気船で運ばれる郵便が東京からロンドンへ到着するのに二ヶ月を要したことを考えれば、電信の登場が国際政治、とりわけ戦争の遂行方法に及ぼした影響は図りしれない。思えばこれが今日のグローバリゼーションの第一歩であった。

日本の明治新政府は、この電信技術が重要な軍事インフラであることを早くから認識していた。日本における電信の導入とその拡張は、後述するように軍部の主導で行われたが、日清・日露戦争における日本の勝利は、この当時のハイテクである電信の導入に大きく依拠している。

日本の国際通信と大北《だいほく》電信会社

東京・横浜間に初めて欧文電報の取り扱いが開始されたのは、一八七〇（明治三）年四月のことである。同年八月に、日本政府はデンマークの大北電信会社に対し、ウラジオストック—上海間の海底電線を長崎に引き揚げて支社を置き、営業する免許状を与えた。翌七一年八月、大北電信会社は長崎—上海間に海底電線の敷設を完了し、これを使って長崎から上海、香港を経てヨーロッパ、アメリカとの通信を開始した。また同年中に長崎—ウラジオストック間も敷設を終え、七二年一月からは、長崎からウラジオストック、シベリア横断線を経て、アジア、ヨーロッパとの通信も開始した。

こうした動きに促されて、日本政府も東京—長崎間の陸上電線の延長工事を急ぎ、七三年一〇月一日より開業した。これによって東京は世界の通信網に組み込まれ、世界の主要都市へは数時間から一日で通信が可能になった。

その後、大北電信会社に日本政府が与えた免許状は、一八八二（明治一五）年一二月に改定され、日本は二〇年間（後に三〇年間に延長）の国際通信の独占権を同社に与えてしまった。改定免許状第六条には、左記の文言がある。

日本政府は此特許を譲与するの約定締結の日より、向《むこう》二十ケ年間は日本帝国と亜細亜大陸及び其近傍《きんぼう》の島（日本政府に属する者は勿論除き）譬《たと》へば台湾・香港・呂宋《るそん》群島等の間に官線を沈布せざるべし、且《かつ》該会社［大北電信会社］の外は他に海底電信線沈布の許可せざることを約諾す（以

下略）

この文言こそ、日本の通信自主権を奪ったものであり、その後の日本の国際通信の歴史は、奪われた通信権をいかに回復したかについて、苦難の歴史として語られている。〈注2〉

しかし、日本が大北電信会社に独占権を与えたのは、実は佐賀県の呼子《よぶこ》から壱岐、対馬を経て釜山に至る海底電線敷設の見返りとして、日本側から積極的に働きかけた結果であった。

このことについては、一九一八年に逓信省に入り、外信課長で一九四五年の敗戦を迎えた花岡薫が、次のように説明している。

中山竜次その他事情に詳しい往年の有力者の語るところによれば、朝鮮における日支の対立が激化し、対朝鮮通信連絡がますます必要度を加えたところへ、一八八二年八月、第一次京城事件が勃発し、日本から出兵する事態にまで発展した。大陸問題に心をくだいていた川上操六陸軍大将らは、これにより日鮮間の通信連絡の必要を痛感した。〈注3〉

川上操六は、「第一次京城事件」、つまり壬午《じんご》軍乱（一八八二年）時にはまだ近衛歩兵第一連隊長・陸軍大佐であったが、「大陸問題に心をくだいていた」ことは事実である。そして実際に、これより一二年後の日清戦争は参謀次長・陸軍中将の川上が総指揮官となり、日本の歴史上初めて大本営と戦地を電信線で結ぶ外征戦争として遂行された。

また花岡は、「釜山に日本政府が電信局を建設することを、朝鮮政府と約定をむすぶ以前に、大北電信会社に約束していることも、逓信省だけでやったこととは思われないのである」とも書いて、大北電信会社への独占権付与が、逓信省を超える権力主導で行われたことを示唆している（同書一六三頁）。

日朝間海底電線の敷設

一八八三（明治一六）年三月に、「日朝間海底ケーブル設置に関する条款」（朝鮮側では「釜山口設海底電線條款」と呼ぶ）全五条が締結され、翌八四年二月一五日、日本は釜山に電信局を開局して運用を開始した。同条款は大北電信会社に海底線陸揚げを許可すること、日本政府の電信局を釜山に置くこと、二五年間はこれと対抗する電信線を敷設しないこと等を取り決めたものであるが、とりわけ後に問題となったのは、次の第三条の文言である。

朝鮮郵程司《ゆうていし》、官線を架設するとき、海外の電報は釜山の日本電信局と通聯《つうれん》して弁理《べんり》すべし、其細節は郵程司より其時に至り該電信局と議定すべし（『日本外交文書』一六巻一一一番附属書）

日本政府はこの条文をもって、朝鮮の海外電報はすべて釜山の日本電信局を通して行うことであると主張した。自らの国際通信権をデンマークの一企業に譲り渡してまで、日本から朝鮮へ海底電線を敷設してもらい、朝鮮の国際通信を独占しようとしたのである。

一方、朝鮮政府は一八八五年七月に清国とも約定を結び、朝鮮半島の北半部を縦断する、仁川《インチョン》―漢城《ハンソン》（ソウル）―義州《ウィジュ》（鴨緑江南岸《アムノッカン》）間に電信線を架設し、これを清国の国内線と連結することを決めた。

日本はこれに対し、「日朝間海底ケーブル設置に関する条款」に違反すると抗議し、朝鮮政府に対し次のように要求した。

①義州線の運用前に、漢城―釜山間に電信線を架設する。
②朝鮮と外国との通信はすべて釜山経由で行い、義州線を使用してはならない。
③もし外国との通信を義州線で行うならば、朝鮮政府は日本政府に対して同線利用料と同額の賠償金を支払わねばならない。

日本との交渉を担当した通商交渉事務衙門《がもん》の督弁《とくべん》（長官）であった金允植《キムユンシク》は、今回の電信線架設は清国からの借款により朝鮮政府が行うものであり、海底線ではなく陸上線であるから日朝間の取り決めには抵触しないと反駁した。

この交渉の途中、一八八五年一一月に義州線が完成し、清国の電信線と接続したことが日本政府に報告された。これはソウルから義州を経て清国線に入り、上海を経由して世界へ通信網が繋がったことを意味する。日本政府は、義州経由通信の取扱い禁止を日本国内各電信局あてに通知したが、諸外国からの反発を考慮して、日本と条約を締結している諸外国の「官報」は対象外とした。つまり、日本と韓国に駐在する欧米諸国の外交官たちの通信は妨害するのを避けたのである。
結局、一八八五年一二月二一日に、「日朝間海底ケーブル設置に関する条款続約」全四条が締結された。内容は左記のとおりである。

①朝鮮政府は仁川―漢城―義州線を呼子―釜山線と接続する。
②同電信線架設工事は六ヶ月以内に着工、竣工は一年以内に行う。
③漢城から外国への電信料金は釜山経由と義州経由を同額にする。
④釜山経由の日本の官報料金は二五年間半額とする。

つまり日本政府は、義州経由国際通信の禁止や賠償金要求等、国際的な反発が予想される要求については取り下げたわけである。これによって朝鮮の国際通信を日本が二五年間独占するという目論見のもとに締結された「日朝間海底ケーブル設置に関する条款」第三条は、事実上反古になった上、日本は自ら大北電信会社に与えてしまった独占権によってその後長く拘束されることになった。朝鮮側から見れば、日本の弱点をうまく利用して、国際通信権喪失の危機をひとまず回避することができたと言えよう。

その後、朝鮮政府は日本側に工事着工延期を申し入れ、漢城―釜山線は、一八八八年四月に着工、同年七月に竣工した。〈注4〉

日清戦争と朝鮮の電信線

日清戦争が、一八九四（明治二七）年七月二三日、日本軍による朝鮮の王宮・景福宮《キョンボックン》占領から開始されたことは、すでに明らかにされている。〈注5〉

日本軍の清国軍との交戦はその二日後の七月二五日に開始されたが、日本政府はそれから一月ほど後の八月二〇日、日本軍の景福宮からの撤兵と引き換えに、朝鮮政府に「暫定合同条款」を押しつけ、日本が今回の戦争のために朝鮮国内に勝手に架設した電信線（後述）を事後承認させると同時に、鉄道についても、日本政府もしくは日本の会社と契約することを約束させた。

このとき、朝鮮にはまだ鉄道は敷かれていない。にもかかわらず、日本はいち早く朝鮮から鉄道敷設権を奪ったのである。これは一〇年後の日露戦争で活用されることになる。

しかし電信線に関しては、ソウルを中心に朝鮮の主要都市を結ぶ電信網がすでにできていた。そしてこの電信網は国際通信網に組み込まれていた。清国との戦闘を続ける中で、日本政府は朝鮮政府の抗議を無視して、仁川―ソウル間、および既設のルートとは別ルートのソウル―釜山間に電信線を勝手に架設していった。これを景福宮を占領し続けていた日本軍の撤兵と引き換えに朝鮮政府に事後承認させたわけである。

何のためにソウル―釜山間の電信線を架設したかと言うと、後続の部隊を釜山に上陸させて、ソウルまで進軍させるためである。軍隊への命令は東京の大本営（後に広島へ移転）から電信で伝達される。ソウル―釜山間の朝鮮の電信線は朝鮮半島の西海岸よりに架設されていたが、日本軍の進軍は中央部を北上すると計画されていた。よってこの進軍ルート上に電信線を架設していったのである。

日本軍が新たに電信線を架設したと言っても、完全に自力で新設したわけではない。必要な資材や人材の不足分を、朝鮮の電信局を占領してそこから略奪する形で調達した。よって朝鮮の電信線が必然的に不通となった。これは国際問題化する恐れがあった。何故なら朝鮮の電信線を経由した国際通信は欧米人も利用していたからである。

ソウルの大鳥圭介公使は陸奥外務大臣に対し、これは拙いから朝鮮の電信局から日本局にもってきた機材と人員は返さないといけないと上申した。陸奥は陸軍省に善処を求めた。これを受けて一八九四年一〇月九日に大本営の方針「朝鮮国電信線処分意見」が出された。これは「参謀本部御用取扱」の児玉源太郎から「陸軍大臣大山巖代理」の陸軍次官児玉源太郎あてに通達された文書である。

当時、陸軍大臣大山巖は第二軍軍司令官として出征しており、陸軍次官の児玉が陸軍大臣代理を務めていた。また児玉は「参謀本部御用取扱」の名義で大本営幕僚ともなっていた。

朝鮮の電信線をめぐる問題が、大鳥公使→陸奥外務大臣→陸軍大臣へ持ち込まれたとき、陸軍省では当然、大本営にお伺いを立てた。そこで大本営の幕僚でもあった児玉源太郎が中心になって、朝鮮の電信線に対する大本営の方針が立てられ、これを陸軍省に通達し、外務省へ回答するように指示したのである。たまたま陸軍大臣代理となっていたのが児玉源太郎であったので、文書の差出人と受取人が同一人物となったわけである。

大鳥の陸奥あて書簡、陸奥の陸軍省あて照会、大本営の「朝鮮国電信線処分意見」、以上三通の文書は、いずれも防衛研究所が所蔵する「明治二十七年九月起　大日記　参日　参謀本部」と表書きされた簿

冊に収録されている。これは大変重要な史料であるにもかかわらず、なぜか見落とされてきた。〈注6〉

さて、大本営の方針「朝鮮国電信線処分意見」には、次のように書かれている。

一、朝鮮国有電線による電信業務は撤廃もしくは日本の管理下におく。
二、日本軍が架設した軍用電線で普通電信（民間の通信）も扱う。
三、ソウル―元山線（北路電信線）は日本が買い取る。
四、ソウル―義州線（西路電信線）は戦利品として日本の管理に入れる。
　これを直ちに実行せよ。

要するに、朝鮮の電信線はすべて日本軍の統制・管理下に置く、ということである。この方針は、日清戦後の王妃殺害事件に至るまで、一貫して維持されていたものである。

このような大本営の方針に従い、一八九五年一月に入ると、陸奥外務大臣は「日韓新条約案」を作成して朝鮮公使井上馨に送り、締結を促した。これに対し井上は、今なら朝鮮に対してどんな条約でも押しつけることはできるが、鉄道をとりあげ、電信までとりあげるのは、朝鮮人の感情を害するだけでなく、外見上も甚だよくないと思うと陸奥に返信した。そして修正案を送った。

井上の修正案は、朝鮮に架設した日本の軍用電線は朝鮮に有償で返還するが、同時に秘密条約を結んで戦時には日本の管理下に置けるようにしておく、というものであった。これに対し陸奥は、将来戦争が起こった場合、朝鮮が同盟国となれば条約などいらないし、もし敵国となればその条約は無効となるから、秘密条約の意味は全くないと一蹴し、「将来の政略上、電信丈《だけ》は是非とも此際我手に取入置候事必要と信じ候」と反論した。ここで井上と陸奥の論争が起こった（詳しくは拙著『朝鮮王妃殺害と日本人』六八〜七〇頁〈高文研、二〇〇九年〉参照）。

国会図書館憲政資料室の陸奥文書にはこのとき陸奥が井上に送った「日韓新条約案」の草案と思われる一括文書があり、その中に「駐兵に関し朝鮮政府より出さしむべき外交通知書の文案」というものがある。朝鮮の外部大臣（外務大臣）から日本政府に出させようという依頼文の草案である。

（前略）平和回復の後と雖も、貴国より二連隊以上の兵員を我国に派し、適宜の場所に駐在せしめ、以て不慮に備ふるは、我大朝鮮国の希望する所たり（後略）

平和回復、すなわち日本の勝利によって日清戦争が終了した後も、貴国（日本）より二連隊以上の兵員（軍隊）を我国（朝鮮）に派遣し、適宜の場所に駐在させ、万一の場合に備えることは、我大朝鮮国の希望する所である、というのである。しかも、その軍隊の駐在年数が一〇年以上に及ぶときは、両国政府の協議で撤去を決めることができる、という文言もこの後に付け加えられている。裏を返せば一〇年間は朝鮮から撤去を要求できない。また駐在兵の糧食は朝鮮政府が実費を支払う、としている。〈注7〉

このようなものを日本政府がつくっていたのである。

王宮占領後、朝鮮に押しつけた「暫定合同条款」と「大日本大朝鮮両国盟約」は日清講和条約が締結されれば、その効力を失う性格のものである。日本政府は、それまでに新たな電信条約を結び、朝鮮の電信線をすべて日本のものにすると同時に、それを守る軍隊の派遣を朝鮮側から依頼させようとしていたのである。

三国干渉から王妃殺害まで

一八九五（明治二八）年四月一七日、日本政府は清国政府と下関において日清講和条約を締結し、清国から日本の国家予算の三倍を超える莫大な賠償金に加え、遼東半島（旅順・大連を含む）と台湾を割譲させた。ところが、同月二三日、ロシア、フランス、ドイツの三国が、日本に対し遼東半島の清国への返還を勧告してきた。当時の国力から考えて、この三国干渉は日本にとって受諾するほかなかった。

以後、日本の朝鮮政策は大きく変更を余儀なくされた。何故なら、三国の干渉が遼東半島からさらに朝鮮問題へと波及することを、日本政府が最も恐れたからである。そのため日本政府は心ならずも「朝鮮の独立」を何度も公言し、それに反する行動を控えねばならなくなった。

よく知られているように、日本政府は同年六月四日の閣議において、「将来の対韓政略は、成るべく干渉を息《や》め、朝鮮をして自立せしむるの方針を執《と》るべし、故に他動の方針を執るべきことに決す、右決議の結果として同国鉄道電信の件に付、強《しい》て実行せざることを期す」と決議した。

非常にあいまいな言い回しである。一般的にはこれを日本政府が朝鮮に対する干渉政策を放棄したと解釈するが、決してそうではない。この閣議決定は、今後の朝鮮政策は相手の出方を見てやっていく（他動の方針をとる）ことにする、よって鉄道・電信の件はいったん棚上げする、と決めたにすぎない。

したがって大本営と日本政府は、朝鮮における電信線を放棄はしなかった。あくまで釜山から義州までの電信線の占領を継続しようとしていた。なお、大本営は、講和条約締結後も約一年間存続し、解散するのは一八九六（明治二九）年四月一日である。

講和条約締結時に、朝鮮において電信線守備に就いていたのは、後備役で召集された後備兵たちであった。後備兵というのは、すでに現役・予備役を済ませた兵士たちで、年齢も高く、多くが妻子持ちであった。彼らは戦争が終われば真っ先に召集解除されるべき兵士たちである。

しかし彼らを帰国させようと思えば、新たに現役兵を朝鮮に送り出さねばならない。しかし三国の干渉が朝鮮問題に波及することを恐れていた日本政府は、大本営に対し現状維持を依頼していた。こうして戦争が終わったにもかかわらず、いつまでも帰国できない後備兵たちが、朝鮮に大量に残されたわけである。

ソウル以北の電信線（日本軍が占領分）の朝鮮への返還と、ソウル以南の電信線（日本軍が架設分）の朝鮮への売却、そして電線守備兵の引き揚げを主張していた朝鮮公使井上馨を更迭し、予備役の陸軍中将三浦梧楼を後任に据えたのは、まさにこのような時であった。

三浦がソウルに着任してから一ヶ月余り後の一八九五年一〇月八日早朝、三浦の指示のもとに、日本の軍隊と「壮士」と称する日本人たちが、景福宮の一番奥まったところにある王と王妃の居殿、乾《コン》清宮《チョングン》に侵入し、王妃閔《ミン》氏を殺害し、その遺体を焼き捨てるという凄惨な事件を起こした。しかもこれを朝鮮人同士の権力争いに擬装するために、国王高宗の実父である大院君と日本人教官に指揮された朝鮮軍である「訓練隊」を無理やり引き込んだ。

しかしこれが逆に、日本人の関与を隠すという計画を破綻させる原因ともなった。「壮士」たちの引き出しに大院君が抵抗したため、王宮侵入時にはすっかり夜が明けてしまったからである。

血刀を提げ、返り血を浴びた日本人たちが王宮から引き揚げる姿を、ソウル駐在の欧米諸国の外交官たちも目撃した。事態の深刻さを認識した大本営と日本政府は、事件関係者を召還し、広島憲兵隊本部と広島監獄署にいったん収容したが、三ヶ月後の一八九六年一月には、軍人たちには第五師団の軍法会議で無罪の判決が下り、非軍人たちには広島地方裁判所の予審において免訴の決定がなされた。つまり誰ひとり罪に問われることなく、全員が放免されたのである。

何故、王妃を殺す必要があったのか。

日本に対し電信線の返還と日本軍の撤兵を要求する朝鮮の国権回復運動の中心に王妃がおり、ロシアに接近しようとしていると、日本政府・軍首脳が見ていたからである。

露館播遷と日露協定

王妃殺害事件から四ヶ月後の一八九六年二月一一日に、高宗は密かに景福宮を抜け出し、ロシア公使館に保護を求めた。そして王妃殺害後に就任した親日派の閣僚を罷免し、新たな内閣を組織した。

以後、欧米諸国の公使館が建ち並ぶ貞洞地区にある慶運宮（現在の徳寿宮）を修理し、ここに移るまでの約一年に及ぶ間、高宗はロシア公使館に滞在して政治を執った。これを「露館播遷《ろかんはせん》」あるいは「俄《が》館播遷」と呼ぶ。露館、俄館は、いずれもロシア公使館の意味である。

新内閣の外部大臣になった李完用《イワニョン》が真っ先に行ったことは、二月一八日、次いで三月二日に、駐韓日本公使小村寿太郎（三浦梧楼の後任）に対し、日本軍の撤兵を要求することであった。この要求に対して小村は、三月一一日付けで「貴国内地の形勢頗《すこぶ》る不穏なりと確認致候」という理由で拒否回答を返した。〈注8〉

このような新たな状況下で、日本は朝鮮問題についてロシアと協議せざるを得なくなった。その結果、同年一八九六年五月に、ソウルにおいて日露両国の駐韓公使である小村寿太郎とヴェーベルとの間で覚書が作成され、翌月の六月にニコライ二世の戴冠式に出席した山県有朋元首相とロバノフ外務大臣によって一部を秘密条款として、「山県・ロバノフ協定」が調印された。

この交渉の過程で、ヴェーベルは初め、日本が独立国朝鮮の電信線を占有するのは「奇異ノ事態」であるから、電信線の朝鮮への売り渡しを進めるべきであると、朝鮮の主権を尊重する主張を行っていた。ところがこのヴェーベルの主張は、日本がヴェーベルの頭越しに行ったロシア本国政府への働き掛けによって、本国からの訓令により取り下げざるをえなくなった。ロシア政府は朝鮮の主権の尊重よりも、日本との朝鮮権益の分け合いに重点を置いたからである。〈注9〉

山県・ロバノフ協定によって、日本はソウル以北の電信線の占有を放棄し、この地域におけるロシアの電信架設権を認めるかわりに、釜山―ソウル間に日本が架設した電信線をひきつづき占有する権利をロシアに承認させた。同時に日本が電信線守備のために二〇〇名を超えない範囲で憲兵を派遣すること、居留民保護を名目にソウルに二中隊、釜山と元山に一中隊を置くこともロシアが認め、ロシアも同等の兵力を置く権利を日本が認めた。

但し、これは決して朝鮮が認めたものではない。日本とロシアが朝鮮に断りなく、朝鮮における勢力均衡を取り決めただけのことである。実際に、山県・ロバノフ協定について翌年の一八九七年三月二日になって初めて、駐韓日本公使・加藤増雄から通告を受けた韓国の外部大臣・李完用は、「わが国の政府は、この条約に参加していないので、その行動の自由は尊重していただきます。独立国としてこの条項には拘束されるものではありません」と書き送った。〈注10〉

このとき山県は、もっと露骨に朝鮮を南北に分けて日露の勢力圏とする案を提示したが、ロシア側に拒否されている。当時駐露公使であった西徳二郎は、ロシアには日本と共同であれ、単独であれ、朝鮮を保護国としていく意志はなかったと回想している（西徳二郎「朝鮮に関する意見書」『日本外交文書』三一巻一冊一一〇頁）。

もともと日本は、三国干渉後も、朝鮮における権益を他国と分かち合うつもりは全くなかった。大本営と日本政府は、日清戦争中に占領した釜山から義州までの電信線を戦後もひきつづき日本軍の管理下におくつもりであった。

王妃殺害事件はこのような大本営と日本政府の意を受けた特命全権公使・三浦梧楼が企てた謀略・謀殺事件であったが、その結果は朝鮮国王をロシアの保護下に追い込むことになり、日本はロシアと朝鮮における権益を分け合わねばならなくなったわけである。そして日露間に結ばれたのが、山県・ロバノフ協定（一八九六年六月）であった。

さてニコライ二世の戴冠式には、朝鮮からも特命全権公使・閔泳煥《ミンヨンファン》が派遣され、借款の申し込みと軍事教官の派遣、また、メキシコ公使への転出が決まっていたヴェーベル公使の留任を求めていた。ロシアは借款の提供、ヴェーベルの留任には応じなかったが、軍事教官の派遣には応じ、閔泳煥は同年一〇月に一四名のロシアの軍事教官団とともに帰国した。〈注11〉

またこのニコライの戴冠式には、清国からは下関条約の全権だった李鴻章が参加し、露清秘密同盟条約と東清鉄道協定を結んだ。これは、シベリア鉄道建設を進めていたロシアが、チタ―ウラジオストック間を最短距離で結ぶ満州（中国東北部）横断線の敷設を希望したことと、日本の侵略にロシアと同盟して備えたい清国の利害が一致して締結されたものであるが、中国領土にロシアが鉄道を敷設したことは、その後のロシアによる満州進出と日露の対立を深めていく結果となった。

大韓帝国の成立

高宗は一八九七年二月二〇日にロシア公使館を出て慶運宮へ入った。そしてその一〇日後の三月二日に、亡き王妃閔氏の諡号《しごう》を明成《ミョンソン》と定めた。さらに同年一〇月一二日、高宗は自ら「皇帝」に即位し、国号を「大韓」と宣布した。また同時に閔氏を皇后に追尊（明成皇后）し、一一月二一日から二二日にかけて、その葬儀を盛大に行った。

さて、大韓帝国が成立したころ、極東では列強による中国分割競争が始まっていた。一八九七年一一月に、ドイツ艦隊が宣教師殺害を口実として山東半島の膠州湾を占領、翌九八年三月に膠州湾の九九年間の租借権と鉄道敷設権を清国に認めさせた。これに対抗してロシアは、遼東半島の旅順と大連の二五年間の租借権と、先に述べた東清鉄道の中間駅ハルビンから南下して旅順・大連に至る南部支線の敷設権を獲得した。このあとイギリスが九竜と威海、フランスが広州湾と、列強による中国蚕食が続いた。

このような中で、一八九八年四月、東京において、西徳次郎外務大臣とローゼン駐日ロシア公使によって、ロシアが日本の韓国における投資を妨害しない代わりに、日本は満州がロシアの勢力圏であることを暗に認めるという、満韓交換論に一歩近づいた協定が結ばれた（西・ローゼン協定）。

つまり、日本は、韓国における日本の経済活動の自由をロシアに認めさせることと引き換えに、ロシアが旅順と大連を清国から租借することに同意を与えたのである。日本はこのとき、韓国における完全な自由処分権をロシアに認めさせようとしたが、ロシアは日本の自由権を経済分野に限定した。これが、山県・ロバノフ協定の追加条項となった。

王妃殺害事件以降、日露間で結ばれたこれらの協定が、日露開戦以前の日本とロシアの関係を規定していた。

日露交渉から開戦へ

列強による中国蚕食に抗して、一九〇〇年には義和団事件が起こり、六月には清国政府が義和団に同調してヨーロッパ列強に宣戦を布告するという事態になった。英・米・独・仏・伊・墺・日・露の八カ国連合軍は北京に攻め入り、破壊と略奪の限りを尽くした。北京政府は西安に脱出した後、列強連合軍に降伏し、莫大な賠償金を課せられた。

このとき最も多くの兵士を派遣したのは日本であった。このことで「極東の憲兵」としての日本の存在感が大きくなり、ロシアのさらなる極東進出を牽制するための日英同盟の締結（一九〇二年一月）につながった。

一方、ロシアは、鉄道と旅順・大連の治安維持を理由に戦後も軍隊を引き揚げず、満州占領をつづけたが、日本をはじめとする列国の抗議の前に、清国との間に「満州還付条約」を締結（一九〇二年四月）した。しかしこれを誠実に履行しなかった。

日露開戦の前年、一九〇三年の八月から開始された日露交渉とは、「満州還付条約」で決められたロシア軍の第二期撤兵期限（同年四月）をロシアが守らなかったことを「奇貨」として、日露協定を見直し、日本が韓国においてロシアから受けている制約を撤廃し、韓国における日本の完全な自由権をロシアに認めさせようとしたものである。

しかし、ロシアは日本の要求する韓国における完全な自由権を認めなかった。とりわけロシアが最後まで譲らなかったのは、韓国領土の戦略的使用の禁止という条項である。

そして重要なことは、このロシアの主張は、当時日露両国に対し、韓国の戦時中立の保障を求めていた大韓帝国の主張に合致するものであったということである。

これに対し、日本ではもっぱらロシアの南下政策が過大に宣伝され、日本の韓国侵略を正当化してきた。しかし最近のロシア史研究の成果が教えてくれることは、「開戦前夜、ロシアには主戦派はいなくなっていた、ロシアは戦争をするつもりがなかった」ということである。〈注12〉

またそのことを含め、日露戦争は避けることができた戦争であることを認めながらも、相互の意思疎通ができなかったために不幸にも開戦に至ったという説が繰り返し出てきているが、これは新たな装いの日本正当化論にすぎない。〈注13〉

ロシアに対日開戦の意思がなく、妥協の余地があることは、日本の首脳部は知っていた。そのことを承知の上で、手段を尽くして対露開戦へ持ち込んだのだということを論証することが、本書の目標の一つである。

従来、大韓帝国の時代の一三年は、滅亡にいたる過程であると、過小評価されてきた。しかし大韓帝国は、朝鮮時代に締結された修好通商条約を継承し、また新たに修好通商条約を締結した国々を含め、世界一一カ国と条約関係を維持し、七カ国に海外公館を設置して外交官を常駐させていた。また一九〇〇年のパリ万国博覧会には韓国館を建てて参加し、一九〇二年にはオランダのハーグ平和会議に使節を派遣して加盟の意思を表明した。

このような大韓帝国の外交政策は従来十分評価されてこなかった。そのため、一九〇七年の「ハーグ密使事件」の研究は、あまりにも近視眼的であった。日本の一部で今なお有力な説、陰謀好きの高宗が思いつきで行った日本への背信行為であり、伊藤統監を怒らせて「併合」を早めたなどというような見方は論外としても、大韓帝国が一貫して進めてきた外交政策との関係で論じられていない。この問題を提起することも本書の目標の一つである。

日本の軍事力に対抗すべき軍事力を持たなかった大韓帝国は、国際社会において正当な認知を得ることによって国家主権を守護していこうと、一貫した外交政策を展開した。たとえ、当時の帝国主義時代にあって、大韓帝国の努力が正当に報われることがなく、帝国主義諸国の承認のもとに、日本の軍事力によって圧殺されてしまったとしても、日本の不法行為を国際仲裁裁判所に提訴するために、万国平和会議への加入を求め、国際世論を喚起して国家主権を守護しようとした大韓帝国の先駆的な行動の軌跡は、今日において、顕彰され継承されていくべき歴史であると考える。

【注】

〈1〉一八七二年に、英本土からインドまでの海底電線を所有していた四社が合併して、大東海底電信会社 Eastern Telegraph Co. が設立され、翌年にはインド以遠、中国の上海までと、オーストラリアへの延長ケーブルを所有していた会社が合併して大東拡張海底電信会社 Eastern Extension Australian and Chine Telegraph Co. が設立された。一九〇二年には、両社によってオーストラリアと南アフリカを結ぶ海底電線が敷設され、また英国、カナダ、オーストラリア、ニュージーランドが共同で設立した会社 Pacific Cable Board が、バンクーバー（カナダ）から太平洋に点在する英領諸島を経てニュージーランドとオーストラリアに達する海底電線を敷設した。これによって全世界の英領植民地をロンドンにつなぐ、いわゆる All Red Route（英国世界海底電線網）が完成された。但し極東においては、デンマークの大北電信会社 Great Northern Telegraph Co. が、いちはやくウラジオストック―長崎―上海間に海底電線を敷設し、極東における国際通信を独占して

いた（日本電信電話公社海底線施設事務所編『海底線百年の歩み』八二八、八三五頁、電気通信協会、一九七一年）。

〈2〉石原藤夫『国際通信の日本史』（東海大学出版会、一九九九年）二二〇頁

〈3〉花岡薫『海底電線と太平洋の百年』（日東出版社、一九六八年）一六一頁

〈4〉山村義照「朝鮮電信線架設問題と日朝関係」『日本歴史』一九九七年四月号、陳錤洪「韓国逓信史」『韓国文化史大系Ⅲ』所収（高麗大学校民族文化研究所、一九六八年）

〈5〉中塚明『歴史の偽造をただす――戦史から消された日本軍の「朝鮮王宮占領」』（高文研、一九九七年）

〈6〉大鳥公使の陸奥外務大臣あて上申書と陸奥の陸軍大臣あて善処依頼書は、アジア歴史資料センターのレファレンス番号C07082017300によって、また「朝鮮国電信線処分意見」は同C07082017400によって全文を閲覧することができる。なお「朝鮮国電信線処分意見」については、「朝鮮国電信線処分見込」とタイトルの一部が改変されたものが、海野福寿編『外交史料　韓国併合』上（不二出版、二〇〇四年）に収録されているが、宮内省書陵部所蔵の『秘書類纂朝鮮交渉』第一〇巻に依っているため、文書の作成者、作成年、送付先に関する一切の情報を欠いている。

〈7〉国会図書館憲政史料室『陸奥宗光関係文書』第二六冊、資料番号七三―一七。この資料は、中塚明『日清戦争の研究』（青木書店、一九六八年）一九一～二頁に全文紹介されている。

〈8〉『駐韓日本公使館記録』第二一巻（韓国国史編纂委員会、一九九四年）二九〇～三〇九頁

〈9〉和田春樹『日露戦争―起源と開戦―』上巻（岩波書店、二〇〇九年）二二四～六頁

〈10〉この韓国外部大臣・李完用の書簡は、従来日本においては全く無視されてきたが、フランスで刊行されていた『国際法総合雑誌』*Revue Générale de Droit International Public* の第一二号（一九〇五年刊）に全文の仏語訳が収録されており、第二次日韓協約（保護条約）を無効と断定した、フ

ランシス・レイの論文「韓国の国際状況」（同誌一三号、一九〇六年刊）においても参照されている。同論文の日本語訳は『季刊　戦争責任研究』第二号（一九九三年冬季号）に掲載された。李完用の書簡原文は、『日本外交文書』三〇巻三八五頁に収録されている（終章注〈42〉参照）。

〈11〉『駐韓』第九巻三一（60）、機密第九〇号「ロシア陸軍武官来韓件」

〈12〉前掲『日露戦争―起源と開戦―』上巻二八頁

〈13〉千葉功『旧外交の形成』（勁草書房、二〇〇八年）一四六頁。伊藤之雄『立憲国家と日露戦争――外交と内政 1898～1905』（木鐸社、二〇〇〇年）二二四頁。大江志乃夫『バルチック艦隊』（中公新書、一九九九年）一七九頁。

I：大韓帝国の中立宣言と日韓議定書

——中立宣言を蹂躙した日本の外交と軍事

図 2:「在韓国先発軍隊及外交官」(『日露戦争実記』第 6 編〈博文館、1904 年 4 月〉より)。前列中央が第 12 師団長・井上光陸軍中将、ひとり置いて前列左端で杖をついているのが特命全権公使・林権助。

はじめに

一九〇四年一月二一日、日露開戦の半月ほど前、大韓帝国皇帝・高宗は、ロシアと日本の紛争に対し、韓国は厳正な中立を守る決意を、外部大臣・李址鎔《イジヨン》名の仏文電報で世界に向け発表した。〈注1〉そのうち日本の外務大臣あてに送られたものは、『日本外交文書』に収録されている。日本語に訳すと次のとおりである。

ロシアと日本の間に発生した紛争に鑑《かんが》み、平和的な帰結を達成するのに交渉当事者が直面している困難に鑑み、韓国政府は、皇帝陛下のご命令により、現在上記の二強国が現実におこなっている談判の結果がどうであれ、もっとも厳正な中立を守るとかたく決意したことをここに宣言する。〈注2〉

この「中立宣言」は、韓国駐在のロシア公使パブロフとフランス代理公使フォントネの協力を得て、高宗皇帝の使者・李建春が密かに中国山東半島の芝罘《チーフー》（煙台）へ持ち出し、同地のフランス副領事グレンが韓国の名誉総領事を兼ねていることを利用して、その職権で芝罘の電信局から世界に向けて発信されたものである。〈注3〉

山東半島北岸にある芝罘港は、当時、南の上海と並び称されるほど繁栄した港であった。港の東南地区には、中国政府の電信局がデンマーク資本の大北電信局、イギリス資本の大東電信局と同一建物内にあり、その近くにはロシア領事館もあった。日、米、仏、独等の領事館は、烟台山と呼ばれる高

台に建ち並んで、港内を見下ろしていた。〈注4〉
芝罘から発信された「中立宣言」は、東京の外務省には、一月二一日の午後四時一〇分に届いている。小村寿太郎外務大臣は、同日午後七時に、芝罘駐在の水野領事に、発信者は誰か、他の列強諸国にも送られたかを調べよと命じた。
引き続き小村は午後七時五〇分に、駐韓公使・林権助に、宣言文の英訳に添えて、次のように書き送った。

I have obtained from secret source copy of telegram to Corean Minister to Japan also dated Chefoo Jan.21 and signed Corean Minister for Foreign Affairs of the same wording with the addition of the clause "to the Govt. to which you are accredited" in the beginning and " I desire you to inform them besides that H. M. the Emperor reckons in this occasion upon the friendly co-operation of all the Powers" in the end. It is therefore probable that identical declaration has been addressed to other Powers at the same time.（後略）〈注5〉

（訳）私は秘密の情報源から、韓国外部大臣が日本に送った［もうひとつの］電報の写しを入手した。それも同じく芝罘から一月二一日に発信されおり、韓国の外部大臣の署名がある。同文であるが、文頭に「駐在国政府に」と、また文末に「あわせて我皇帝がこの問題について諸列強の友好的な協力を期待していることを告げよ」という文言が付け加えられている。よっておそらく中立宣言文は同時に他の列強諸国にも送られたものと思われる。

大韓帝国が世界に向けて発信した「中立宣言」には、諸外国の外務大臣あてのものと、諸外国に駐在する韓国代表あてのものがあったことがわかる。〈注6〉

小村は駐日韓国公使あての電報の写しを早くも入手している。これは、外務省と逓信省の協力のもとに、東京郵便局から韓国公使館へ配達される電報を日常的に検閲する体制ができていたことを物語っている。

日露開戦に先立って、大韓帝国が世界に向けて発信した「中立宣言」は、日本においては、高宗の思い付きであるかのように、また世界各国から無視されたかのように語られてきたが、はたしてそうであろうか。

この「中立宣言」から一八日後、日本は、旅順港外部碇泊地のロシア艦隊と、仁川港に停泊中のロシア軍艦二隻を奇襲攻撃すると同時に、仁川に陸軍部隊を上陸させ、次いでソウルに侵入し、ソウルを軍事占領した上で、韓国に軍事同盟の締結を強要する。日露戦争はこのようにして開始された。

本章では、韓国が「中立宣言」を発表するに至った経緯と、それを踏みにじって韓国に軍隊を上陸させ、ソウルを軍事占領した上で、日韓議定書を強要した日本の行動について明らかにしよう。

李学均《イハッキュン》と児玉源太郎

芝罘から発信された「中立宣言」を受け取った小村外務大臣が、芝罘駐在の水野領事に発信者と送付先の調査を命じた後、駐韓公使・林権助に、秘密のルートから得たもうひとつの宣言文（駐日韓国公使あてに送られたもの）から、「中立宣言」は他の列強諸国にも送られたものと思われると通知したことを述べた。

さらに小村は、同日午後八時三五分、林公使に次のように訓令した。

該電報［中立宣言のこと］は本日午前一一時芝罘発にて、多分、李学均、旅順に赴き、極東総督と密議の上、又は旅順に赴く途中発送したるものと察せらる、右に関しては懸案の密約調印の上にて李址鎔に確かめ其事実を電報せらるべし〈注7〉

小村は、「中立宣言」は李学均が旅順に行き、ロシアの極東総督と密議の上、または旅順に行く途中で発信したものと推測した。（事実はそうでなく、李建春によるものであることは前述した。）小村は、このことに関し、懸案の密約（後述）を調印した後で、外部大臣の李址鎔に確かめて報告せよ、と林公使に訓令したのである。

李学均が小村外務大臣から「中立宣言」の発信者と見られたことについては、次のような事情があった。

一九〇三年九月三〇日、大山巌・参謀総長のもとで、陸軍の対露開戦準備作業の中心にいた参謀本部次長・田村怡与造《いよぞう》が急死した。時の桂内閣で内務大臣と台湾総督を兼ねていた児玉源太郎がその後

図3:「清韓国陪観諸官ノ一行」1903年11月16日撮影（『姫路地方特別大演習写真帖』〈共益商社、明治36年12月〉より）。前列中央部で盧伯麟が芝生に座り、その左斜め後ろに李学均が椅子に腰かけ、その右斜め後ろに李熙斗が立っている。盧伯麟は後に独立運動に身を投じ、上海に設立された大韓民国臨時政府の軍務総長、国務総理に就任した人物である。

任となったことが官報で報じられたのは、一〇月一三日のことである。これより児玉源太郎が、陸軍の対露開戦指揮の中心に座ることになる。

同年一一月、姫路地方特別大演習が行われた。特別大演習とは天皇の臨席のもとで行われる陸軍の最大規模の演習である。一八九二（明治二五）年の宇都宮地方大演習以来、第五回目となる。〈注8〉

この演習には、外国参観武官の一員として、大韓帝国から三人の軍人が見学にやってきた。参将・李学均、参領・李熙《イヒ》斗《トゥ》、参尉・盧伯麟《ノベンリン》である。【図3】

日本の階級に照らせば、参将は少将、参領は少佐、参尉は少尉に相当する。当時、李学均は韓国武官学校の校長であり、李熙斗と盧伯麟は日本の陸軍士官学校を卒業後、韓国武官学校の教官職に就いていた。李熙斗は陸士旧九期（一八八七年卒）、盧伯麟は同一一期（一八八九年卒）である。

演習中のある日、李学均は児玉源太郎を訪問した。児玉は居室にて松川敏胤・参謀本部第一部長と談話中であったが、席を立とうとした松川を殊更に引き止め、李学均を迎え入れた。

李学均は児玉に
「日露開戦の場合には日本は如何に作戦するや」

と質問した。

李学均は英語に堪能であったが、児玉が外国語を話せなかったことは諸種の文献に見えるから、おそらく盧伯麟が通訳として立ち会ったであろう。盧伯麟は、陸軍士官学校に入学する前に、慶応義塾を経て成城学校を卒業しているが、そのときの校長が児玉源太郎であった。児玉が朝鮮からの留学生一同を自宅に招いている話は、盧伯麟と同期の魚潭《オダム》の回顧録に書かれている。〈注9〉

さて児玉は、李学均の質問に対し、

「日本軍は朝鮮を経由して作戦せん。而して朝鮮の之を許すや否やは勝手たるべし。之を要すれば我敢えて朝鮮兵と戦うを辞せず」

と言い放った。つまり、児玉は、

「日本軍は朝鮮を通過して作戦するつもりだ。朝鮮がこれを許すかどうかは問題ではない。要するに、我々は朝鮮兵と戦うことを厭わない」

と言ったのである。

李学均はこれを聞くと、何も答えることができず、悄然として退去したという。

この話は、谷寿夫の『機密日露戦史』（原書房、一九六六年）九七頁に書かれている。同書は陸軍大学校兵学教官であった谷大佐が、一九二五（大正一四）年に将来の将帥あるいは軍参謀長要員として選ばれた専攻科学生一〇名に対して講述した講義録で、ながく陸軍大学校の金櫃《きんき》の中に秘蔵されていたという。一九六六年に初めて公刊された。当時の松川敏胤大将などから谷教官が直接聴取した第一次史料が含まれるため、今日においても日露戦争研究の重要文献とされている。

姫路地方特別大演習の際に、児玉源太郎が李学均に対して言い放った言葉、それを聞いた李学均が悄然として退去したことも、その場に同席した松川から谷が直接聴取したものであろう。

さて、特別大演習を視察したあと、李学均一行が一九〇三年一一月二三日午前九時に仁川港に帰着したことは、翌日の『皇城新聞』で報じられている。〈注10〉

李学均は直ちに高宗皇帝に帰国報告を行い、児玉源太郎の言葉を伝えたはずである。日清戦争が日本軍による朝鮮の王宮占領から開始されたように、日露開戦に至れば、日本軍はまずソウルを奇襲するであろうことは、高宗の予想するところであり、後述するようにその対策にも着手していた。しかし、日本陸軍の作戦トップの口から、このように平然と韓国上陸作戦を告げられたことは、高宗にとっても衝撃であったに違いない。

高宗は、信頼できるごく少数の側近とともに、日本軍に蹂躙された日清戦争時の轍を踏まず、大韓帝国の生き抜くべき方策を探った。その結果が、戦時局外厳正中立の世界に向けての宣言となったの

だった。なおその宣言が芝罘《チーフー》からの発信となったのは、すでに韓国の電信線に日本の支配が及んでいたからである。〈注11〉

そうした中、「中立宣言」の発信という大役を果たすことができたのは、恐らく李学均だろうと、小村は考えたのだった。

中立宣言以前

この中立宣言の発表には、さらに前史がある。

一九〇三年八月、日露開戦必至と見た高宗は、日露両国駐在の韓国公使に、日露両国政府に対し、韓国の戦時中立の承認と明確な回答を求めるように、外部大臣・李道宰名で訓令させた。

この訓令書の英訳が『日本外交文書』に収録されている。駐韓公使・林権助が駐韓イギリス公使から入手し、本国に報告したものである。

（前略）We must therefore request Russia and Japan to consider us a neutral country, so that, if in the future war should break out, none of the operations will take place within our borders and we should have no bodies of troops marching through our territory. A definite reply is required as a guarantee for the integrity of our borders（後略）〈注12〉

（訳）日露両国がわれわれを中立国とみなすように要求しなければならない。よって、もし将来戦争が起こった場合、いかなる作戦も我が国の国境内で行うことはできず、いかなる軍隊もわが国の領土を通過することはできない。明確な返答が我が国境の保全の保障として必要とされる。

この訓令を受けた駐日公使・高永喜は、外務大臣・小村寿太郎あての書簡を作成し、一九〇三年九月三日に外務省に持参して届けた。それに対し、九月二六日になって出された小村の返書は、日本政府は戦争にならないように努力しているので、戦時中立を語ることは適当ではないというものであった。体よく門前払いしたわけである。

しかし小村は韓国の動きに「危険なもの」を感じた。

そこで小村は、九月二九日、機密郵便を駐韓公使・林権助に送り、日露開戦に至れば、韓国皇帝の動向は全局の利害にかかわるものであるから、今のうちに日韓間に秘密条約を締結しておきたいという意向を示し、それに関する意見を求めた。〈注13〉

小村の書簡を一〇月八日に受け取った林は、一〇月一四日付けで返信し、日露両強国がにらみあっている間に立って、韓国に（日本側に立つ）態度を明白にさせることは、「尋常の手段にては事実上は勿論、文書の上に於てすら到底期す可らざる儀に御座候」と、韓国が自ら進んで日本と対露同盟を結ぶことはあり得ないという認識を伝える。

続けて林は次のように言った。日本政府の意図が、仮に日露開戦となったとしても、あくまで「韓国の独立を尊重する標榜の下に、韓国経営を進捗せしむる御主義に基きたるもの」と思われるので、強いて希望の秘密条約を成立させるつもりならば、「韓帝をして目前の利益を占めしめ、且つ相当の威力を加ふるの外、他に方便無之と存候」と。そして「韓帝に食はしむる利益」として、次の三項目の提案を行った。

①韓帝の最も忌む亡命者に関し、韓帝の満足する牽制を加ふる事。
②財政を補足する為め巨額の借款を供与する事。
③相当の運動費を韓廷の勢力者に与ふる事。

さらに「我の加ふ可き威力」として、

④対露交渉に多大の影響を及ぼさざる範囲に於て京城駐剳の我守備兵を倍位に増加する事。

を挙げた。これは既存の「日露協定」違反を承知の上での提言である。〈注14〉

林は、まず、日本政府の意図が、かりに日露開戦となった場合でも「韓国の独立」を尊重すると標榜しつつ、その実は「韓国経営」を進捗させることにあると言った。そしてそのために、韓国に対して日本との秘密条約を結ばせようとするなら、韓国皇帝に「目前の利益」を与えると同時に、「相当の威力」を加えるほかに方法がないと言ったのである。

日本政府は、同年一二月三〇日に「対露交渉決裂の際、日本の採るべき対清韓方針」を閣議決定する。その中で、韓国に対しては次のように述べている。

韓国に関しては如何なる場合に臨むも、実力を以て之を我権勢の下に置かざるべからざるは勿論なりと雖《いえども》、出来得べき丈《だ》けは名義の正しきを選ぶを得策とするを以て、若《も》し、往年、日清戦役の場合に於けるが如く、攻守同盟若《も》しくは他の保護的協約を締結し得ば最も便宜なるべし。故に時期到来せば、右の如き締約を為し得るの素地を作り置かんが為めに、過般来、既に必要の訓令を駐韓公使に下し、其他種々の手段を執りつつあり。尚、今後に於ても一層有効なる手段を執り、以て我目的を貫徹するに努むべし。（後略）〈注15〉

先の児玉源太郎が言明したとおり、対露開戦に当たり、日本軍が韓国に上陸し、韓国を兵站基地として作戦を展開することは、参謀本部の既定の方針であった。

日本政府は、その場合においても、「名義の正しい方が得策」であると考えたので、日清戦争時の「暫定合同條款」や「両国盟約」のようなものを韓国との間で締結したいと考えたのである。

その交渉に韓国皇帝を誘い込む方途として、先に林が提案したのが、①亡命者（王妃殺害事件に関係して日本に逃亡した韓国人ら）の処分、②借款の供与、③親日派の買収、④ソウル駐屯の日本兵を密かに倍増することであった。

小村の機密書簡を受け取った後、ソウルにおいては、林公使による高宗皇帝への執拗な謁見要請がはじまった。

民族学者・セロシェフスキの証言

高宗は林公使の謁見申請を退けるため、病気を理由につかった。しかしそのため他の謁見もことごとく断らなければならなくなった。このことは当時ソウルに滞在したポーランドの民族学者セロシェフスキが、ロシア公使パブロフの言葉として書き残している。
セロシェフスキの韓国訪問とロシア公使パブロフの言葉を紹介しよう。

日露戦争前夜に韓国に滞在したセロシェフスキの旅行記『コレア』は、植民地下の朝鮮において編纂された『仁川府史』（仁川府、一九三三年）の中で、「外人の戦前瞥見記」として紹介されたことがある。しかしその後長い間忘れられていたと言ってもよいだろう。

もう少し正確に言うと、日本においては、セロシェフスキの名前は、日露戦争時に日本に熱い賛辞を贈ったポーランドの独立運動家であると、たびたび思い起こされてきた。それは、ロシアに対する日本の勝利が、世界の被圧迫民族を勇気づけたという言説の輝かしい例示ともなっていた。しかし不思議なことに、セロシェフスキが日本から韓国に渡り、『コレア』という本を書いたことに言及したものはほとんどなかった。〈注16〉

セロシェフスキは、一八五八年にロシア統治下のポーランドに生まれた。社会主義運動に参加して七八年に逮捕され、ワルシャワの政治犯監獄に収容されたが、翌年獄中暴動に加わってシベリア流刑となった。ここでまた二度も逃亡を企てるが、いずれも失敗し、さらにシベリアの奥地に移されて、ヤクート族の人々と共に暮らすことになった。九一年に刑期を終え、イルクーツクで市民登録された。そしてこの地で、民族学の大著『ヤクート人たち』を完成させた。これがロシア帝室地理学協会の認めるところとなり、九八年にワルシャワへ戻る許可がおりた。

一九〇三年に、セロシェフスキがロシア帝室地理学協会と科学アカデミーの委嘱を受けて北海道のアイヌ調査にやってきたのは、ロシア官憲の逮捕を免れる方便であったと言われている。鉄道でモスクワからチチハル、ハルビン、奉天（現在の瀋陽）、大連へ到り、船に乗り換えて長崎に到着したのは、一九〇三年四月頃であった。

長崎から大阪に立ち寄り六月中旬には北海道にいた。調査の協力者ピウスツキの到着を待って七月から始められたアイヌ調査は、日露関係が緊迫していくなかで、東京のロシア公使館の命令で中止させられた。そこでセロシェフスキは九月中旬、青森から汽車に乗り長崎に向かった。セロシェフスキが韓国へ向け長崎を発ったのは、一〇月九日頃と思われる。〈注17〉

『コレア』は、一〇月一〇日朝六時の釜山港到着から始まっている。ソウルに入ったのは一〇月三〇日で、インペリアルホテルに宿をとった。

一一月下旬のある日、セロシェフスキは仁川港へロシアの軍艦が二隻の駆逐艦を伴って入港したというニュースを聞いた。高句麗の遺跡を調査するため平壌への旅行を計画していたセロシェフスキは、日露戦争勃発の可能性を尋ねるためロシア公使館に行く途中で、ロシア公使パブロフに出会った。

セロシェフスキの問いに対し、パブロフは次のように答えた。

もちろん［旅行に］行かれてもいいですよ。はっきり申し上げておきますが、戦争は起こりません。日本は戦争を起こすことはできないのです。（中略）日本が本当に戦争を起こそうとすれば、即時にロンドン株式取引所の日本株価が途方もなく暴落するでしょう。〈注18〉

これは、パブロフが日本の開戦意図に全く気付いておらず、日本を支持する国際関係を読み誤り、日本の戦費調達能力を過小評価していたことを自ら暴露したものである。

さらにセロシェフスキが旅行計画を明らかにすると、パブロフは鴨緑江にもぜひ行って来るように勧め、セロシェフスキを安心させた後で、つづけて次のように語った。

ところでひとつ申し上げておかねばならないことがあります。皇帝があなたの謁見申請を拒絶されました。内々の話ですが、皇帝は日本公使を避けるために、すでに何カ月も誰にも会っておられません。古宮を見学したいという要請も許可を得ることができませんでした。宮闕《きゅうけつ》［宮殿］を修理する計画だそうです。

高宗が、日韓密約締結を強要する林公使を避けるため、病気を理由にすべての謁見を断っていたことがわかる。なお、セロシェフスキが見学を希望した古宮とは平壌にある宮殿のことであろう。高宗は日露開戦と日本によるソウル占領を予想し、平壌（西京）への避難を考え、「平壌離宮造営」を急がせていた。〈注19〉

駐韓公使・林権助

高宗が仮病を使ってまで面会を避けた日本公使・林権助は、一八九五年一〇月に王妃殺害事件を起こして召還された三浦梧楼につづく、小村寿太郎、原敬、加藤増雄の後を受けて、一九〇〇年に韓国駐剳特命全権公使となり、一九〇六年二月の統監府の設置により公使館が廃止されるまで同職に留まった。

その間、小村寿太郎、林董《ただす》外務大臣のもとで、一九〇四年二月の「日韓議定書」、同年八月の「第一次日韓協約」、翌〇五年四月の「通信事業委任に関する取極書」、同年一一月の「第二次日韓協約（保護条約）」を韓国に押しつけ調印させる当事者となった。

この過程で林権助は、ソウルを占領した日本軍の協力を得て、韓国要人に対して、脅迫、買収、監禁、拉致等、数々の不法行為を行った。このことは、本人が本国へ書き送った報告書として、『駐韓日本公使館記録』および『日本外交文書』の中に残されている。

特命全権公使・林権助が、小村外務大臣の指示のもとに、どのような手段をつかって「日韓議定書」調印に至ったのかを、林と小村の通信記録をもとに明らかにしていこう。


まず、林が行った最初の具体的行動として記録に残されているのは、一九〇三（明治三六）年一一月三〇日付けの高宗への上奏文である。『駐韓日本公使館記録』一八巻に「三十六年十一月三十日謁見の際韓帝へ手交」というメモ書きが添えられた漢文訳とともに残されているが、本当に林が高宗に謁見して手渡したものとは思えない。饒舌な林が、この謁見の状況を一言も書き残していないからである。高宗が林の謁見申請を病気を理由に拒んでいたことは前述した。この上奏文はおそらく、業を煮やした林が許可なく一方的に謁見に出向き、宮内官に突き付けてきたものであろう。

しかし、この上奏文によって、林がやろうとしていたことはよく分かる。上奏文には、日韓両国はますます敦睦《とんぼく》（真心があって親しい）を加えるべきである。両国が敦睦になれば、両国間に横たわる障害（亡命者問題）は除去する道がある。最も信頼される臣下に委任されれば、外臣（林のこと）は之と協議して、障害除去をなしとげるつもりである、と書かれている。〈注20〉

これは、林が小村に提案した「韓帝に食はしむる利益」の第一条「亡命者処分」の餌を播《ま》いたということであろう。しかし、高宗はこんな餌に簡単に食いつくほど単純ではなかった。

それから一月ほど後の一二月二七日に、小村は林に「韓国皇帝を我方へ抱き込み置かんこと、極めて必要なるに付き、閣下は此目的を達するが為めに一層手段を進め御尽力ありたし」と訓令した。この電文中で、小村は具体的方法まで指示している。すなわち、日本政府は亡命者を「辺隅《へんぐう》の一地方」に送り、厳重にその自由を束縛することに決意したから、処分すべき人名を御指示ありたいと内奏せよ、と。同時に小村は、「必要ならば相当の金額を贈与するも妨げなきに付、其必要なる理由及金額並びに使用方法を具し上申せられたし」と、買収資金の提供についても指示した。〈注21〉

林は、翌二八日に返信し、これまで韓廷の大官中の信頼できる者に対して直接勧誘を試み、高宗に対しては一一月三〇日の「陛見ノ際ニ」書面を上奏しておいたが、今まで何の効力もなかった。しかし、政府が亡命者処分を決めたこと、必要な資金も支出されるとのことであるから、「本使ハ信頼スベキ大官ト熟議ノ上、適当ノ手段ヲ以テ、我希望ヲ陛下ニ達スル事ニ勤ム可シ」と伝えた。同時に「前陳ノ手段ニシテ絶望ノ場合ニハ帝国政府ニ於テハ、先以テ兵力ニ依リ京城ニ於テ我威力ヲ樹立スルノ方針ニ出ラレン事ヲ希望ス。其上ハ韓廷ニ対スル我希望ハ容易ニ達シ得可シ」とも付け加えた。〈注22〉

つまり林公使は小村外務大臣に対し、日本政府が亡命者処分を決め、買収資金も出すのであれば、韓国皇帝を日本側に取り込むべく努力はしてみるが、ダメな場合は、兵力で威圧する方針をとるべきである、そうすれば日本の希望は簡単に達成できると言ったのである。これが、一九〇三年もあと数日を残すだけとなった、一二月二八日のことであった。

密約交渉の始まり

こうした日本側の攻勢に対して、高宗は、外部大臣臨時代理に任命したばかりの李址鎔に、林の意見の詳細を聴き取るように命じ、李址鎔は一二月二九日の夜更けに林を訪問した。〈注23〉

しかしこのことをもって、亡命者を処分するから、処分すべき人名を指示してほしいという新たな餌に対して、高宗が心を動かされたと見るのは誤りである。高宗が、日本の軍事行動の開始を引き延ばすため、日本側の交渉に応じる振りをして時間稼ぎを図っていたことについては後述しよう。

年が明けて一九〇四年一月四日、林は小村に対し、李址鎔から「韓帝の近侍を籠絡するの必要」があるので、金一万円の準備を求められたと報告した。そしてこれは宮中の情況に照らして必要と認められるので、一万円を本使あてに送金してほしい。その用途に関しては、本使は李と協議するつもりであると書いた。〈注24〉

この電文の欄外には、「総理、海、陸、参、二老、一月五日発送」と記入されている。つまり、総理大臣・桂太郎、海軍大臣・山本権兵衛、陸軍大臣・寺内正毅、参謀総長・大山巌と二人の元老（伊藤博文と山県有朋か）に一月五日に通知されたという意味であろう。小村は同日午後六時二〇分に、「

李の運動費一万円は明六日電送す」と発信した。〈注25〉
ところが林は、その工作資金を受け取って間もない同月一一日に、本日、塩川通訳官を通じて全額を李址鎔に手渡し、同人の使用に任せることにしたと報告した。〈注26〉
一万円は今の数億円に相当するだろう。先に紹介したように、林は「一万円」の用途に関しては、李と協議するつもりであると報告していた。ところが林は、金を受け取った五日後には「全額を李址鎔に手渡し、同人の使用に任せることにした」と報告した。つまり買収資金の使い道については李址鎔に一任したとしたのである。本当に李址鎔から一万円を要求したのか。また一万円全額が李址鎔に渡されたのかは、非常に疑わしい。しかし『日本外交文書』に残された林のこの報告によって、李址鎔の名は「売国奴」として韓国人の脳裏に深く刻み込まれる結果となっている。
つづいて一月一六日、林は長文の電報を発信した。そこには、「李根沢が最近本使の威迫に依て大いに其態度を改むる必要を感じ居る」と報告されている。〈注27〉
李根沢《イグンテク》とは、後に軍部大臣として保護条約に賛成し、「五賊」の一人となる人物であるが、当時は陸軍副将（中将に相当）で親露派と見られていた。
その李根沢に林が加えた「威迫」とは、具体的に何を意味するのかはわからない。しかし、林の脅迫に屈服した李根沢と、林に買収された李址鎔と、李址鎔が籠絡したとされる軍部大臣閔泳喆《ミンヨンチョル》の三人が、林と数回の会談を重ねたという。その結果、一月一四日に李址鎔と閔泳喆が、高宗に日本との密約締結の委任を三人で受けたいと奏上した。そして一月一六日には三人そろって林を訪問し、「陛下ガ全然日本ニ依頼スルニ決セラレタ」と何度も明言し、委任状は数日内に示し得るので、その時には、日本政府からも韓国の独立と皇室の安寧の保証を得たいと言った。

三人は、[明治]二八年以前にも日本より同様の保証を得たにもかかわらず、王妃弑害の惨事を生じた例があるので、今回の保証は最も誠実に履行されることを望むとも述べたという。

これは、一〇年前の日清戦争開戦時に、日本が朝鮮に強要した日朝「両国盟約」第一条に「此盟約ハ……朝鮮国ノ独立自主ヲ鞏固《きょうこ》ニシ日朝両国ノ利益ヲ増進スルヲ以テ目的トス」とあったにもかかわらず、その一年余り後に王宮に侵入した日本軍の手によって王妃が殺害されたことを皮肉ったものであろう。しかし林には、その含意は通じなかったようだ。林は、「希望ノ保証ハ勿論、其誠実履行ニ関シ本使ヨリ陛下ニ対シ、十分ノ安心付ク様ナスベキ旨ヲ答ヘ置ケリ」と報告している。

翌一七日、小村は林に対し「帝国政府ノ希望斯ク迄運ビタルハ全ク貴官ノ斡旋宜シキニ適シタルコトヲ思ヒ、本大臣ハ深ク貴官ニ対シ感謝ノ意ヲ表ス」と発信している。〈注28〉

小村は林の報告を鵜呑みにして、密約交渉が本当にうまく進んでいると思ったようだ。これは小村のみならず、小村から林の電報の報告を受けていた「総理、海、陸、参、二老」たちも同様であったろう。彼らが、一九〇三年一二月三〇日の閣議で「韓国ニ関シテハ如何ナル場合ニ臨ムモ、実力ヲ以テ之ヲ我権勢ノ下ニ置カザルベカラザルハ勿論ナリト雖モ、出来得ベキ丈ケハ名義ノ正シキヲ選ブヲ得策トスル」と決議していたことは前述した。

日本は、日韓間に対露軍事同盟を結んだ上で、堂々と韓国に軍隊を上陸させ、韓国を兵站基地として作戦を展開したいという希望をもっていた。しかし、韓国はそう簡単には日本の思いどおりにはならなかったのである。

林権助の密約案

一九〇四年一月一九日午後八時二〇分、林は、李根沢、李址鎔、閔泳喆の三人が「各自希望ノ委任状ヲ得テ本日午後本使ヲ訪問シタリ」と小村に報告した。林が密約案を示すと、三人は「追テ陛下ノ意ヲ受ケタル後、可成《なるべく》明後日午後ニ第二回会見ヲナスベキ旨ヲ約セリ」という。〈注29〉

注意すべきことは、本章冒頭で述べたように、このときすでに高宗皇帝の使者が、世界に発信すべき「中立宣言」を持って、ソウルを発っていたと見られることである。

一月一九日付け電報の別紙一として、林が三人に示した密約案（明治三十七年一月十九日修正第三稿）として小村に報告したものは、左のとおりである。これは前文の韓国側記名者部分が未記入のままである。

大韓国外部大臣臨時署理

大皇帝陛下の勅命委任に依り、又、大日本帝国特命全権公使林権助は大日本帝国政府の正当委任に依り韓日両国間に左開の件々を協定す

一、韓日両国間に恒久不易の親交を保持し、東洋の平和を確保する為め、両国政府は常に誠実に互相の意思を疎通し、且、緩急互に相扶掖《ふえき》す可し

一、大日本帝国政府は大韓帝国皇室の安寧及其領土独立の保全を誠実に保障す可し

一、両国政府は相互の承認を経ずして、後来《こうらい》［今後は］、本協約の趣意に違反す可き協約を第

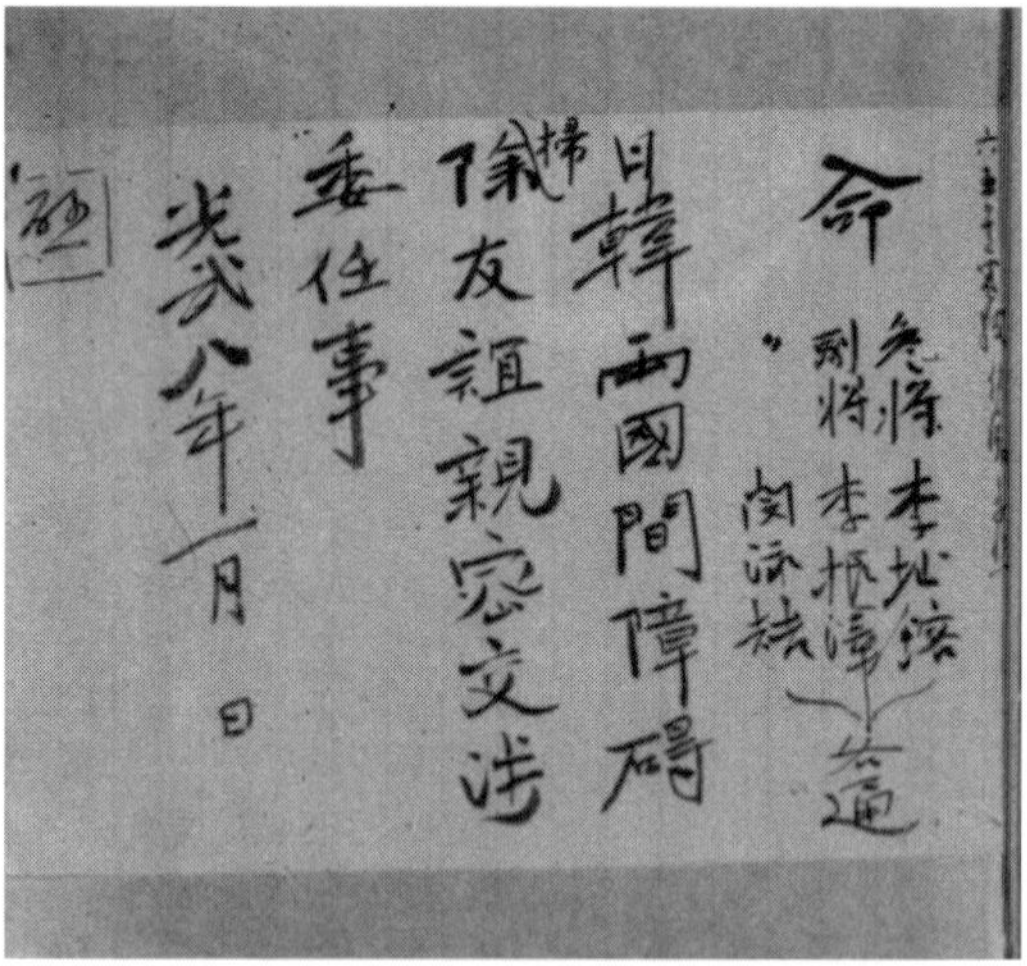

図4:「高宗の委任状」写しと称する文書（影印版『駐韓日本公使館記録』第19巻463頁〈韓国国史編纂委員会、1994年〉より）

三国との間に訂立する事を得ず
一、未悉の細條は大韓帝国外部大臣と大日本帝国
代表者間に臨機妥定す可し
一、本協定は両国互に秘密に附す可し

この密約案（以後林案と呼ぶ）のポイントは、第一条で日韓両国が「緩急互に相扶掖す可し」と、軍事同盟であると解釈し得る文言を入れたこと。第三条において日韓両国が相互承認を経ないで他国と条約締結することを禁止したことにある。文面上は相互主義であるが、この条文の意図が韓国が第三国と協約を締結することを阻止することにあったことは明らかであろう。

また、林は、亡命者の処分に関することは密約中には入れず、特命全権公使の林が発行する公文として韓国政府に内密に声明する予定であるとして、別紙二で、日韓間の親交の障害となっている「乙未《いつび》亡命者」（乙未の年の王妃殺害事件に関わり日本に逃亡した韓国人）は日本政府において速やかに適当な処分を加えることの約諾書を提示している。

同電報には、さらに付属書一として、三人が高宗から得た「委任状」の写しと称するものが添付されている。影印版『駐韓日本公使館記録』より、その画像を掲載しておこう。【図4】

林はこれを「日韓両国間ノ障碍ヲ掃除シ、友誼ヲ親密ニスルノ交渉ヲ委任スルコト」と読んで小村に報告しているが、これは韓国で通用するまともな漢文ではない。しかも日付すら入っていない。本当に三人が示した「委任状」を写したものであろうか。林が作って三人に示した草案としか思えない。この漢文まがいの「委任状」をもって、日韓同盟密約締結のために高宗皇帝が与えた全権委任状であると主張する研究者もいるが、とてもそのようなものとは思えない。

韓国側対案

この「林案」に対して、翌一月二〇日朝に李址鎔側から示された対案は左の通りである。これも林から同日午後一時三五分発の電信で小村に報告された。〈注30〉

大日本帝国特命全権公使林権助は大韓帝国外部大臣署理李址鎔と各其政府の委任を奉じ左開案件を議定す

一、日韓両国々際上の障碍を厳重に措置し、情誼を完全に疏通する事

一、東亜大局の平和に関し万一事変に際当したるときは、日韓両国は誠実なる友誼を以て互に相提携し、安寧秩序を永久に維持する事

一、未備の細目は日本国代表と外部大臣との間に臨機協定する事

この対案（以後韓国案と呼ぶ）では、李址鎔の権限は「政府の委任」となっている。高宗の委任状

などなかったことの証拠である。また林が、密約中から外して別に「約諸書」を出して済まそうとした亡命者問題、即ち「日韓両国々際上の障碍」を第一条に置き、この協定が亡命者の処分に関するものであることを明示している。そしてそれ以外の林案にあった条項、日本が韓国皇室の安寧と領土と独立の保全を保障するとか、第三国との協約を禁止するとか、さらには秘密協定条項までも外している。

林と三人との会合の内容が、もっぱら亡命者問題に終始していたことの証拠である。林がいくら「威迫」を加え、買収資金を積んだところで、彼らは結局林に同調することはなく、高宗の指示のもとに動いていたと見るべきであろう。

李址鎔はこの提案どおりならば、本日中にも皇帝の許可を取り、明日にも調印できると林に言った。そこで林は、時日を遷延して破綻の危険を冒すよりも、この韓国案のまま、速やかに調印する事を至急詮議してもらいたいと、小村に請訓したのである。

これに対し、小村は同日、つまり一月二〇日の午後九時二〇分に、林案に韓国案を形だけ取り入れた外務省案を出して、あくまで林案を維持することを命じた。〈注31〉

そして翌二一日午後一時二〇分に、小村は林に「運動費入用ナレバ直ニ電送スベキニ付、否ヤ、返電アリタシ」と発信した。つまり、もっと金がいるなら直ぐ送る、と言ったのである。この電信は午後二時七分に林のもとに届いている。〈注32〉

林は、午後二時四〇分発の電信で、韓国案第二条に「事変ノ際ハ互ニ相提携ス」との字句があるから、取り敢えずの目的は達せられたと考えられる。修正に時間がかかると、調印できなくなることが予想されるので、このまま速やかに調印したい。後日、機を見て御訓示通りの協定を締結し、取り替えることにしたいと返した。〈注33〉

さらに一時間後の三時三〇分発で、韓国案の第一条は「亡命者」と明記しているわけではないから差し支えない。また二条は我案よりも明晰に時局を解釈したものと見ることができるから、是非これでひとまず調印に持ち込みたい。調印後、李址鎔の勢力を維持するために、「密約訂《ママ》結ト同時ニ同人ニ更ニ運動費トシテ金一万円ヲ支給シタシ」と要請した。〈注34〉

これを受けて小村は、同日（一月二一日）午後五時一五分発で、外務省案のように修正することを希望するが、やむを得ないのでひとまず協約を締結し、時機を見計らって希望の案と取り替えることにしたいと訓令し、さらに五時間後の一〇時三〇分には、「異議ナキニ付キ」、速やかに調印するように督促した。〈注35〉

また翌二二日午前一一時に、小村は、「金一万円ヲ電送スルニ付御申越ノ通リ取計ハレ度シ」と発信した。〈注36〉

密約交渉の頓挫

本章冒頭で紹介したように、ほかならぬ外部大臣・李址鎔名で、大韓帝国の「中立宣言」が日本の外務大臣あてに届いたのが、一月二一日の午後四時一〇分であった。

李址鎔に対する追加買収費に関する林と小村の電信は、『日本外交文書』には収録されていないので、午後三時三〇分にソウルから発信された林の電信が小村のもとに何時に届いたのか明らかにすることはできない。しかし、おそらく「中立宣言」が届いた後、それほど時間を置かずに届いたであろう。

小村が、同日午後七時五〇分発で林に「中立宣言」の英訳を送り、ひきつづき午後八時三五分発で、懸案の密約を調印の上、「中立宣言」について李址鎔に確認せよと命じたことも、本章冒頭で述べた。小村はその二時間後に、韓国案でいいから早く調印しろと命じ、翌日の午前一一時に、林の要求どおり再び一万円を送金したのである。

小村は、おそらく林の報告が信用できないことに気が付いていたであろう。それでも林の要求どおり買収資金を上積みし、韓国と何らかの協約に持ち込めるものなら、持ち込もうとしていたのである。そして、時機を見て希望のものと取り替えればいい、と。

一万円という大金は、小村の一存で送金することはできなかったはずだ。前回同様、「総理、海、陸、参、二老」（総理大臣、海軍大臣、陸軍大臣、参謀総長、伊藤博文、山県有朋）の許可を得ていたであろう。

高宗はそもそも日本と対露軍事同盟を締結するつもりなど微塵もなかった。前述したように、一九〇三年八月には日露両国に韓国の戦時中立の保障を求めていた。また同年一〇月から始まった、対露密約を迫る駐韓公使林権助の謁見申請を病気を口実に拒否しつづけていた。一二月の終わりに、臨時に外部大臣に任命した李址鎔に林公使の話を聞くように命じたのも、交渉に応じる振りをしながら日本の軍事行動の開始を引き延ばし、世界に向けて中立宣言を発表する準備をしていたのである。

林は、一月二四日、昨夜に予定していた密約（韓国案）の調印交換ができなかったと小村に報告した。林の報告によれば、その理由は、高宗が三人に対して、まず韓国の中立宣言に対する日本の回答を求めるように命じたからであるという。李址鎔は林に対し、中立通知に対する日本政府の回答を得られれば、明二五日中にも調印交換ができると言ったという。

林は李が希望するように韓国政府に「アクノウレッジ」（承認）を為すよう自分に電訓してほしい。そうすれば、去る二二日付けで承認を通知し、密約成立の日付けになるべく遠ざけるようにする、と提案している。〈注37〉

日露の紛争に関し局外厳正中立を守るという「中立宣言」を承認することと、日韓同盟を締結することは、本質的に矛盾する。しかし、このように日付を操作すれば、「中立宣言」と密約締結との矛盾は解消できるというのが林の主張であったが、日本政府は韓国の「中立宣言」に対し回答せずと決め、林の提案は退けられた。もっとも日本政府が韓国の「中立宣言」を承認すれば、おそらく高宗はそれと矛盾する協約には応じられないと拒否するか、誤解を生む「相提携」の文言の削除を要求したであろう。

林は一月二五日、「陛下は既に密約成立に反対することに決せられた」と、密約交渉が頓挫したことをはっきり報告した。そのなかで、高宗がそのように決心した理由を、李址鎔の秘書官でありながら、林の手先となっていた具完喜（後述）が李址鎔より得た情報によるとして、「李容翊《イヨンイク》・姜錫鎬《カンソクホ》が内に在りて陛下を動かし、同時に李学均・玄尚健《ヒョンサンゴン》・李寅栄《イインニョン》一派が英・米・仏・独等の外国語学校教師と合体したる所謂中立派の勢力に影響せられたるもの」であると説明している。そして密約交渉頓挫の結果、李址鎔、閔泳喆、李根沢の三人が反対派の暗殺に遇う恐れがあるので、「実力を以て彼等の安全を計る必要があり」と訴えている。〈注38〉

林は、中立宣言を世界に向けて発表する準備をしていた高宗が、三人を使って林の目をくらましていたことに、まだ気付いていないようだ。これに対し小村は、翌二六日に返信を送り、密約成立寸前まで至って破れたのは遺憾の至りであるが、当分このままにして時機を待つことにすると言った。そして李址鎔らの保護については、実力を以て保護する必要はないと指示した。〈注39〉

林は一月二八日に「大局に対ひ《っ》ては韓国の態度如何に係はらず速に決行あることを希望す、韓国の態度は我実力の加はると共に我が方に傾くものと御判断ありたし」と発信した。〈注40〉

つまり、密約など締結しなくとも、軍隊を送って占領してしまえば、韓国など日本の思いどおりにできるから、速やかに軍事行動を開始すべきであると言ったのである。

この電報には、さすがの小村も権限外の「大局的判断」をするな、と強く叱責している。〈注41〉

しかし、林が小村に対し、韓国に対しては軍事行動が必要だと説くのはこれが初めてではないことは、すでに述べた。小村もそれに同意していた。ただ軍事行動を起こす場合も、名義の正しい方が得策だという打算のもとに、密約締結に固執していたにすぎない。小村の叱責は、多額の機密費を使い韓国高官らを操縦していたはずの林が、実は彼らにまんまと騙されていたのだと悟ったことによるものであったろう。

高宗の外交政策

一九〇三年八月に、日本と同様に、韓国の戦時中立の承認と明確な回答を求められたロシアの対応がいかなるものであったかについては、残念ながら明らかにすることができない。

しかし同年八月から開始された日露交渉の中で、一〇月三日になって示された第一次ロシア案に、「三九度線以北の韓国に中立地帯を設定する」「韓国の戦略的使用の禁止」という条項が含まれることは、ロシアが韓国の意志を受け入れた結果と見ることができよう。

日本においては、この時ロシアが韓国の北半分を要求したという見方が多く見られるが、そうではない。ロシアは韓国への出兵の意思がないことを表明したのである。三九度線以北としたのは、過去の日露協定において、ロシアが日本に認めた韓国における駐兵権との整合性を図るためであろう（序章参照）。

韓国の戦時中立の主張は、日本軍の韓国侵入と北進によって旅順への補給線である東清鉄道の南部支線（後に日本によって南満州鉄道と呼ばれることになる支線）が切断されること、また韓国沿岸への軍事施設の設置によって、ウラジオ艦隊と旅順艦隊が分断されることを懸念するロシアの利害と一致していたのである。

高宗は、日露両国に韓国の戦時中立の保障を求めただけではなく、宮内府礼式院翻訳課長・玄尚健に特別任務を与えてヨーロッパに派遣した。

従来、玄尚健の任務については、十分理解されていなかった。と言うより、駐露韓国公使に対し、ロシア政府に韓国の戦時中立の保障を求める訓令を伝える使節と混同されてきた。そのため、一九〇三年八月二一日に出国した玄尚健が、「最初フランスに行き、オランダに行き、ドイツへ行った。ベルリンからロシアに入ったのは、実にこの年一一月四日のことであった。なぜ彼がそんなに足踏みしていたのかはわからない。」（和田春樹『日露戦争』下巻、一四一頁）という意見まで出されている。

しかし、玄尚健がハーグ平和会議への使者であったことは、『皇城新聞』で何度も報じられている（一九〇三年八月二〇日、九月一二日、一一月一四日、一二月二二日、一九〇四年一月一三日）。

一九〇三年八月に仁川から出立した玄尚健は、まずフランスへ行き、次いでオランダへ行き、さらにドイツを経て一一月一四日にロシアに入った。そしてラムスドルフ外務大臣に面会して、ニコライ二世あての高宗の親書を手渡したのである。

このとき玄尚健が伝達した高宗のニコライ皇帝あて親書（一九〇三年八月一五日付）は、韓国のソウル学研究所がモスクワ帝政ロシア対外政策文書保管所で発掘し、一九九五年四月二六日に新聞発表された。そこには、日露間に戦争が勃発すれば、日本は必ずソウルを奇襲占領するはずであるから、韓国はロシアと事前に同盟関係を樹立して置くことを希望する、と表明されていた。〈注42〉

高宗は、一九〇三年八月の時点で、日露両国に韓国の戦時中立の保障を求めると同時に、日露開戦になれば日本が韓国の中立を侵犯するであろうことを前提に、ロシアとの同盟関係樹立を希望していたのである。

高宗は玄尚健にもうひとつの親書を託していた。それはオランダのウィルヘルミナ女王にあてたも

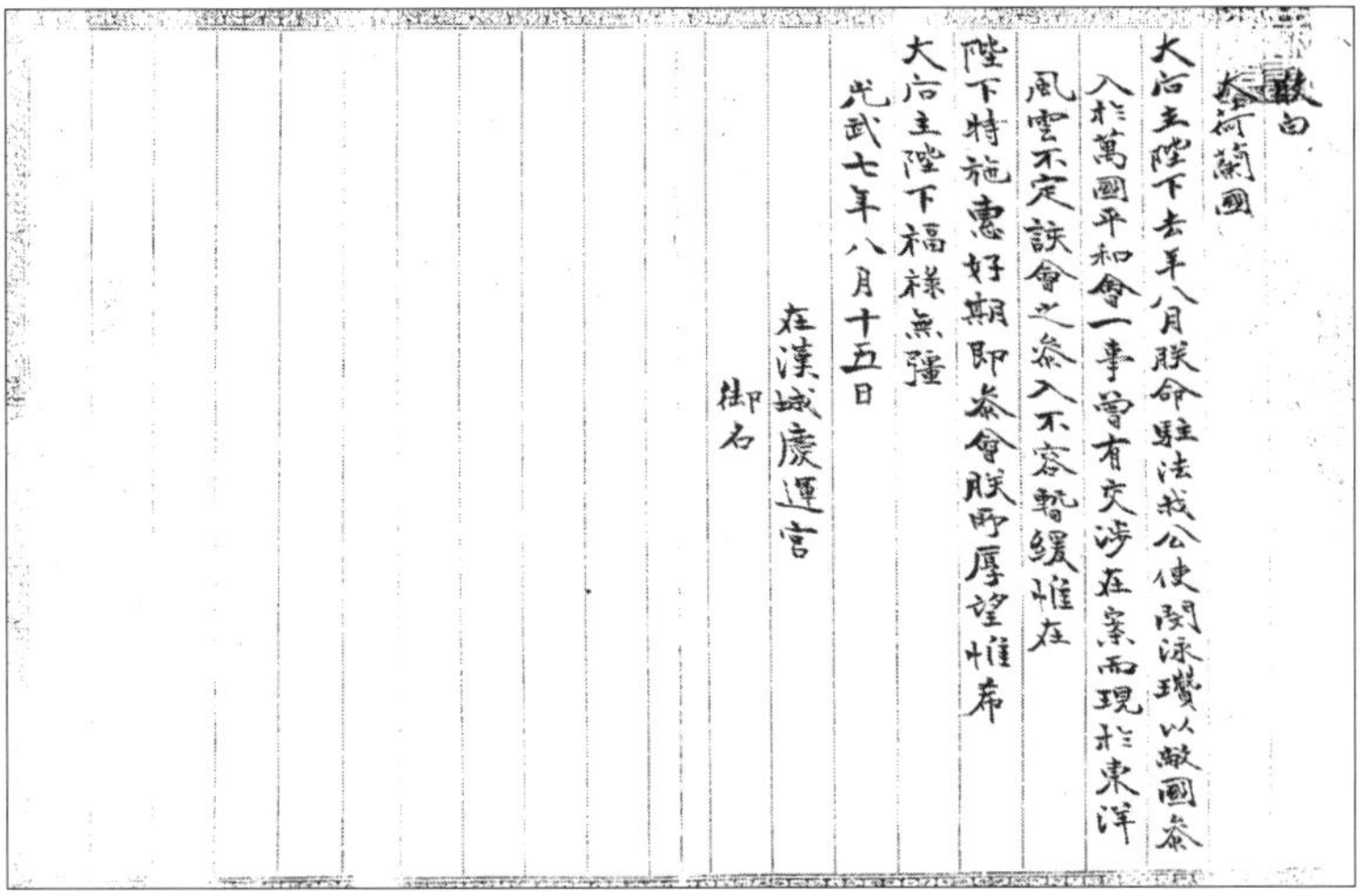
敬白
大荷蘭國
大后主陛下去年八月朕命駐法我公使閔泳瓚以敝國叅
入於萬國平和會一事曾有交涉在案而現於東洋
風雲不定該會之叅入不容暫緩惟在
陛下特施惠好期即叅會朕所厚望惟希
大后主陛下福祿無彊
光武七年八月十五日
在漢城慶運宮
御名

図5：「オランダ女王あて高宗の親書」（30 × 40cm。［韓国］王室図書館蔵書閣デジタルアーカイブ「大荷蘭国国書」より）

ので、韓国がハーグ平和会議へ参入するための助力を請う内容であった。

こちらの方は、李王家の図書館であった蔵書閣に、その控えが残っている。【図5】

オランダ国大后主陛下に謹んで申し上げます。昨年八月、我が駐仏公使閔泳瓚に弊国が万国平和会に参入する事を命じました。交渉がなされましたが、まだ決定されていません。今東洋においては風雲が怪しくなり、該会への参入は一刻も猶予することができません。陛下の特別な御好意を得て即刻参会したいというのが、私の厚く希望するところです。

大后主陛下の福禄が無彊でありますように。

高宗は韓国がハーグ平和会議に参入して、日本の不法行為を国際仲裁裁判所に提訴しようとしていたのである。この問題については、さらに終章「万国平和会議への道」で論じる。

中立宣言の発表

高宗が、ロシア皇帝とオランダ女王にあてた親書を託してヨーロッパに派遣した玄尚健は、一九〇四年一月一一日にロシアの軍艦「ワリヤーグ」に乗って仁川に帰着し、一三日に高宗に帰国報告を行った。

高宗は世界に向け「中立宣言」を発表することを決意した。玄尚健はこれをロシア公使パブロフとフランス代理公使フォントネに伝え、協力を求めた。〈注43〉

その後の展開は本章の冒頭に書いたとおりである。

従来、ロシアは日本と同様に韓国の「中立宣言」を無視したかのように語られてきたが、これが間違いであることは、和田春樹によって明らかにされた。

一九〇四年一月二八日、高宗は、駐韓公使パブロフに、中立宣言に対しイギリス、アメリカ、ドイツ、デンマーク、イタリアからすでに好意的な回答を得たと伝え、ロシアの回答を得たいと言った。翌二九日、ロシアのラムスドルフ外務大臣は、露日の衝突のさい、韓国が中立を守るという韓国の表明は皇帝政府によりまったく共感をもって迎えられたと、韓国皇帝に伝えるようにパブロフ公使に訓令した。〈注44〉

高宗がパブロフに伝えた五カ国のほかに、韓国はフランスからも回答を得ていたことが、一月三一日に林公使から小村外務大臣あてに報告されている。〈注45〉

芝罘《チーフー》からの中立宣言の発信に成功し、日本を除く諸外国から「好意的」な返信を得たと確信した高宗は、いよいよ、自国の局外中立、具体的には日本軍の仁川上陸とソウル進入禁止をソウル駐在外国公館の合意という形で発表させたいと考えた。この問題に関し、高宗のブレインとなり、密使となって王宮と各国公使館を往来したのは、やはり玄尚健であった。

このことは、参謀本部から韓国に派遣されて特別任務に就いていた陸軍少将・伊地知幸介の日記『鶏林日誌』（防衛研究所蔵）の二月八日条に、次のように書かれている。〈注46〉

午前八時、野津少佐よりの情報に依れば、昨日昼より夜に掛け、玄尚健は陛下の命により仏国公使館に屡々《しばしば》往復せり、其目的は京城及仁川を中立地と為さんとの運動なりと云ふ

野津少佐とは、韓国公使館付き陸軍歩兵少佐・野津鎮武のことである。伊地知が四月二日付けで大山巌参謀総長に送った報告によれば、野津は韓国在勤が長く、韓国官民間に独自の人脈を築いているので、非常に役に立ったという（アジ歴 C09122003700）。

野津からの情報により、高宗が玄尚健をフランス公使館にたびたび送っていることを知った伊地知が、その動きを黙って見過ごすわけはない。伊地知の日記には、同日（二月八日）午前一〇時に、参謀総長あてに次のような電報を発信したことが記録されている。

昨日来韓廷動揺甚し、国王は仏国公使館へ逃れんとするの風説あり、我が公使は極力予防の法を

取り居れり、又仏国公使により京城及仁川を中立地となさんとするの運動始まれり、決して成立せしめざる見込

伊地知は、ソウルと仁川を中立地としようとするフランス公使の運動が始まったが、決して成立させない見込みであると報告した。玄尚健は日本軍に追われ、外国公使館に潜んだ。そして日露開戦後、アメリカ公使アレンに助けられて、李学均とともに上海に亡命した。

玄尚健は、朝鮮時代に代々通訳官を輩出した川寧玄氏の出身である。『医訳籌八世譜』に掲載されている尚健の従兄弟、玄養健の八世譜（六代祖と外祖父、岳父の名前と官職を記載）によれば、玄尚健の五代祖・泰衡以下、高祖父・時錫、曾祖父・漢敏、祖父・学周にいたるまで、全員が通訳官として司訳院の官職を帯びている。

また、通訳官の国家試験合格者名簿である『訳科榜目』を見ると、玄尚健の祖父・学周とその四人の子が全員、訳科に合格していることがわかる。学周は漢学（中国語）から清学（満州語）に転向した経歴を持ち、長子・昌運は清学、次子・昔運は倭学（日本語）、尚健の父である三子・明運は漢学、四子・星運は倭学を専門とした。〈注47〉

このような由緒正しき通訳官の家門に生まれた玄尚健であるが、本人はフランス語を学んだ。上海亡命後は、フランス人経営の会社に雇用されていることが、一九一〇年九月に在上海総領事有吉明から外務大臣小村寿太郎に報告されている。一九二六年五月に上海で病没した。〈注48〉

日本軍の不法上陸

高宗を中心とする韓国の戦時局外中立の動きに止めを刺したのは、二月八日深夜の日本艦隊の仁川港出現（第Ⅲ章参照）と、暗号名で「コロク」と呼ばれた韓国臨時派遣隊の仁川上陸、ソウル侵入であった（第Ⅴ章参照）。

翌九日、仁川港碇泊中のロシア軍艦二隻は、圧倒的に不利な条件下で、日本艦隊の呼び出しに応じて仁川沖に出て行き、果敢に戦った結果、仁川港に戻り、自爆、自沈した。

この爆音がソウルまで殷々と響きわたる最中に、駐韓公使林権助は伊地知幸介陸軍少将を伴い、高宗に謁見した。

その夜、林が小村外務大臣に発信した報告には、林が日韓同盟の締結に関し高宗の意見を求めると、「陛下は自身も亦、其希望あるも目下の際は、尚ほ表面上、各国に偏頗《へんぱ》無く交際する必要あるに付、同盟締約の件は熟考し置く可しと答へられたり」と書かれている。〈注49〉

高宗は、軍事的脅威下に置かれても、なお言葉を選びつつ、極めて冷静に対応していたのである。

ところが、後年、林が出版した回顧談では、このとき落ち着きを失った高宗が、「宜しく頼む。宜しく頼む」と林に言ったと語り、「この王様の一言で、日本は韓国版図内に於て、自由に行動して宜しいといふ事になった」と、でたらめなことを書いている。〈注50〉

林に同行した伊地知幸介の方は、同日午後七時三〇分に、参謀次長あてに次のように発信した。伊地知の日記を見ることは、一般には非常に困難だと思われるので、煩瑣になるが、原文のまま紹介しておこう。

本日公使同道謁見せり（中略）日本兵入京の理由を述て曰く、日本の出兵は朝鮮国の地理上の位置の然らしむるものにして、日本の自衛上已むを得ざるに出づ、朝鮮若し強国たらば日露も敢て境を犯すことなかるべし、日本の危険を顧みず速かに一部の兵を入れしは、京城に露兵を入れしむることなく、京城付近を戦場となすことを避け、陛下を安んぜんことを欲してなり、日本は或は二、三十万の兵をして貴国を通過せしむるやも知るべからず、日本兵は仮令《たとえ》、多数入韓するも、陛下の尊厳を犯し、国民に害を与ふるが如きは、公使及小官の当地に駐在する限り、誓て為さざるべきにより、陛下安んぜられ［む］ことを乞ふと、国王唯々了承せられたり〈注51〉

伊地知は高宗に対し、日本は二、三〇万の兵を韓国に上陸させて韓国を通過することになるかも知れないが、林公使と自分がソウルにいる限り、陛下の尊厳を犯したり、韓国民に害を与えたりすることはない、と言った。裏を返せば、林公使と自分の言うとおりにしなければ、二、三〇万の兵が何をするかわからないぞ、と高宗を脅迫したのである。

さらに伊地知は、翌一〇日午前一一時三〇分に、参謀総長あてに次のように発信した（傍線、筆者）。

昨日の謁見は凡《およ》そ一時間三〇分間を費せり、此間国王の言語態度を観察するに、未だ全く我れに信頼するの真意断じて無し、王を廃して全然我領土とするか、少くも軍事外交財政の三権を我れ

に奪有して保護の実を挙ぐるの準備必要なり、露仏を除き当地の外交界にて最早異議を挿《はさ》むものなし〈注52〉

伊地知から右の二通の電報を受け取った参謀総長・大山巌は、第一回の報告では、高宗が大いに安心したかのように言い、第二回では、「我に信頼するの真意断じて無し」とある。いったいどちらなのか。速やかに返電せよ、と問いただした。これに対し、伊地知は次のように答えている。

第一回の主旨は、敢て反問せらるることなく承知せられたりと言ふに過ぎず、国王の信頼するが如くにして、真意信頼するに意なきは、大鳥公使の時、我に信頼せしに拘らず、平壌清国軍に密旨を送りしにても明なり、韓国王に対しては尋常の手段を用ゆるも到底望なしと言ふ意なり〈注53〉

伊地知は、第一回の報告で「国王唯々了承せられたり」と報告した意味は、高宗は敢えて反問しなかったというにすぎない、と正確に言い直した。

伊地知は林よりも明確に高宗の真意を見抜いていたのである。よって、高宗の真意は日本を信頼していない、これは「大鳥公使の時」と同様である、と述べている。「大鳥公使の時」というのは、一〇年前の日清戦争開始時に日本軍が朝鮮の王宮を占領して、高宗に「日朝同盟」を強要したときのことを指す。このとき高宗は表面上日本軍に従う振りをしつつ、密かに平壌に集結する清国軍へ救援を依頼する密旨を送っていた。

伊地知は、高宗を日本側に取り込むことは不可能だと見ていた。よって、高宗の廃位と軍政施行の検討の必要性を報告したのである。

二月八日の深夜から九日未明にかけて仁川に上陸した韓国臨時派遣隊（第一二師団中の四大隊で編成）は、東清鉄道仁川支店を占領して司令部を置くと同時に、仁川―ソウル間の鉄道を利用して、一気にソウルに軍を進めた。その後一九日には第一二師団長井上光中将が、一二師団の残存部隊を率いてソウルに到着した。

この間、ロシア公使パブロフは、二月一二日に、フランス代表を韓国におけるロシアの権益代理人に定め、公使館職員と在留ロシア人を従えて、ソウルを立ち去った。

戦時編成の一師団が突然ソウルに入って来るということが、どういうことであったかについて、再び伊地知幸介に語ってもらおう。

第十二師団の着京は、去る一六日夜、大谷参謀長の来着により初めて承知せり、京城広しといえ共、戦時の一個師団を宿営せしむるには、非常手段によらず［ざ］れば為《な》し能《あた》はざるなり、即ち即夜公使と談し、両王宮の一を使用せんことを計《はか》り、翌十七日昌徳宮を兵舎に宛て宜敷との勅許を得、早速兵站部員等を差遣《さしつかわ》して検するに、厳冬暖炉の設備なく、仍《より》て昌徳宮の外、兵営・官衙の若干を明け貸与せられんことを再応請求し、武官学校等を貸与せられ、其他、朝鮮民家にして南大門より東大門に通ずる大通の左右を兵舎に宛つるの承諾を得、僅かに狭〇［一字不明］舎

営を為し得るに至れり、昨今続々入京中なり〈注54〉

伊地知自身、一二師団のソウル入城を知ったのは、三日前の二月一六日であった。いくらソウルが広いと言っても、戦時編成の一個師団を宿営させようと思えば、「非常手段」によらねば不可能である、と伊地知は書いている。

伊地知は、まず景福宮か昌徳宮を兵舎にあてようと考え、翌日に昌徳宮を使ってよいという高宗の許可を得たという。そこで早速、兵站部員らを派遣して点検してみると、長らく使用されていなかった昌徳宮には暖房設備がなかった。

ソウルの冬の寒さは厳しい。伊地知は、昌徳宮以外にも現に韓国政府が使用している官衙や兵舎を明け渡せと再び要求した。韓国政府は武官学校を明け渡した。その他、南大門から東大門に通じる大通りに面した民家を兵舎に宛ててよいという承諾を得た、と伊地知は勝手に言っているが、このとき、突然日本軍に自宅を占領され、厳冬の中に放り出されたソウル市民たちが大量に出たわけである。あるいは、日本軍が来ることを知って、自ら逃げ出した市民たちも多数いたであろう。彼らの家屋を日本軍が占拠したのである。

日韓議定書の強要

開戦からほどなく、一九〇四年二月二三日に、外部大臣臨時署理・李址鎔と特命全権公使・林権助との間で左記の議定書が調印された。〈注55〉

「議定書」

大日本帝国皇帝陛下の特命全権公使・林権助及大韓帝国皇帝陛下の外部大臣臨時署理・陸軍参将・李址鎔は各相当の委任を受け左の條款を協定す

第一条

日韓両帝国間に恒久不易の親交を保持し、東洋の平和を確保する為め、大韓帝国政府は大日本帝国政府を確信し施設の改善に関し其忠告を容るゝ事

第二条

大日本帝国政府は大韓帝国の皇室を確実なる親誼を以て安全康寧ならしむる事

第三条

大日本帝国政府は大韓帝国の独立及領土保全を確実に保証する事

第四条

第三国の侵害に依り、若くは内乱の為め、大韓帝国の皇室の安寧或は領土の保全に危険ある場合は、大日本帝国政府は速に臨機必要の措置を取るべし、而して大韓帝国政府は右大日本帝国政府の行動を容易ならしむる為め十分便宜を与ふる事、大日本帝国政府は前項の目的を達する為め、軍略上必要な地点を臨機収用することを得る事

第五条

両国政府は相互の承認を経ずして、後来本協約の趣意に違反すべき協約を第三国との間に訂立することを得ざる事

第六条

本協約に関連する未悉の細條は大日本帝国代表者と大韓帝国外部大臣との間に臨機協定する事

この「議定書」の内容は、中立宣言の発表によって頓挫した密約案（林案）よりも、はるかに韓国の国権を侵害するものである。とりわけ、第四条、韓国が日本の軍事行動を容易にするために十分便宜を与える事、また日本が韓国の軍略上必要なる地点を臨機収容することができる事という規定は、密約案には全くなかったものである。

日本軍の軍事占領下とは言え、このような条項に、中立国化を進めてきた高宗と側近たちが、容易く合意するわけはない。このような情況下で、林公使の韓国要人に対する不法行為は、益々露骨かつ高圧的なものになっていった。

林は二月二三日午後四時に、「議定書は本日調印せり、昨夜来一頓挫を来せるが、遂に調印の運《はこび》に至れるは御同慶なり」と議定書調印を報告する。〈注56〉

続いて同日午後九時には長文の電報を送り、議定書調印に至る顚末を報告した。要約すると次のとおりである。〈注57〉

李容翊が議定書の締結に反対を唱え、それに影響された高宗が、吉永洙・李学均・玄尚健の三人を宮中に召して諮問した。その結果高宗は議定書調印を再び引き延ばす考えを起こした。昨日李容翊が外部に来て李址鎔に対し、陛下の命として、議定書に調印すれば大罪人として処分されると厳談したので、李址鎔は調印を拒む決心をして、本日は京城外に逃亡するつもりであった。今朝この情報に接したので、塩川通訳官を李址鎔宅に送り、逃亡を思い留まらせた。結局、李址鎔も快く調印交換をした。本官は午後三時に、井上師団長と同伴して謁見委細奏上する予定である。

林は、調印を拒むためソウルから逃亡しようとしていた李址鎔宅に、塩川通訳官を送って逃亡を思い留まらせた。その結果、李址鎔は「快く調印交換をした」と報告している。李址鎔宅には塩川通訳官がひとりで行ったわけではあるまい。逃亡を阻止された李址鎔が、林の言うように快く調印したとは、とても思えない。

林は、これより一ヶ月前の一月二二日、予定していた密約の調印交換が延期されたことを報告したとき、「本使は密約に先以て外部の官印を捺《お》せしむるを以て時宜を得たるものとし、本日既に李址鎔の幕僚具完喜（新に外部参書官に任ぜられたり）をして其運《はこび》を就けしむることゝなしたり。具完喜は李の最も信頼するものにて年来本使の許《もと》に出入りするものなり」と述べている。〈注58〉

つまり林は、頓挫した密約調印交換に先立って、外部参書官（局長の下に置かれた奏任官）でありながら林の許に出入りしていた具完喜に、前もって「外部の官印」を捺印させていたのである。

今回の日韓議定書に調印したのも具完喜であったことは、伊地知幸介の『鶏林日誌』三月一七日条に次のように書かれている（傍線、筆者）。

褓負商［行商人］の団体は三月一日政府より解散を命せられたる為め大いに激昂し、二日夜十二時を期し王宮及李址鎔の宅を襲撃するの計画を協議するに至れり、仍《すなわ》ち公使館よりは警官を駐《ちゅう》剳《さつ》隊よりは憲兵を宮城附近及李址鎔邸等に派遣し偵察せしめしに、幸に事なきを得たりと雖も、同夜午前三時、外部秘書官［正しくは参書官］にして日韓議定書に直接調印したる具完喜の邸へ爆裂弾を投入するものありしを以て、同人は日本人某の宅に避難せしめ危害を避けしめたり

林は今回もまた、あらかじめ具完喜に外部大臣の官印を捺させていたのである。あとは、自由を拘束した李址鎔を脅して署名させたのであろうか。

なお具完喜は、この一年九ヶ月後の一九〇五年一一月一七日に韓国に強要された第二次日韓協約（保護条約）の際にも、林の手先となって働いた。同年一二月一一日に林から桂首相（外務大臣を臨時に兼任）に報告された買収資金六万一千円の配布先に、保護条約に賛成したとされる五大臣（いわゆる五賊）に加え、具完喜の名前が挙がっている。〈注59〉

韓国要人の日本への拉致

さて林は、「議定書」の調印に至る経過報告に続けて、次のように書いた。

李［容翊］は李学均・玄尚健等と相通じ何事に付ても我に不利益なる方向に陛下の心を動かすの虞《おそれ》あり、且《かつ》今後我手に於て韓国の内政を改良するに当り、李の存在は甚しき妨害の基となるを以て、此際日本に漫遊せしむる様勧告し、御用船に便乗せしめて最近内地に出発せしむべし、又

吉永洙は第二の李容翊として、又李学均・玄尚健は畢竟露国の間諜に斉《ひと》しきを以て、此三人も亦李容翊同様、漸次内地に漫遊せしむべし〈注60〉

「議定書」調印当日である二月二三日午後九時に発信された林の右電報は、翌二四日午前二時二〇分に外務省に届いている。『日本外交文書』に収録された同電文には、「上、総、陸、海、四老」という欄外記入がある。

つまり、李容翊・吉永洙・李学均・玄尚健を日本に拉致するという林の提案は、天皇、総理大臣・桂太郎、陸軍大臣・寺内正毅、海軍大臣・山本権兵衛と四人の元老（伊藤博文、山県有朋、井上馨、松方正義）に報告されていた。報告したのは外務大臣小村寿太郎であるから、林公使が実行しつつあった韓国要人の日本への拉致は、天皇、主要閣僚、元老が承認したということである。

翌二月二四日午後四時、林は次のように報告した。

李容翊の日本に出遊する件は別電の如く陛下も御同意に付、昨日直ちに仁川に下り、御用船旅順丸にて明朝仁川を発し宇品に到着する筈に取計ひ置けり、依て同人日本着の上は、可然《しかるべく》御取計を乞ふ、時局一変して韓国の整理付く迄は、彼を放任するときは、陛下［高宗］との間、何等気脈を通じ、陰謀を企てずと限らず、又閔泳喆は清国北京に公使として赴任のためと称し、後の船便にて日本に向け出立せしむ可し、李根沢に対しても同様の手続を取る筈、又吉永洙・李学均・玄尚健の三人に対しては井上師団長と協議の上、適宜の措置を取る可し、右等数人を体よく退去せしめたる上は、韓人一般は勿論、内外人をして一段我に信頼せしめ得可く、且つ韓国の整理に関しても都合よかるべく思考す〈注61〉

林は、李容翊を昨日（二月二三日、つまり「議定書」調印日）仁川に送り、明朝（二月二五日）出航の御用船に乗せて宇品に送るように手配したから、韓国の整理がつくまで日本に拘束して置いてもらいたいと、小村に要請したのである。

また清国公使に任命された閔泳喆については、騙して日本に連行するつもりだと言っている。李根沢に対しても同様の手続を取るはずとも言っている。実際に林は同日、外部大臣の李址鎔に閔泳喆の清国赴任に便宜を図る用意があると申し入れている。〈注62〉

清国に送ると言って日本船に乗せ、そのまま日本に拉致させるつもりであったようだ。しかし李址鎔はこれに応じず、閔泳喆は二月二七日に仁川から英国商船に搭乗して出国し、無事北京に着任した。

これより一ヶ月前の一月二五日、林が密約交渉頓挫を小村に報告した時、李址鎔、李根沢、閔泳喆の三人が反対派の暗殺に遇う恐れがあるため、実力をもって彼等の安全を計る必要があると訴え、小村にその必要はないと一蹴されていたことは先に紹介した。林は、密約交渉において、李根沢、閔泳喆らに欺かれていたことに、やっと気付いたのであろう。その後の閔泳喆の反日闘争については終章で述べよう。

林は、吉永洙・李学均・玄尚健の三人に対しては、井上師団長と協議の上、適宜の措置を取ると言っている。

このようにして「右等数人」を体よく韓国から退去させれば、韓国人はもちろん、内外人が一段と日本に信頼を深め、韓国の整理についても好都合だと言っている。林の言う「韓国の整理」というのが、日本による韓国の利権の収奪であることについては後述する。

林の韓国要人拉致計画をもう少しわかりやすく、伊地知に語ってもらおう。伊地知は二月二五日午前一〇時に参謀総長あてに次のように報告した。

林公使は（中略）［日韓議定書調印の］妨害者並露国派を排除し、我が利権を拡張するの必要を感じ、李容翊・李根沢・閔泳喆の三氏は勅命により外国視察に赴くこととなし、玄尚健・李学均・吉永洙は軍事探偵の名を以て捕縛することとなせり、而して李容翊は昨朝皇帝より参将の資格を以て日本視察に赴くべき勅命を受け、本朝出帆の陸軍用船に搭じ出帆せり、故に本邦着の後は相当の待遇を与へられんことを望む、同人の性格に関しては前回報告せしが如く、韓国大官中皇帝の親任最も厚く、其辣腕も到底他の群小輩の企及する所にあらず、従来我に妨害を与ふること多きも、亦有為の人物たるを証して余りありと云ふべし、将来彼れにして帰国せば、更らに再び政界に牛耳を執るの資望あるものなるを以て、充分誘導的に待遇せられて、将来其辣腕を利用し、我が用たらしめんことを切望して止まざるなり〈注63〉

李容翊は、皇室の財産を管理する内蔵院卿と度支部（大蔵）大臣を兼ね、高宗の信任が最も厚い人物であったが、右のように「議定書」調印当日に日本軍に拘束されて日本に拉致され、一年近く帰国することができなかった。

伊地知は、李容翊が韓国の大官中で皇帝の親任が最も厚く、その辣腕も群を抜いている有為の人物であると認め、将来その辣腕を日本のために使わせたいから、日本において「充分誘導的に待遇」してほしいと、参謀総長に要請したのである。

二月二三日の伊地知の日誌には、「此日李容翊を日本に送れり、而して日韓議定書調印成る」と書かれている。日韓議定書の調印に先立って、日本軍が李容翊を拘束したことは明らかであろう。

李容翊は、それから一〇ヶ月も日本に留め置かれ、まだ日露戦争中の一九〇四年一二月二四日に、日本の教科書と参考書一〇万余種、印刷機などを購入して帰国した。翌年二月、高宗から財政援助を受けて普成学校を設立した。これが、現在の高麗大学校の前身である。伊地知の希望に反し、李容翊は最後まで日本に屈することなく、韓国の主権回復のために戦った。そして一九〇八年二月にウラジオストックで死亡した。【図6】

図6：李容翊（『日露戦争実記』第6編〈博文館、1904年4月刊〉より）

日本軍が玄尚健・李学均らを捕縛しようとしていたことについては、当時、武官学校長・李学均のもとで同校教官をしていた魚潭の「回顧録」に、韓国駐箚隊司令官・斎藤力三郎が魚潭に語った、次のような言葉が記録されている。

俺は職務上李学均と玄相《ママ》健の二人を我軍に監禁し

てやろうと思って探して居るが、宮中や其近辺の西洋人の家に逃げ廻って居て捕へる事が出来ない。若し外出したらと思って今も憲兵を張番さしてあるが、甘く誘ひ出す方法はないだろうか。〈注64〉

玄尚健と李学均は外国公使館に保護を求め潜んでいたが、その後アメリカの軍艦に搭乗して芝罘に脱出することができた。

三月一二日午後三時に発信された、林の小村あて電報には次のように書かれている。

李学均玄尚健の二人は曩《さき》に「コールブラン」等に依頼し清国上海地方に旅行し度き旨を本官に通じ来りたるに付き、本官は彼等を可成《なるべく》当地に止めざるを便宜とし、何等異存無く、場合に由り相当の便宜を与ふ可しと答へ置きたるに、彼等は更に米国公使に依頼し米国軍艦の便宜を借らん事に協議を進めたるものと見へ、本日米国公使は本官に対し、彼等を米国軍艦「シンシナチー」号にて芝罘に送り度に付、差支なかるべき哉の旨同意を尋ね来れり、之に対し本使は何等異存議無き旨を答へ置けり〈注65〉

三月一二日に、アメリカ公使から李学均と玄尚健を米国軍艦で芝罘に送ることへの同意を求められた林は、同意せざるを得なかった。この後、三月一五日に、林は韓国駐劄軍の斎藤力三郎司令官と三増久米吉・京城領事あてに、明日出港する米国軍艦「シンシナチー」で李学均と玄尚健が芝罘に逃亡するかもしれないが、これは本使が同意したことであるから、「阻害の手段を執られざる様相成度」、

つまり手をだすなと通知している。〈注66〉

林は、これより以前の二月一〇日、仁川の加藤領事からの「玄尚健、仏軍艦に乗込まんとする場合は取押へて差支えなきや、御電訓を乞ふ」という請訓に対しては、「取押へ差支なし、但し名義は軍機漏泄《ろうせつ》の懸疑とせられ其所持する書類取調べらるべし」と答えていた。〈注67〉

アメリカ公使アレン（安連、H.N.Allen）の介入がなければ、李学均と玄尚健は日本軍に捉えられ、「軍機漏泄の懸疑」、つまりロシアのスパイとして処断されたであろう。

枢密顧問官15名の議定書締結方法批判

日韓議定書の締結方法については、日本側からも批判が出ていたことを紹介しておこう。『日本外交文書』三七巻一冊三八三番文書「日韓議定書公表に関する件」には「枢密顧問官の上奏」が付記されている。

今回日韓条約締結の事あるや、当局大臣は記名調印の前、之を枢府の議に附せられむことを奏請すること無く、又特に［空白］旨を仰ぐこと無くして、単に事後の顛末を報告するの為に出でたり、是れ時局に処し専ら駿速捷敏を図るに由れるならむと雖も、臣等闕下《けっか》に在りて常に召命を待ち其の機宜《きぎ》を失するなからむことを期す、当局の之を諒とせざりしは臣等の深く遺憾とする所なり

空白部には、「聖」の字が入るのであろう。この上奏文は、明治三七年二月二七日付で、枢密院副

議長・東久世《ひがしくぜ》通禧《みちとみ》をはじめ一五名の枢密顧問官が連署して、日韓議定書が、枢密院に謀られることなく、とりわけ天皇の許可も得ずに調印され、外務大臣によって事後報告されたのは、「臣等の深く遺憾とする所」であると、天皇に訴えたものである。

公刊されている『枢密院会議議事録』第一〇巻には、同日の会議中「捕獲審検令中改正の件」の筆記が収録されているのみで、右上奏文に関する記録は一切ない。但し、同日の枢密院会議に出席した顧問官たちが、上奏文に署名した一五名に田中顧問官一名を加えた一六名であったことは確認できる。第一次松方内閣で司法大臣を務めた田中不二麿以外は出席者全員が署名したものであった。

日韓議定書の締結方法が、韓国に対して不法きわまるものであっただけでなく、日本の国内法上の手続きをも無視したものであったことは、もっと注目されてもいいだろう。

韓国の利権収奪計画

一九〇四年二月二七日、日露開戦から二週間余、日韓議定書の締結から数日後、林公使は小村外務大臣に「第二〇一号」電報を送り、韓国に日本の利権を扶植《ふしょく》する計画について提言した。

（前略）今回の時機に当り我権利の扶植を十分に計画すべきは勿論なるも、京義鉄道［京城—義州］の我権利の尤も重要なるものは、已《すで》に貴電並訓令に基き韓国政府に照会したるを以て、其他沿海漁業、沿岸及内河の航通、土地所有権、若《もし》くは地上権等、重要なる利権は、我が軍事行動の終結迄に、甚だ目立たざる方法を以て、順次是れを獲得すべし、但し鉱山採掘権は宮内府用として除外せられたるもの〻外は、世人が嘱望する程有利ならざるやに承知するを以て、白耳義《ベルギー》、伊太利如きに対しては、他国に準じ一箇所の採掘権を許与せしむるは、彼等の不平を柔げ、我に同情を寄せしむる利益あるべし〈注68〉

林は、最も重要な利権は、①京義鉄道敷設権であり、これについてはすでに訓令に基づき韓国政府に照会してあると言った。その他、②沿海漁業権、③沿岸及び国内河川の航通権、④土地所有権または地上権等、重要な利権は、日本の軍事行動が終結するまでに、目立たない方法で順次獲得していかねばならないと言った。ただ、⑤鉱山採掘権については、一部を除いてそれ程有利なものではないので、ベルギーやイタリアにも他国と同じように一箇所ずつ分けてやって、日本に同情させるのが良いと述べている。

日露戦争の目的を露骨に吐露したものであるが、この意見書欄外には、「上、各相、参、四老」と記入されている。つまり、天皇、各大臣、参謀総長、四人の元老（伊藤、山県、松方、井上）に回覧されたわけである。

翌二月二八日、小村は林に対し、次のように回訓した。

貴電第二〇一号に関し御意見の次第は大体同意にして、此際急激の改革を強ひ《し》又は外国人の感情及利益を害するが如きは甚だ好ましからざるに付、此上共十分御注意ありたく、改革に関する方案は当方に於て慎重に攻究中にて、追て御知らせ致すべし（後略）〈注69〉

小村は、日本の軍事行動の終結までに、韓国の利権を順次獲得していかねばならないという林の提案に対し、「大体同意」であると表明した。しかし、韓国に「急激の改革を強」いて、「外国人の感情及利益を害する」ことは好ましくないので十分注意してもらいたい。改革に関する方案はこちらで慎重に検討中であるから追って知らせる、と訓令したのである。小村及び日本の首脳たちは、林の暴走を懸念しつつも、日露戦争中に、目立たない方法で、韓国からより多くの利権を収奪していくという点において、林と完全に一致していたのである。

日露戦争はロシアとの戦争であるのみならず、日本が大韓帝国の利権をひとつひとつ奪っていくための侵略戦争であったこと、それを現地で実行した林公使は、韓国要人に対し、脅迫、買収、拉致、監禁等、あらゆる卑劣な手段をとったこと、小村外務大臣はじめ、天皇、各大臣、参謀総長、四人の元老らが、林のその行動を承認していたことを確認しておきたい。

おわりに

日清戦争が日本軍による朝鮮王宮占領から開始されたと同様に、日露戦争もまた日本軍によるソウル占領から開始された。

これより先、日露開戦の危機を認めた大韓帝国皇帝・高宗は、日露両国政府に、韓国の戦時局外中立の保障を求めていた。ロシアはこれを受け入れたが、日本はこれを門前払いすると同時に、韓国に対し秘密条約の締結をせまった。

駐韓公使林権助が、外務大臣小村寿太郎の指示のもと、いかに手段の限りを尽くして日本軍の韓国上陸を合理化しうる文書を韓国から手に入れようとしていたかを明らかにした。

この間、高宗は、ロシアのニコライ皇帝、オランダのウィルヘルミナ女王にあてた親書を託した使者玄尚健をヨーロッパに派遣して、ニコライ皇帝には日本が韓国の中立の意思を侵犯してソウルに侵入した場合、ロシアと同盟することを希望すると表明し、ウィルヘルミナ女王には韓国のハーグ平和会議への早期加入への助力を求めていた。

李址鎔・閔泳喆・李根沢の三人に林公使の相手をさせつつ玄尚健の帰りを待っていた高宗は、一九〇四年一月二一日に、外部大臣李址鎔名で、日露の紛争に際し韓国は厳正な中立を守る決意を世界に向けて発信させた。日本を除く各国は、これを好意的に受け止め、韓国に承認の回答を返した。

しかし日本の連合艦隊は、二月八日深夜から九日にかけて旅順港外部碇泊地のロシア艦隊と韓国仁川港のロシア軍艦二隻を奇襲攻撃すると同時に、仁川港に陸軍部隊四大隊を上陸させ、直ちにソウルを占領した。引き続き陸軍の大部隊が仁川に上陸し、ソウルに侵入するなかで、二月二三日、日本は韓国に日韓議定書の締結を強要した。

議定書調印交換に先立って、駐韓公使林権助が調印に反対する韓国要人を日本へ拉致することを計画し、日本軍によって実行されていたこと、天皇をはじめ日本政府首脳は林の計画を承認していたことを明らかにした。

大韓帝国の「中立宣言」を踏みにじって実行された日本の軍事行動は、その後、日本の軍事占領下で不法に韓国に押しつけられた「日韓議定書」によっても決して合理化できないものである。

【注】

〈1〉朝鮮における外交担当官署は、開港期の「統理交渉通商事務衙門」から、一八九四年に「外務衙門」となり、一八九五年に「外部」と変更された。以後、大韓帝国期を通じて「外部」の長官は「外部大臣」である。李址鎔は、当時、「外部大臣臨時署理」であったが、中立宣言への署名では「Ministre des Affaires Etrangères de Corée」と単に「外部大臣」としている。「署理」とは日本語の「事務取扱」の意味である。李址鎔が「外部大臣臨時署理」であった期間は、一九〇三年一二月二三日から翌〇四年三月一二日までであるが、本稿においては、「臨時署理」を略して単に「外部大臣」と表記した場合がある。

〈2〉日本語訳は和田春樹『日露戦争』下巻（岩波書店、二〇一〇年）二五九頁による。原文は『日本外交文書』三七巻一冊三三二番、三一〇頁。なお、『日本外交文書』は外務省外交史料館のデジタルアーカイブとしてインターネットで全文公開されている。以下『日外』と略。

〈3〉「中立宣言」が、どのように芝罘の電信局に持ち込まれ、誰によって発信されたかについては、従来必ずしも明らかになっていなかった。

芝罘へ派遣された李建春の名前は、日本の駐韓公使・林権助が小村外務大臣にあてた電報（一九〇四年一月三一日付）中に見られる（『駐韓日本公使館記録』二三巻二五一頁）。また、李昌訓「二〇世紀初フランスの対韓政策」（韓国外交史学会編『韓仏外交史 一八八六―一九八六』所収、一九八七年）では、フランス外交文書をもとに、駐韓ロシア公使パブロフから依頼を受けた駐韓フランス代表フォントネが宣言文を作成し、高宗の裁可を得て、芝罘駐在フランス副領事に送り、同副領事が「韓国駐在総領事」を兼任していることを利用して、その職権で芝罘の電信局から世界に発信したと書かれており、その後、これを引用するものが多い。

しかし、フランスの「韓国駐在総領事」は駐韓フランス公使が兼任しており、これを芝罘駐在フランス副領事が兼任することは有り得ない。当時、芝罘駐在フランス副領事は、かつて駐韓フランス代理公使を務めたことがあるグレン（業国麟、Guerin）であった（『ゴータ年鑑』一九〇五年版の七三四頁、終章〈注8〉参照）。また韓国政府は一九〇五年九月四日に、外国駐在の名誉領事に勲章を授与しているが、その中に「煙台領事グレン」の名前が見える（『高宗純宗実録』高宗四二年九月四日）。韓国の中立宣言を芝罘（煙台）の電信局から世界へ向けて打電したのは、芝罘駐在韓国名誉領事グレンであったと思われる。

〈4〉日本電信電話公社海底線施設事務所編『海底線百年の歩み』（一九七一年）一六八頁

〈5〉『日外』三七巻一冊三三四番、三一二頁。

〈6〉大韓帝国は、朝鮮時代に締結した八カ国（日・米・英・独・伊・露・仏・墺）との修好通商条約を引継ぎ、さらに三カ国（清・ベルギー・デンマーク）と修好通商条約を締結し、計一一カ国と条約関係を維持していた。そのうち、七カ国（日・米・英・露・仏・独・清）に公使館を設置し、特命全権公使を駐在させていた。また駐仏公使がベルギー公使を、駐英公使がイタリア公使を、駐独公使がオーストリア公使を兼任していた。

中立宣言は、修好国外務大臣あてと、各国駐在韓国公使あてに発信されたと思われる。前者の文面は『日本外交文書』に仏文のまま掲載されており、後者は李昌訓前掲論文（注〈3〉参照）一一一頁に、フランス外交文書より韓国語に翻訳したものが紹介されている。後者の文頭には「駐在国政府に次の宣言文を伝達すること」と書かれている。

〈7〉『日外』三七巻一冊三三五番、三一二頁

〈8〉この演習は、第十師団（姫路）と第十一師団（善通寺）が東軍となり、第五師団（広島）と混成第二十旅団（福知山）が西軍となって競われた。その「一般方略」は「東軍は摂津平原を領有し、その一兵団は篠山に集合し在り、西軍は三原附近に上陸し岡山及び津山の線を越えて前進途上に在り」

というものであった。つまり広島県南部、瀬戸内に面した三原付近に上陸した敵が、大阪占領をめざして進軍すると仮定し、これをいかに防衛するかが、この演習のテーマであった。

〈9〉「魚潭少将回顧録」七頁（市川正明編『日韓外交史料』第一〇巻所収、一九八一年、原書房）。なお、成城学校は、現在の成城中学・高等学校の前身であるが、当時は陸軍士官学校・幼年学校への予備校であった。

〈10〉『皇城新聞』は大韓帝国期の日刊新聞。一八九八年九月五日発刊、一九一〇年九月五日廃刊した。

〈11〉日本の韓国侵略が電信支配から開始されたことについては序章で述べた。また日本が、日露開戦以前に、ソウルのロシア公使と仁川港のロシア軍艦二隻への情報を遮断するために、韓国の電信線に対する秘密工作を行っていたことについては、当時「京城郵便局長」であった田中次郎の「自叙伝」と、同人を追悼して開催された座談会の記録「故人を語る」（いずれも『田中次郎』所収、一九三二年、非売品）の中で、逓信関係者が証言している。

〈12〉『日外』三六巻一冊六九五番、七二二頁

〈13〉『駐韓』一八巻四三〇頁、一一「日韓密約附韓国中立」、（1）機密送第七二号。以下『駐韓』一八巻一一—（1）機密送第七二号と略。
東京の外務省とソウルの日本公使館の通信は、電報または機密郵便で行われた。前者は暗号を用いる場合が多く、後者は外交行嚢と呼ばれる特別の袋に入れて運ばれた。

〈14〉『駐韓』一八巻四三〇頁、一一—（2）機密第一六三号。林はこの後、一〇月三〇日付け「機密一七一号」においても、韓国皇帝を日本に引きつけることは、軍事力の行使がなければ難しいことを述べている。これに対し、小村は一一月三〇日付「極秘第一号」を送り、日韓間に秘密条約を締結することに関する林の提言は、「大体に於て本大臣の見る所と同一に有之候」と述べた。さらに、この問題が「頗る重大」であると同時に、「極めて容易ならざる事柄」であるから、大阪の商人・

大三輪長兵衛が韓国から招へいされたことを利用して「韓帝を率附け我目的遂行の素地を作らしむる為めに」、今回同人を渡韓させることに決定したと、林にとっては面白くないことが通知された。ソウルに到着した大三輪長兵衛は、韓国側からは歓迎されるが、林公使には無視され、結局なす術もなく帰国した。

〈15〉『日外』三六巻一冊五〇番、四五頁

〈16〉加藤九祚「民族学者セロシェフスキーの日本観」(『民博通信』第六巻、一九七九年)。管見によれば、日本において『コレア』に初めて言及したのは、和田春樹の『日露戦争』下巻(岩波書店、二〇一〇年)である。『コレア』は一九〇五年にポーランド語で Korea-Klucz Dalekiego Wschodu(韓国：極東の鍵)というタイトルで出版され、同年にロシア語版が第二版としてペテルブルクで刊行された。一九〇六年にはドイツ語版、一九〇九年にはロシア語版第三版が出版されている。二〇〇六年七月、ロシア語版第三版をもとに『コレア一九〇三年秋―ロシア学者セロシェフスキの大韓帝国見聞録』というタイトルで韓国語版が出版された。

〈17〉吉上昭三「ブロニスワフ・ピウスツキ、北海道以後―シェロシェフスキの記述を中心に―」(『国立民族学博物館研究報告別冊、五号』一九八七年三月)。吉上は、セロシェフスキの「日本滞在は一二月初めまで続く」とし、「その後彼は朝鮮半島より中国へ向い、天津、北京、上海を訪れる。揚子江上の船で歌人佐佐木信綱と知り合い、交友を結ぶのはこの時である。つづいて香港、サイゴン、シンガポール、セイロン、エジプトをへて、シェロシェフスキは一九〇四年二月にワルシャワへ戻った。」と書いている。日本滞在を一二月初めまでとしたのは、韓国滞在の事実を全く知らず、通過点とのみ見たからであろう。

〈18〉韓国語版『コレア　一九〇三年秋』四一二頁、注〈16〉参照

〈19〉李泰鎮『大韓帝国の再照明』(太学舎、二〇〇八年)一三〇頁、韓国語

〈20〉『駐韓』一八巻四五〇頁、一二一(1)上奏文

〈21〉同右四五〇頁、一二―（2）来電第二〇四号
〈22〉同右四五一頁、一二―（4）往電第四六五号
〈23〉同右四五三頁、一二―（6）往電第四七〇号
〈24〉『日外』三七巻一冊三六八番、三三三頁
〈25〉『駐韓』一八巻四五七頁、一二―（12）来電第四号
〈26〉『日外』三七巻一冊三六九番、三三四頁
〈27〉同右三七〇番、三三五頁
〈28〉同右三七一番、三三六頁
〈29〉『駐韓』一八巻四六〇頁、一二―（20）往電第六五号
〈30〉同右四六三頁、一二―（22）往電第六七号
〈31〉同右四六四頁一二―（23）来電第二七号
〈32〉同右四六七頁、一二―（26）来電第二八号
〈33〉同二三巻一三九頁、二―（66）往電第六九号
〈34〉同右一四〇頁、二―（68）往電第七一号
〈35〉同右一〇～一一頁、一―（32）来電第三一号、一―（34）来電第三三号
〈36〉同右一二頁、一―（38）来電第三七号
〈37〉『日外』三七巻一冊三四〇番、三一四頁
〈38〉同右三七二番、三三六頁
〈39〉同右三七三番、三三八頁
〈40〉同右三四五番、三一七頁
〈41〉同右三四六番、三一八頁

〈42〉李泰鎭『高宗時代の再照明』（太学舎、二〇〇〇年）一三〇頁、韓国語

〈43〉和田春樹『日露戦争』下巻（岩波書店、二〇一〇年）二五六頁

〈44〉同右、二六八頁

〈45〉『駐韓』二三巻二五〇頁、二一―（88）往電九一号

〈46〉防衛研究所蔵『鶏林日誌』（請求記号、戦役―日露戦役五九）。同書は、野戦砲兵監・伊地知幸介陸軍少将が、参謀本部の命を受けて一九〇四年一月二二日にソウルに入り、韓国公使館付武官に着任して以降の約二ヶ月間の記録である。日露開戦期のソウルにおいて、伊地知幸介が遂行した特別任務が記録されている。「明治三七年五月伊地知幸介」の署名が入った同書凡例によると、日誌を実際に記載したのは伊地知とともに韓国に派遣された参謀本部部員の陸軍歩兵大尉・井上一次である。同書は三部作成され、参謀本部副官部、伊地知、井上が一本ずつ保有したという。防衛研究所本は、伊地知家所蔵本を一九六一年に撮影し複製したものである。

〈47〉『医訳籌八世譜』は、韓国の蔵書閣所蔵本が、『訳科榜目』は韓国国立中央図書館所蔵本が、いずれも全文インターネットで公開されている。後者に掲載されている最後の訳科試験（一八九一年）に、玄明運の子、玄章健が「漢学」で合格している。これが、尚健の兄弟であるのか、あるいは尚健自身であるのか、今のところ断定できない。

〈48〉有吉総領事の小村外務大臣あて報告「在留朝鮮人動静報告ノ件」（明治四三年九月二一日付）は、外交史料館蔵『不逞団関係雑件』の「鮮人之部、在上海地方」に収録されている。また、『東亜日報』一九二六年五月二四日号第二面に、玄尚健が五月二二日に「老患」により上海客舎で死亡したという小さな記事が出ている。

〈49〉『駐韓』一八巻四八〇頁、一二一―（53）往電第一一三号

〈50〉林権助述『わが七十年を語る』（第一書房、一九三五年）一九〇頁

〈51〉『鶏林日誌』二月九日条
〈52〉同右二月一〇日条
〈53〉同右二月一一日条
〈54〉同右二月二〇日条所収「巴城報告」第四号「五、第十二師団の宿営」
〈55〉『日外』三七巻一冊三八三番、三四五頁
〈56〉『日外』三七巻一冊三七五番、三三九頁
〈57〉同右三七六番、三三九頁
〈58〉『駐韓』一八巻四七一頁、一二―(36)往電第七六号
〈59〉『駐韓』二四巻四五五頁、一一―(195)「臨時機密費支払残額返納ノ件」
〈60〉『日外』三七巻一冊三七六番、三四〇頁
〈61〉同右三七八番、三四一頁
〈62〉『駐韓』二四巻四頁、一―(9)
〈63〉『鶏林日誌』二月二五日条
〈64〉前掲「魚潭少将回顧録」七〇頁、注④参照
〈65〉『駐韓』二三巻二〇八頁、二―(231)往電第二八五号
〈66〉『駐韓』二一巻四六一頁、七―(8)
〈67〉『駐韓』二二巻三三八～九頁、九―(17)来電第一一五号、同九―(19)往電第二八号
〈68〉『日外』三七巻一冊三八四番、三四七頁
〈69〉同右三八五番、三四八頁

II：日本が仕掛けた日露開戦

――ロシアの回答書を抑留する

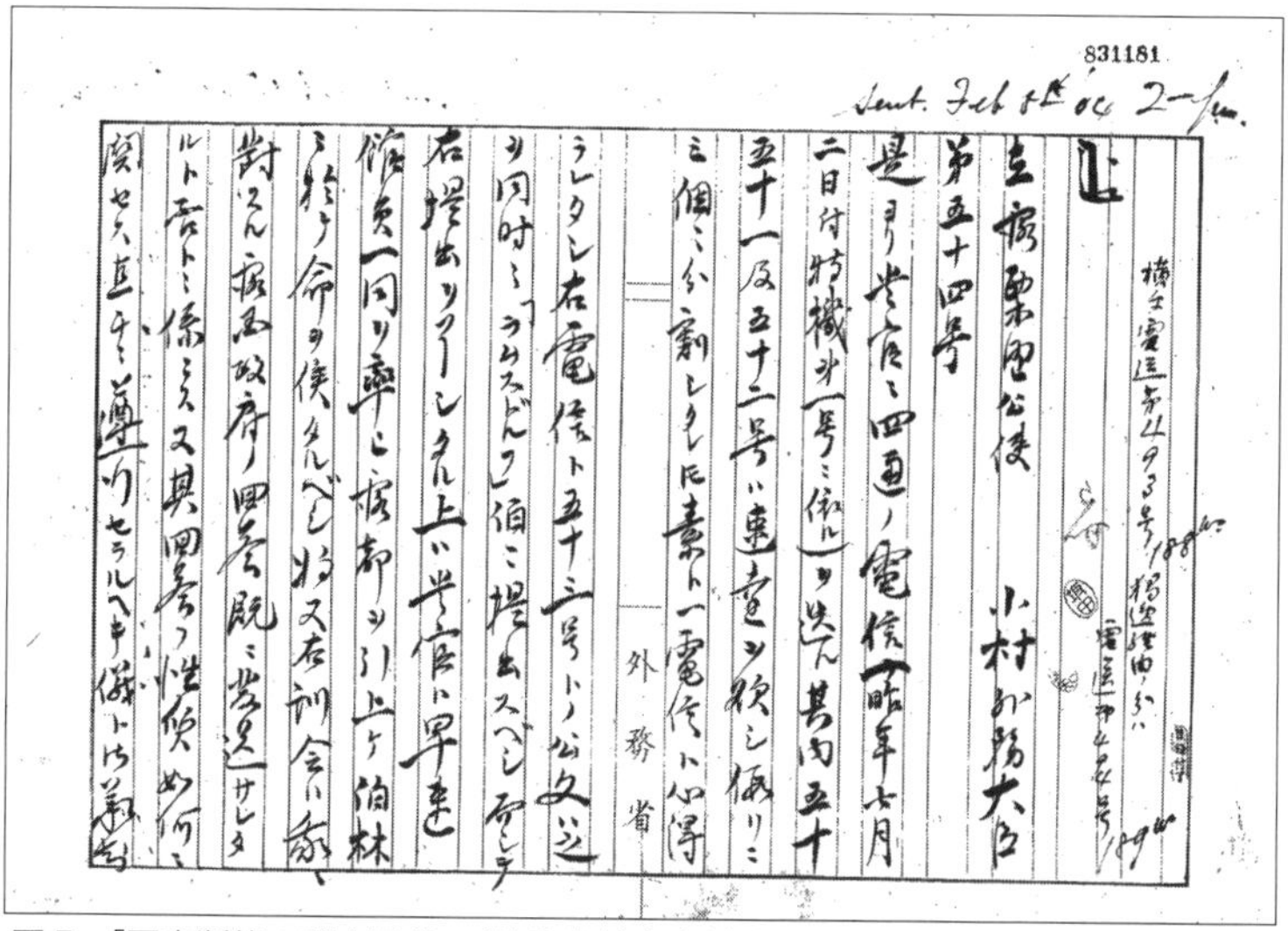

図７：「国交断絶の訓令電報」（外務省外交史料館蔵。アジ歴 B07090546900, 4/58）

はじめに

一九〇四（明治三七）年二月六日、ロシアの首都ペテルブルクにおいて、現地時刻で午後四時、日本時刻では同日午後九時に、駐露公使栗野慎一郎はラムスドルフ外務大臣へ二通の公文を伝達した。一通は、日露交渉断絶の通告であり、その末尾に日本が「独立の行動を採ることの権利を保留す」と書かれていた。後に日本政府が、戦時国際法上の最後通牒であると主張する根拠となった文言である。他の一通は国交断絶と公使館撤退の通告である。

東京においても、二月六日午後四時に外務省に呼び出された駐日ロシア公使ローゼンは、外務大臣小村寿太郎から同じ文書を伝達され、東京から退去することを勧告された（外務省篇『小村外交史』三六二頁）。

しかし実際には、すでに同日の午前九時から日本の連合艦隊は続々と佐世保を出港しており、それに先立って第三艦隊は韓国の鎮海湾と電信局を占領、長崎及び釜山近海においてロシア船舶の拿捕に着手していた（第Ⅶ章参照）。

さらにその前日の二月五日、陸軍の動員令発令と同時に、韓国北部および中国東北部（満州）からロシアに通じる電信線は、日本の軍事諜報員によって切断された。また同日正午より日本から海外に発信される電報は、ロシア以外の外国公館と日本の官公庁から発信される電報を除き、七二時間停止された（第Ⅶ章参照）。

こうして日本の軍事行動の開始が、すぐにはロシアに伝わらないように細工されていたのである。

日本がロシアに交渉断絶を通告する三日前の二月三日、ラムスドルフ外務大臣は、ニコライ皇帝の許可を得て三本の電報を旅順のアレクセーエフ極東総督と東京のローゼン公使に発信していた。一本は日本の要求を受け入れて中立地帯設置条項を削除した日本への正式回答書（二号電文）であり、二本目はロシアの譲歩を明確に伝えるように指示したローゼン公使への訓令書（一号電文）であり、三本目はニコライ皇帝が二月三日の朝になって言い出した中立地帯の設置を秘密条約の形で残すという追加指示書（三号電文）であった。〈注1〉

この後ラムスドルフは皇帝に手紙を書き、三本の電報を打ったことを報告し、アレクセーエフ極東総督がもし何らかの意見を述べることが必要と考えるなら、できるだけ短時日のうちに連絡するように命じられること、またローゼンには中立地帯放棄を通告する前に、日本人が秘密条約を受け入れるようにさせることを進言した。ニコライは、その夜零時を過ぎて宮殿に戻り、ラムスドルフの手紙に「完全に同意する」と書いて返した。ラムスドルフはアレクセーエフに四本目の電報を打った。〈注2〉

日本への回答書を旅順の極東総督へ送ったことは、四日午後八時にラムスドルフから栗野駐露公使に伝えられた。栗野はこれを五日午前五時五分に発信して小村外務大臣に知らせたが、この電報が東京に届いたのは、一二時間後の同日午後五時一五分であった。〈注3〉

『日本外交文書』では、栗野の電報が届く三時間前の午後二時に、小村は栗野あてに「日露国交断絶」と「独立行動を採る権利の保留」を含む「日露交渉断絶」を通告する公文をすでに発信したことになっている。小村は栗野に次のように訓令した。

これより貴官に四通の電信を送る。其内五〇、五一及五二号は速達を欲し、仮に三個に分割したれども素《も》と一電信と心得られたし、右電信と五三号との公文は之を同時に「ラムスドルフ」伯に提出すべし、而《しこう》して右提出を了したる上は貴官は早速館員一同を率ひ露都を引上げ、伯林に於て命を俟《ま》たるべし、将又《はたまた》右訓令は我に対する露国政府の回答既に発送されたると否とに係はらず、又其回答の性質如何に関せず直ちに遵《じゅんこう》行せらるべき儀と御承知あるべし（後略）

（『日本外交文書』三七巻一冊一二一番）

これに見るように、小村は栗野に訓令（五四号、本章扉写真）を送り、これから日露交渉断絶（五〇、五一、五二号に三分割）及び国交断絶（五三号）の公文を送るから、これを同時にロシアの外務大臣に提出した後、公使館員一同を引率してペテルブルクを発ちベルリンで待機せよと命じた。そして、この訓令は日本に対するロシア政府の回答がすでに発送されたかどうかに関係なく、またその回答の性質がどのようなものであるかに関係なく、直ちに遵行せよと命じたのである。

そして重要なことは、『日本外交文書』では隠されているが、これらの電報は、すべてがペテルブルクの栗野公使に直接発信されたものではなく、ベルリンの井上勝之助ドイツ公使（井上馨の養嗣子）を経て伝達されたものがあったという事実である。このことは、海軍軍令部が編纂し、近年に至るまで秘匿されてきた『極秘明治三十七八年海戦史』（以下『極秘海戦史』と略。同書については第Ⅲ章参照）によって知ることができる。〈注4〉

同書第一部第一巻七八頁には、二月四日の御前会議において、「愈々《いよいよ》露国との交渉を断絶するに際せば、最後の通牒を発すると同時に、艦隊にも発進命令を下すことゝし、其の通牒は独国駐劄帝国公使井上勝之助に電報し、同公使をして特に使者を露都に派せしめ、栗野公使の手許に達することに定まりたり」と書かれている。これがどういう意味を持つのかについては後述しよう。

さて、小村外務大臣は、二月五日午後二時に、ロシアに伝達すべき交渉断絶の公文（最後の通牒）をベルリンのドイツ公使井上勝之助あてに発信する前に、日本の要求を受け入れたロシアの回答書がすでに発信されたことを知っていた可能性がある。さらに言うならば、小村は、二月三日、遅くとも四日にペテルブルクから直接東京のローゼン公使あてに送られたロシアの回答書を手元にとどめ、密かに見ていた可能性が高い。

本章では、日露交渉末期、とりわけ一九〇四年一月六日にロシアの第三次回答書を受け取って以降の日本の政軍指導者の動きを分析する。そして日本に伝達されなかったロシアの第四次回答書が、二月三日、あるいは四日にペテルブルクから直接東京へ発信されたものも、二月五日に旅順から東京へ転送されたものも、ともに二月七日の朝、つまり日本からロシアへの交渉断絶通告後にローゼン公使に配達された理由を明らかにしよう。

日露交渉

一九〇三（明治三六）年八月に日露交渉を開始した桂首相と小村外相の考えでは、韓国における日本の完全な権益をロシアに認めさせる代わりに、満州におけるロシアの限定された権益を日本が認めるという「日本に有利な満韓交換論」から出発し、お互いに韓国と満州における完全な権益を認め合うという「対等な満韓交換論」を落としどころとする考えがあったようだ。但し、日本が、韓国における権益に関しては、戦争に訴えても譲歩しないという覚悟のもとに日露交渉を開始したことは、桂太郎が自伝において何度も公言しているところである（第Ⅴ章参照）。

日本が、八月一二日に最初に提示した日露協商案（第一次提案）とは、韓国における日本の完全な権益と満州におけるロシアの鉄道権益を認めあうというもので、「日本に有利な満韓交換論」のうちでも随分強気のものであった。

これに対しロシアは、満州問題は清国とロシアの問題であり、日本との協議は韓国問題に限るという方針を取り、一〇月三日になって、韓国の戦略的使用の禁止（韓国領土内に軍事施設を設けない）と北緯三九度線以北（ほぼ平壌以北）の韓国の領土に中立地帯を設定するという条項を含んだ第一次対案を提示し、朝鮮海峡の自由航行の権利を確保するとともに日本軍の韓国北部への侵入を阻止しようとした。

このように双方の主張に大きな差があるまま交渉がつづけられたが、時間の経過はシベリア鉄道の完成とロシアの極東への軍隊輸送能力の増大を意味し、日本の不利になると、日本側は認識していた。

一九〇四年一月六日、小村外務大臣はローゼン公使からロシアの第三次回答書を受け取った。これには日本が拒否する韓国の戦略的不使用と中立地帯の設定がなお維持されていた。しかし、このときロシアは、これらの韓国条項を日本が承認することを条件として、日本が満州において清国との間で獲得した権益と特権（一九〇三年一〇月八日、日本は清国と追加通商航海条約を締結し、奉天・大東溝の開放を勝ち取っていた）の享有を妨げないという新たな譲歩を行っていた。つまり満州問題を協議の対象に含めるという譲歩を行ったのである。

しかし、外務省編『小村外交史』には、「露国の態度にはもはや交譲《ママ》妥協の意志は毫も認められないので、この上談判の余地なしと断じたが、国交断絶には時機なお少しく早く廟議は今一応折衝を為すがよいというに傾いたので」、小村が意見書を草して、一月一二日の閣議及び御前会議に諮り、ロシアに再考を促す口上書を出すことになったと書かれている。

このとき小村が草した意見書には、ロシアが日本の希望を入れる可能性はない。解決を遷延させるのは日本にとり不利になる。同国が回答を遅延したり、不満足な回答を与えたりした場合は、「已むを得ず談判を断ち」、「帝国の既得権及び正当利益を擁護する為め最良と思惟する独立の行動を採る権利を保留する旨を露国政府に通告し、直ちに自衛の為め必要なる手段を取る外なかるべし」と書かれていた。つまり、二月六日にロシアに送られた交渉断絶の通告書に書かれた文言、「独立の行動を採る権利を保留する」が、すでに一月一二日にできていたのである。〈注5〉

桂の自伝にはもっとあけすけに書かれている。一月八日、桂の三田の私邸に、小村外相、山本海相、寺内陸相が集まり対応を協議した。「一月二十日までに我が海軍戦備、殊に運送船の全部佐世保に集合し得るの計画なれば、其前に戦を開くは我れに便ならず、旁以《かたがたもって》右の書を魯国に送ること〻なしたり」と。〈注6〉

『小村外交史』には、小村は一三日にローゼン公使を呼び、日本の「最終修正意見」の趣旨を説明すると同時に、ペテルブルクの栗野公使にも電訓して、日本の「最終修正意見」に関する口上書をラムスドルフ外務大臣に交付させたと書かれている。
さて一月一三日、小村は栗野に口上書を送ると同時に、別電で一二日の御前会議の概況を内報し、「政府の執るべき針路と決心とに関しては文武重臣の視るところ全然同一である」と告げ、口上書をロシアの外務大臣に手交するに当っては、何等の言説も付加せず、私見を吐露することも慎み、万一説明を求められたら必ず訓令を請うこと、また口上書を提出した上は、政府から訓令がない限り、先方の回答を督促するようなことも避け、ひたすらロシア政府の態度を監視し、同国が執ろうとする行動は全力を尽くして探知せよと、非常に綿密な訓令を与えた。〈注7〉
栗野は一月一六日に外務大臣ラムスドルフに面会して日本政府の口上書を手渡した。

開戦への意志統一

海軍大臣官房編『山本権兵衛と海軍』（原書房、一九六六年）に収録されている「山本伯実歴談」には、この間の日本の政軍指導者たちが対露開戦へ意志統一する過程が、さらに生々しく描かれている。これについては最近、元老の山県有朋が一月一六日付で桂首相と寺内陸相あてに出した書簡等をもとに、一月末まで開戦への意思統一はされていなかったとする見解が出されているので、少し詳しく紹介しておこう。〈注8〉
「山本伯実歴談」には、要約すると次のように書かれている。［　］内は筆者の注釈である。
一九〇四年一月一一日早朝に、山本海軍大臣が元老の伊藤博文を訪問し、対露問題を話し合った。山本は伊藤邸からの帰途、総理官邸で桂に会い、伊藤との会談を報告し、「第二段最後の事迄は触るるに至らずして相分れたり」と告げた。桂は自分も伊藤に会いに行くと言った。［これは内閣元老会議を開いて開戦への意志統一をするための根回しをしていたのである。］

その夜、桂より山本に、明朝早く官邸へ来てくれ、という電話があった。さらに未明の四時半ごろ、伊藤からも電話が入り、なるべく早く官邸へ来るように言われた。何事かあったなと思った山本は、夜が明けるのを待って、午前六時に総理官邸へ行った。桂が山本に言うには、昨日夕刻、桂が伊藤を訪問した折に、山本が伊藤の最後の決心［開戦］を疑っていると告げたところ、伊藤は非常に激昂し、明朝皆を呼び置けと言ったという。

一月一二日、早朝から総理官邸に、山本をはじめ小村外相、寺内陸相、山県、松方、井上の諸元老、参謀総長・次長、軍令部長・次長らが参集した。そこへ伊藤が顔面蒼白、緊張の面持ちでやってきた。伊藤は先ず山本に対して詰問し、次いで桂に筆と紙を用意させ、日露交渉決裂の場合に処すべき大綱に関して要点を書き記していった。巻紙の長さは約一間《けん》にもなった。

ここで予《かね》てより桂、山本、小村の間で熟議準備しておいた諸案を出し、伊藤の書いた「綱要」とともに、参集した元老、大臣、軍事当局者に示して相談したところ、いずれも最早開戦の外《ほか》なしとの意見に一致したので、他の内閣諸大臣を招集し、内閣元老会議（内閣諸大臣、元老、参謀総長・次長、軍令部長・次長）を開いてこれを決定した。時刻は一月一二日午前九時頃であった。

そこで御前会議開催を奏請し、同日午後一時から宮中において御前会議が開催されることになった。早朝の内閣元老会議には最後まで出席した桂首相が、昼ごろに急に腹痛をおこし、午後の御前会議に出席できなくなった。［桂は自伝においては、八日の私邸における首脳会議以降、流行性感冒にかかり発熱し二週間床に伏していたと書いているが、一一日から一二日にかけては無理を押して公務に就いていたのであろう。］

御前会議においては、山本海軍大臣が内閣を代表して、最初に一時間以上にわたって対露交渉の経過、軍事行動の概要と各個撃破戦略による勝算を述べ、日露交渉の断絶と開戦への天皇の決断を仰いだ。

山本に続いて枢密院議長伊藤博文が立ち、強大国ロシアを相手に戦争することへの危惧の念を表明しつつも、「独立行動を執るの外に手段なしと信ず」と述べた。続いて発言した山県、松方、二人の元老とも、対露交渉を断ち自由行動を執ることへの天皇の決意を促した。しかし、天皇の言葉は「尚お一度催促して見よ」であった。〈注9〉

「山本伯実歴談」は、海軍省の依嘱を受けた浅井将秀が、一九二六年から二七年にかけて山本邸に出向いて山本の談話を筆記し、文章化した後、さらに山本の検閲を経たものであるという（『山本権兵衛と海軍』巻頭の「解題」参照）。浅井の手書原本は軍令部に保管されていたが、「終戦の際に消失したものらしく今日にいたるも存否不明」で、海軍大学校に残った副本（一九四一年に筆写）によって、一九六六年に初めて原書房から『山本権兵衛と海軍』に収録されて公刊された。作成・伝承の経緯から見ても、一般の軍人の回顧録とは一線を画する史料的価値が認められよう。

山本の談話は、日露戦争から二〇年余り後になされたものであるが、非常に具体的である。例えば、御前会議の出席者と座席が図示されているだけでなく、天皇の「尚お一度催促して見よ」発言がなされた状況を詳細に語っている。要約すると次のとおりである。

天皇は議案中の箇所ごとに質問した。これに答えるため、山本は起立して天皇の側に行ったが、このとき伊藤と小村にも立会いを請い、両人も起立して天皇の近くに立った。天皇は議案中のロシアの回答遷延の所で、「尚一度督促して見よ」と言った。山本が復唱して確認した。この後、山本が天皇の許可を得て閉会を宣言した。すると井上馨が「陛下—開戦」と発言し、退席しようとする天皇に何事かを奏上しようとしたので、山本が「会議は既に閉会を告げたり、退がれ」と一喝した。

また、山本はこの会議のあと天皇から少し残るように言われ、なお質問に答えた。このとき天皇は山本に、議案書が一二時半になって届いたから十分目を通すこともできず、昼食をとることもできなかったと語った。山本は「誠に恐懼措く能はざりし」と書いている。

この日午後一時から予定されていた御前会議の議案書は、午前九時ごろに内閣元老会議が終了したあと、あらかじめ桂、山本、小村が熟議して準備したものと、早朝の会議で伊藤が墨書したものを対照し、小村が整理して午前一一時半までに天皇の手元に届ける手筈であったが、外務省における浄書が遅れたためか、届けられたのは一二時半であった。御前会議の閉会時刻は午後四時半であった。「山本伯実歴談」では、この事実を「因みに記す」として書いている。

山本は、おそらく日記等、詳細な当時の記録をもとに、後世に残す意図をもって談話し、それを検閲したであろう。よって、一九〇四年一月一二日早朝より、総理官邸において開かれた内閣元老会議において、日本の政軍指導者が対露開戦への意思統一をしたことは、十分信用に値する。

さて、一九〇四年一月一二日の時点で、天皇が開戦をためらったのは、おそらく事実であろう。しかし、そのために開戦が延期されたと見ることは正しくない。天皇が「尚お一度催促して見よ」と言わずとも、内閣元老会議では、海軍の準備が整うまで、もう一度ロシアに再考を促す口上書を出すことを決めていたのであるから。

この時点では、軍隊輸送に必要な輸送船の確保がまだできていなかっただけでなく、連合艦隊の第一集合地点に予定されていた韓国の八口浦への通信線の確保もできていなかった。このとき海軍は逓信省と協力して極秘裏に佐世保―八口浦間に海底電線を敷設中であり、これが完成するまでは連合艦隊を出発させるわけにはいかなかったのである（第Ⅵ章参照）。

また前年（一九〇三年）の一二月二八日に、ロンドンで買収契約が成立した軍艦二隻（アルゼンチンがイタリアで建造していた巡洋艦で、「日進」、「春日」と命名）を、日本へ安全に回航させることも考慮しなければならなかった。

松方正義の自伝『侯爵松方正義卿実記』には、一月一二日の内閣元老会議において、松方が、「事茲《ことここ》に至る、既に妥協の途《みち》なし、唯夫《ただそ》れ同一事を反覆して時日を遷延し、徒《いたずら》に彼が軍備を充実せしむるに過ぎず、最後の一断は実に今日に在り」

と言うと、小村外相が

「洵《まこと》に貴説の如しと雖《いえど》も、暫《しばら》く藉《か》するに本月末に至るの時日を以てせられよ、此期間に於て軍隊輸送船を準備するの必要あり、仍《すなわ》ち之れが為めには開戦の期を遅延するの方策として、更に一回の交渉を試み、我第二修正案に対する彼の再考通牒を発せん」

と言ったと書かれている。〈注10〉

つまり、一九〇四年一月一三日に日本がロシアに出した口上書、即ち「最終修正意見」というのは、日本側の時間かせぎにすぎず、この点についても内閣元老会議で合意がなっていたのである。よってこれ以降に、山県がさかんに陸軍における早期動員と韓国への一、二師団の派遣を唱え、韓国への軍隊派遣は必ずしも日露開戦とはならないと主張した書簡を残していることは、一月一二日の内閣元老会議で対露開戦への意志統一がなされたという「山本伯実歴談」の記述を否定する根拠とはならない。

天皇は最終決断をためらったが、一九〇四年一月一二日から、陸軍も海軍も一月末開戦に向け確実に一歩を踏み出し、天皇もそれに協力した。このことについては、取り敢えず、左記の事柄のみ指摘しておこう。

陸軍参謀本部は、同日付けで野戦砲兵監・伊地知幸介陸軍少将に特別任務を与えて韓国赴任を命じた。さらに一月一五日には、「韓国臨時派遣隊編成要領」を作成し、天皇の裁可を得た（第V章参照）。

海軍軍令部は、一月一五日に、軍令部参謀・財部彪《たからべたけし》海軍中佐を広島・佐世保に派遣した。財部は、東郷連合艦隊司令長官、上村第二艦隊司令長官、片岡第三艦隊司令長官に面会し、海軍大臣と軍令部長の書簡を手渡し、日露交渉経過の状況、作戦計画の内容、政府の決心、大臣、部長の意見を陳述し、これに対する艦隊司令長官の希望を聞き、相互意志の疎通を計ると同時に、艦隊諸般の状況等を視察した。〈注11〉

奇しくも、伊地知幸介が参謀総長・大山巌の姪の婿であり、財部彪が海軍大臣・山本権兵衛の女婿であったことは興味深い。

「発動」延期

海軍は当初、一月二五日を「発動日」と予定していたようだ。しかしそれを延期せざるを得ない事情が、松方らが担当する戦費調達問題に起こった。

『明治天皇紀』によれば、同日、天皇は大蔵大臣・曽禰荒助と財政通の二人の元老、松方正義と井上馨を呼び、時局の財政計画に関し、遺算なきことを命じている。

このことについて、財部彪が、三〇年後の一九三五年六月に、予備役の海軍大将として臨んだ「日露戦役参加者史談会」（以下「史談会」と略、「史談会」については第Ⅲ章参照）の席で、当時の自分の日記を読みあげながら、次のように語っている。

一月二十五日の私の日記を読むのでありますが、「本日蓋《けだ》し［　］ならんと期せる日なりしに財政不整備のため遺憾に堪えず」とある。其時我々は二十五日発動を命ぜられたる心算で居った所が、大蔵省の財政の方の見込みが立たずといふ事で、其処迄行かなかった。外にも随分下手な横文字で書いたのですが、矢張り［　　］ならんと期せる日なりしにと書いてある。

（『史談会記録』一巻七二頁、アジ歴 C09050717900）

［　］部分は空白である。ここには「発動日」という文言が入るであろうことは、財部の発言内容から推測されよう。つまり、海軍は一九〇四年一月二五日を「発動日」と予定していたが、大蔵省の戦費調達が整わず延期されたというのである。

財部の日記帳は、国会図書館憲政資料室に一八九〇年から一九四三年にいたる全五四冊が所蔵されているが、何故か一九〇四年分のみを欠いている。よって『史談会記録』に遺された財部日記本文はたいへん貴重なものである。

財部の「一月二五日発動延期」発言に続けて、予備役海軍中将の上泉徳彌が次のように語っている。

山下から聞いて居るが、山下が二十九日に帰って来て伊集院さんに愈愈《いよいよ》御決定ですかと聞いたら伊集院サン曰く、決ったが松方さんがもう三日待って呉れと云ふ事であった。是は矢張り一種の外債関係でもあるだらふと思ふ

（『史談会記録』一巻七五頁、同右）

「山下」とは軍令部参謀山下源太郎大佐で、遼東方面の偵察任務から一九〇四年一月末に帰国した。

「伊集院サン」とは、軍令部次長伊集院五郎少将のことで、一月一二日午前の内閣元老会議と午後の御前会議にも出席していた。上泉は当時海軍中佐で軍令部長伊東祐亨《すけゆき》の副官であった。

『明治天皇紀』によると、天皇が大蔵大臣と元老の井上、松方を呼んで財政計画を下問した翌日の一月二六日には、総理大臣官邸に、伊藤、山県、松方、井上の四元老と桂首相、大蔵・海軍・陸軍の各大臣が集まり、戦時財政の計画について「大体を議定」した、と書かれている。

そして二八日には、桂首相が東京・大阪・京都・名古屋・横浜の主要銀行家を総理官邸に呼び、軍事公債募集について協力を求めた。ここには外務・大蔵・海軍・陸軍の各大臣が列席し、外務大臣は対露交渉経過の概要を、大蔵大臣は戦時財政計画の大要を演説した。翌日には実業界の要人を同官邸に招き、懇談会を開き、外務・大蔵・陸軍・農商務各大臣が出席した。これには海軍大臣は出席していない。

大阪・東京間の列車移動には、まだ一五時間かかる時代である。銀行家らの招集は、二六日の首脳会議のあと、すぐに打電されたであろう。

詳しくは第V章で述べるが、開戦の劈頭にロシア艦隊を奇襲攻撃するという戦略を立て、そのために陸軍の動員さえ許さなかった海軍としては、銀行家らを集めて軍事公債募集の協力を求めるなど、これから戦争を始めますと公言しているのと同様であるから、最初の一撃の後にすればよいと考えていたはずである。しかし天皇が松方らに戦時財政の報告を求めたため、急きょ行わざるを得なかった。

これは二五日「発動」を予定していた海軍にとっては、想定外のアクシデントであったかも知れない。

松方が伊集院に「もう三日待って呉れ」と言ったように、内閣元老たちは、一月二六日から二九日にかけて、慌しく戦時財政計画の概要を決め、主要銀行家と実業界の要人を総理官邸に招集し、軍事公債の募集に協力をもとめた。

天皇が戦費を心配しだしたきっかけは、おそらく桂が二四日に上奏した意見書にあったであろう。桂の自伝によると一月八日に流行性感冒にかかり、その後二週間私邸で床に伏せていた桂が、病が癒えて二二日に官邸に戻り、二四日に参内して、一三日に日本がロシアに送った「最終修正案」について「意見三事」を上奏した。東洋文庫本『桂太郎自伝』巻五、三二九頁には、次のように書かれている。

二十四日参内、陛下に拝謁し、左の意見を上奏せり。第一、我が書に対し全〃［然］同意を表し来らば戦を開くを要せず。第二、我が意に反し回答し来らば直《ただちに》戦端を開くを要す。第三、彼若し我が意見の多少を入れて回答し来らば、其事項の我れに忍び得らるゝものなれば宜《よろしく》敷廟議を尽して和戦を決定するの必要あらん。此三条を利害を説きて上奏したり。

つまり、①ロシアが日本の修正案に完全に同意してきたら、開戦する必要がない。②ロシアが日本修正案に反対を回答してきたら、直ちに開戦する必要がある。③ロシアが日本修正案に部分的に同意してきたら、廟議を尽して、交渉を続けるか、戦争に踏み切るかを決定する、というものである。

桂が「意見三事」を上奏した狙いは、ロシアから日本の修正案に反対する回答書が届くことを予想し、その場合直ちに開戦しなければならないということを、事前に天皇に説明し同意を得ておきたいところにあったと思われる。

ロシアは譲歩する

一九〇四年一月六日に日本が受け取ったロシアの第三次回答書には、「韓国の戦略的使用の禁止」と「韓国北部における中立地帯の設置」の主張がなお維持されており、日本の韓国に対する完全な自由処分権の要求を拒否していたことは前述した。

日本は一月一二日の内閣元老会議で対露開戦への意志統一を行い、海軍の準備が整うまでの時間稼ぎのために、一三日にロシアに「最終修正意見」に関する口上書を送った。

この案を内閣元老会議に諮ったときに出された小村外相の意見書には、ロシアが日本の希望を入れる可能性はない。解決を遷延させるのは日本にとり不利になる。ロシアが回答を遅延したり、不満足な回答を与えたりした場合は、談判を断ち、直ちに自衛の為め必要なる手段、即ち軍事行動を取る外《ほか》ないと書かれていたことは前述した。また小村は、この口上書を栗野駐露公使に送る際に、非常に綿密な訓令を与え、政府から訓令がない限り回答を督促することも禁止していた。

そして桂首相は、一月二四日に天皇に拝謁を求め、ロシアが日本の修正案に反対してきたら、直ちに開戦する必要があることを上奏した。

さて、小村がロシアの対応をさぐり始めるのは、一月二三日からである。同日午後四時五分発の電報で、小村は栗野に左記のように訓令した。

貴官は我が最近の口上書に対する露国の回答が、凡《およ》そ如何なる性質のものなるべきや、且つ右回答は何日頃交付せらるべきやに関し、貴官自身に何等の意見も表示することなくして探り得る限りに於て「ラムスドルフ」伯の意中を探るべし

（『日本外交文書』三七巻一冊八〇番）

この電報の欄外には「上奏、各相、四老、一月二十三日発送済」という記入がある。いよいよ最終幕を切って落としたことを、天皇をはじめ、閣僚、四人の元老（伊藤、山県、井上、松方）に通知したのである。

この訓令に対する栗野の返信は、一月二五日午前零時に発信されている。栗野は一月二四日にラムスドルフ外務大臣に面会し、近日韓国より伝わる不穏の報道（ロシアが鴨緑江を越えて多数の兵員を韓国領に入れた等）の真偽を確かめるために訪問したかのように装った。そしておもむろに、最近の日本の提案はどのように迎えられているか、またその回答はいつごろ与えられるか、と聞いた。ラムスドルフは次のように答えた。

（前略）伯［ラムスドルフ伯爵］は巨細《こさい》の問題に立入り談話することを好まざる風を示し、伯に於ては或《ある》若干の点に関し同意し難きことある旨を述べ、尤《もっと》も極東に於ける日露両国の利益を調和する為め全力を尽し居り、且つ両国間に最終の協約を成立せしむる為めに適当なる形式を考案

中なりと語りたり、尚伯は其意見を来る火曜日（一月二十六日）皇帝に提出し、遠からざる内に回答を発し得べき見込なる由（後略）

（『日本外交文書』三七巻一冊八三番）

ラムスドルフは、自分としては同意し難いところもあるが、日露両国の利益を調和して両国間に協約を成立させるため全力を尽くしているところであり、そのための意見書を一月二六日に皇帝に提出するので、遠くないうちに回答を送ることができる見込みであると語った。

このような回答を一月二五日午後二時に受け取った小村は、翌二六日正午に栗野に訓令し、ラムスドルフに会見を求め、政府の訓令として「帝国政府は速に露国政府の回答に預からんことを切望す、且又帝国政府が露国の回答に接するは何時頃に期待し得べきやを知るを得ば本懐なり」と伝えるように命じた。これに対する栗野の返信は、早くも同日午後一〇時に発信され、翌日午後零時四〇分に東京に着いている。〈注12〉

栗野は小村に次のように報告した。

ラムスドルフは、一月二八日に陸海軍大臣と関係官憲が会議を持ち、その決議を皇帝に上奏して裁可を請うはずであるので、回答の期日は明確に言えないが、それ程遅くはならないと言った、と（『日本外交文書』三七巻一冊八六番、八七番）。

ラムスドルフは随分無防備に重要会議の日程まで栗野に教えている。その重要会議の当日、一月二八日午前一〇時三〇分発の電信で、小村は栗野に、ラムスドルフに対し「貴官［栗野のこと］一己《いっこ》の心得までに一月二八日の露国大臣会議の決議の如何なる性質のものなるかを貴官に知らしめ得べきか、尚又露国回答は凡《およ》そ幾日頃を以て与へらるべきか、大約の日取を指示され得べき乎《か》を尋ねらるべし」と訓令した。

これに対し栗野は、二八日中に起草した電文を二九日午前二時に発信した。これは同日午後五時五五分に東京に着いている。栗野はラムスドルフが次のように語ったと報告した。

（前略）会議の議決としては之を皇帝に上らずして、関係大臣が各本件に就き皇帝に引見せらるゝ次第なれば、何事も確言するを得ずと答へられたり、伯は又「アレキシス」大公及海軍大臣は来週月曜日（二月一日）に、又陸軍大臣及自分は火曜（二月二日）に各陛下に謁見すべく、而して火曜日には露国の回答を「アレキシエフ」総督まで送致するを得るならんと思料すと云はれたり、本官は右露国回答の性質に談及したるに、伯は日露両国は極東に於て相蜜邇《みつじ》せるに付、其交誼を敦睦《とんぼく》にするは両国の利益上必要と認むるを以て、自分は万事和協の意向を以て之に処したりと確然言明し、且つ日本も亦同様の精神を以て露国の回答を迎へられんことを希望する旨附言せり、本官は（中略）上述の時日より一層近き日取りに回答を送らるゝ様特別の措置あらんことを伯に請ひたるに、伯は自分は現在の情勢を知悉すと雖も、謁見の日取は既に右の如く定められたること故、今や到底之を変することは克《かな》はずと答へ、尚来る火曜に回答発送の運《はこび》に至る様十分尽力すべしと復《ふたた》び陳述せられたり

（『日本外交文書』三七巻一冊九六番）

栗野は小村の訓令どおり、本日の会議ではどのような議決がなされたのか、自分ひとりの心得にしたいから教えてもらえないかとラムスドルフに聞いたのであろう。これに対しラムスドルフは、議決として皇帝に上奏するのではなく、各々の大臣が皇帝に謁見して意見を述べることになるので何事も確言できないと答えた。これはラムスドルフとしては会議の内容を漏らすわけにはいかないから、適当に誤魔化したわけである。

しかしラムスドルフは、アレキシス大公と海軍大臣は来週の月曜日（二月一日）に、陸軍大臣と自分は火曜日（二月二日）に謁見することが決まっているので、二月二日には回答書を旅順の総督へ送ることができるだろうと言った。さらに栗野が回答の性質について問うと、ラムスドルフは、日露両国が仲良くすることは両国の利益にかなうと考えるので、「自分は万事和協の意向を以て之に処したり」とはっきりと明言した。そして日本も同様の精神でロシアの回答を迎えてもらいたいと付け加えた。

栗野は、現状が長引くのは危険であるからもっと早く回答を送ってもらえないかと請うと、ラムスドルフは、謁見の日取がすでに決まっているので、到底これを変更することはできないと答え、来週火曜（二月二日）に回答を発送できるように、十分尽力するつもりであると、もう一度言った。

一月二三日、二六日、二八日と、栗野は小村の電信を受け取るや、直ちにラムスドルフに会見を申し込み、ラムスドルフがまたこれに応じている。栗野自身は、主観的にはラムスドルフと協力して戦争を避けようと努力していたのかも知れないが、小村外務大臣は決して栗野のようには考えていなかった。ラムスドルフは、ロシアの外交責任者として栗野公使を信頼しすぎ、手の内を明かしすぎるという大きな間違いを犯してしまった。このことについてはさらに後述しよう。

従来、日本においては、日本の度重なる督促にもかかわらずロシアは回答しなかったかのように論じられてきたが、これは事実ではなかった。従って、日露開戦の原因をコミュニケーション不足に求める昨今の論調も正しくない。

さて、一月一二日以降、日露交渉決裂から開戦を前提に準備を進めてきた小村にとって、この一月二九日午後六時に到着した栗野報告は予想外のことであったに違いない。ロシアが譲歩し、日本の要求を呑んだ回答書が数日中にも日本政府に届けられるかもしれない。すると開戦の理由は失われる。「ロシアと戦争はしないのか」。すでに開戦を決定していた日本政府は、こんな「難問」に直面したのである。

同電報の届く約一時間半前、二九日午後四時二〇分には、在独の井上勝之助公使からドイツの政界と軍人社会における風聞が小村のもとに報告されていた。


（前略）当地政治社会及外交社会に目下一般に行はるゝ説に依れば、日本は露国に対し外交の勝利を得るに於て首尾好く成功したり、而して日本の為めに計るに事件を余り深く追究せざるを以て得策とすべしと云ふに在り、然るに当国軍人社会（陸軍大臣までも）は曰く日本が一撃を試むるは今日を以て最良の時機と為す、此機一度逸せば日本は復た好機を得ざるべしと

（『日本外交文書』三七巻一冊九四番）

ロシアの譲歩はドイツの外交界にもすでに伝わっていた。ドイツの政治家、外交家らは、日本はロシアに対し外交上の勝利を得たのであるから、日本のためにはあまり深く追究しない方が得策だと言っているが、ドイツ軍人社会では、陸軍大臣までもが、日本がロシアに勝てるのは今しかない。この機会は二度と来ないと言っている、と井上は報告したのである。

「ロシアと戦争はしないのか」という「難問」に直面した日本の首脳部にとって、「ドイツ軍人社会では、陸軍大臣までもが、日本がロシアに勝てるのは今しかないと言っている」という井上公使のもたらした情報は、悪魔のささやきのように響いたことであろう。

伊藤が主導した「一刀両断の決」

平塚篤編『伊藤博文秘録』(春秋社、一九二九年)二三三頁には、「日露断交直前の政府首脳会議」における伊藤博文の手書《しゅしょ》を掲載している。伊藤公爵家に所蔵されている伊藤博文の自筆墨書で、伊藤の養子で公爵家を相続した伊藤博邦によって提供されたものである。〈注13〉

同書巻頭の「例言」には、平塚の編集を援助した「諸先輩」として金子堅太郎以下二七名の名前が挙げられているが、ここにはかつての駐露公使、栗野慎一郎の名前も入っている。なお、伊藤博邦は井上馨の兄の子で、ドイツ公使井上勝之助の実の弟である。

さて、伊藤博文の一月三〇日の日付の入った手書全文は左記のとおりである。

本日午前九時訪問会合者、桂、山本、小村三相、午後山県来会［この部分は小文字］露国の政略を観察するに彼の積年の企図は南進して土耳其《トルコ》の異宗教国たるを以て欧州各邦の耶蘇教人民を瞞着《まんちゃく》し、其保護者たる名義の下に土耳其を滅却し、地中海に其驥足《きそく》を伸蠓《しんもう》し、列強の上位を占有する陰謀を遂行せんと欲するの志望を一転し、今や極東即支那の衰怠に乗じ、一挙して其全力を集注し、支那の帝冠を露帝の頭上に併有せんとする、復《また》疑を容れざる所なり。日本は之を看破し、言を満州の併呑を阻礙《そがい》すると、朝鮮の地理的日本の運命に密接の関係を有するの二事を以て、今や露国と折衝し、其懸案問題となり、既に双方共に海陸の兵力を盡《つく》して対峙せり。而して満州に付ては、両国の間問題の解決稍《やや》其端を見るに足るものありと雖、独り朝鮮問題のみ懸《かけ》て目睫《もくしょう》の間にあるものに似たり。仮りに露の我に譲歩する所、中立地帯設定を我に譲り、朝鮮の邦土を軍略的支用するを得せしむるも、是露の政略全体より観察すれば、日本に執《と》りては数年間の小康たるものに看《み》るの外《ほか》なし、然れば到底露と干戈《かんか》相視《み》るは早晩免るべからざるものたるは火を見るか如し、然れば我国力の不足に顧み此際小康を得るに安んする乎《か》、国家の運命を懸て彼の政略を阻礙《そがい》するの手段に出る乎、是目今《もっこん》一刀両断の決を為さざるを得ざるの境遇也

明治三十七年一月三十日　於総理大臣官舎執筆示四人

一九〇四年一月三〇日午前九時、総理官邸に、伊藤博文、桂太郎、山本権兵衛、小村寿太郎の四人が会合した。午後には山県有朋が来会した。この会合が前日二九日午後六時にペテルブルクから届いた電報、ロシアの譲歩を伝える回答書が数日中に届く見込みであるという予想外の事態への対応のた

めに召集されたものであることは間違いないだろう。席上、伊藤がここに引用した一文を草して四人に回示した。伊藤の草した一文を現代語で要約すれば次のとおりである。

ロシアの政略は南進してトルコを滅ぼして地中海に進出して列強の上位に立つ方針を一転し、今や清朝の衰退に乗じて極東に全力を集中し、中国皇帝の冠をロシア皇帝の頭上に載せようとしていることは疑い得ない。日本はこれを看破し、満州の併呑を阻止することと、朝鮮が地理的に日本の運命に密接に関係していることの二事を以てロシアと折衝し、すでに双方が海陸の兵力を尽くして対峙している。満州問題についてはやや解決の見込みがあるが、朝鮮問題は非常に切迫した状況にある。仮にロシアが中立地帯の設定を放棄し、日本が朝鮮を軍略的に使用することを認めたとしても、日本にとっては数年間の小康を得るにすぎない。早晩ロシアと戦わざるを得ないことは火を見るより明らかだ。今この小康を得て満足するのか、国家の運命を懸けてロシアの政略を阻止する手段に出るのか。今こそ一刀両断の決断をなさねばならない時がきた。

伊藤は、日露交渉において、日露の対立点となっている、韓国における中立地帯の設定と同国の軍略使用の禁止の二点をロシアがとり下げ、日本の主張をすべて受け入れたとしても、日本にとっては数年間の安心を得られるにすぎず、いずれロシアと戦争しなければならないことは火を見るより明らかだ。だから今、「小康を得て満足するのか」、あるいは「国家の運命を懸けてロシアの政略を阻止する手段に出るのか」、「一刀両断の決」をなさなければならない時だ、と言ったのである。

伊藤の意志が後者、「国家の運命を懸けてロシアの政略を阻止する手段に出る」こと、即ち対露開戦にあったことは明らかであろう。

伊藤博文は、日露開戦を避けようと努力した「対露協調論者」、ひいては「平和主義者」であるかのように語られてきた。伊藤が真の「平和主義者」であったならば、このとき戦争を阻止することができたであろう。しかし伊藤は、たとえロシアが日本の主張をすべて受け入れたとしても、今、つまりロシアの準備が整わないうちに、ロシアと戦争をしなければならないと、率先して主張したのである。

伊藤がこのような文書を残したということは、この首脳会議で、ロシアの譲歩が通知される前に、開戦の決断をしなければならないということが、合意されたからであろう。

栗野駐露公使の回想

『伊藤博文秘録』には、この伊藤手書に続けて、小村がこの首脳会議を終えた後、同日午後一〇時に栗野公使にあてた電報を掲げている。

貴官は成るべく速かにラムスドルフ伯に会見を求め、本国政府の訓令として、左の通り陳述せらるべし。

現下の時局を此上遷延せしむるは、日露両国の為めに、重大なる不利益たるべしと確信するを以て、帝国政府は露国外務大臣閣下の指定せられたる日取、即ち次週火曜日以前に、露国政府の回答を受領し得むことを希望すと雖、此事たる、到底不可能なるが如く見ゆるを以て、帝国政府は、果してラムスドルフ伯が指定せられたる時日、即ち次週の火曜日を以て回答に接するを得べきや、若し否とせば、露国政府は、果して何者を以て右回答を与ふべきか、其の確たる日取を承知せんことを希望す

この電報は栗野が提供したものであろう。現在では『日本外交文書』三七巻一冊一〇〇番に収録されて公開されているが、平塚篤が『伊藤博文秘録』（一九二九年刊）を編纂した当時はまだ非公開であったはずだ。

この電報の内容は、すでに栗野が小村に上げた報告――現状が長引くのは危険であるからもっと早く回答を送ってもらえないかと栗野が請うと、謁見の日取がすでに決まっているので、到底これを変更することはできないとラムスドルフが答えた――によって、ラムスドルフが答えられないことがわかっていることを殊更に追求し、ラムスドルフから「回答の期日は明言できない」という言質を取るためのものである。

実際、このラムスドルフの言質は、「爾来三週日を経るも露国政府は之に対して回答を与へず帝国政府より督促数次に及ぶも回答を与ふべき時期すらも之を明示せず」（伊藤博文草「日露交渉破裂ノ顛末」〈注14〉）とか、「小村の一再の督促にも拘らず、露国政府はさらに回答をしないのみか、その回答の日取をすら示さない」（前掲『小村外交史』三五七頁）という日本の正当性の主張の根拠に利用された。しかし事実は日本側の無理算段の要求だったのである。

『伊藤博文秘録』は、一月三〇日付伊藤の手書、同日付小村の栗野あて電報に続き、さらに「子爵栗野慎一郎氏談」を載せている。栗野は次のように語った。

私は当時露国駐在公使の任にあったのであるが、私の見た処では、露国としては日本と事を構へようなどとは毫頭考へて居らなかったらしい。外務大臣ラムスドルフ伯爵は非常に温厚な好紳士であった（中略）風雨二十年、今にして当時を想到すれば、露国も随分馬鹿を見たものであるし、日本としても危い橋を渡ったものであった。

栗野は、平塚からこの伊藤の手書を見せられた時、この日、日本の首脳部が、たとえロシアが日本の要求をすべて受け入れた回答を寄こしても、今ロシアと戦争をしなければならないと合意したことを理解したはずだ。栗野の「露国も随分馬鹿を見たものであるし、日本としても危い橋を渡ったものであった」という感慨はこのような背景を知ったところから出てきたものであろう。

栗野は、このほか、ラムスドルフが日本との関係を円満に進めるために、日本人の友人を多く持つローゼンを再び駐日公使に起用した話をし、ラムスドルフが「此辺の事まで心配して居た」とか、「此人は非常な君子人だった」とか語っている。

栗野についてはまた、ロシアから召還されて帰国した後、郷里の福岡で有志の歓迎会に出席したとき、「ロシアには戦意はなかった」と発言して物議をかもしたことが『小村外交史』三五九頁に書かれている。それから二十数年後、伊藤の手書に解説を求められたときも、再び「私の見た処では、露国としては日本と事を構へようなどとは毫頭考へて居らなかったらしい」と発言したのである。栗野慎一郎の胸中には、結果的に自分がラムスドルフを騙していたことについて、呵責の念が去来していたのではないだろうか。

このことと関連して、栗野と言えば常に引用される「回顧談」についても、真偽が疑わしいことを述べておこう。

『子爵栗野慎一郎伝』（興文社、一九四二年）は、『伊藤博文秘録』の編者平塚篤が、栗野の死後、遺族からの依頼により編纂したものである。同書三一九頁に栗野慎一郎の長文の談話が掲載されている。それによると、一九〇四年二月五日の夜、栗野はロシア皇室招待の観劇会に出掛けようとしていた。その時、一通の分厚い電報が来た。栗野は封を切らずに内ポケットに押し込んで出掛けた。「内容は見ずとも解って居たが、夫れは露国側に叩き付ける可き最後通牒に相違ないのである」と栗野が語ったとされている。

ロシアから召還されて帰国した時、つまり日露戦争の真最中に、「ロシアには戦意はなかった」と発言して物議をかもし、二十数年後にもラムスドルフがいかに好紳士であったかを語っていた栗野が、本当にこのようなことを言うであろうか。この談話には平塚篤の創作が加わっていると見なければならないだろう。

それよりも同書三七四頁及び三八〇頁に書かれている所謂「栗野事件」が興味深い。

日露戦後、日本は欧米列強から一等国と認められ、公使に代えて大使を派遣することができるようになった。そこで栗野が初代駐仏大使に指名されたが、栗野は老母の側で孝養を尽くしたいと固く辞退した。これに対し、日本政府は当時熊本の第五高等学校に在学中の栗野の長男昇太郎を東京の第一高等学校に転校させ、栗野に代わって孝養を尽くさせるという超法規的措置をとった。これによって栗野はフランスに赴任せざるを得なくなった。

これは第一高等学校生徒間で大問題となったが、一高代表生に向かい、桂首相が「一国の政策の為めには、時に高等学校の一二を廃校するも止《やむ》を得ず」と豪語し、西園寺文相が「栗野の処置は忠孝両全の道にかなへり」と賛嘆したと書かれている。

日本政府首脳部は、栗野慎一郎を野に置けば、また「ロシアには戦意はなかった」などと発言することを心配し、何としても外交官として海外に送り出したかったのであろう。

山本海軍大臣の最後の訓示

一九〇四（明治三七）年一月三一日に、軍令部長、同次長が連れ立って参内したことが『明治天皇紀』に書かれている。出典は「侍従日録」のみで、「同時に謁を御座所に賜ふ」という記事以外の記述はない。

ここで、再び財部彪の証言を聞いてみよう。

一月三十一日の御前会議には軍令部長、同次長連れ立って参内、彼我海軍の勢力の比較等を奏上された。さうして其晩は大臣から軍令部長、次長等と［に］我々の聞く事を得なかった或重大事を開示せられたものの如く。余程其日は曲者であったと考へられる。私の日記には「大臣より開戦の暁に於ける心得等重大な開示ありたり」と云ふ事が書いてある。併し是は僕等知らん。

（『史談会記録』一巻一一〇頁、アジ歴C09050717900）

一月三一日の晩に、海軍大臣が軍令部長と次長に、財部らが聞くことができなかった重大事を開示したとは、何を意味するのであろうか。「余程其日は曲者であった」とまで、財部が言うところを見れば、一月三〇日の首脳会議で下された「一刀両断の決」が、海軍大臣から軍令部長と次長に開示されたと考えるほかない。

海軍軍令部が編纂した『極秘海戦史』には、海軍大臣・山本権兵衛が、一月三一日に司令長官と司令官に対し開戦前における最後の訓示をしたと書かれている。その内容は左記のとおりである。

日露両国間交渉の懸案に関し、曩《さき》に我が政府より発したる通牒に対し、督促の結果、露国政府は来二日を以て其の覆答を総督アレキセイエフに交付せらるべしとの情報に接したり（中略）我が政府に於て平戦何れにか決せらるゝは、今や数日の中にあるものと認む、若し不幸にして干《かん》戈《か》相見《まみ》ゆるに至らば、第一著《ちゃく》に敵に接するは、我が海軍の任務なるべきを以て、此の時に当り、挙国一致の忠誠を代表し、君国の為め粉骨砕身公に報せらるべきは、固《もと》より其の処なりと雖も、須《すべか》らく我が軍隊の行動は、恒《つね》に人道を逸するが如きことなく、終始光輝ある文明の代表者として、恥づる所なきを期せられむこと、本大臣の切に望所なり

本訓示は熟覧の上、長官自ら之を保管すべし

（『極秘海戦史』一部一巻五七頁、アジ歴C05110031200）

山本は訓示の冒頭で、先に日本政府がロシアに出した通牒に対し、ロシアの回答が二月二日に極東総督に交付されるはずという情報に接したと述べた。これは栗野公使の一月二九日電報によるものである。

さらに山本は、政府は数日のうちに戦争か平和かを決めるはずだと明言した。これは、この訓示のなされた前日、一月三〇日の首脳会議における「一刀両断の決」の合意による。

戦争と決まった場合、最初に敵と戦うのは海軍である。「粉骨砕身」して国に尽くすことはもちろんであるが、我が軍隊の行動が「文明の代表者」として恥じるところがないことを切に希望する、と山本は言った。

当時、日本海軍には九名の司令長官（軍令部長、横須賀、広島、呉、舞鶴、佐世保鎮守府の長官、第一から第三までの艦隊の長官）と、一〇名の司令官（軍令部次長、竹敷［対馬］、馬公［澎湖島］要港部司令官、第一から第七までの戦隊司令官。「要港部」とは軍港に次ぐ海軍基地のこと）がいた。

一九〇四年一月三一日の海軍大臣の開戦前最後の海軍トップへの訓示は、一九〇三年四月二九日の訓示（第Ⅴ章参照）と同様に、各司令長官あてに電信で発信され、司令官に周知の上、これを長官自らが保管せよ、と命じたものである。軍令部参謀だった財部が「是は僕等知らん」と言ったのは、四月二九日の訓示を三〇年後に初めて知ったと語った上泉徳爾（当時海軍中佐で軍令部長伊東祐亨の副官）

の証言と同じく、海軍における秘密保持がいかに厳格に行われていたかを物語るものであろう。

御前会議

日露交渉断絶、軍事行動開始への天皇の承認が降りた二月四日の御前会議は、その前日の三日午後七時に、中国山東半島の芝罘《チーフー》に駐在する森義太郎海軍中佐より届いた旅順のロシア艦隊の出港と行方不明という重大情報をもって、山本海軍大臣の要請で開催されたと「山本伯実歴談」は書くが、これは正確ではないだろう。

『明治天皇紀』の記事によれば、二月三日朝から首相官邸で行われた内閣元老会議で開戦を議決し、それをもって桂首相と小村外相が参内し、午後三時から四時半にかけて天皇にロシアとの戦争を避けることができない事情を説明し、明日四日に御前会議の開催を奏請したとなっている。おそらくこちらが正しい。

よって四日の御前会議の開催は、三日午後七時の電報が届く前に決まっていた。しかし、この御前会議をリードして、天皇に開戦を決意させたのは山本権兵衛であり、その根拠として旅順艦隊出動、行方不明の電報が最大限利用されたと見なければならない。

「山本伯実歴談」によると、御前会議の冒頭説明に立った山本は、旅順艦隊の出動目的を予想して、

①直ちに佐世保、竹敷《たけしき》（対馬）を襲撃する
②陸軍揚陸のため韓国の大同江、仁川方面に行く
③韓国の鎮海湾を占領する

④冬季火入れ作業のため外洋に出て運動する

と列挙し、時機が時機だけに「重きに従って之を観察せざるべからず」と述べ、すでに海軍では昨夜各司令長官、司令官等にこの情報を転電し、佐世保、竹敷をはじめ要所には水雷の敷設を命じたと報告した。そして、佐世保鎮守府司令長官及び竹敷要港部司令官に対し、露国艦隊が出現した場合には撃破せよと命令する許可を仰ぎ、天皇はこれを許可した。〈注15〉

これが軍事行動開始へのゴーサインとなった。そして翌五日の作戦案の裁可、大海令第一号の発令を受けて、六日午前九時より連合艦隊が続々と佐世保を出港していったのである。

但し、山本が二月四日の時点で、本当に①、②、③、つまりロシアから戦争をしかける可能性があると考えていたとは信じ難い。

この問題について、『極秘海戦史』では、次のようにかなり異なる説明がされている。

まず、旅順艦隊出動の目的について、海軍は四日午後三時に判断をまとめ廟堂の諸員に示した、と書かれている。これは、山本海軍大臣が御前会議で報告したことを指すのであろう。但し、その「海軍の判断」とは、要約すると次のとおりであった。

ロシアが増派する艦隊、陸兵、輸送中の軍需品は、現下なおシンガポール以西の海面にあるものが頗《すこぶ》る多い。よって今直ちに戦端を開くことは、ロシアの不利になるばかりでなく、外交上の関係より見てもロシアから敵対行為を開始するとは考えられない。ゆえに三日、ロシアの主力艦隊が旅順口を出発した目的は、攻勢を取るためではなく、左のいくつかの理由が考えられる。

一、訓練上の事情による。また我国の対応を見ることも副目的か。
二、示威的運動が時局の解決に役立つと考え、仁川または大同江附近を遊弋《ゆうよく》する。
三、ウラジオ艦隊との合同の必要を認め、ウラジオ艦隊を収容するため。
四、各艦に分乗させた陸兵を韓国北部の一地点に上陸させる。

（『極秘海戦史』一部一巻七六頁、アジ歴 C05110031200）

海軍では旅順艦隊「行方不明」電報を受けて、二月三日の夜に海軍大臣官舎に九名の参謀たちが集まった。彼らが情報を検討してまとめた見解は、おそらく『極秘海戦史』に書かれているとおりであったろう。ここでは、旅順港を出たロシア艦隊が佐世保、竹敷を襲撃する可能性など、全く想定されていない。

しかし、山本が実際に四日の御前会議で行った説明は「山本伯実歴談」に書かれたとおりであったに違いない。何故なら、山本海軍大臣が佐世保鎮守府司令長官、竹敷要港部司令官に対し、ロシア艦隊が出現した場合には撃破せよと命令することに、天皇の許可を得ることが必要であったからである。天皇はそれを許可した。これが最終的な開戦の決定となった。

陸海軍合同会議

二月四日の御前会議に引き続き、同日夕刻より海軍省大臣室で陸海軍合同会議がもたれた。出席者は海軍側が、海軍大臣、軍令部長、同次長、財部軍令部参謀の四名であり、陸軍側が、陸軍大臣、参謀総長、同次長、参謀本部総務部長、同第一部長の五名であった。この会議で決められたことは、左記のとおりである。

（1）大本営の設置は宣戦の詔勅が下った後にする。
（2）海軍の要請で止められていた陸軍の動員令発令を解除する。
（3）海外発送の電報を処分し、国内から海外へ情報が漏れることを防ぐ。
（4）敵の通信を絶つため、予定の場所で電線を切断する。

（『極秘海戦史』一部一巻七八頁、アジ歴 C05110031200）

同会議に出席した海軍側四人の一人であった財部彪に、再び三〇年前の日記帳を見ながら語ってもらおう。

「二月四日夕刻より大臣室に於て、海陸軍大臣、軍令部総長、参謀総長、軍令部次長、参謀次長、参謀本部総務部長、第一部長、余の九人集合す」と書いてありますが、是は戦史には出て居らんやうであります。さうして五日には新聞通信を止める。外交官辺りの特権を有《も》って居る者も後《おく》らせると云ふ事を突然やったのであります。是は書いたものには出て居らんと思ひます。此時小六［コロク］を愈《いよいよ》やると云ふ事に決ったのである。

（『史談会記録』一巻八五頁、アジ歴 C09050717900）

この二月四日夕刻の陸海軍合同会議については『極秘海戦史』に書かれていることは前述した。よって財部の言う「戦史に出て居らん」とは公刊戦史を指しているのであろう。

また財部が、「書いたものには出て居らんと思ひます」という通信統制についても、『極秘海戦史』第四部「防備及ビ運輸通信」第三篇第一章「通信の大要」（巻四所収）に、次のように書かれている。

> 二月四日、山本海軍大臣は、在芝罘《チーフー》森海軍中佐より、昨三日旅順口の露国艦隊は修理中なる一隻を除くの外《ほか》悉《ことごと》く発航し其の行先不明なり、との情報に接せしを以て、敵の機先を制せんとする我が海軍の活動に遺憾なからしめんが為め、同日夕より海外に発する総ての電報を約七十二時間宛遅延せしむることゝす
>
> （『極秘海戦史』四部四巻三〜四頁、アジ歴C05110109600）

ここには、旅順艦隊が二月三日に大挙して出港し行方不明であるという電報を受けたので、二月四日夕刻より日本から海外に発するすべての電報を約七二時間ずつ遅延させた、と書かれている。

さらに同書第九部「国際事件」第二篇第八章「海外電報の取締に関する件」（一巻一九〇頁、アジ歴C05110188900）には、より詳しく書かれている。要約すると次のとおりである。

山本海軍大臣は、開戦当初における軍機の漏洩を防ぐため、海外電報取締に関して逓信省に交渉

し、明治三七年一月一六日に、「必要ノ時機」に、海外へ発送する電報は「露国以外ノ国ノ公信及ビ我ガ官庁公署ノ通信ヲ除キ七十二時間其ノ発送ヲ停止ス」、そしてその「必要ノ時期」は海軍大臣より逓信大臣へ通知すると協議決定した。この決定に基づき、二月四日に山本海軍大臣は逓信大臣大浦兼武に照会を発し、二月五日正午より七二時間の海外発送電報の停止を依頼した。

開戦当初における軍機の漏洩を防ぐとは、奇襲攻撃を成功させるために連合艦隊の出港情報がロシア側に伝わることを防ぐという意味である。そのために山本海軍大臣は逓信省と交渉し、一九〇四年一月一六日、つまり連合艦隊が実際に出港した二月六日の三週間も前に、海外電報取締に関して協定を結んでいた。この協定に則《のっと》って、二月四日に海軍大臣は、翌五日正午から海外へ発信される電報を七二時間停止することを、逓信大臣に要請したのである。

従って財部の言うように「五日には、新聞通信を止める。外交官辺りの特権を有って居る者も後らせると云ふ事を突然やった」のは、このように周到な準備を整えた上でのことであった。

第Ⅰ章冒頭で、一月二一日午前一一時に中国山東半島の芝罘から発信され、東京郵便局から駐日韓国公使館に配達されるべき電報の写しが、同日中に外務大臣小村寿太郎の手に入っていたことを明らかにした。つまり外務省は、二月四日、海外電報が軍の統制下に入る以前に、すでに駐日韓国公使館あて電報の検閲を行っていた。駐日ロシア公使館あての電報も同様であったと推測される。

四日夕刻以降にロシア公使館あてに届いた電報は、おそらくロシア公使館に配達されることなく、外務省へ回されたであろう。

最後の通牒はベルリンへ

『極秘海戦史』には、二月四日の御前会議において、「愈々《いよいよ》露国との交渉を断絶するに際せば、最後の通牒を発すると同時に、艦隊にも発進命令を下すことゝし、其の通牒は独国駐劄帝国公使井上勝之助に電報し、同公使をして特に使者を露都に派せしめ、栗野公使の手許に達することに定まりたり」と書かれていることは、本章冒頭で紹介した。

さらに同書には、「外務大臣は同日午後二時発独国駐劄《さつ》帝国公使井上勝之助を経て、露国駐劄帝国公使栗野慎一郎に最後の通牒を致せり（同公使は六日午後四時之を露国外相ラムスドルフ伯に送付せり）」と重ねて書かれている（第一部第一巻八七頁）。

ところが、『日本外交文書』では、二月五日午後二時に小村外務大臣が栗野公使あてに直接発信したことになっている。ペテルブルクにおいて二月六日午後四時（日本時刻同日午後九時）に通告文の伝達が行われたことは栗野の報告（二月七日午前五時四五分東京着）に見えるところであり、日本においても六日午後四時に小村はロシア公使を外務省に呼んで通告を行っている（『小村外交史』三六二頁）から、伝達時刻の指定は小村の指示に違いないが、栗野あて訓令にはその指示がなく不可解であった。『極秘海戦史』によって初めて、小村は、五日午後二時にドイツ公使井上勝之助あてに栗野公使に手渡すべき電信を発信した事実が明らかになった。ロシアに伝達すべき時刻等については、井上勝之助あて訓令で指示したのであろう。

なお『極秘海戦史』が「最後の通牒」と呼んでいるのは「日露交渉断絶」の通告書のことであり、

その末尾に書かれた「独立の行動を採ることの権利を保留す」という文言が、戦時国際法上の期限の定めのない最後通牒にあたり、日本はいつでも開戦できるという「解釈」を踏まえたものである。

井上勝之助（一八六一〜一九二九）については、「侯爵井上勝之助君略伝」が井上馨の伝記『世外井上公伝』第五巻（内外書房、一九三四年）に付録として収録されている。それによると、勝之助は井上馨の兄光遠の第二子であるが、九歳の時に光遠が死去し、叔父馨に引き取られ養育された。一八七一（明治四）年に、一一歳で大蔵省が派遣する留学生に選ばれ、ロンドンに留学した。一八七九年に帰国して大蔵省に入り、後に外務省に移った。

この間の一八七六年六月から一八七八年七月までの二年間、井上馨は「理財研究」の官命を得て、妻武子、その姉の子の小沢末子、随員の日下義雄等を連れて洋行した。ロンドンの公使館近くに家を一軒借りて、勝之助も一緒に暮らしたという。当時勝之助は児玉姓を名乗っていた。末子は後に勝之助の妻となった。末子の美貌と知性については、多くの証言があり、写真も残っている。

井上勝之助は一八九八（明治三二）年二月に特命全権公使としてドイツ駐劄を命じられた。前任者は外務大臣に転出した青木周蔵である。これは異例の抜擢であったが、この人事を強く押したのは当時の外務次官小村寿太郎であったという。このことは小村の秘書官としてポーツマス講和会議へも随行した本多熊太郎が小村から直接聞いた話として伝えている。このとき小村は井上に末子夫人を同伴して赴任するように要請したという。これはドイツの皇帝専制下における宮廷外交を念頭に置いた措置であった。

井上勝之助は、一九〇二年一〇月に賜暇を得て帰国、帰任したのは一年後の一九〇三年一〇月である。小村外務大臣との間で、日露開戦時の手順などは、十分打ち合せてからの帰任であったであろう。

「侯爵井上勝之助君略伝」の末尾には「君の事蹟は外交上の機密に関するを以て多く伝へられず、末子夫人の社交上の活躍は比較的華々しく世人に知られているが、多くは皮相の見に過ぎない。その実蹟を詳細明かにするには後世に俟つべく、今ここに筆を執るのは時を得ざるものである」と書かれている。

よって同書には、日露開戦を前にした井上勝之助の活躍には一切触れられていない。これは今後明らかにされるべきものであろう。

おわりに

本章は、日本の要求を呑んだロシアの回答書が何故届かなかったか、という疑問から出発した。

まず、一九〇四年一月一二日の内閣元老会議で、日本の首脳部が対露開戦の意志統一を行ったことを確認した。その上で、開戦準備が整うまでの時間かせぎのために、一三日（ロシアへの伝達は一六日）に、日本の「最終修正意見」に関する口上書が提出された。

このとき、ロシアが日本の要求に応じる可能性はないことが、日本の首脳部の共通の認識になっていた。以降、日本政府と陸海軍は、日露交渉断絶を前提に、開戦準備を進めていた。

次に、一月二九日午後六時に外務省に届いた駐露公使・栗野慎一郎の電報に注目した。そこには、ロシアが日本の要求を呑んだ回答書を二月二日に旅順の極東総督に送る見込みであると書かれていた。この電報の重要性は従来見落とされてきた。

ロシアが譲歩する。この予想外の情報に接した日本政府はどうしたのか。この問題への解答を次の三種の史料を検討することによって考察した。

① 一月三〇日朝、総理官邸における首脳会議で作成された枢密院議長伊藤博文の手書

② 同日午後一〇時に発信された栗野公使あて外務大臣小村寿太郎の訓令

③ 翌三一日になされた海軍大臣山本権兵衛の司令長官あて極秘訓令

結論として、一月三〇日、日本の最高首脳部（伊藤、山県、桂、山本、小村）は、ロシアの譲歩が通知される前に開戦しなければならないと合意したということを確認した。

二月一日と二日の動向については触れることができなかったが、この間、外務省では海外公館との電報の往来に追われていた。イギリス、アメリカ、フランス、ドイツ等が、ロシアの依頼を受けて介入してくる可能性を恐れたためである。これらの史料は『日本外交文書』に多く残されている。

その結果、列強の介入はないと判断した日本政府は、二月三日、内閣元老会議で開戦を議決し、翌四日の御前会議で日露交渉断絶、軍事行動開始への天皇の承認を得た。また、ロシアへ最後の通牒を発信すると同時に、連合艦隊にも発進命令を下すこと、ロシアへの通牒はベルリンのドイツ公使井上勝之助あてに発信し、ベルリンから使者を派遣してペテルブルグの栗野公使に手渡すことを決めた。

これは連合艦隊の発進から二日後に実行される旅順、仁川奇襲作戦を成功させるため、国際法違反の非難を蒙ることなく、日本政府の最後通牒発信時刻から、ロシア政府への伝達までの間に少しでも時間を稼ぐためである。

日本政府は、ロシア政府も日本と同じように、電信の検閲を行っていると信じていたため、直接ペ

テルブルクへ発信すれば、その時点でロシア政府の知るところとなると考えていた。よって日本政府が、艦隊への発進命令（事実上の戦闘行為の開始）より前に、ロシアに最後通牒を送ったと言いつくろうためには、このような小細工が必要とされた。ゆえに、あくまで日本政府は二月五日にペテルブルクに最後通牒を発信したことにされ、ベルリン経由は秘匿されなければならなかったのである。

御前会議のあと、海軍省大臣室で開かれた陸海軍合同会議において、日本国内から情報が漏れるのを遮断するために、ロシア以外の外国公館と日本の官公庁から発信される電報を除き、海外発送の電報を七二時間ずつ遅らせることが議決された。そしてこれは二月五日正午より実施された。

つまり、二月六日午後四時に小村外務大臣から交渉断絶の通告を受けたロシア公使ローゼンが、ペテルブルクあるいは旅順に報告したであろう電報は、東京郵便局に七二時間止め置かれたのである。

本章冒頭で述べたとおり、ロシアのラムスドルフ外務大臣は、二月三日に旅順の極東総督アレクセーエフへ一号から三号まで三本の電報を送り、四日午前零時を過ぎてさらに四号電報を送った。アレクセーエフはこれらを五日に受け取り、その日のうちに東京のローゼン公使に転送した。ラムスドルフは二月三日、遅くとも四日に、直接、東京のローゼン公使にも発信していたのである。しかし、両ルートの電報とも、ローゼンが受け取ったのは、日本がロシアに交渉断絶を通告した後の二月七日の午前七時であった。〈注16〉

どうしてこのようなことが生じたのか——。日本政府が、ロシアの譲歩が通知される前に開戦に持ち込むために、ロシアの回答書を抑留したためと考えるほかはない。

【注】

〈1〉加納格「ロシア帝国と日露戦争への道―一九〇三年から開戦前夜を中心に―」『法政大学文学部紀要』第五三号、二〇〇六年

〈2〉和田春樹『日露戦争―起源と開戦―』下巻（岩波書店、二〇一〇年）二八八～二八九頁

〈3〉『日本外交文書』三七巻一冊一二〇番、九六頁

〈4〉栗野あて小村の訓令五四号の原本は、外交史料館が所蔵する簿冊『日露戦役ノ際在露帝国公館撤退及臣民引揚並米国政府保護一件』第三巻に綴じられており、それには、「横文電送四九三号一八八W、独逸経由分は電送四九四号一八九W」という書き込みがある（本章扉写真参照）。これは『極秘海戦史』の記述を裏付けると同時に、ペテルブルクとベルリン双方に送られた可能性を示唆している。同簿冊全五冊中に、訓令五四号と同時に送られたはずの五〇号から五二号は収録されていない。五〇号から五二号の原本が発見されれば、五四号と五三号のみが双方に送られ、五〇号から五二号、つまり「日露交渉断絶」の公文はベルリンにのみ送られたことが証明されるだろう。

〈5〉外務省編『小村外交史』（原書房、一九六六年）三五〇～三五一頁

〈6〉宇野俊一校注『桂太郎自伝』（平凡社、一九九三年）三二八頁

〈7〉前掲『小村外交史』三五三～三五四頁

〈8〉千葉功は『旧外交の形成』（勁草書房、二〇〇八年）で、一月一六日付け山県の桂・寺内宛書簡等をもって、一月一二日に対露開戦で意思統一したという「山本伯実歴談」の記述は信用できないとする。

〈9〉海軍大臣官房編『山本権兵衛と海軍』（原書房、一九六六年）一九四～一九九頁

〈10〉『松方正義関係文書』第五巻一〇三頁、一九八三年、大東文化大学東洋研究所

〈11〉『極秘海戦史』第一部第一巻五五～五六頁、アジ歴 C05110031200

〈12〉『日本外交文書』に収録された電信記録を見る限り、ペテルブルクから東京への電信は通常一五時間前後かかって到着しているかのように見える。これは各々現地時刻で表記されているためである。両地間には五時間の時差があり、ペテルブルクが東京より五時間早い。よって時差分を差し引けば、両地間の通信には実質一〇時間ぐらいかかることになる。従って東京からペテルブルクへの電信は、現地時刻で言えば五時間程度で着くことになる。一月二六日正午に東京から発信された電信が、同日の午後五時頃にはペテルブルクに着き、栗野がラムスドルフに至急会見を求め、同日午後十時に小村に返信することは可能である。

〈13〉同文書は、春畝公追頌会編『伊藤博文伝』下巻（一九四〇年）、宮内庁編『明治天皇紀』一〇巻（一九七四年）、徳富蘇峰編『公爵山県有朋伝』下巻（一九三三年）にも掲載されているが、いずれも出典は『伊藤博文秘録』であろう。『伊藤博文伝』下巻六二五頁には、「二十五日及び二十七日相継いで到着せる栗野公使の来電に拠れば、露国の態度は一層驕傲《きょうごう》を加へ、殆ど我が主張を藐視《びょうし》し、回答の誠意あるや否やすら疑はしきものありしかば、我が国は愈々《いよいよ》最後の決断を為さゞるべからざるの時機に到達した。かくて、桂首相は三十日官邸に主なる元老及び閣員を招きて会議を開きたるが、公は先づ席上筆を執りて左の意見書を草して列席の山県、桂、山本、小村に示した」と書かれており、栗野の二九日の来電は消されている。これは『明治天皇紀』、『公爵山県有朋伝』も同様である。

〈14〉『日本外交文書』三七巻三八巻別冊「日露戦争Ⅰ」一五頁

〈15〉前掲『山本権兵衛と海軍』二〇二～二〇五頁、

〈16〉前掲和田春樹『日露戦争』下巻、三〇六頁

Ⅲ：すり替えられた日露開戦の第一砲火

——海軍大臣・山本権兵衛の電報改竄とその行方

図 8：仁川港で自爆したロシアの小型砲艦「コレーツ」（『極秘明治三十七八年海戦史』付録写真帖所収〈防衛研究所蔵。アジ歴 C05110203200, 3/156〉）

はじめに

前章で、一九〇四（明治三七）年一月一二日、日本首脳が対露開戦の意志を統一したことを述べた。その一月一二日、陸軍参謀本部は、野戦砲兵監・伊地知幸介陸軍少将に特別任務を与え韓国赴任を命じた。伊地知は参謀本部部員・井上一次《かずつぐ》陸軍歩兵大尉を伴い、一六日に東京新橋を出発、二二日にソウルに到着した。同日、伊地知は野戦砲兵監を解かれ、新たに韓国公使館付に任命された。〈注1〉

一方、海軍軍令部は一月一八日に、韓国公使館付吉田増次郎海軍少佐に対し、「開戦数日前に電命すべきにより、京城―旅順線、京城―元山―浦塩線［いずれも電信線］を切断する準備を整え置くべし」と訓令した。〈注2〉

参謀本部と軍令部は、いよいよ対露開戦の火蓋を切ろうとしていたのである。

開戦前夜に伊地知と吉田が協力して行ったことのひとつに、ソウルのロシア公使パブロフと仁川港に碇泊中のロシア軍艦二艦、「ワリヤーグ」と「コレーツ」を情報遮断下に置くということがあった。このことについては、吉田増次郎の手記等をもとに、第VI章において論じる。

さて、仁川港に碇泊中のロシアの最新鋭の一等巡洋艦「ワリヤーグ」艦長ルードネフ大佐は、状況の異変に気付き、二月七日にパブロフ公使に面会して協議した。パブロフもまたすでに一週間も電報を受け取っておらず、日本人によって電報が抑留されていることは明らかであるにもかかわらず、ペテルブルクも旅順も何等対策を取らないことに苛立っていた。〈注3〉

ルードネフ大佐は、「ワリヤーグ」に公使自身搭乗してロシア公使旗を掲げ、もう一隻の旧式小型砲艦「コレーツ」には領事を乗せて領事旗を掲げ、ともに旅順へ脱出すべきであると提議したが、パブロフは許可なく任地を離れることはできないと退け、代わりに「コレーツ」を旅順への連絡に派遣することを提案した。旅順には一九〇三年八月以来、ロシア極東総督府が置かれ、ニコライ皇帝から極東における外交権と太平洋艦隊の指揮権を委ねられた極東総督アレクセーエフがいた。

こうして「コレーツ」は、二月八日午後三時四〇分に抜錨し、機密文書を携えて旅順へ向け出航したが、間もなく八尾島付近で、前夜ひそかに仁川港を抜け出し、日本の艦隊を出迎えて再び仁川港に戻ってきた三等巡洋艦「千代田」と遭遇した。

「千代田」の後ろには二等巡洋艦「高千穂」が続き、その左舷後方に第九艇隊の水雷艇四隻（「蒼鷹《あおたか》」、「鴿《はと》」、「雁」、「燕」）が随っていた。少し遅れて一等巡洋艦「浅間」がソウル占領のための陸軍部隊を満載した運送船三隻を率いて続き、さらに旗艦の二等巡洋艦「浪速《なにわ》」と、それに続く三等巡洋艦「明石」、「新高《にいたか》」が縦列で航行していた。

この艦隊こそ、二月六日に佐世保を出港、ソウル占領のための陸兵の揚陸とロシア艦の殲滅のため、仁川港に向かう日本海軍連合艦隊の第二艦隊第四戦隊（瓜生《うりゅう》艦隊）であった。〈注4〉

このとき何が起こったか。

本章では、日露開戦の第一砲火を巡って、日本側からの発砲がロシアからの発砲にすりかえられた経緯を明らかにし、そのことがいかに利用されたか、またそのためにどれだけ多くの文献が改竄されたか、以上三点について論じる。同時に、本書が依拠する基本史料である『極秘明治三十七八年海戦史』と『日露戦役参加者史談会記録』の紹介もしておこう。

『極秘明治三十七八年海戦史』

海軍軍令部は日露戦争終結直後の一九〇五年一二月から一九一一年三月にかけ、およそ五年余の年月を費やして、全一二部一五〇冊に及ぶ膨大な『極秘明治三十七八年海戦史』（以下『極秘海戦史』と略）を編纂した。同書は、日本においては防衛省防衛研究所図書館史料室が所蔵する千代田史料中に、ほぼ完全な形で一組のみ保存されている。

千代田史料とは、明治以降、皇居内に保管されてきたもののうち、第二次世界大戦後、防衛研究所に移管されたもので、日清日露戦争期の上奏書類・記録などが中心となっている。皇居内に保管されていたため、敗戦時に日本軍が自らの手によって行った大規模な資料焼却と、その後に実施された占領軍による資料接収から免れた。

この『極秘海戦史』はどうしたわけか戦後も長期間にわたって、一部の防衛関係者を除き、研究者間にもその存在が知られていなかった。一九八〇年代になって初めて防衛関係者によって本書の存在が学界に報告され、八五年には防衛大学で海戦史の講義を担当していた外山三郎が本書を用いて学位論文を書き、『日露海戦史の研究』上下二巻として教育出版センターから刊行された。

しかし歴史学の分野を見れば、日露戦争をテーマにした出版物ですら、今なお本書を全く参照していないものも多い。二〇〇五年以降、アジア歴史資料センターからインターネットでほぼ全文が公開されたことにより、今後は本書を無視して日露戦争を論じることはできなくなった。

二〇〇四年に、防衛研究所図書館史料室調査員の北澤法隆によって、本書の編纂、印刷、供給過程、及び現存状況が明らかにされた。それによると、本書は全一二部一五〇冊として編纂されたが、そのうち印刷されたものは一一二冊（目次一冊を含む）で、多いものは各冊八〇〇部、主要なものは三〜四〇〇部、少ないものは一〇〇部が印刷された。印刷されなかったものもある。これは、予算と保管場所の問題による。現在、日本国内で存在が確認されているのは千代田史料中の一組のみであるが、海外には米国議会図書館に二組、英国内に一組の現存が確認されているという。〈注5〉

『極秘海戦史』の別冊総目次には、「印刷に付せず浄書製本の上海軍省文庫に保管す」という割注が付けられた項目が多数ある。これを見れば、北澤論文の言うように必ずしも予算と保管場所の観点から、つまり重要度の低いものが印刷に付されなかったとは言えないことは明らかで、機密性の高いものが印刷されなかった可能性も充分考えられる。例えば第一〇部巻一のうち、第一篇の「大本営紀要」が印刷されていない。

なお、印刷されなかったものは、アジア歴史資料センターの公開からも漏れている。これは防衛研究所に移管された千代田史料中にもともと存在しなかったからであろう。印刷しなかったものを「浄書製本」して保管したという「海軍省文庫」本は、おそらく敗戦時に海軍省自らの手によって焼却されたのであろう。あるいは、まだどこかで秘匿されているかもしれない。

印刷されたはずのものでも、公開から漏れているものもある。例えば、第一一部「戦局日誌」の巻一は「開戦前誌」で公開されているが、巻二の開戦後の日誌が公開されていない。その理由は明らかではない。

『極秘海戦史』の海外への流出経緯について、北澤論文は海軍史料に同盟国英国への交付についての記録があると指摘しているが、米国への流出については触れていない。これはおそらく、戦後占領軍による接収によるものであろう。占領軍接収資料のうち日本が返還を求めたのは文書資料のみで、図書資料については全く返還請求がなされなかったからである。〈注6〉

日露開戦の第一砲火

では、一九〇四年二月八日午後三時四〇分に仁川港を抜錨し、旅順に向かったロシアの小型砲艦「コレーツ」が、八尾島付近で日本の大艦隊と出会ったとき、何が起こったかについて、『極秘海戦史』にどのように書かれているか、見ていこう。（記事中の鳥の名前は、前述したとおり、すべて水雷艇の名称である。）

「コレーツ」は啻《ただ》に何等戦闘の準備をなせる形跡なきのみならず、衛兵を前甲板に立てゝ、敬礼を表し毫《ごう》も不穏の状を呈することなく、遂に二艦の左側約百米突《メートル》を隔てゝ通過せり（中略）而《しこうし》て第九艇隊も亦「コレーツ」を左舷正横に見るに及び、左十六点の正面変換を行ひて之を追尾し、第一小隊たる蒼鷹、鴿は其の左方に急航し、第二小隊たる雁、燕は其の右方に出でんとせしが、燕誤りて八尾島の北方なる浅堆《せんたい》に坐洲《ざす》せり、次いで他の三艇は各発射管を露艦に照準し、二十六海里の速力を以て突進せしに、八尾島附近に至り、露艦右方に回頭せんとしたるを以て、艇隊は機熟せりと為《な》し、雁先《まず》つ三百米突の距離を測りて乙種水雷を発射せしに、「コレーツ」之を覚知せるもの丶如く、収舵に転じ之を避く、蒼鷹、鴿も亦直《ただち》に右方に方向を変じて、露艦に迫りしに、彼は砲火を開きて応戦せり、時に午後四時四十分なり、次で鴿よりも乙種水雷を発射せしに命中せず

（『極秘海戦史』第一部第二巻一〇四頁、アジ歴 C05110031800）

この文章を同じく『極秘海戦史』に収録されている第九艇隊の隊長、矢島純吉司令が提出した「二月八日陸軍運送船仁川入港ノ際護衛艦艇行動略図」（アジ歴 C05110037700）とあわせて読めば、何が起こったかは一目瞭然となるであろう。

このように『極秘海戦史』には、「コレーツ」には全く戦意はなかったこと、「コレーツ」を追い詰めて先に水雷を発射したのが日本側であったこと、「コレーツ」はやむなく応戦したことが、極めて正確に書かれている。しかし前述したように、この『極秘海戦史』は近年にいたるまで公開されなかった。

海軍軍令部は右『極秘海戦史』の編纂中の一九〇九年に、公式戦史ともいうべき『明治三十七八年海戦史』全四巻を刊行するが、ここには右の事実が次のように記述されている。

［コレーツは］我が艇隊の近づくを見て終《つい》に砲火を開けり、時正《まさ》に午後四時四十分にして之を明治三十七八年日露戦役開始の第一砲火と為《な》す。

（『明治三十七八年海戦史』第一巻五七頁、一九〇九年、春陽堂）

つまり「コレーツ」が先に日本の艦隊に向けて発砲したとされたのである。そして「時正に午後四時四十分にして之を明治三十七八年日露戦役開始の第一砲火と為す」という文言は、その後多くの文献に引用され広く浸透した。

一方、ロシア海軍軍令部が編纂し、日本の海軍軍令部によって翻訳された『千九百四、五年露日海戦史』（刊行年不詳、以下『露日海戦史』と略）は、これを批判して次のように注記している。

日本の海戦史に依れば、日本は「コレーエツ」に対し水雷発射を行ひたることを全く緘黙《かんもく》に附し、「コレーエツ」のなしたる誤発の第一発を以て千九百四、五年戦争の第一発と称し居れり。

（『露日海戦史』第一巻上四二三頁、二〇〇四年、芙蓉書房出版より復刻）

日本の海戦史によると、日本が「コレーツ」に対して水雷を発射したことには全く口を閉ざし、「コレーツ」が行った誤発の第一発を日露戦争の第一発であると称している、と書かれている。ここに言う「コレーツ」の「誤発」というのは、『露日海戦史』によると次のような意味である。

「コレーツ」艦長ベリヤーコフ中佐は、「浅間」が突然回転して「コレーツ」の進路を遮り、水雷艇隊が回頭して追尾してきたため、「コレーツ」が沖合いに出ることを阻止する日本側の意志を認めた。中立国［韓国］領海において砲火を開くことは不当であるから、水雷艇隊に対し砲火を開くことなく錨地に戻ろうとしたところ、水雷艇が「コレーツ」に向け水雷を発射したが、艦尾をわずかに距てて通過した。ここにおいて「コレーツ」では直ちに戦闘の号音（午後四時三十五分）を鳴らし二分間の後に発砲準備は完成した。このとき再び水雷艇から第二水雷が発射されたが、第一同様、船尾をかすめて通過した。次いで第三水雷が他の一艇より直角に右舷舷門に向け発射されたが、舷門に達する直前に沈没した（船底下を通過したという意か）。第二水雷発射後、「コレーツ」では「打方開始」の号令が発せられたが、すでに仁川港内に入ったので、すぐに「打方停止」が命じられた。しかしその後誤って二発の砲弾が発射された、という。

『露日海戦史』全七巻（うち第五巻は刊行されず）の刊行年は正確にはわからない。しかし、同書を日本の海軍軍令部で翻訳した第一巻上の凡例（一九一五年七月付）には、同書は海軍大佐川原袈裟太郎がロシア大使館付き武官であったときに、同国の海軍軍令部に請求して進達したものであると書かれている。

川原がロシア大使館付きであったのは、一九一一年二月から一九一四年一月までであるから、『露日海戦史』は遅くとも一九一三年中には刊行されていたと思われる。

日本の公刊戦史はそれより先の一九〇九年に発刊された。ロシア海軍軍令部は『露日海戦史』を編纂するにあたって、日本の公刊戦史を参照している。そして各処において、これを批判している。第一砲火をめぐる問題もそのひとつである。

川原がロシアの軍令部に『露日海戦史』を請求できたのは、おそらく川原が一九一一年にロシアに赴任する際に、日本の軍令部が刊行した公刊戦史を手土産に持って行ったからであろう。そして一九一四年の川原の帰任に際して、今度はロシア側が『露日海戦史』を返礼に贈ったと考えられる。

川原によって軍令部にもたらされた『露日海戦史』は、おそらく直ちに翻訳作業が開始されたであろう。

『極秘海戦史』を編纂し、『露日海戦史』を翻訳していた海軍軍令部においては、「コレーツ」の発砲をもって日露開戦の第一砲火とする公式見解を維持することは困難であるという認識は芽生えていたであろう。

では次に、実際にその場にいた日本側当事者たちに、一九〇四年二月八日午後四時すぎに、仁川沖で起こった砲撃事件について語ってもらおう。まず彼らの談話が収録されている史料紹介から始める。

『日露戦役参加者史談会記録』

一九三五（昭和一〇）年には、日露戦争三〇周年を記念して、新聞社が各種の企画を組み、またその記録が単行本として出版された。

海軍に限定して言えば、朝日新聞社は三月六日に帝国ホテルで一四名の海軍将官の出席を得て座談会を主催し、その記録が同年五月に『名将回顧　日露大戦秘史　海軍編』として出版された。またその二日後の三月八日には星ヶ丘茶寮において、東京日日新聞社と大阪毎日新聞社が共同で一九名の将官の出席を得て座談会を開催し、その記録『参戦二十提督　日露大海戦を語る』が同じく五月に出版された。

ともに五月に出版されたのは、日本の連合艦隊がロシアのバルチック艦隊を破った日（一九〇五年五月二七〜二八日）を記念したものである。前者、朝日新聞社の座談会に出席した一四名は、一名を除いてすべて後者の座談会にも出席している。これらの書物に載せられたエピソードは、各種の小説にも取り込まれ広く普及した。

一方、海軍自らも、海軍省海軍々事普及会から委嘱を受けた海軍有終会（予備役海軍士官の親睦団体）が主催する形で、同年六月二五日、二八日、二九日の三日間、東京水交社において「史談会」を開催した。『日露戦役参加者史談会記録』（全九巻、以下『史談会記録』と略）はその記録である。

但しこの「史談会」は、民間座談会とは異なり、「極秘事項に触るゝこと多々あるを以て公表せず、談話者及び世話人の外《ほか》特に関係ある現役海軍士官のみ出席す」とされた。また記録の取扱についても、「談話事項は全部速記し（手記を提出されしものは之を採録す）、記録整理の上四部謄写し、速記原稿と共に全部海軍省に提出す」と、厳重に管理された（同書第九巻、総目録「序」による）。よって、『極秘海戦史』と同様に近年に至るまで公開されなかった。現在では、防衛研究所所蔵本がアジア歴史資料センターからインターネットで公開されている。

「史談会」に出席し談話した者は、第一日目が大将五名、中将一四名、少将四名、大佐一名の計二四名。第二日目が大将四名、中将一一名、少将三名、大佐四名の計二二名。第三日目が大将六名、中将一三名、少将四名、大佐四名の計二七名。総計七三名となるが、複数日出席している者もいるので、実数は大将一〇名、中将二五名、少将一〇名、大佐七名の五二名である。

彼らは日露戦争時にはほぼ佐官クラス（一部大尉）で、軍令部、あるいは艦隊で参謀官として戦争の中核を担った者たちであった。三〇年の歳月を経て、ほとんどの者が将官として栄達を極め、すでに予備役に入っていた。そんな彼らが、民間座談会ではおくびにも出さなかった機密に触れる発言、公式戦史の記述を否定する発言をしている。史料的価値の高さにおいて、先に紹介した民間座談会の記録とは比較にならないと言えよう。

当事者たちの回想

では次に、あの二月八日、仁川沖の砲撃現場にいた日本の軍人たちに、そこで何が起こったかを語ってもらおう。

「史談会」の二日目、一九三五年六月二八日に、「仁川方面作戦」のうち「作戦一般」というテーマを与えられた大石正吉少将（当時の階級は大尉で「千代田」砲術長）は、次のように語った。

千代田が大村旅団（旅団長木越少将）の運送船を嚮導《きょうどう》しまして、仁川港に急行し仁川に近づきますと「コレーツ」が仁川より出港して来ました。千代田は戦闘部署に就いて其の動静に注意して居りますと、千代田の右舷側［左舷側の誤りか］を反航し衛兵礼式を致しました。千代田も亦それで此方の衛兵隊を前甲板の方へ上げて、「コレーツ」に対し答礼をしまして行き過ぎました。私は前艦橋に居りまして前方の「ワリヤーグ」其の他港内一般を見て居ったのでありますが、少し経つと后方《こうほう》に於てドン々々と二三発砲声が聞えました。后方を見て居った信号兵が「コレーツ」が撃ちました。水雷艇が水雷を発射したやうですと唱へました。直に後方を顧みますと「コレーツ」は後続の運送船に頭を向けて近［づ］きて居りました。其の時に聞きますと、「コレーツ」が千代田と反航して後続の運送船の方へ向いたものですから、直接掩護して居る第九艇隊

（矢島純吉司令の一等艇隊）が運送船を攻撃に来たと思ひてか水雷を撃ったが命中せず、それに対し「コレーツ」が応砲したのでありました。之が私共の日露戦争で始めて聞いた敵の砲声であります。

（『史談会記録』三巻一二～一四頁、アジ歴C09050720100）

大石の証言は、「コレーツ」が何等戦闘の準備をする気配もなく、衛兵を前甲板に立てて敬礼を表しつつ、「千代田」「高千穂」二艦の左側約百メートルを通過したという『極秘海戦史』の記述の正しさを裏付けている。

「千代田」は戦闘態勢をとっていたものの、「コレーツ」が全く戦闘準備をせず、衛兵礼式を整えてやってきたので、慌てて衛兵隊を甲板に上げて答礼し、やり過ごした。「千代田」に続く「高千穂」も同様であったと思われる。

ところが、その後ろについていた水雷艇隊が、「コレーツ」が運送船（陸兵を満載）を攻撃に来たと思ったのか、「コレーツ」に向けて水雷を発射したが命中せず、これに対して「コレーツ」が応戦した、と書かれている。砲声後、直に後方を見ると、「コレーツ」は後続の運送船に頭を向けて近づこうとしていたとも言っている。

大石は、日本の水雷艇が先に「コレーツ」に水雷を発射したから、「コレーツ」が応戦した、と正直に話している。ところが、水雷艇の行動を擁護するために、「コレーツ」が運送船を攻撃しようとしていたと、事実に反することも述べている。先に紹介したように水雷発射を指揮した矢島司令自身が報告した航跡図を見れば、こんな弁護は通用しない。

水雷艇隊の「コレーツ」攻撃については、大石につづいて「開戦前コレーツに対する魚雷襲撃の事情」というテーマを与えられた森山慶三郎中将が、さらに詳しく語っている。森山の当時の階級は少佐（同年九月に中佐に昇格）で、第四戦隊参謀として旗艦「浪速」に搭乗し、「コレーツ」が仁川港から南下して来るのを見ていた。

此処では万事が仁川に明瞭に判る、是は行過で《ママ》して［行き過ごして］後続艦二隻ほどやって、沖の方で沈めて了《しま》はうと思っていた訳で、水雷艇が之を攻撃するとは少しも頭になかったのでありますます。所が先頭の左側に準航中の矢島純吉司令の水雷艇が反転し、両側に分れて「コレーツ」を挟んで来るやうな格好をしているので、脅かしているのかと思って、何か信号でも一つ挙げるかなと思って、「行過ごせ」と斯《こ》う云ふやうに次の信号を挙げようと心得ていると、水雷が一本スポンと出た、それは先の方へ行った雁からだと思ひます。雁が一本水雷撃ったので、私が見て居ったが、瓜生司令官に「水雷を撃ちましたよ」と申し上げた。「そんなことはあるまい」と斯う云はれる。さうすると向ふでポンポンと今度は大砲を三、四発も撃ちましたかしら、二、三発多く四、五発だと私は思ふのでありますが、水雷艇の方は十五、六発撃たれたと申して居るけれども、さうは撃たれなかったやうに思ふ。さうすると又今度水雷がスポンと出るのを私は見たので、私が「又撃ちましたよ」と司令官に申上げました。司令官は「何そんなことはあるまい」と云って居る。其の中《うち》に「コレーツ」が反転して港内に引返して行き、水雷は中《あた》らず、それから向ふも三、四回発撃《う》っただけで元へ帰って行くのだから、何だか分らなくなって了《しま》って、又平和の状況へ戻って、ずっと入って行って、有耶無耶《うやむや》の中に兵隊を揚げて了った、と斯う云ふ形でありました。

（『史談会記録』三巻二二五～二二七頁、アジ歴 C09050720100）

森山は、水雷艇の「雁」が「コレーツ」に向け水雷を発射した。すると「コレーツ」が大砲を三、四発も撃った。二、三発多く四、五発だと思うと言った（これは二、三発多く水増しして四、五発撃ったことにしておきたいという意か）。水雷艇の方では、一五、六発撃たれたと言っているが、そんなに多くは撃たれなかったと思うとも言っている。

「コレーツ」の発砲数がいかに大げさに水増しされたものであるかは、森山自身が事件の翌朝に仁川港から打電した瓜生司令官名の海軍大臣あての報告（後掲）に、「コレーツ」の発砲は「一、二発」と書かれていることから明らかである。

森山はこれに先立つ談話のなかで、「千代田」から伝達された海軍大臣の電報訓令に、仁川港内には外国軍艦も碇泊して居るから港内に於ては当方より攻撃すべからず、というものがあったため、瓜生司令官は八尾島を東西に貫く線以北を仁川港内と決め、この線よりも南で敵に遭ったならば撃沈して了へという大変明確な命令を出されたと語っている。

「コレーツ」が瓜生艦隊と遭遇したのは、ちょうどこの線より少し北方であった。よって水雷艇隊の矢島司令は、「コレーツ」を両側から挟んで南下し、この線を越えた地点で攻撃しようとしたのであるが、「コレーツ」が引き返そうとしたので、発射を命じたわけである。

ただ森山参謀としては、ここで攻撃すれば、仁川港内に碇泊中の外国軍艦にすべてわかってしまうので、「コレーツ」がもう少し沖に行ったところで、「浪速」の後続艦「明石」と「新高」を遣《や》って沈めてしまおうと考えていたので、水雷艇隊の攻撃は意外であったようだ。当時仁川港には、露、米、英、仏、伊、韓国の軍艦が碇泊していた。

では何故、「コレーツ」が先に発砲したという、事実とは違う公式見解が打ち出されたかについて、森山は引き続き非常に重要な証言をしている。

此時（二月九日午前八時）に海軍大臣へ電報を打ったのであります。「本日午後五時《ママ》運送船隊を率い仁川に入港の際、八尾島附近にて「コレーツ」の出港し来たるに会し、運送船攻撃の態度に出たるものと水雷艇より二発の水雷を発射せるも中《あた》らず、彼一、二発の発砲をなし仁川に引返し碇泊せり。本職は露国先任艦長に対し九日正午迄に仁川を退去せんことを強制し、若し応ぜざれば港内に於て彼を攻撃するの已むを得ざる旨、九日午前八時通告し、在港列国艦船には此理由を以て九日午後四時迄に錨地を変ぜんことを請求する書面を直接又は間接我領事を経て列国領事に午前七時配布せり。依て九日午後四時以後に於て此行動を決行せんとす。」此電報をやりました所が、海軍大臣からだと思ひます。水雷艇から二発の水雷を撃ったと云ふことは、此方が先に手出しをしたと云ふことになり不都合であるから、向ふから発砲したから此方が撃ったのだと云ふ風に電報報告を訂正して出せと、斯う云ふ回訓が参りました。そこで「これは不都合ではありませんか」と云ふので、今度は次官に宛てゝ司令官から「出先の者は実際を御報告致すのであるからして、必要とお認めになったら適宜に其方に於て御訂正相成度し」と云ふ返電をやって、是は適宜修正して呉れられたやうであります。で矢張りさう云場合には中央に於て適宜御訂正になって然《しか》るべしで、其上斯くの如く訂正して置いたからさう承知せよと出先にお云ひにならんと、出先の者が色々のことを考へて訂正して作り事をして電報したりなどすると云ふことは場合と事柄にも依るが原則として慎まなければならぬだろうと私は其時深く考へました次第であります。

（『史談会記録』三巻二七〜二九頁、アジ歴 C09050720100）

少々わかりにくいので要約すると、一九〇四年二月九日午前八時、第四戦隊参謀の森山少佐は、昨日午後五時、運送船隊を率いて仁川に入港の際、八尾島附近で「コレーツ」が出港してくるのに出会い、運送船を攻撃されると思った水雷艇が二発の水雷を発射したが命中せず、「コレーツ」は一、二発の大砲を撃って仁川に引返した、と海軍大臣山本権兵衛に電報を打った。この電報はもちろん、第四戦隊司令官瓜生外吉《そときち》少将名で打たれている。

これに対し山本海軍大臣から、日本から先に手を出したということは不都合であるから、ロシアから先に手を出したことに電報を訂正して出し直せという回訓がきた。そこで瓜生司令官は、海軍次官宛にそんなことはそちらで適宜やってくれと返信したというのである。

山本権兵衛は、この「史談会」の二年前、一九三三年に死亡している。日露戦争当時の海軍次官は斎藤実《まこと》である。斎藤もこの「史談会」へ出席が予定されていたが欠席し、翌年には死亡している。もし斎藤が出席していたら、さらに詳しい事情を語ったかどうか、わからない。あるいは斎藤に遠慮

図９：海軍大臣山本権兵衛（『日露戦争実記』第５編〈博文館、1904 年３月〉より）

して、森山がこの問題に触れることもなかったかも知れない。

山本海軍大臣の指示に対し、「これは不都合ではありませんか」と瓜生司令官に助言したのは、おそらくこの回想の主、森山参謀であったろう。森山は、そういう場合には中央で「適宜御訂正するべきで、その上でこのように訂正して置いたから承知せよと出先に言ってもらわないといけないと言っている。そして水雷艇の「コレーツ」への発砲問題については、「是は適宜修正して呉れられたやうであります」と証言している。

森山は山本が事実をすり替えたことを非難しているわけでは決してない。そういう判断は中央がやるべきだと言っているだけで、中央が判断すれば、出先は当然それに従うというのが森山の考えであった。

「戦時日誌」の改竄

森山参謀が瓜生司令官とともに搭乗していたのは、旗艦「浪速」である。『軍艦浪速戦時日誌』の明治三七年二月八日の記事には、この「コレーツ」と水雷艇との発砲事件については、左記のとおり記述されている。

> 八尾島を過ぎ千代田・高千穂・浅間・第九艇隊運送船隊は第四戦隊命令に基き活動し済物浦［仁川港のこと］錨地に進入するや、仝《どう》四時四十三分敵艦「コレーツ」出港するを見る、直ちに戦闘部署に就く、仝五時頃該艦発砲す（我艇隊より水雷を発射すること二回、命中せず）我艦隊の続て入港を見るや、彼れ我勢威に圧せられ仝五時十分頃、回頭して済物浦錨地に皈泊《きはく》す
>
> （『軍艦浪速戦時日誌』、アジ歴 C09050364700）

この記事を素直に読むと、「コレーツ」が発砲したから日本側から水雷を発射したように受け取れる。これは、『極秘海戦史』の記述とも、大石、森山の「史談会」における回想とも大きく食い違う。また二月九日午前八時に海軍大臣宛てに発信されたという電報に関する記録は、『軍艦浪速戦時日誌』にはない。

これは森山の証言どおり、中央で適宜修正し、そのように承知せよという通知を受けた上で、日誌が書き直された結果と見る他ない。

同様なことは『千代田艦戦時日誌』にも見られる。

> 三時三十分東水道を通過し、四時二十分八尾島を北七鏈《れん》［一鏈＝二百メートル足らず］に見て適宜錨地に向ふ、偶《たまたま》敵艦「コレーツ」出港するを見る、依て万一を慮《おもんぱか》りて戦闘部署に就き且つ艦

外に暴露せざる為め砲員を砲側に隠し、或は甲板に伏せしむ、近接するに及びて之を熟視するに「コレーツ」は聊《いささかも》戦闘的準備をなせる模様なく、例に依りて衛兵を整列し、我左方百米突《メートル》の所を通過せり、本艦並に高千穂は其侭《そのまま》前進し、浅間は回頭して運送船を蔽《おお》ひ、艇隊は針路を反転し之を追跡せり、五時四分錨地に進み、本日入港したりと覚しき露国商船「スンガリー」を隔てゝ「ワリヤーク」を見る位置に投錨、高千穂本艦の旧錨地に投錨せり、此時「コレーツ」は引還《ひきかえ》して「ワリヤーク」の側に投錨したりしかば艇隊も亦来りて此附近に泊し一挙死命を制せんとす

（『千代田艦戦時日誌』、アジ歴C09050391600）

この記事では水雷艇と「コレーツ」の間で発砲の応酬があったこと自体、まったく触れられていない。そのほかは、大石少将の回想とほとんど一致する。これも事後の改竄があったと考える他ない。

改竄電報「海第一号」

では次に、現地からの電報が中央でどのように「適宜修正」されたか、そしてそれがどのように利用されたか、ということを見ていこう。

森山参謀が海軍大臣宛てに送ったという電報文面は、『軍艦浪速戦時日誌』からは削除されても、『極秘海戦史』には次のように記録されていた。傍線は筆者による。

［瓜生司令官ハ］水雷艇燕ヲ港内ニ送リ、千代田艦長ニ託シテ海軍大臣ニ戦況ヲ電報シ（中略）

海軍大臣ニ報告セル電文左ノ如シ
八日午後五時運送船隊ヲ率イテ仁川ニ入港ノ際、八尾島附近ニ於テ「コレーツ」ノ出港シ来ルニ会シ、運送船攻撃ノ態度ト認メ、水雷艇ヨリ二発ノ水雷ヲ発射セルモ中ラズ、彼ハ一二発ノ発砲ヲナシ、仁川ニ引返シテ碇泊セリ、本職ハ露国先任艦長ニ対シ、九日正午迄ニ仁川ヲ退去セムコトヲ強請シ、若シ応ゼザレバ港内ニ於テ彼ヲ攻撃スルノ已ムヲ得ザル旨、九日午前八時通告ヲ発シ、在港列国艦船ニハ此理由ヲ以テ、九日午前四時《ママ》マデニ錨地ヲ変セムコトヲ直接又ハ我領事ヲ経テ列国領事ニ午前七時ニ配布セリ、依テ午後四時以後ニ於テ此計画ヲ決行セムトス

（『極秘海戦史』第一部戦紀巻二、アジ歴C05110031800）

ここに引かれた「電文」は、森山が談話中で語った「電報」とほとんど一致している。森山は三〇年前の電報控えを見ながら話をしていたのではないだろうか。

では、受信者側の記録はどうなっているかというと、左のとおりである。

極秘　海第一号

電報

二月九日　午前八時三十五分仁川発
同　同　九時三十五分東京着

海軍大臣宛　軍艦浪速ニ於テ　瓜生第二艦隊司令官

昨日午後五時運送船隊ヲ率ヒ仁川港ニ入港ノ際、八尾島附近ニテ露国軍艦「カレーツ」ノ出港シ

来ルニ会シタルニ、彼ハ我運送船ニ対シ攻撃ノ態度ヲ取リ、我水雷艇ニ向ヒ発砲セシニ依リ水雷艇ハ之ニ応ジ二発ノ水雷ヲ発射セルモ当ラズ、彼ハ仁川港ニ引返シ碇泊セリ、本職ハ露国先任艦長ニ対シ、九日正午迄ニ仁川港ヲ退去セムコトヲ強請シ、若シ応ゼザレバ港内ニ於テ彼ヲ攻撃スルノ止ムヲ得ザル旨、九日午前八時通告ヲ発シ、在泊列国艦船ニハ此理由ヲ以テ、九日午後四時マデニ錨地ヲ変更セムコトヲ請求セル書面ヲ直接ニ配布シ又我領事ヲ経テ列国領事ニ午前七時本件ヲ通告セリ、依テ午後四時以後ニ於テ此計画ヲ決行セムトス

（「情報及祝電類　三十七年三十八年」、アジ歴 C09020295100）

これは海軍省が日露戦争中に発行または受け取った書類をまとめた「戦時書類」中の「情報及祝電類」という表題がつけられた冊子に収録された受信電報である。瓜生司令官名で海軍大臣宛てに、二月九日午前八時三五分に仁川から発信され、一時間後に東京に着いている。

また、これと同文のものが、『日本外交文書』に明治三七年二月九日付、在仁川加藤領事より小村外務大臣宛て電報「第二艦隊何等の損害なき旨報告の件」の付記一「瓜生第二艦隊司令官公報」として収録されている。

この「海第一号」電報の文面が、森山参謀が発信したというものを山本海軍大臣の指示で書き換えたものであることは明らかであろう。こうして日本側からの発砲の事実を、ロシア側からの発砲にすり替えてしまったのである。

海外メディア操作

このように改竄された現地からの「公電」は、日本の在外公館を通していちはやく欧米諸国報道機関に流され、国際世論の操作に利用された。

ロンドンタイムズの一九〇四年二月一一日号第三面は、各地から届いた日露戦争に関する最新情報を特集しているが、その中に「済物浦《チェムルポ》の海戦」という小見出しをつけ、次のような記事が掲載されている。記事原文の書きだし部分とその訳文は次のとおりである。なお済物浦とは仁川港のことである。

The Japanese Legation has received the following dispatch from Tokio:—

"On February 8 the Japanese squadron escorting transports met on its way to Chemulpo the Russian gunboat Korietz as she was coming out of port. The Koreitz took up an offensive attitude towards the Japanese torpedo-boats. The latter discharged two torpedoes, but without effect. Then the Korietz returned to her anchorage at the port.

"Early on the next morning (February 9) Admiral Uriu, commanding the Japanese squadron, formally called upon the Russian men-of-war to leave Chemulpo before noon on the same day. The Admiral added that if his demand were not complied with he would be compelled to attack them in the harbor.

(The Times. London, Thursday, February 11,1904)

（訳）日本公使館は東京から次のような公電を受け取った。

「二月八日、輸送船団を護送して済物浦に接近中の日本艦隊は、港から出てくるロシア砲艦コレーツと出くわした。コレーツは日本の水雷艇に攻撃的態度をとった。続いて二発の水雷を発射したが、当たらなかった。それからコレーツは港内の自らの碇泊地に戻った。

「翌朝早く（二月九日）日本艦隊を率いる瓜生司令官は正式にロシア先任艦長に同日正午までに済物浦を立ち去れと警告した。司令官はもしこの要求が入れられなければ、港内で攻撃しなければならないだろうと付け加えた。


（タイムズ、ロンドン、木曜日、二月一一日、一九〇四年）


タイムズに掲載された日本公使館が受けた「公電」とは、山本海軍大臣によって改竄された「海第一号」の傍線部分から、「我水雷艇ニ向ヒ発砲セシニ依リ水雷艇ハ之ニ応ジ」を削除し、まるで二発の水雷発射が「コレーツ」からなされたかのように作為し、日本側からの発砲の事実そのものを消し去ったものである。

タイムズ社に「公電」を見せて、このような記事を書かせたロンドンの日本公使館には、林董《ただす》公使がいた。外務省から林に宛てられた公電そのものを確認することができないので、「海第一号」にさらに改竄を加えたのが、外務省なのか、林公使なのかについては、今のところ不明である。

国内世論操作

さて、改竄電報を「公電」として流して作り上げた海外のマスコミの記事は、さらに国内に持ち込まれて、国民の世論操作にも利用された。

『時事新報』は一九〇四年三月二四日号に「タイムズの日露戦争批評（三）」として、「タイムズの軍事投書家」が論じた記事を引用している。これはタイムズの二月一一日号第五面に掲載された「極東の戦争」という見出しのついた記事で、「from our military correspondent」とクレジットされていることから、タイムズ社の軍事通信員からの送付記事であろう。

『時事新報』に掲載されたタイムズ記事の冒頭部分とその原文は次のとおりである。

> 昨日午後接手したる報道に拠れば、今回の戦争の第一弾は露国軍艦に依りて発せられたるが如し。二月八日月曜日夕、日本運送船及び護衛艦隊の仁川港沖に来着するに当りて、千二百噸《トン》の排水量と十三浬《かいり》の速力を有する旧式無甲装の露国砲艦コレーツ先づ之に発砲し、次で其同僚艦ワリヤーグに合せんが為め同艦は港内に航走せり。ワリヤーグは其東方に至る航程中、かつてペルシャ湾に示威的巡航を行ひ、以て一時の栄華に誇りたるものなり。
>
> （『時事新報』一九〇四年三月二四日、第二面）

From information which came to hand yesterday afternoon, it now appears that the first shot of the war was fired by a Russian ship. On the arrival of the Japanese transports and naval escort off the port of Chemulpo on the evening of Monday, Feb. 8, the Russian gunboat Korietz, an old unarmoured vessel of 1,200 tons displacement and 13 knots speed, opened fire upon the Japanese and then ran for the harbour to join her consort the Variag, a vessel which marked her passage out to the East by a demonstrative cruise in the Persian Gulf and thereby obtained some footing notoriety.

(The Times. London, Thursday, February 11,1904, 第五面)

このタイムズ記事の引用に続けて『時事新報』は次のように論じている。

この報道に於て注意すべき点二点あり、一は即ち旅順口に水雷艇攻撃の行はれたる前数時間に於てコレーツの其発砲を行ひたること、充分明白にして日本は最早戦闘を促進したりとの非難を受くるを要せず、其敵の先づ既に之を初めたるものなること、是れなり

『時事新報』は二点目としてフランス軍艦がロシア兵員を救助した問題を論じているが、これについては今は触れない。

要するにロシア側が先に発砲したということが、仁川及び旅順港奇襲攻撃に対する国際批判を封じるだけでなく、むしろ正当化するために利用されたわけである。

さらにその後、前述したとおり、「コレーツ」の発砲をもって「之を明治三十七八年日露戦役開始の第一砲火と為す」と海軍の公式戦史に記載され、各種の書物に転載されて、今日に至るまで、これが日本人の「常識」となってしまった。

しかし、たった一隻の旧式小型砲艦が、日本海軍の大艦隊と出くわして、自分から砲撃するなどという自殺行為をすることは有り得るはずがない。事実は「コレーツ」は精一杯、衛兵礼式を整えて行き過ぎようとした。そしてそれを遮る日本側の意図を認識したとき、方向転換して仁川港に逃げ戻ろうとしたのである。

隠され通した真実

森山慶三郎は佐賀県出身で、海軍兵学校第一七期卒である。同期に秋山真之、吉田増次郎、川原袈裟太郎らがいる。

同郷でもあった川原は、日露戦争直前までロシアに駐在、諜報活動に従事していた。帰国後は第三艦隊参謀となるが、日露戦争後には軍令部参謀を経て再びロシアに赴任し、一九一一年二月から一九一四年一月まで、在ロシア日本大使館付となった。

日本の海軍軍令部が編纂した『明治三十七八年海戦史』（所謂公刊戦史）のロシアへの提供と、ロシア海軍軍令部が編纂した『露日海戦史』の日本への受領は、川原が担当したであろうことについては前述した。

一九一四年一月に『露日海戦史』を手土産にロシアから帰ってきた川原は、間もなく「日進」艦長に就任（一九一四年五月）するので、翻訳作業には関わっていないと思われるが、海軍軍令部内では川原がもたらした『露日海戦史』の翻訳作業が直ちに開始されたであろう。

そのころ、海軍少将に昇進していた森山慶三郎は、一九一五年五月に軍令部出仕となり、同年一二月には軍令部参謀に就任している。森山が軍令部内で行われていた『露日海戦史』の翻訳作業に無関心であったはずはない。「コレーツ」が先に発砲したという日本海軍の公式戦史の見解に対するロシアの批判が正当なことを最もよく知っているのは森山であったから。

しかしその後も長く、森山は外部に対しては、「コレーツ」が先に発砲したという海軍の公式戦史の見解に反する発言はしなかった。

一九二六年に海軍有終会が企画した「懐旧談話会」においても、「例のコレーツが生憎く此の線〔八尾島を東西に貫く線で仁川港を南北に分け、以北を港内、以南を港外とし、港内では発砲しないと決めたという線のこと―筆者注〕に遣《や》って来て、此処で我水雷艇隊との間に小競合《こぜりあい》がありました」と語っている。〈注7〉

また、「史談会」のわずか三ヶ月前に、朝日新聞社が主催した座談会では、「千代田を先頭に威風堂々と仁川港に向って行くと午後四時二十分ごろコレーツがのこのこ出てきた。こっちは先づ陸兵を揚げるまでは平和に見せかけとかなくちゃイカンといふので、そのまま遣り過ごさうとしたところ、何時の間にか一寸した撃ち合ひが始まってしまった。これが日露戦争第一の砲火であった」と語り、この回想部分には「開戦第一弾〝コレーツ〟から火蓋」というタイトルがつけられ出版された。〈注8〉

森山は、「小競合」「一寸した撃ち合い」という表現で、「コレーツ」が先に撃ったとは一度も言っていないが、「コレーツ」が先に撃ったことが「常識」となっているなかで、先に撃ったのは日本側だと敢えて言うことはなかった。

これらの世間向け発言に比べ、海軍部内で非公開で行われ、その記録は「部外秘」として厳重に管理されることが約束された「史談会」における森山の発言は、日本においてどのように史料が改竄され、またそれがどのように利用されたかを教えてくれるものとして極めて貴重な証言である。

【注】

〈1〉伊地知幸介『鶏林日誌』、第Ⅰ章〈注46〉参照

〈2〉「海軍中将吉田増次郎手記」『日露戦役参加者史談会記録』第二巻所収、第Ⅵ章参考資料1

〈3〉露国海軍軍令部編『千九百四、五年露日海戦史』（芙蓉書房出版復刻、二〇〇四年）上巻一二四頁

〈4〉軍艦の等級は、明治三一年の「海軍省達」によって定められた。戦艦では、一〇〇〇〇トン以上を一等とし巡洋艦では七〇〇〇トン以上を一等、三五〇〇トン以上を二等とした（石渡幸二編「艦船の種類別標準の変遷」『世界の艦船』二二九号、海人社、一九七六年七月）。この基準で言うと、六五〇〇トンの「ワリヤーグ」は二等巡洋艦とすべきであるが、ロシアの海軍軍令部が編纂し、日本の海軍軍令部が翻訳した『千九百四、五年露日海戦史』では一等巡洋艦としているので、それに従った。

〈5〉北澤法隆「『極秘明治三十七八年海戦史』と『極秘三十七八年海戦史附録写真帖』について」（『極秘　日露海戦写真帖』柏書房、二〇〇四年、巻末解説）

〈6〉田中宏巳『米議会図書館所蔵占領接収旧陸海軍資料総目録』「解説」二〇頁、東洋書林、一九九五年。本目録は、凡例によると、一九九二年五月現在において、米議会図書館が保管しながら未整

理状態であった日本の旧陸海軍資料を整理したものであるという。但し、『極秘海戦史』については、すでに米議会図書館において閲覧できる状態にあるが、極めて貴重な資料であるにもかかわらず、日本においてはアメリカに存在する事実がまったく知られていないため、特別に本目録に収めたと述べている。同目録三五八頁、通し番号五二〇四〜五二〇八の四点が、『極秘海戦史』であるが、五二〇四は「全一五一冊のうち一〇四冊揃い」であり、他の三点は各々一部分ずつである。北澤論文に言う二組とは、三点まとめて一組と見なしたものであろう。

〈7〉『戦袍余薫　懐旧録第二輯　日露戦役之巻』四三頁、有終会、一九二六年

〈8〉『名将回顧　日露大戦秘史　海軍編』一五四頁、朝日新聞社、一九二六年

Ⅳ：旅順艦隊「行方不明」電報の正体

——海軍大臣・山本権兵衛の開戦誘導策

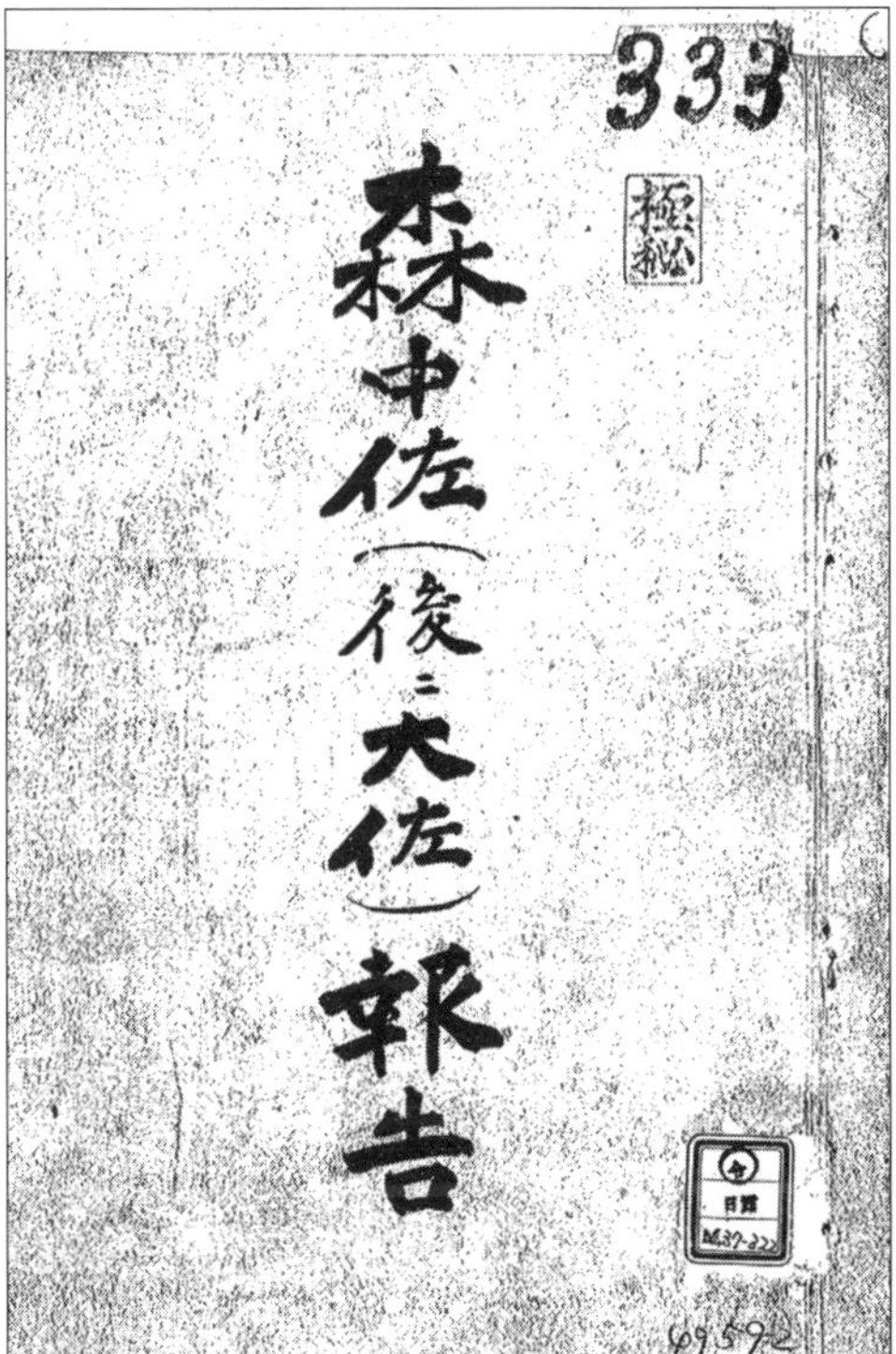

図10：『極秘　森中佐（後二大佐）報告』表紙（防衛研究所蔵〈アジ歴 C09050593100〉）

はじめに

開戦直前の一九〇四年二月五日、山本海軍大臣は、伊東祐亨軍令部長と伊集院五郎同次長を伴い宮中に参内し、作戦命令案の裁可（天皇の許可）を願い出た。裁可を得た山本は、同日午後一時三〇分、海軍大臣男爵・山本権兵衛名で連合艦隊司令長官・東郷平八郎と第三艦隊司令長官・片岡七郎あてに、大海令第一号（軍令第一号とも呼ぶ）の発令を伝達した。

大海令第一号の全文は次のとおりである。

露国の行動は我に敵意を表するものと認め、帝国艦隊をして左の行動を取らしめらる

一、連合艦隊司令長官並に第三艦隊司令長官は東洋に在る露国艦隊の全滅を図るべし

二、連合艦隊司令長官は速《すみやか》に発進し黄海方面に在る露国艦隊を撃破すべし、臨時韓国派遣隊の海上輸送中の行動は連合艦隊司令長官之を指示すべし

三、第三艦隊司令長官は速に鎮海湾を占領し朝鮮海峡を警戒すべし〈注1〉

この軍令の要旨は、連合艦隊司令長官は、旅順のロシア艦隊を奇襲攻撃すると同時に、陸軍部隊を輸送して韓国に上陸させよ。第三艦隊司令長官は韓国の鎮海湾を占領して朝鮮海峡を守れ。そして両者共同して東洋におけるロシア艦隊を殲滅せよ、というものである。

当時軍令部参謀であった財部彪の証言によると、実はこの大海令第一号は、天皇の裁可を得るより

数日前に、軍令部において、伊集院次長、江頭安太郎大佐、山下源太郎大佐、財部中佐の四人で作成し、諜報班にいた伊集院俊という字の上手な大尉を呼び入れて清書させ、その場で密封してしまったのだという。〈注2〉

これを前もって広島の第三艦隊司令長官と佐世保の連合艦隊司令長官に届けておくために、山下大佐が東京新橋から列車で出発したのは二月三日午後六時であった。（山下の出発を二月四日の夜とする司馬遼太郎『坂の上の雲』の記述は誤り）。

山下は四日には広島において中村第三艦隊参謀長に、また五日には佐世保において東郷連合艦隊司令長官に封緘命令書を手渡した。

山下が東京を発った一時間後に、芝罘《チーフー》駐在の森義太郎中佐より旅順艦隊が出動し行方不明であるとの重大電報が届き、この電報を使って山本海軍大臣が、二月四日の御前会議において一気に軍事行動開始へと誘導した経緯については、第Ⅱ章の「御前会議」において詳述した。

山本海軍大臣は、天皇の裁可を得る前に、連合艦隊司令長官と第三艦隊司令長官に封緘命令書を届けておき、その開封を二月五日午後一時三〇分に電報で命じたのである。これは、二月四日の御前会議において、最後通牒をベルリンの駐独公使を経てペテルブルクの駐露公使へ発信すると同時に艦隊への発進命令を下す、と決められたことに則《のっと》った措置でもあった。

山下大佐の佐世保到着が二月五日午後五時であったことについては、三〇年後の「日露戦役参加者史談会」（第Ⅲ章参照、以下「史談会」と略）で、有馬良橘《りょうきつ》大将（日露開戦当時は中佐で連合艦隊旗艦「三笠」の参謀）が、証言している。つまり、「三笠」には封緘命令書よりも、それを開封せよという山

本海軍大臣の電報命令の方が先に届いていたのである。〈注3〉
　また、山本海軍大臣は、二月四日夜に呉軍港の片岡司令長官に対し、対馬の竹敷要港への回航を命じていた。片岡は命令に従い、五日朝から第三艦隊を率いて呉を出港、竹敷《たけしき》に向かって航行中であった。そのため海軍大臣は、門司港の三等海防艦「大和」艦長に、第三艦隊の旗艦「厳島《いつくしま》」が下関海峡を通過する際に、軍令第一号を開封すべきことを伝達せよと命じ、さらに下関海峡を出たところにある六連島《むつれじま》の望楼には、「厳島」の通過に当たって、「大和」から命令を受け取っていなければ受け取るべきことを伝えよと命じた。
　片岡司令長官は、午後七時三〇分頃、下関海峡を通過する際に、「大和」から命令を伝達された。片岡が六連島付近に第三艦隊を集合させ、各艦長を旗艦「厳島」に集めて、大海令第一号を伝達したのは、午後一一時頃である。〈注4〉
　さて、山本海軍大臣は後に回想して次のように語っている。

　二月三日偶々《たまたま》露国艦隊旅順出動の報あり。此事が我れに対し一つの動機を与うることと為り、遂に最後の決定に進み、両国交渉を絶て自由行動に入るの御聖断あらせ給える次第なり。（中略）二月五日我艦隊発進の軍令御裁可を蒙り、之を伝達するや、之と相前後して在芝罘森中佐より情報あり、曰く三日出港せし露国艦隊は同夜大連湾に仮泊し、四日午後三時頃旅順口に帰港し、全部港外に碇泊し、同夜該港外艦隊碇泊地の周囲は駆逐艦四隻にて護衛し、海陸の警戒厳重なりき云々と。此情報は即時我司令長官、司令官等に転電せり。

此時機が如何計り我海軍の策動に利し、其機先を制するに便したるか。斯くて我艦隊は劈頭《へきとう》に於て、自から犠牲を払わずして、彼艦隊に一大痛撃を加え、多大の損傷を蒙らしめ、其士気を挫《くじ》き、延《ひ》いて戦局の前途に対し、亦大《おおい》なる影響を与うることを得たり。

（海軍大臣官房編『山本権兵衛と海軍』二〇八頁、原書房、一九六六年）

つまり、二月三日にたまたま旅順艦隊出動の電報が届いたことが開戦への動機となり、日露交渉を打ち切って自由行動（軍事行動の意）に移る天皇の許可が出た。山本は、二月五日に艦隊発進の軍令（大海令第一号のこと）の裁可を得て、司令長官に伝達した。これと前後して芝罘駐在の森中佐より、三日出港したロシア艦隊は同夜は大連湾に入って仮泊し、四日には旅順口（港）に帰港し、全部港外に碇泊しているという知らせが届いたが、このタイミングが日本海軍にとって非常に有利にはたらいた。おかげで我艦隊は開戦の劈頭において、自から犠牲を払わずにロシア艦隊に一大痛撃を与え、その後の戦局に大きな影響を与えることができた、というのである。

芝罘から来た「行方不明」電報、これは本当に偶然の事であったのか。また森中佐が発信したというのは事実であろうか。あまりにも絶妙なタイミングで届き、一気に開戦へと突き進むきっかけとなった旅順艦隊「行方不明」電報について、仔細に検証してみる必要があるだろう。

芝罘における海軍の諜報活動

山東半島北岸にある芝罘《チーフー》港は、渤海海峡を隔てて遼東半島南端の旅順港と向かい合っている。芝罘は当時、南の上海と並び称されるほど繁栄した港であった。港の東南地区には、中国政府の電信局がデンマーク資本の大北電信局、イギリス資本の大東電信局と同一建物内にあり、その近くにはロシア領事館もあった。また日、米、仏、独の領事館は、烟台山と呼ばれる高台に建ち並んで、港内を見下ろしていた。〈注5〉

日清戦争の直後、一八九五年五月、ロシアは「三国干渉」によって日本に遼東半島を返還させると、三年後の一八九八年六月、清国から軍港旅順を含む遼東半島南部の関東州と周辺水域を租借した。次いで旅順を極東におけるロシア海軍の拠点と定め、それまで長崎に置いていたウラジオ艦隊の越冬地もここに移した。同時に旅順から五〇キロ東北東にある大連湾を一大商港とするための大規模工事に着手した。

芝罘から旅順、大連、長崎へは、露清合弁会社である東清鉄道会社の汽船が定期航路を開いていた。また芝罘—旅順—大連間は、清国の汽船や多数のジャンク（中国独特の帆船）も絶えず往来したので、中国人労働者の群れにまぎれて両港に潜入することは容易であった。

海軍軍令部参謀の山下源太郎大佐と森義太郎中佐は、日露開戦以前より日本海軍が芝罘を拠点として行っていた諜報活動の中心人物である。ともに海軍兵学校第一〇期（明治一六年一〇月卒）で、最終階級は、森は海軍中将、山下は海軍大将まで昇進した。

山下が芝罘において行っていた任務については、海軍軍令部が編纂した『極秘明治三十七八年海戦史』（以後『極秘海戦史』と略）に詳しく書かれている。

山下は、増田、高瀬両大尉と下士卒四名を指揮して、芝罘を拠点に遼東方面の偵察任務に従事し、時々旅順口等に密航して防備の状況を視察した。また、軍令部は山下の要請によりロシア人新聞記者を一九〇三年一二月一二日より六ヶ月間密偵として雇い入れた。さらに山下は、清国の北洋艦隊から将校を選抜して旅順に派遣して偵察に従事させるため、北京の日本公使館付武官、陸軍砲兵大佐青木宣純に依頼して直隷総督の袁世凱に協力を求めることまでしていた。〈注6〉

山下大佐は任務を森中佐に引き継ぎ、一九〇四年一月末に帰国した。そして帰国早々の二月三日、封緘命令書を持って列車で東京を発ち広島を経て佐世保へ行ったことについては前述した。

当時、山下とともに軍令部参謀であった財部彪の証言によれば、自分が行かずに帰国早々の山下が行ったわけは、連合艦隊では発動命令を受けたら直ちに駆逐艦を先発させる意向であったが、旅順艦隊の方では毎日「ノーウィク」（三等巡洋艦、三〇八〇トン）とか「バヤーン」（一等巡洋艦、七七二六トン）を出して警戒している、しかもこの時季、遼東方面の海面は荒れている、駆逐艦が嵐に遭って行き悩んでいる時に「ノーウィク」あたりに発見されたら、とんでもないことになる等、現地の詳しい情報を連合艦隊司令部に知らせる必要があったためだという。〈注7〉

当時の駆逐艦とは三〇〇トン程度の非装甲の高速艇であり、魚雷を装着して敵艦を夜襲するのに使われた。東郷平八郎の「旅順口奇襲作戦」とは、あくまで駆逐艦隊による夜襲が中心で、戦艦を旅順海岸砲台の砲火にさらすような危険を冒すつもりはなかった。

連合艦隊は、おそらくこの山下大佐の意見を入れて、駆逐艦隊のみの先発は取り止め、旅順近海の円島辺りまで一団となって行動したのであろう。しかし、戦艦はあくまで駆逐艦の護衛として出撃しており、一般の理解とは異なり、旅順口外部碇泊地のロシア艦隊に、日本の連合艦隊が砲撃したのは、駆逐艦隊による夜襲明けの翌九日正午から四〇分間、夜襲被害で混乱したロシア艦隊が、なお海岸砲台下を離れない状況下で、その前を八〇〇〇メートルの距離を隔てて、ただ一回単縦陣列で通過したときのみであった。

以後、連合艦隊は旅順近海を去り、日本海軍が、韓国には何の断りもなく、日本海軍の第二集合地と決めていた韓国西岸の牙山《アサン》湾に向かった。

森中佐の見た「旅順口奇襲作戦」

森中佐は、二月八日午前九時に、芝罘領事が英国商船を雇い入れ、居留民引き上げのために旅順口へ行くのに、自ら警部に変装して同行した。このときロシア艦隊は依然として外部碇泊地にいた。このロシア艦隊を同日深夜から翌九日の未明にかけて、日本の駆逐艦隊が夜襲したのである。

森は旅順にて「諜者に彼是《あれこれ》注意を加へ置」いた後、九日午前九時に旅順を発って帰途につくが、そのとき、日本の連合艦隊がロシア艦隊の碇泊地へ向かって航進してくるのに遭遇した。森は「歓極《かんきわまり》、其状名状《めいじょう》する能《あた》はず」と書いている。しかし、森が期待していた砲声は聞くことができなかった。

このことは森を大変失望させた。というのは、森の情報では、このとき旅順口は全く無防備状態にあり、日本艦隊が総攻撃をかける絶好のチャンスと思われたからである。森は二月九日午後四時三〇分に芝罘より次のように発信した。典拠資料についての説明は後述する。

本官八日午前九時、旅順口に赴く、艦隊全部依然港外に在り、本日午前九時旅順港を離（一字不明―原注）十八海里の海面に於て、我連合艦隊堂々彼碇泊地に向て航進するを見たり、遺憾、砲声を聞かざりき、午后三時帰着委細後より

（『極秘　森中佐〈後ニ大佐〉報告』、アジ歴 C09050593200,17/66）

次いで森は、同九日午後一〇時に、旅順口より芝罘へ着港した英国商船「コロンビア」船長よりの報告として、日本の水雷艇が九日午前四時にロシアの戦艦二隻と大巡洋艦一隻を打破し、日本艦隊には微傷もないこと、日本艦隊の陣形は整然としているのに対し、ロシア艦隊は混乱している、と発信した。

ひきつづき森は、翌一〇日午前八時にやや長文の電信を送っている。この中で森は、旅順口では「港口防材見当らず、水雷敷設は準備だになし」「本日連合艦隊出征の事は事意外にあるならん、彼の狼狽思ひ見るべし」と、旅順口には防材（外敵の進入を防ぐ設備）が設置されていない。水雷敷設などは準備すらしていない。つまり、旅順口は全く無防備の状態で不意打ちを食らった。日本艦隊にはかすり傷もなく整然とした陣形を保っているのに対し、ロシア艦隊は混乱に陥っていると報告し、暗に日本の連合艦隊にとって総攻撃のチャンスであることを示唆している。

しかし、このとき連合艦隊はすでに韓国西岸の牙山湾に去ったあとであったことは前述した。

ロシアの旅順艦隊は混乱の中で旅順口内に逃げ帰り、その後長く港内に逼塞した。これに対し日本の連合艦隊は、よく知られているように、決死隊を募り、老朽船で港内に突入自沈させるという旅順口閉塞作戦を三回に及んで実施したが、広瀬中佐を含め多くの人命と船舶を失うも、目的を達することはできなかった。

芝罘からの電報

時間をふたたび開戦前に戻すと、『極秘海戦史』には、二月三日午後七時に、「在芝罘海軍中佐森義太郎より左の電報到着す」として、次のような電文を掲げている。（傍点は筆者による。なお『極秘海戦史』では「行衛不明」と書かれているが、資料中のものを除き、すべて「行方不明」と表記する。）

露艦「レトウイザン」、「ポベーダ」、「ペトロパウロスク」、「ポルターワ」、「ペレスウエート」、「ツェザレウィチ」、「バヤーン」「パルヲダ」、「ヂイヤーナ」、「アスコリド」、「ボヤーリン」、「ノーウィク」、「アムール」、「エニセイ」、「ギリヤーク」午前十時出港行衛不明

（『極秘海戦史』一部一巻七二頁、アジ歴C05110031200）〈注8〉

『極秘海戦史』には、右電報を受け取った後、海軍大臣官舎に海軍大臣（山本権兵衛）、軍令部長（伊東祐亨）、軍令部次長（伊集院五郎）、海軍省副官（斉藤孝至）、同副官兼秘書官（野間口兼雄）、同（井田謙治）、軍令部参謀兼副官（江頭安太郎）、軍令部参謀（財部彪）、以上八名が集まり、諸方面に向か

い警戒を加えるべきことを議決し、各地に水雷敷設を命じたと書かれている。

そして翌四日の御前会議において、海軍大臣が天皇に報告し、許可を得て、同日午後八時には竹敷《たけしき》要港部司令官と同港にいた第三艦隊第七戦隊司令官に、「大口湾口に近づき敵意を表するものと認むるときは直に之を撃破すべし」と命令した。大口湾とは、対馬島中部の西側にある浅茅湾の入口付近を指す。浅茅湾奥の竹敷地区には日本海軍の要港部（軍港に次ぐ海軍基地）が置かれていた。

また同時に、日本海軍の本拠地である佐世保軍港にいた連合艦隊司令長官と佐世保鎮守府司令長官、呉軍港にいた第三艦隊司令長官にも同様な命令を与えた。

つまり海軍大臣山本権兵衛は、二月四日の御前会議において、行方不明になった旅順艦隊が対馬あるいは佐世保を襲撃する可能性を示唆し、その場合直ちにロシア艦隊を撃破せよと命令することの許可を天皇から得たのである。これが軍事行動開始のゴーサインとなった。

しかし、山本権兵衛がこのとき本当にロシア艦隊が日本を襲撃する可能性があると信じていたとは考えられないこと、二月三日の夜、海軍大臣官舎に集まった参謀たちの情勢分析においても、ロシア側から攻撃を仕掛ける可能性は否定されていたことについては、第Ⅱ章の「御前会議」で述べた。山本海軍大臣は、意図的に旅順艦隊「行方不明」電報を利用して、一気に開戦へと誘導したのである。

『極秘海戦史』には、本文中に引用された旅順艦隊「行方不明」電報以外にも、第一部第一巻の巻末「備考文書」中に、森中佐の報告書四通（一月二七日付、一月三一日付、二月二日付、二月五日付）が収録されている。一月二七日付、一月三一日付のものは森が軍令部長に宛てた電報であり、二月二日付と二月五日付のものは森が密偵として使っていたロシア人新聞記者の報告を転送した機密書簡である。

実は、これらの出典となった『極秘　森中佐（後ニ大佐）報告』（本章扉写真）が防衛研究所に所蔵されており、近年アジア歴史資料センターから公開された。これは、版心《はんしん》に「卅七八年海戦史」「海軍」と印刷された罫紙に毛筆で書き写されたもので、軍令部において日露戦史編纂事業の一環として蒐集された史料のひとつであったと思われる。

『極秘海戦史』では二月三日午後七時に東京へ到着したとされている旅順艦隊「行方不明」電報について、『極秘　森中佐（後ニ大佐）報告』では、「芝罘森中佐発（三日午後三時四〇分発）」と発信時刻の記録しかなく、宛先及び到着時刻は記載されていない。また、この電報に続けて、二月五日午前一〇時二五分に森中佐が軍令部長あてに発信した電報が、次のとおり通知先も含めて記録されている。

三日出港せし露国艦隊、同晩大連湾仮泊、昨四日午後三時前後帰港、全部港外碇泊

通知先

奉呈　侍従武官長

総理　陸海軍大臣　参謀総長　外務

しかし、この二つの電報の間には、一本の電報もない。つまり二日間の空白がある。これはまことに不可解なことである。

二月三日午後三時四〇分に、同日午前一〇時に旅順口を出港したロシアの軍艦一五隻の名前を列挙し、「行方不明」と発信した森中佐が、五日午前一〇時まで何も報告しないとは到底考えられないからである。

また、『極秘　森中佐（後ニ大佐）報告』に収録された森の電報報告の流れの中に、この二本の電報を置いて見れば、他の電報との落差に奇異の念を持たざるを得ない。

そもそも森中佐が旅順艦隊「行方不明」と報告するであろうか。何故なら、森は旅順艦隊が大挙して出港した理由、つまり山東半島東方海上における同艦隊の演習を事前に知っていたはずであるから。

次に『極秘　森中佐（後ニ大佐）報告』によって、一月末から日露開戦に至る森の報告の概略を見てみよう。（電報中のロシアの軍艦名は、ロシア語をカタカナで表現しているため、大変分かり難い。『極秘海戦史』を参考に、通常使われている表記に改めた。）

『極秘　森中佐（後ニ大佐）報告』

森は一月二七日、軍令部長あてに、旅順口の諜者（密偵として雇用していたロシア人新聞記者）からの報告によればとして、極東総督は最近「ノーウィク」が速力試験において一九ノット（計画速力二五ノット）しか出せなかったことを慨嘆し、原因は機関部員の技術未熟にあると認め、各艦艇はこの際熱心に技術修練に励むように厳達した、また密偵が某将官より聞いたところによると、総督は皮子窩（大連の北東にある港湾）から鴨緑江に至る沿岸防御を重視し、すでに諸隊を出発させたにもかかわらず、陸軍大臣はこれに反する作戦を立案して皇帝の許可を得て電命してきた、と報告した。さらに追伸において、近来、総督府と陸軍大臣の間にたびたび意見の衝突が起こっているようだ、と付け加えた。

次に森は、一月三一日午前九時三五分発で、陸軍大臣が計画し勅命となった配兵計画を詳しく報告した。それは沿岸防御兵を減らして、鉄道線路沿いに配置しようとするものであり、奉天府遼陽州に司令部を置く、沿岸防御には皮子窩から鴨緑江の間、一四カ所に各一個中隊を配置し、その司令部は「瓦房店」に設置する、このための軍糧がすでに発注された、通信のための伝書鳩が旅順口に一八〇、奉天府「ハル」に三六〇ある、と書いている。これはたいへん高度な軍事機密情報である。

また同電報追伸では、密偵として使っているロシア人がロシア軍から軍事通信員と公認され、海陸軍参謀将校に同行して駆逐艦で旅順口の背面を巡視中であると報告した。この日から森の報告には午前六時の天気（気温、風波等）が付記されるようになった。このことを指示した電報は、同書中に収録されていないが、連合艦隊の発進を控えた軍令部が、現地の気象情報を収集する目的で、森中佐に指示したことは間違いあるまい。

二月一日午後三時一五分に軍令部長あてに発信された電報では、三一日に戦艦「ポベーダ」（一万二六七四トン）と巡洋艦「ヂイヤーナ」（六六三〇トン）と水雷敷設船「エニセイ」（二五〇〇トン）が港外に出た、よって港外に在るのは、戦艦三隻、巡洋艦七隻となる、「ラスボイニック」（一三二九トン）と「ズジキット」（一三三四トン）は大連湾にいる、「ギリヤーク」は修理が終わってドックから出た、英国商船「コロンビア」と中国汽船重慶号は大連通いとなり、軍港［旅順］往来はロシア商船のみとなり、通信に不自由であるが、今のところ差し支えない、と報告した。

同日午後五時五五分発で江頭参謀あてに発信され、午後八時三五分に軍令部に到着した電報は、少し変わっている。冒頭に「承知せり」とある。何を承知したのかはわからない。それに続けて、午前二時碇泊位置変動に付き「ウオルター」あてに発信したが、到達したかと聞いた。「ウオルター」とは誰なのか、わからない。また午前二時に発信したという森の電報は、同書中に収録されていない。森はさらに続けて「ガクダレマック」「フサードニック」「アンガーラ」は港内に在り、「バヤーリン」は港外在泊、所在改正を要す、と書いた。

以上見たように、森中佐は常にロシア艦艇の所在位置を把握し、それを刻々と軍令部に報告していた。ロシア軍から軍事通信員と公認され、参謀将校の巡視に同行しているロシア人新聞記者を密偵として使い、高度な機密情報を得ていた。密偵との通信には芝罘―旅順―大連間を往来する英国商船や、中国汽船が使われた。山下大佐から引き継いだ部下たち（増田、高瀬両大尉と下士卒四名）も各地に配置され、情報収集業務を担っていたであろう。

森は二月一日午後五時五五分に、軍令部参謀の江頭大佐に「承知せり」と返信した。同時にロシア艦艇の位置訂正の必要を通知した。

その次の電報が二月三日午後三時四〇分発の旅順艦隊「行方不明」電報となる。但しこの電報には宛て先が書かれていないことは前述した。森はこの電報を誰に宛てて発信したのであろうか。江頭参謀に対し、「承知せり」と返信したのは、この問題と関係があるのではないだろうか。これらの疑問については、後にさらに検討しよう。

なお、江頭参謀とは、海軍兵学校一二期首席、海軍大学校五期首席で、一九一三年に現役の海軍中将のまま、四七歳という若さで亡くなった江頭安太郎のことである。日露開戦直前に海軍大佐に昇進、軍令部副官兼参謀に取り立てられた。

当時の同僚たちが三〇年後に、「江頭と云ふ人は若い人でありますが、非常に頭のいい人であった」（財部大将）、「あの人は喜怒哀楽を顔に現さなかった」（野間口大将）「[海軍における]秘密が能《よ》く保持されたのは、軍令部副官をして居られた江頭大佐の性格にうまく当て嵌ったからだらうと思ふ」（同上）と語っている。〈注9〉

日本の密偵となったロシア人新聞記者

『極秘　森中佐（後ニ大佐）報告』には、二月五日午前一〇時二五分に軍令部長あてに発信して旅順艦隊の帰港を報じた電報のあとに、「森中佐送付」として、露暦一九〇四年一月二〇日（西暦に直すと二月二日）付けと、同じく一月二三日（二月五日）付けの密偵報告が収録されている。これは、前述したとおり、『極秘海戦史』第一部第一巻の巻末「備考文書」中に、

「第三十六号　明治三十七年二月二日森海軍中佐ノ海軍々令部長ニ提出セル露人ノ諜報」

「第三十七号　明治三十七年二月五日森海軍中佐ノ海軍々令部長ニ提出セル露国人ノ諜報」

として収録されているものと同じものである。

二月二日付けの前者には、次のように書かれている。

（前略）全艦隊は就役し、内港西の方の錨地より外港に出でたり、内港西の方の錨地には「アン

ガーラ」と「アツワージヌイ」と尚若干の駆逐艦のみ残る、各艦何れも鋭意に兵員の操練に従事し、士官兵員の上陸にあっても艦長大に之を制限せり、一月三十一日は日曜休日なりしも、艦隊の各艦よりは一人の水兵上陸するもの無く、唯内港に碇泊する艦艇の乗組員のみ上陸せるを見て、其の例を知るべし

余は今日［二月二日］と明日［二月三日］を「アツワージヌイ」及び「ツェザレウィチ」の艦内に消せんとす、斯《か》くて明後二十二日［二月四日］には全く海軍に関する報告を貴下に呈する積《つもり》なり

また二月五日付けの後者には、次のようにある。

（前略）東洋回航中の各艦は、大守［総督のこと］の訓令により、特に其途中に在て水雷艇防御演習を練習し、「アムール」「エニセイ」の両艦は、大連湾に於て水雷の敷設演習を行ひつつあり、両艦とも各百九十個の水雷を格蔵す、艦隊の始終施行する操練の種類は、戦闘及び水雷操練（防御攻撃とも）にして又或る湾口に羅列する島嶼に陸戦隊を上陸せしむる等の操練を行へり（後略）

この諜報を書いて森に提供した人物が、一九〇三年一二月一二日より六ヶ月間、日本の密偵として雇い入れられたロシア人新聞記者であったこと、またロシア軍から軍事通信員と公認され、参謀将校の巡視に同行して高度な機密情報を聞き出し、日本に提供していたことは前述した。

森は、この密偵が二月二日、まだ旅順の内港に残っていた「アツワージヌイ」に乗り込む前に、前

者を受け取ったはずだ。これには次のように書かれている。

旅順の内港には「アンガーラ」（運送船）と「アツワージヌイ」（砲艦）と若干の駆逐艦のみ残り、他はすべて外港に出て兵員の操練に鋭意従事している。一月三一日は休日であったが、内港に碇泊する艦艇の乗組員以外、上陸する水兵はひとりもいない。自分は今日（二月二日）と明日（三日）は「アツワージヌイ」と「ツェザレウィチ」（戦艦）の艦内で過ごし、明後日の二月四日には、ロシア海軍に関する全情報を貴下に提供するつもりである、と。

明言されていないが、軍事通信員と公認された密偵が、二月三日に予定されていた旅順艦隊の海上演習を戦艦上から見学することが、暗黙の了解事項とした上で語られているように読み取れる。

後者には山東半島東方海上で行われた演習の模様が報告されている。そしてこの演習が予定外の出来事であったと思わせる記述は全くない。旅順艦隊が二月三日に旅順外港を出航して公海上で演習を行うことは、たいした機密事項ではなく、現地の関係者間では周知の事実であったのではないだろうか。

少なくとも二月二日の諜報を受け取った森は、旅順内港の錨地より順次外港へ出た旅順艦隊が、三日に揃って出港し、四日には戻ってくることを知っていたのである。

つまり、二月三日に旅順艦隊一五隻の名を列挙した森報告は、旅順外港から山東半島東方海上における演習に参加するために出港した軍艦名を報告したものであり、「行方不明」などという文言は、原文には入っていなかったのではないだろうか。出港の目的と帰港日を知っていた森が「行方不明」などと報告するわけはないからである。では、この文言は、いつ、誰が、何のために挿入したのであろうか。

森中佐の諜報活動

このころ、日本の政軍指導者は、対露開戦のタイミングを探っていた（第II章参照）。開戦の劈頭に旅順艦隊を奇襲攻撃することによって日本海軍が制海権を掌握する。そうすれば陸軍部隊を戦場近くに輸送することができる。これは本来海軍の主張であったが、陸軍もこれに同意して、独自に計画していた韓国上陸作戦を中止した経緯については次章で述べる。但し開戦は、国際的非難を受けないように、それなりの手続きを踏まなければならない。これは主として外務省が担当する。しかし、すべてを総括して最終決断を下すべき位置にいたのは、間違いなく海軍大臣山本権兵衛であり、その事務は海軍省の大臣官房室でとられた。

二月一日、軍令部参謀江頭大佐は森中佐に対して、この重大局面にあたり、当面は軍令部ではなく、直接、海軍大臣あてに報告せよ、と命じたのではないだろうか。もしこの推測があたっているならば、軍令部にこの間の森の電報が残っていなくても不思議ではない。

日露戦史を編纂するために史料蒐集をしていた小笠原長生《ながなり》が、『極秘　森中佐（後ニ大佐）報告』をまとめるにあたって、海軍大臣官房室から適当に修正された二月三日の森の電報のみを受け取ったと仮定すれば、二月一日以降二月四日までの森の電報がこの一通しかないことの説明も付くであろう。

ロシアの旅順艦隊では一月下旬に行われた軍艦の速力試験の結果が非常に悪かった。極東総督アレクセイエフは、原因が機関部員の技術が未熟であるためと認め、全艦艇に乗組員の技術修練を厳達した。それ以降全ての艦艇が石炭を焚き、順次、旅順内港の錨地から外港へ出て、兵員の操練に努めていた。この状況は、森によって二月一日までに軍令部に詳しく報告されていた。

旅順艦隊は三日には山東方面の公海に出て艦隊運動の演習を行い、その途中でとくに水雷艇防御を練習し、その夜には大連港に入った。ところが、『極秘海戦史』にも、その典拠となった『極秘森中佐（後ニ大佐）報告』にも、この間の森からの電報は一通も収録されていない。しかし実際には、ロシア側のこのような動きは、森によって逐一報告されていたはずである。

『極秘海戦史』に見えるように、森が、二月三日午後三時四〇分に、旅順艦隊が「行方不明」であるという重大報告を上げたあと、四〇時間以上も沈黙を続け、二月五日午前一〇時二五分になってようやく、三日に出港した旅順艦隊はその夜は大連港に入り、四日午後三時ごろに旅順口に戻り、全部港外に碇泊していると報告したとは、到底信じられないのである。ここには何か作為があったと考えるほかない。

森中佐の諜報活動がどのようなレベルで行われていたかについて、先にロシア人新聞記者を使って高度な軍事機密情報を取っていたことを紹介したが、いまひとつ、そのスパイ映画もどきの一例を紹介しておこう。

陸軍参謀本部と海軍軍令部は、対露開戦に先立つ一九〇四年二月四日から五日にかけて、極東

における ロシアの通信線のうち、芝罘—旅順間の海底電線一条のみを残して、ことごとく切断した。その後、二月一二日に至り、軍令部長は芝罘—旅順線の切断も森中佐に命じ、森は一八日にこれを実行した。

こうして日本軍によって通信封鎖下に追い込まれた旅順のロシア軍は、旅順の老鉄山頂（後に黄金山に移転）に大きな旗竿を立てて無線電信発信機を取りつけ、芝罘のロシア領事館との間に無線通信を開こうと試みた。

この情報をつかんだ森中佐は、一九〇四年六月一二日、伊集院軍令部次長あてに、命令があれば中国人を使って芝罘のロシア領事館を焼却すると提案した。同日、大本営幕僚は、貴官の提案は或いは実行を要する場合もあるかも知れないが、目下協議中であるから実行の手段方法等の研究に止め置くように命令した。

その後森は、ロシア領事館がドイツ人商会から買収したブドウ園内の機械室に設置した無線機をフランス人密偵を使って撮影させ、さらに機械の部品の一部を盗み出させた。そしてそれらを軍令部あてに送付した。よってその写真が『極秘海戦史』に掲載されている。

結局、ロシアは大金をかけて無線通信を開こうと試みたが成功に至っていないことが確認され、芝罘のロシア領事館の焼却命令は発せられなかった。

（『極秘海戦史』第四部第四巻一九二〜一九五頁、アジ歴 C05110109800）

繰り返しになるが、このようなレベルで諜報活動を行っていた森中佐が、二月三日に旅順艦隊が「行方不明」などと、間の抜けた報告をあげるとは到底信じることはできないのである。

発信者は誰か

旅順艦隊「行方不明」電報を受けて、二月三日の夕刻、海軍大臣官舎に集まった八名中の一人である財部彪は、三〇年後の「日露戦役参加者史談会」（第Ⅲ章参照）の席上、たいへん重大な発言をしている。「戦史」の記録を否定する財部の発言に対し、戦史編纂の責任者であった小笠原長生中将の反論も含めて、『史談会記録』から当該部分を抜き出してみよう。

財部大将

二月三日に山下大佐が新橋駅から送られて出て行った。さうして居った所が午後七時になると電報が来た。其電報は森中佐から来たと戦史にはなって居りますが、私の日記にはさう書いてない。私の日記には水野領事から外務大臣に来たと書いてある。

小笠原中将

森からも来たらう。

財部大将

「山下命を受け午後六時出発す、午後七時水野領事より外務大臣宛の電報到着、本日午前十時再び露艦主力旅順を出発し行先不明なり」と書いてある。

小笠原中将

其と同じなのが来て居る。

（『史談会記録』一巻八二頁、アジ歴 C09050717900）

これは、一九三五年六月二五日の「史談会」の席で、財部が、二月三日午後七時に森中佐から電報が来たと「戦史」にはなっているが、自分の日記にはそう書いていない、と言って日記を読み上げたものである。これに対し、戦史編纂の責任者であった小笠原長生は、森からも同じものが来ていると反論した。

小笠原は日露開戦直前に、仁川港でロシア艦の見張り役に就いていた「千代田」の副長から軍令部参謀に転じ、戦史編纂の内命を受けて史料蒐集に努めていた人物である。そして日露戦後五年余りをかけて『極秘明治三十七八年海戦史』全一二部一五〇巻を編纂し、その間の一九〇九年には一般向けに『明治三十七八年海戦史』全四巻を刊行した。

小笠原は反論したが、しかし財部の日記の記述は疑うことはできないであろう。財部が何か勘違いしたとも考えにくい。また小笠原が言うように森からも同じものが来ていたならば、財部がわざわざ水野領事が外務大臣にあてた電報を日記に記録することはなかったはずである。

一九〇四年二月三日の夕刻、海軍大臣官舎で開示された旅順艦隊「行方不明」電報は、芝罘の水野領事から外務大臣あてに送られてきたものであったことは間違いあるまい。

これは、当時陸軍大臣であった寺内正毅の日記によっても確認される。寺内の日記には「午后四時過発の芝罘発電報言ふ、在旅順の露艦は修繕中の一艦を残し他は悉く出口せり、行き先不明なりと、由て直に之を必要の箇処に電知し置けり」と書かれている。さらに寺内は、手帳に電報文面を左記のとおり写している。

芝不《ママ》二月三日午後四時二十六分
　　東京着六時十五分
目下修繕中に在る一艦を除くの外旅順口に於ける総ての有力なるロ国軍艦は出港せり、其行先不明
　　　　　　　　　　　　　　　　　　　　　　　　　　　　　　　　　　　　　領事
（山本四郎編『寺内正毅日記』二〇一頁、京都女子大学、一九八〇年）

財部も寺内も二月三日の日記は、その日の公務がすべて終了したあとで、就寝前に書いたであろう。つまり二月三日中には、森中佐から旅順艦隊「行方不明」電報は来ていなかった、ということになる。なお、『日本外交文書』三七、三八巻別冊『日露戦争』第一巻八九頁には、次のとおり水野領事からの電報が収録されている。

（第八八号文書）明治三十七年二月三日、在芝罘水野領事より小村外務大臣宛（電報）
「露国旅順艦隊突如出港行先不明なる旨情報の件」
二月三日后四、二六芝罘発、六、一五東京着

小村外務大臣

旅順口に於ける有力なる露国軍艦は修繕中の分一隻を除き総て出港したり、行先は不明なり

在芝罘　水野領事

「行方不明」電報の正体

これまで『極秘海戦史』を含む日露戦争関係図書において、芝罘駐在の軍令部参謀・森義太郎海軍中佐が発信したとされてきた旅順艦隊「行方不明」電報について、子細に検証を加えてきた。結論として、この電報の正体を明らかにしておこう。

日本の政軍指導者が一九〇四年一月一二日の内閣元老会議で対露開戦への意志統一を行った上で、準備が整うまでの時間かせぎのためにロシアに「最終修正意見」を送ったことは、第Ⅱ章「開戦への意志統一」で述べた。

このとき、ロシアが日本の要求に応じる可能性はないことが、日本の首脳部の共通の認識になっていた。以降、日本政府と陸海軍は、日露交渉断絶を前提に、開戦準備を進めていた。ところが、一月二九日午後六時に外務省に届いた駐露公使・栗野慎一郎の電報には、ロシアが日本の要求を呑んだ回答書を二月二日に旅順の極東総督に送る見込みであると書かれていた。この予想外の事態に、一月三〇日、日本の最高首脳部（伊藤、山県、桂、山本、小村）は、ロシアの譲歩が通知される前に開戦しなければならないと合意した（第Ⅱ章「伊藤が主導した「一刀両断の決」」）。

翌一月三一日、山本海軍大臣は、日本海軍の最高幹部である九名の司令長官と一〇名の司令官に対し、開戦前最後の極秘訓示を出し、政府は数日中に平和か戦争かを決定すると告げた（第Ⅱ章「山本海軍大臣の最後の訓示」）。

山本の予告どおり、二月三日、日本の指導者たちは内閣元老会議を開き、対露開戦を決定した。その後、桂首相と小村外相が宮中に参内し、午後三時から四時半にかけて天皇にロシアとの戦争を避けることができない事情を説明し、翌四日に御前会議を開催することを奏請した。

二月四日の御前会議においては、すみやかに開戦への裁可を得る必要があったのである。

宮中から外務省に戻った小村は、午後六時一五分に、芝罘駐在の水野領事が同日午後四時二六分に発信した電報を受け取った。それには、「旅順艦隊が出港したが行先は不明である」と書かれていた。小村はこれを重大情報として陸海軍に回した。海軍大臣のもとには午後七時に届いた。

海軍大臣山本権兵衛は、それより先に森中佐が同日午後三時四〇分に発信したロシアの軍艦一五隻の艦名を記した報告をすでに受けていたであろう。しかし山本はこの電報を秘匿した。

同日夜、海軍大臣官舎に海軍省と軍令部の参謀たちが集められた。ここで山本海軍大臣は芝罘駐在の水野領事が小村外務大臣あてに送ってきた電報のみを開示した。参謀たちが水野領事の電報をもとに、情勢を分析して出した結論は、第Ⅱ章「御前会議」で紹介したとおり、旅順艦隊が出港した目的として、ロシア側から攻撃を仕掛ける可能性は否定した上で、①訓練上の事情、②示威行動、③ウラジオ艦隊の収容、④陸兵の韓国北部上陸等の可能性を挙げた。これはかなり正確なものであった。

しかし山本は、その翌日、二月四日の御前会議において、水野領事の電報を森中佐からの重大情報にすり替えて報告し、行方不明になったロシア艦隊が、対馬あるいは佐世保を襲撃する可能性を示唆し、ロシア艦隊が出現したら撃破せよと命令する許可を天皇に仰いだ。天皇はこれを許可した。これが軍事行動開始の決定となった。

山本が御前会議で水野領事の電報を森中佐からの重大情報にすり替えて報告したことは、三日の夜に海軍大臣官舎に集まって水野領事からの電報を見せられた海軍参謀のうちでは、翌四日の御前会議に出席した伊東軍令部長と伊集院軍令部次長だけが知っていた秘密事項であったろう。

よって本章「発信者は誰か」で紹介したように、三〇年後の「史談会」の場で、財部彪が戦史には森中佐から来たことになっているが、「私の日記には水野領事から外務大臣に来たと書いてある」と発言したのである。そのとき戦史編纂の責任者であった小笠原長生が、森からも同じものが来ていると反論したのは、海軍大臣官房から改竄された森電報を資料として渡され、そう信じていたからであろう。

山本海軍大臣がその後も電報の改竄を指示していたことは、第Ⅲ章で紹介した。

山本は、二月八日午後五時ごろ、仁川沖で第二艦隊第四戦隊所属の水雷艇が、ロシアの小型砲艦「コレーツ」に水雷を発射したが命中せず、「コレーツ」は大砲を発射した後、仁川港に引き返したという報告を受けたとき、日本から先に手を出したということは不都合であるから、ロシアから先に手を出したことに電報を訂正して出し直せと命令したのである。

日露戦争において、日本海軍の最高指揮官であった山本海軍大臣は、電報を改竄することなどに何のためらいも持っていなかったのである。

【注】

〈1〉『極秘海戦史』一部一巻七九頁（アジ歴 C05110031200）

〈2〉『史談会記録』一巻六九頁（アジ歴 C09050717900）

〈3〉『史談会記録』二巻三一頁（アジ歴 C09050718100）

〈4〉防衛研究所蔵「極秘綴」(1)（アジ歴 C09050647500）。同簿冊に綴じられた「大海令第一号」に「本書は六連島に於て午后十一時之を耳にせり」という東郷正路第三艦隊司令官によると思われる書き込みがある。

〈5〉日本電信電話公社海底線施設事務所編『海底線百年の歩み』（電気通信協会、一九七一年）一六八頁

〈6〉『極秘海戦史』一部一巻三四頁（アジ歴 C05110031200）

〈7〉『史談会記録』一巻八一～八二頁（アジ歴 C09050717900）

〈8〉ここに挙げられた軍艦名は、『極秘海戦史』一部一巻九二頁に掲載されている「明治三十七年二月五日現在　在東洋露国艦船艇の所在」中の「旅順口港外」所在の軍艦名と完全に一致している。次のとおりである。

戦艦「ペトロパウロスク」、同「ポルターワ」、同「ポベーダ」、同「ツェザレウィチ」、同「ペレスウエート」、同「レトウイザン」、装甲巡洋艦「バヤーン」、防護巡洋艦「アスコリド」、同「パルヲダ」、同「ヂイヤーナ」、巡洋艦「ノーウィク」、同「ボヤーリン」、航洋砲艦「ギリヤーク」、水雷敷設船「アムール」、同「エニセイ」

〈9〉『史談会記録』一巻七八～九頁（アジ歴 C09050717900）

V：陸海軍の対立と合意

――ソウル占領陸軍部隊の極秘輸送作戦

図 11：韓国臨時派遣隊のソウル侵入（1904 年 2 月 9 日、『日露戦争写真画報』第 1 巻〈博文館、1904 年 4 月〉より）

はじめに

一九〇四（明治三七）年二月八日の深夜から九日の未明にかけて、連合艦隊第二艦隊第四戦隊の護衛のもとに、日本の陸軍部隊四個大隊は仁川《インチョン》に上陸し、直ちに大韓帝国の首都・漢城（以下ソウルと表記）占領に向かった。このソウル占領部隊として派遣されたのが韓国臨時派遣隊である。

この作戦は「コロク」という暗号で呼ばれた。「コロク」は、参謀本部が計画していた暗号名「ハチスカ」作戦が海軍大臣・山本権兵衛の反対で中止に追い込まれた後、陸軍参謀本部と海軍軍令部の合意（一九〇三年一二月三〇日）のもとに新たに計画されたものである。

陸海軍の合意の要点は、戦闘は海軍が開始する、それまで陸軍は動員を行わない、艦隊の出発と同時に約三千名の陸兵を輸送し仁川（状況によっては牙山《アサン》、群山《クンサン》）に上陸させる、というものである。「動員」とは軍隊が平時編成から戦時編成に移ることを言い、戦時編成定員を充たすための充員召集を必須とする。動員を完結した軍隊を一地点に集合させることを「集中」と言い、日露戦争において陸軍の集中地は広島県の宇品であった。動員下令―充員召集―動員完結―集中を経て作戦開始となるのが、通常の手順であった。〈注1〉

陸軍が作戦行動に入るためには一刻も早く「動員」を完了しておく必要がある。しかし陸軍が動員令を発令すれば、それは直ちにロシア側に伝わるであろう。海軍が最初の一撃、すなわち旅順、仁川奇襲攻撃まで、陸軍の動員を許さなかった理由はここにある。

しかし、海軍の作戦上の都合により、陸軍の動員を止められることについては、参謀本部内に反発する勢力が存在した。参謀本部第一部長・松川敏胤大佐は、陸海軍の合意に反発する勢力の一人であった。

今日においても、日露戦史研究の基本文献となっている谷寿夫の『機密日露戦史』（原書房、一九六六年）は、一九二五年に谷が陸軍大学校で行った講義録であるが、海軍主導の作戦に反対していた松川（当時大将に昇進）に聴取した内容に依拠するところが多い。そのため、「コロク」作戦の叙述は不正確で、「ハチスカ」作戦の実施に先行して計画された先遣徴発隊と混同している。松川らは「ハチスカ」が中止になったとは認めたがらず、「コロク」を「ハチスカ」の先遣部隊と位置付けようとしたからであろう（同書一〇四頁）。

また、同書は、一九〇三年一二月三〇日の陸海軍会議において、伊集院五郎・軍令部次長が「海軍は命令一下あらば二十四時間以内に敵に向い出帆し得べきを証言した」から、陸軍は韓国への出兵を見合わせ、海軍の希望に応じたにもかかわらず、その後海軍は次々に口実を設けて開戦を引き延ばしたと、まるで松川の恨み節を代弁しているかのように書いている（同書一〇一頁）。

そして多くの研究者が、この谷の書に無批判に依拠して日露開戦前夜を論じているため、「コロク」作戦に言及したものが見られない。

さて、「コロク」作戦実行部隊に選定され、一九〇四年二月六日の連合艦隊の佐世保出港とともに輸送船で運ばれ、二月八日の深夜から九日の未明にかけて、ロシアの最新鋭艦「ワリヤーグ」の目前で仁川に上陸、直ちにソウルに侵入したのは、九州に置かれた第一二師団管下で、陸軍の動員令の発令以前に極秘裏に編成された四大隊二二五二名、乗馬一六頭、貨物五三駄であった。

本章では、山本海軍大臣が何故「ハチスカ」に反対したのか、「コロク」とはいかなる作戦であったのかを明らかにしよう。

山本海軍大臣の特別訓令

海軍大臣・山本権兵衛は、一九〇三（明治三六）年四月二九日付けで、各長官あてに極秘の特別訓令を出し、日露開戦の際、機先を制する必要上、絶対にこちらの決意を敵にさとられぬようにすべしと訓示した。これによって海軍トップのごく一部のものだけは、山本の対露開戦の決意を知っていたが、よく秘密が保たれて外部に漏れなかったという。

各長官とは、海軍軍令部長（伊東祐亨）、横須賀鎮守府司令長官（井上良馨《よしか》）、呉鎮守府司令長官（柴山矢八）、佐世保鎮守府司令長官（鮫島員規《さめじまかずのり》）、舞鶴鎮守府司令長官（東郷平八郎）、常備艦隊司令長官（日高壮之丞）の計六名である。これが当時の日本海軍の最高幹部たちであった。

山本の極秘訓令については、当時軍令部で伊東軍令部長の副官を務めていた上泉徳彌《かみいずみとくや》が、三〇年後の一九三五年三月八日に、朝日と大阪毎日新聞社が主催した座談会の席で次のように語っている。

実は私は今日このごろやっと聞き知ったのでありますが、山本海軍大臣は明治三六年四月二九日付をもって、七項より成る極秘の特別訓令を出してをります。これは各長官に極秘に出されたものらしく、軍令部の副官たりし自分が今日まで知らなかったのであります。その訓令によれば開戦の際、機先を制する必要上、絶対に当方に異常の決心のあることを敵に覚られぬやう訓示したものであります。自分がそんなもの丶有る事を一向に知らずして、大臣や部長に議論するのだから、五月蠅《うるさ》がられたのも無理はなかったとこの頃やっとわかりました。〈注2〉

上泉は、この座談会より三ヶ月後の六月二五日、海軍省の委嘱を受けて海軍有終会が主催した「日露戦役参加者史談会」（以下「史談会」と略、同会については第Ⅲ章参照）においても同様な発言を行い、さらに次のように語っている。

戦がすんでから海軍大臣は我が輩に向って、「我が輩なぞは初めからやる心算で計算して居った。貴様のやうにがあがあ云って居っては戦ができるか」と叱られた。「さうですか。其れならばこっちから三度も案を出して、鴨緑江を境として手を打《ママ》［手打ち］になったら戦にはならんじゃないか」と憎まれ口をきくにも及ぶまいと止めてしまった。〈注3〉

上泉は当時海軍大佐で、一九〇三年四月に軍令部副官となった。それ以来、参謀本部副官の堀内文次郎らと図り、陸海軍の親睦会という名目で対露開戦促進論者を糾合し、そこに外務省の政務局長・山座円次郎や開戦論を上奏した「七博士」と呼ばれる東大教授たちも加わり、一緒になって早期開戦を煽っていた人物である。

海軍大臣・山本権兵衛の家には四度も議論に行ったが、そのたびに、「戦費二〇億はどうする？」と聞かれ、「金はあなた方がお作りなすったらよかろう」という押し問答で終わり、海軍大臣の本当

の意志はわからずじまいだったと回想している。〈注4〉

一九〇三年四月二九日付けの山本海軍大臣の極秘特別訓令とは、海軍軍令部が編纂し近年まで秘匿されてきた『極秘明治三十七八年海戦史』(以下『極秘海戦史』と略、同書については第Ⅲ章参照)第一部第一巻二二頁に記載されている六項目の訓令をさす(上泉が「七項」と言っているのは誤り)。

各項目の要旨は、次のとおりである。

一、露国は清国に七カ条の要求を出した。
二、露国は東洋に対し深く企画する所があるようだ。
三、今や露国の在東洋海軍力は我が海軍に匹敵しつつあり、侮ることはできない。
四、我が政府の方針は常に東洋の平和を維持することに在る。
五、我が海軍は一朝非常の命令があれば、毫も違算なきように準備しなければならない。
六、外人は勿論、局外者をして異常の覚悟あることを推知されてはならない。

山本の訓令は、当時首相の地位にあった桂太郎が、日露開戦の決心は一九〇三年四月二一日の京都無隣庵における会議で決まったと、自伝において繰り返し述べていることに符合する。桂の主張は明快である。『桂太郎自伝』(平凡社東洋文庫、一九九三年)の二七二頁から二七四頁、及び三一六頁から三一七頁にかけて述べられていることを要約すれば、左のとおりである。

［一九〇三年］四月八日は北京条約によってロシアが遼河以東の兵を引き上げる期日（第二回撤兵期）であったが、ロシアは実行しなかった。日本はこのことを利用してロシアと談判し、日露間に懸案となっている韓国問題、つまり韓国は完全に日本の支配下に置くということをロシアに認めさせねばならない。今までは韓国問題だけをもって日露両国が争ってきたので解決できなかった。今回は、満州におけるロシアの権利を認める代わりに韓国における日本の権利を認めよ、と言うことができる。しかし日本が鴨緑江までを要求するということは、ロシアの遼東経営を危機に陥れることであるから、ロシアは受け入れないであろう。よって談判を開始する前に、戦争も辞さないという覚悟がいる。

桂首相は小村寿太郎外相を伴って、一九〇三年四月二一日に、山県有朋の別荘、京都の無隣庵を訪ね、そこに伊藤博文を招いて四者で会談した結果、右の見解で合意し、ロシアと談判を開始することに決まったと述べている。

また桂は、日本の主張は「二つの品物を二個に分つの道理なれば、公平なる理論の根拠」があると言い、この根拠の上にロシアと談判を開始し、「如何なる困難に遭遇するも不得止《やむをえず》との決心をなし」、まず伊藤と山県を説得してから実際に着手しなければならないと考え、無隣庵会議を呼びかけたとも言っている。

そして「日魯戦闘は実際には明治三十七年二月開戦になりたれども、予を以て之を言えば、日魯の

戦争は既に明治三十六年四月二十一日西京会議［無隣庵会議のこと］に於て開始せられたると同様なり」と書いている。〈注5〉

京都から帰った桂と小村は、閣僚をあつめ、無隣庵会議の顛末を報告したであろう。山本海軍大臣がこの政略に完全に同意したのかどうかはわからない。しかし現実に、山本は海軍の総指揮官として戦争準備に着手した。山本が最初に行ったことが、先に述べた四月二九日の各長官あての極秘特別訓令だったのである。〈注6〉

この訓令の眼目は、上泉徳彌が言っているように、開戦に際し機先を制する必要上、開戦の決意を秘匿せよ、というところにあった。こうして山本海軍大臣の対露開戦方針は海軍の最高幹部に共有されたが、それを実行するためには、独自に韓国上陸作戦を計画していた陸軍を抑えねばならなかった。

「ハチスカ」作戦中止

一九〇三年秋、陸軍参謀本部は「ハチスカ」という暗号名で呼ばれた韓国上陸作戦を実行しようとしていた。それは密かに兵士数千人を鉄道人夫に変装させて、あらかじめ韓国に派遣しておき、一朝、開戦となればロシアに先んじてソウルを占領するというものであった。

当時軍令部参謀であり、山本海軍大臣の女婿でもあった財部彪が、三〇年後の一九三五年六月二五日、「史談会」第一日目に語ったところによると、「ハチスカ」を食い止めたのは一九〇三年一〇月二二日であった。ある会議の席で、山本海軍大臣がこれに大反対し、「陸軍の計画は駄目だ。そんなものと事を共にする事は出来ない」と言って帰ってしまったという。〈注7〉

財部は「史談会」に出席する前に、三〇年前の自分の日記を読み返していたようだ。国会図書館憲政資料室に所蔵されている『財部彪日記』一九〇三年一〇月二二日の頁には、次のように書かれている。

本夜紅葉館ニ於テ海陸軍将校親睦会ヲ開ク、出席者七二、十時頃帰宅ス、参謀本部ハ先ニ二三千人ノ兵ヲ韓国ニ変装入国セシムル事ヲ計画シ、海軍大臣ヨリ阻マレタルガ、今度又百余人ヨリナル測量班ヲ入レン事ヲ企テタル由ナルガ、是安［案］ノ如ハ御断申等ヲ、少し《ママ》大事ナルモノヲ控フル矢先ニ、存スベカラザル旨ヲ以テ、海軍大臣ヨリ阻止セラレタリト云フ

山本が陸軍の韓国上陸作戦に反対した理由は、ロシアに勝つためには、何よりも戦争の劈頭にロシア艦隊を奇襲攻撃し、制海権を掌握しなければならないと考えていたからである。制海権を失えば、たとえ一旦ソウルを占領しても、ソウルの日本軍は孤立して進退窮まるだろう。また変装したところで、多数の兵員が韓国に入れば、ロシアは日本の開戦意図に気づき、海軍の奇襲攻撃は成り立たなくなる。

日本と韓国は朝鮮海峡で隔てられている。海軍の協力が得られない限り、陸軍単独で韓国上陸作戦を実行することは不可能であるから、陸軍はやむを得ず「ハチスカ」を中止した。しかし、内心は憤懣やるかたない思いであったに違いない。

再び財部の証言になるが、同年一二月三〇日に参謀本部において重要軍事会議が催された。児玉源太郎参謀次長は、この会議の劈頭、「陸軍の責任解除の声明」をやってのけたという。

内容は、現在ソウルの状況が大変危ない。ロシア兵がいつ来るかも知れず、朝鮮人がいつ蜂起するかも知れない。ところがソウルには日本兵は二個中隊しかいない。この兵力ではどうすることもできない。それで陸軍は適当な兵力を入れようと計画したが、海軍の作戦上それがいけないというから止めた。しかし、二個中隊の兵力では責任が持てない。したがって陸軍は在留日本臣民の生命財産を保護する責任を解除されたものと考える、というものであった。〈注8〉

児玉の演説の内容は財部の記憶に基づくものであるが、この会議の出席者名は、財部の日記に記録されている。

それによると、陸軍側から参謀総長（大山巌）、参謀次長（児玉源太郎）、総務部長（井口省吾）、第一部長（松川敏胤）、第五部長（落合豊三郎）、海軍側から軍令部長（伊東祐亨）、軍令部次長（伊集院五郎）、同副官（上泉徳彌）、同参謀（財部彪、中野直枝）である。さらに日記には「昭和十年六月二十三日追記」としてこの会議には山県有朋元帥も出席していたこと、会議の劈頭に児玉参謀次長が「陸軍の京城居留民の保護義務責任は解除」と宣言したことが書き込まれている。これは、「史談会」を前にして日記を読み返した際に書き込んだものと思われる。【図12】

その「史談会」の席上で、財部はこの児玉の演説の場面を鮮やかに覚えていると、次のように語っている。

突然のことで皆黙って居る。伊東さんも黙って居る。誰も黙って座が白けたやうな風であった。其時大山さんが隣に居る山県さんを見て、山県さんに、「如何でせうか」山県さんは「宜しう御

座りましう」と云ふ。そこで大山さんは「其で宜しいさうです」と云った。〈注9〉

児玉の演説は「ハチスカ」を中止に追いやった海軍に対する精一杯の嫌み、いやがらせであったが、白けた場の雰囲気を大山、山県の一言で持ち直し、それからいろいろと話しが始まったという。

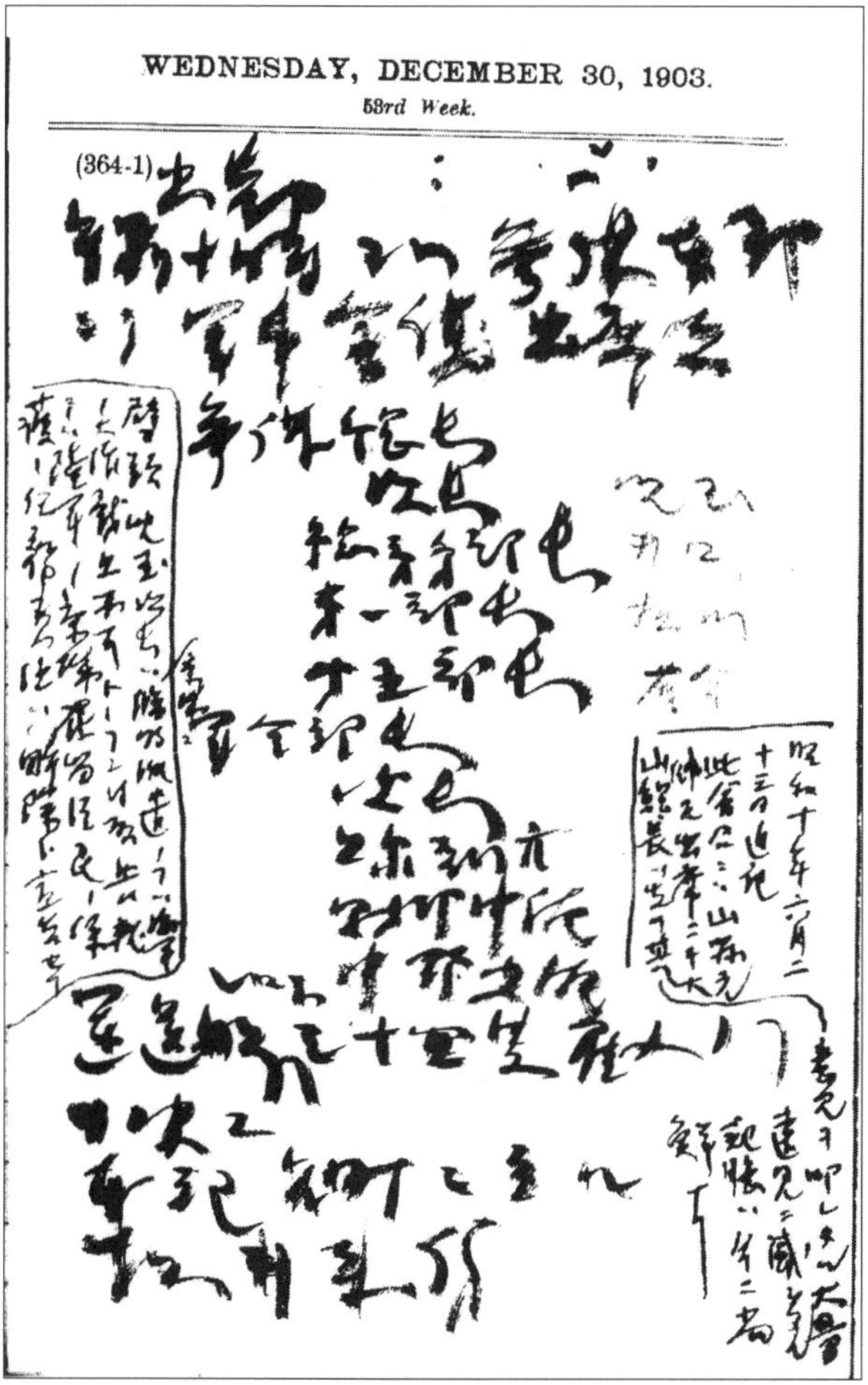

図 12：「1903 年 12 月 30 日重要軍事会議出席者名」『財部彪日記』（国会図書館憲政資料室蔵）

其時伊集院さんが持ち出した。「児玉さん、陸の方は手続きが面倒で遅いからいかんぞ、もう少し早くやる。前に動員をせずに、平時編成の儘《まま》の者を組合わせ、相当な兵力となし、一つ艦隊が出るのと一緒にそれを出したらどうですか。一緒に何処へでも着ける事が出来ますが」と示唆した。松川とか、他の参謀連中は出来ないと云って居った。児玉さんが「やろう」と云ふ。「どうしてもやらなければいかん」と云ふ。其れから、「やれ」と云ふ事になって、二月六日に一緒に佐世保を出ることになった。木越部隊が則《すなわ》ち夫《そ》れであった。あれを陸軍では「小六」と称して居った。何故「小六」と称するかと云ふと、其前出さうと云ふ事になっていた部隊が「蜂須賀」と云ふ暗号を用ひて居ったからである。〈注10〉

伊集院（軍令部次長）が、動員をせずに平時編成のままのものを組み合わせて相当な兵力とし、艦隊の進発と一緒に出してはどうかと提案したところ、松川（参謀本部第一部長）をはじめ他の参謀連中は、そんなことはできないと言ったが、児玉（参謀次長）が「やろう」と言い、「やれ」と命令して、「コロク」作戦が決まった。作戦暗号名が「小六」というのは、陸軍がその前に出兵しようとしていた部隊名が「蜂須賀」という暗号で呼ばれていたからであるという。「蜂須賀小六」とは、豊臣秀吉に仕えた著名な戦国時代の武将の名である。

一九〇四年一月七日、参謀本部次長・児玉源太郎は、第一二師団長へ「韓国臨時派遣隊を武装の儘《まま》差遣」するにあたって承知されたいこととして、一二項目を列挙して通知した。その中の第九項に「武装したる臨時派遣隊に関する隠語は（コロク）と約束すること」とある。〈注11〉

「コロク」作戦決定

一九〇三年一二月三〇日に参謀本部で開かれた「重要軍事会議」における決定事項について、『極秘海戦史』には、次のように書かれている。

熟議の末戦闘は海軍を以て開始すること、其の発動の二十四時間以前に之を参謀本部に通知し、是と同時に陸軍にては第十二師団中より約三千の兵を「コロク」と仮称し、佐世保近傍より上船せしめ、艦隊と共に出発し仁川附近に上陸せしめ、若し状況不可なる時には牙山湾、群山鎮等より臨機上陸せしむること、其の運送船は呉軍港に於いて艤装の上、佐世保軍港に回航せしめ置くこと、第十二師団の残余は開戦後の形勢に依り、韓国南岸より上陸せしむる等を決議し（後略）

〈注12〉

このように、一九〇三年末には、対露開戦にあたって、戦闘は海軍が開始すること、海軍は発動の二四時間以前に参謀本部に通知すること、陸軍は「コロク」と仮称する約三千の陸兵を艦隊と共に出発させ、仁川に上陸させること等について、海軍と陸軍は合意していたことが『極秘海戦史』にも明記されている。

但しここでは、海軍の要請によって陸軍の動員が禁止されたことに触れられていないが、同書第一部第一巻七八頁には、一九〇四年二月四日の御前会議の後で行われた陸海軍合同会議において、「予《かね》て陸軍の動員令は海軍が最初の打撃を敵に与ふると同時に発令せらるゝの協議たりしと雖も、最早之を待つの時機にあらざるを以て、何時施行せらるゝとも海軍に於ては差支なきこと」が海軍側から表明されたと書かれている。つまり、「コロク」作戦は、陸軍の動員禁止と一体のものであったことがわかる。

一九〇四年に入ると、参謀本部は「臨時派遣隊編成要領」をまとめ、これを一月九日付けで参謀総長大山巌から陸軍大臣寺内正毅に送り、緊急時に直ちに両者が連署して天皇の許可を得るため、あらかじめ協議しておきたいと申し入れた。寺内からは即日「異存無之」という回答がきている。さらに同月一五日には、大山は寺内に「本日御裁可相成候」と通知している。つまり、連合艦隊の出動と同時に、陸軍がソウル占領を目的とする臨時派遣隊を出すことは、一九〇四年一月一五日にはすでに天皇の許可を得ていたのである。

翌一月一六日、「臨時派遣隊編成要領」は陸軍省で印刷され、陸軍大臣から参謀総長、台湾総督、各師団長、韓国駐劄隊司令官に「軍事機密」として送付された。

以上のことは、防衛研究所が所蔵し、近年アジア歴史資料センターから公開された簿冊『満密大日記　明治三七年二月』に収録されている「臨時派遣隊編成要領返戻ノ件」（アジ歴 C03020020500）によって知ることができる。

右資料に収録されている「臨時派遣隊編成要領」は左記のとおりである。なお、ここで白羽の矢を立てられた第一二師団とは、一八九八（明治三一）年に福岡県の小倉城内に司令部を置いて発足した師団である。

臨時派遣隊編成要領

第一、臨時派遣隊は歩兵大隊四個にして少将の指揮に属し第十二師団に於て編成す、其の編成担任は第十二師団長とす
第二、臨時派遣歩兵大隊の編成は附表の如し
第三、臨時派遣隊は第十二師団各歩兵連隊の某一大隊を基幹とし、之に当該連隊他大隊の人員を加へ編成するものとす
基幹大隊は動員実施に方《あた》り必要とする者を残留するものとす
第四、発遣隊司令官は第十二師団某歩兵旅団長（乗馬二、馬卒二を属す）とし、之に副官尉官一（乗馬一、馬卒一主計一を属す）を附す
第五、此派遣隊に用ゆる兵卒は明治三十四年、三十五年次兵を以て之に充て、馬卒は傭人を以て之に充つるを得
第六、派遣隊要員の兵器被服は当該連隊保管の戦用品を用ゆべし
第七、第十二師団は此編成の為生じたる欠員を補填する為、帰休兵悉皆《しっかい》を召集す
第八、編成担任官は編成命令受領後、二十四時間以内に佐世保附近に於て乗船を了《おわ》り得る如く編成を完結し、直に之を陸軍大臣及参謀総長に電報し、且将校同相当官職員表及人員一覧表を調製し、之を前掲両官に呈出すべし

この「要領」に添付された付表「臨時派遣歩兵大隊編制表」には、大隊本部と四中隊で構成される一大隊（五六〇名と馬三頭）の人的構成が一覧表で示されている。

そのうち医療面について言えば、大隊本部には軍医一名、看護長一名、中隊ごとに看護手一名が配置されることになっているが、これは本来「動員」によって初めて可能となる体制で、平時編成の大隊に常に備わっているものではない。

ところが韓国臨時派遣隊は、このような「動員」手続きを経ずに編成され、送り出された。よって「編成要領」第三項にあるように、歩兵連隊の内で基幹となるべき大隊を選び、将来実施される動員のために必要な人員は残した上で、「編制表」に照らして不足する人員は他大隊および連隊本部から補充するとしたわけである。このため、第七項にあるように、一二師団では帰休兵（定員余剰の現役兵で在営期間を短縮して帰郷させられたもの）をすべて召集した。

また第八項に見えるように、臨時派遣隊編成担任官（一二師団長）は、編成命令受領後、二四時間以内に佐世保附近で乗船を完了させることができるように臨時派遣隊の編成を完了し、陸軍大臣と参謀総長に電報することが命じられた。

伊集院軍令部次長が提言した「前に動員をせずに平時編成のままのものを組み合わせて相当な兵力」とするとは、こういうことを言い、松川参謀本部第一部長が「そんなことはできない」と言った理由もここにあった。

こうして陸軍は「動員」なしで出兵準備をすすめた。では、陸軍はいつ「動員」を行ったか。

最初の動員は、一九〇四年二月五日に、韓国における作戦のために、第一軍司令部、近衛、第二、第一二師団に、また内地沿岸防備のために、函館、対馬、佐世保、長崎、澎湖島、東京湾、由良、広島、舞鶴、下関、基隆の各要塞に下命されたということになっている。〈注13〉

これは、前述したように、二月四日の御前会議の後、それまで海軍の要請により止められていた陸軍の動員令が解除されたからである。これについても、財部の証言を聞いておこう。

陸軍では動員と云ふ事に非常に重きを置いて居るのであります。陸軍は動員をやって置かなければどうにもならん。其で陸軍では動員を早くやりたがって居る。宇品が動員地でありますから、宇品の近辺に陸軍を集めたい。併し海軍が同意しない。陸軍が動員と云ふ事になったら、日本の意志のある所は直ぐ見破られるのである。敵海軍に一撃を与へる迄は、我が海軍は余程自重して陸軍の動員に対しては随分喧《やかま》しかったのであるが、大山参謀総長、児玉参謀次長等が海軍の真意中を諒せられ、陸軍を抑へた。其で動員をせずに二月四日迄来たのである。けれども此晩に大体の事は決った、小六等の事も決って、伊集院さんがもう宜からうと云ったのであります。（中略）其時始めて陸軍が動員令を下したのでありますが、其辺は際どい所です。〈注14〉

財部が言っているように、陸軍では「動員」を非常に重要視した。また動員令発令から作戦開始、つまり実際に軍隊が動き始めるまで、通常二週間ほどを要した。よって山県を筆頭に、陸軍の一部では早期動員を求める動きがあった。これを大山、児玉らが抑えたのである。

元老の山県有朋は、一月一六日に「桂・寺内両将軍幕下　密啓」と表書きした手紙を出し、今日の政略戦略上、動員令を二、三個師団に発令することが「急務中最も重要緊急之一大事件」であると訴え、何故なら、今日動員令を発令しても今月末でないと「整頓」しないし、ソウルに到着するには仁川に上陸できたとしてもさらに数日かかり、ましてやその他の上陸地点であればなおのことである。だからソウルを掌握し、「軍事上百般之基地」となすためには一日も早く動員下命が必要だ、と述べている。〈注15〉

山県がこのような見解をもって、桂や寺内に働きかけていたことは事実であるが、これによって、一九〇三年末の陸海軍合意（戦闘は海軍が始める。艦隊の進発とともに約三千の兵を仁川に上陸させる。それまでは陸軍は動員を行わない。）が動揺していたわけではない。

韓国臨時派遣隊司令官に与える訓令

一九〇四年一月一五日、参謀本部は、「臨時派遣隊編成要領」と同時に、韓国臨時派遣隊司令官に与える訓令案甲乙二号についても天皇の裁可を得ていた。

これもまた一月一六日に、参謀総長から陸軍大臣を通じて封緘命令書として第一二師団長・井上光中将に交付され、計画実施電報を受領後、直ちに臨時派遣隊司令官に交付することが命じられた。

『満密大日記　明治三七年一月』所収の「韓国臨時派遣隊司令官へ訓令の件」に収録されている甲号訓令は左記の通りである（アジ歴 C03020012600）。

一、貴官は韓国臨時派遣隊を指揮し、佐世保東方杉尾川の河口東浦附近に於て乗船し、我が連合

艦隊の援護に依り韓国仁川港に廻航、直に該地に上陸すべし
二、乗船に関しては佐世保鎮守府司令長官と協議し、運送船と艦隊との関係に就ては、連合艦隊司令長官の指示に応じて行動すべし
三、仁川上陸後は速《すみやか》に京城［ソウル］に進入し、該地の占領を確実に保持することを努むべし
四、貴官の軍事的行動にして外交上に関係するものは在京城我が全権公使と協議するを要す
五、韓国駐劄隊は臨時派遣隊上陸後より第十二師団京城到着迄、一時貴官の指揮に属せしむ
六、連合艦隊の行動、仁川上陸の安全を期する能《あた》はざる場合に遭遇せば、乙号訓令を開緘《かいかん》す可し
七、上陸完了せば、運送船携行揚陸材料並に附属人員及び台湾陸軍補給本廠より差遣の将校は、速に宇品に向け帰航せしむ可し
八、貴官は爾今《じこん》参謀総長の区処《くしょ》を受く可し
　本訓令は師団長計画実施の電報を受領したる後、自ら開緘して臨時派遣隊司令官に交付せしむ

この訓令で韓国臨時派遣隊司令官に与えられた主要任務は、仁川上陸後直ちにソウルに侵入し、ソウルの占領を確実に保持せよ、ということである。

以上は甲号訓令である。もう一つ、乙号訓令は、仁川に上陸できず、牙山、群山などから陸路ソウルを目指す場合を想定したものであるが、「貴官の任務は甲号訓令の通り」としつつも、「行軍途中の給養［食糧補給］は成るべく地方物資に拠《よ》ることを勉むべし」と書かれている。

仁川に上陸できない場合、かりに牙山に上陸した場合、陸路でソウルまで四日かかる。群山ともな

ればさらにその倍にもなり、行軍中の兵士の給養問題がいかに困難を極めるかが予想された。

したがって陸軍にとっては、海軍が韓国臨時派遣隊を仁川まで運んでくれるかどうかが、「コロク」作戦の成否を分ける鍵であった。

さて、一九〇四年二月四日、御前会議において、日露国交断絶、軍事行動開始への天皇の承認がなされた。引き続き、海軍省大臣室で陸海軍合同会議が開催され、「コロク」作戦実施が決定された。

同日午後九時三〇分、陸軍大臣寺内正毅は、小倉の第一二師団長に臨時派遣隊の編成と韓国派遣を電命した。第一二師団長は直ちに臨時派遣隊の編成に着手し、翌五日正午に完結した。

第一二師団管下の歩兵第一四連隊の第一大隊、第四七連隊の第三大隊、第二四連隊の第一大隊、第四六連隊の第二大隊を基幹部隊として編成された韓国臨時派遣隊は、直ちに各々の衛戍地《えいじゅ》（小倉、福岡、大村）より佐世保近郊の早岐《はいき》停車場へ鉄道輸送された。

臨時派遣隊司令官に任命された第二三旅団長・木越安綱少将は、五日午後三時、早岐にて、第一二師団参謀歩兵大尉・種子田秀実より、前掲の訓令甲乙二号を受け取った。早岐まで鉄道で輸送された臨時派遣隊は、そこから徒歩で乗船地に向かい、五日午後四時三〇分より輸送船に乗り込み、翌六日午前二時一五分に乗船を完結した。〈注16〉

つまり、二月四日午後九時三〇分に、寺内陸軍大臣が第一二師団長に作戦開始を電命してからわずか二日と五時間で、二千数百名に及ぶ兵士たちを極秘裏に二隻の輸送船に乗船させたわけである。

韓国臨時派遣隊の輸送

韓国臨時派遣隊を運ぶ輸送船は、郵船会社所有の汽船小樽丸、大連丸とされ、海軍省用船の名目で雇い入れられた。これらの船は一月八日から呉軍港で艤装を始め、一三日には佐世保に廻航する予定であったが、一二日になって、陸軍は陸軍省で借上げた大阪商船会社の汽船平壌丸も小樽丸、大連丸の輸送を補助する目的で同行させたいと言い出し、結局、二月六日午後二時に連合艦隊第四戦隊とともに出港した輸送船は三隻となった。

『極秘海戦史』には、大連丸と小樽丸に乗り込んだ部隊と員数の記録しかない。それは左記のとおりである。

大連丸　歩兵第二三旅団司令部
歩兵第二四連隊第一大隊
歩兵第四六連隊第二大隊

小樽丸　歩兵第一四連隊第一中隊
歩兵第一四連隊第一大隊（一中隊欠）
歩兵第四七連隊第三大隊

合計　将官一名、佐官四名、尉官同相当官准士官七三名、下士卒二一五九名、馬丁一五名、

計二二五二名、乗馬一六頭、貨物五三駄〈注17〉

小倉に司令部を置く第一二師団には第一二旅団（小倉）と第二三旅団（大村）の二つの旅団が所属していた。また第一二旅団には第一四連隊（小倉）と第四七連隊（小倉）が、第二三旅団には第二四連隊（福岡）と第四六連隊（大村）が所属した。つまり、第一二師団管下には、四つの歩兵連隊があった。

『極秘海戦史』の乗船記録によって、韓国臨時派遣隊は「臨時派遣隊編成要領」どおり、一二師団管下の全歩兵連隊から一大隊ずつ寄せ集めて編成されたものであったことがわかる。しかもこの大隊自体が他大隊及び連隊本部から補充を受けて、やっと「臨時派遣歩兵大隊編制表」に準じた体裁を整えたものであった。それでも陸軍の当初の計画、約三千の兵には届かなかった。

今のところ平壌丸で運ばれたものを特定することはできないが、前掲「韓国臨時派遣隊司令官へ訓令の件」の第七項「上陸完了せば、運送船携行揚陸材料並に附属人員及び台湾陸軍補給本廠より差遣の将校は、速に宇品に向け帰航せしむ可し」という命令から見て、兵員、馬、貨物の仁川揚陸を補助するための「揚陸材料」とそれを操作する人員、およびそれを監督する将校（台湾陸軍補給本廠所属）たちであったと思われる。彼等は任務が終わり次第、宇品への帰航が命じられていた。

韓国臨時派遣隊員の回想

「コロク」部隊が、実際にはどのように集められ、輸送船に積み込まれたかについては、輸送船を護衛して仁川へ送り届けた連合艦隊第二艦隊第四戦隊の参謀長であった森山慶三郎が、「コロク」部隊の「陸軍士官」であったものから三〇年後に直接聞いた話として伝えているものがある。

［一九〇四年二月］五日の晩に、十一時頃でした。非常招集を受けて何だか分らんけれども、かけつけて見た所が被服が出て居った。さうしてあれに着がへろと云ふので其被服を皆に渡して着せた。其から演習だと云ふので汽車に乗せられて早岐で降りたと云ふ事である。幹部の大隊長位の所迄は旅順に行くのじゃないかと承知して居ったけれども、大部隊は演習と云ふ位に思って居った。早岐へ鉄道で行って降りて見た所が［空白］辺からぞろぞろ来て居った。其からどんどん佐世保に向かって行くので、皆御互ひに演習をするとは少し違ふと思って居る中に、何だか知らんが先の奴が海の方へどんどん入って行くのである。自分達も続いて行った所が、其辺へ船が沢山繋いである。それに桟橋がかかって居った。其で船に乗り移ってしまったのである。其からどんどん沖へ向って漕いで行くので、何処へ一体連れて行くのだらうと云って居る中に、沖へ出てしまった。さうすると運送船が満艦飾見たいに灯を点けて居る。「上れ」と云ふので船へ乗っけられてしまった。何処へ行くんだろうと御互ひに話をして、訳が分らずに居る間に船へ乗っけられてしまひました。船へ乗っけられてから始めて出征すると云ふ事を云はれました。出征するのだけれども仁川へ行かうなどと云ふ事は是はまだ誰も気が付かんで居りました。釜山辺迄行くんだらうと思って居たと云ふ事です。〈注18〉

この話は、一九三五年六月の「史談会」の席で、森山が「先日、岐阜で講演」したところ、講演を聞きに来た「陸軍士官」から

「あなたがあの時の艦隊の参謀だったか」

と声をかけられ、森山の方から

「お前等は一体どうしてあの時来たのか」

と言って聞いたこととして語ったものである。

同席していたのは、財部大将、上泉中将、中野中将ら、日露戦争当時、海軍軍令部参謀として、陸軍の「コロク」作戦に関しても充分承知していたものたちである。しかし、彼らにとっても、陸軍が二千名を超える兵士たちをいかにして極秘のうちに輸送船に積み込んだかは、驚異に値するものであったことがわかる。

「陸軍士官」は非常招集を受けて駆けつけたところ、被服が用意してあって着替えたと述べているが、これは単に軍服を着替えただけの話ではない。

前掲「臨時派遣隊編成要領」の第六項に「派遣隊要員の兵器被服は当該連隊保管の戦用品を用ゆべし」とあるように、臨時派遣隊要員には歩兵連隊で保管する戦時用の武器、被服が与えられた。

それだけではなく、先に紹介した参謀本部次長・児玉源太郎から第一二師団長への一一箇条の通知の第八項目には、「将校以下には携帯行糧八日分、天幕及び毛布一枚宛を携行せしむること」とある。

非常招集された将校以下各自が、その場で戦時用の被服に着替え、武器、八日分の携帯食料、テント、毛布一枚を携行し、演習と称して汽車に乗せられたわけである。仁川に上陸できない場合は、牙

山あるいは群山に上陸して陸路ソウルを目指すことになっていた。厳冬の中の行軍にはテントも毛布も必需品であった。

長崎県佐世保市に所在する早岐駅は、現在においても長崎県北部の鉄道交通の要衝である。九州鉄道長崎線の駅として一八九七（明治三〇）年に開業した。九州鉄道は九州初の鉄道会社として一八八七年に設立され、一八八九年に博多―千歳川間に鉄道を走らせた。九一年には門司駅まで東進し、また熊本駅まで南進した。これが現在の鹿児島本線に引き継がれている。門司―熊本間のほぼ中間にある鳥栖から早岐を経て長崎に至る長崎線は一八九八年に全通した。同年には早岐―大村間、早岐―佐世保間も開通している。

この鉄道網によって、小倉、福岡、大村に所在する一二師団管下の歩兵連隊から佐世保軍港まで、容易に軍隊を運ぶことができるようになった。

韓国臨時派遣隊要員が、終点佐世保駅の一駅手前の早岐駅で降ろされたのは、乗船地が早岐―佐世保の中間点、「佐世保東方杉尾川の河口東浦附近」（前掲「韓国臨時派遣隊司令官へ訓令」）とされていたからである。これも陸兵の乗船を秘匿するための措置であった。

おわりに

従来十分解明されてこなかった韓国臨時派遣隊について、主として『極秘海戦史』と『史談会記録』に依拠して明らかにした。両書とも近年アジア歴史資料センターから公開されたことにより、一般には初めて利用可能となったものである。

本章において明らかにしたように、一九〇三年秋の段階において、陸軍は対露戦略の上でソウル占領の重要性に鑑み、「ハチスカ」と称して、二、三千名の兵を鉄道人夫に変装させて送り込もうとしていた。これは韓国における兵力について日露間で取り決めた既定の協定違反になることを避けるために、参謀本部が考え出した苦肉の策であった。これを熱心に主張していたのは元老の山県有朋である。

そしてこれに真っ向から反対したのが、海軍大臣山本権兵衛であった。本章では詳しく紹介できなかったが、山本が山県をいかに論破したか、怒って大磯の別荘に引きこもってしまった山県をなだめるために、元老の伊藤が仲介に動いたが、山本が断固譲らなかったこと、参謀総長の大山巌が山本を支持したこと等が、山本側の観点から「山本伯実歴談」（海軍大臣官房編『山本権兵衛と海軍』所収、原書房、一九六六年）に書かれている。

一九〇三年末に至り、陸軍と海軍は合意にいたった。その要点は、対露開戦の最初の一撃は海軍が行う。それまで陸軍は動員を実施しない。そのかわり海軍の進発と同時に三千名の陸兵を仁川に上陸させる、というものである。これを「コロク」と呼んだ。

以後、陸海軍は協力して開戦準備を進めた。この間、再度、山県が陸軍における動員令の早期発令と韓国への一、二師団の派遣を主張し、各方面に働きかけていた。参謀本部内にもそれに同調する参謀がいた。しかし、このことをもって、陸軍と海軍の間に対露開戦戦略上の対立があったかのように見ることは正しくない。

日本の陸軍と海軍は一九〇三年末に対露開戦戦略について合意した。以後、開戦の劈頭に旅順港のロシア艦隊と仁川港のロシア軍艦二隻を奇襲攻撃し、同時にソウルを占領するための陸軍部隊「韓国臨時派遣隊」を仁川に上陸させるために、協力しつつ着々と準備を進めていたのである。

【注】

〈1〉大江志乃夫『日露戦争の軍事史的研究』（岩波書店、一九七六年）六五～六八頁
〈2〉東京日日新聞社・大阪毎日新聞社編『参戦二十提督　日露大海戦を語る』四一頁、一九三五年
〈3〉『史談会記録』第一巻九五頁、アジ歴 C09050717900
〈4〉前掲『参戦二十提督　日露大海戦を語る』三九頁
〈5〉千葉功は、「これらの発言は多少割り引いて考える必要がある。のちに、早くから日露戦争を覚悟していたのだと自己顕彰するつもりで、そう主張したと思われるからである」（『桂太郎』九七頁、中公新書、二〇一二年）と指摘しているが、山本海軍大臣の四月二九日の各長官あて極秘訓令を傍証として、そのような必要はないと考えるのが筆者の立場である。
〈6〉谷寿夫は、「当時海軍の実勢力を握れる山本海相は、我海軍の微弱なる勢力に省み、朝鮮をも露国の手に委するも我固有領土を保全するに於ては、尚且国防は全うし得べしと云うにあって、我参謀本部の意見とは全然根底より方針を異にするものがあった。」（『機密日露戦史』一〇〇頁）と書いている。これが山本の本心であったのか、開戦の意図を秘匿するための方便であったのか、判断することは難しい。
〈7〉『史談会記録』第一巻五四頁、アジ歴 C09050717800
〈8〉同右、第一巻二二～二四頁
〈9〉同右、第一巻二四頁
〈10〉同右、第一巻二五頁

〈11〉参謀本部次長から第一二師団長への通牒は、一九〇四年一月七日に参謀本部次長・児玉源太郎から陸軍次官・石本新六あてに出された「韓国臨時派遣隊を武装の儘差遣の場合に関し通知の件」（『満密大日記　明治三七年一月』所収）の別紙として添付されたものである。アジ歴 C03020012200
〈12〉『極秘海戦史』第一部第一巻三七頁、アジ歴 C05110031200
〈13〉参謀本部編『明治三十七・八年秘密日露戦史』第二巻二頁、巖南堂書店、一九七七年
〈14〉『史談会記録』第一巻一〇六～一〇八頁、アジ歴 C09050717900
〈15〉千葉功『桂太郎関係文書』三九七頁、東京大学出版会、二〇一〇年
〈16〉参謀本部編『日露戦史』第一巻一六五頁
〈17〉『極秘海戦史』第一部第二巻七四～七五頁、アジ歴 C05110031800
〈18〉『史談会記録』第一巻一一三～一一四頁、アジ歴 C09050717900

VI：日本海軍の通信戦略

——韓国沿岸ニ於テハ国際法規ヲ重視スルヲ要セズ（山本権兵衛）

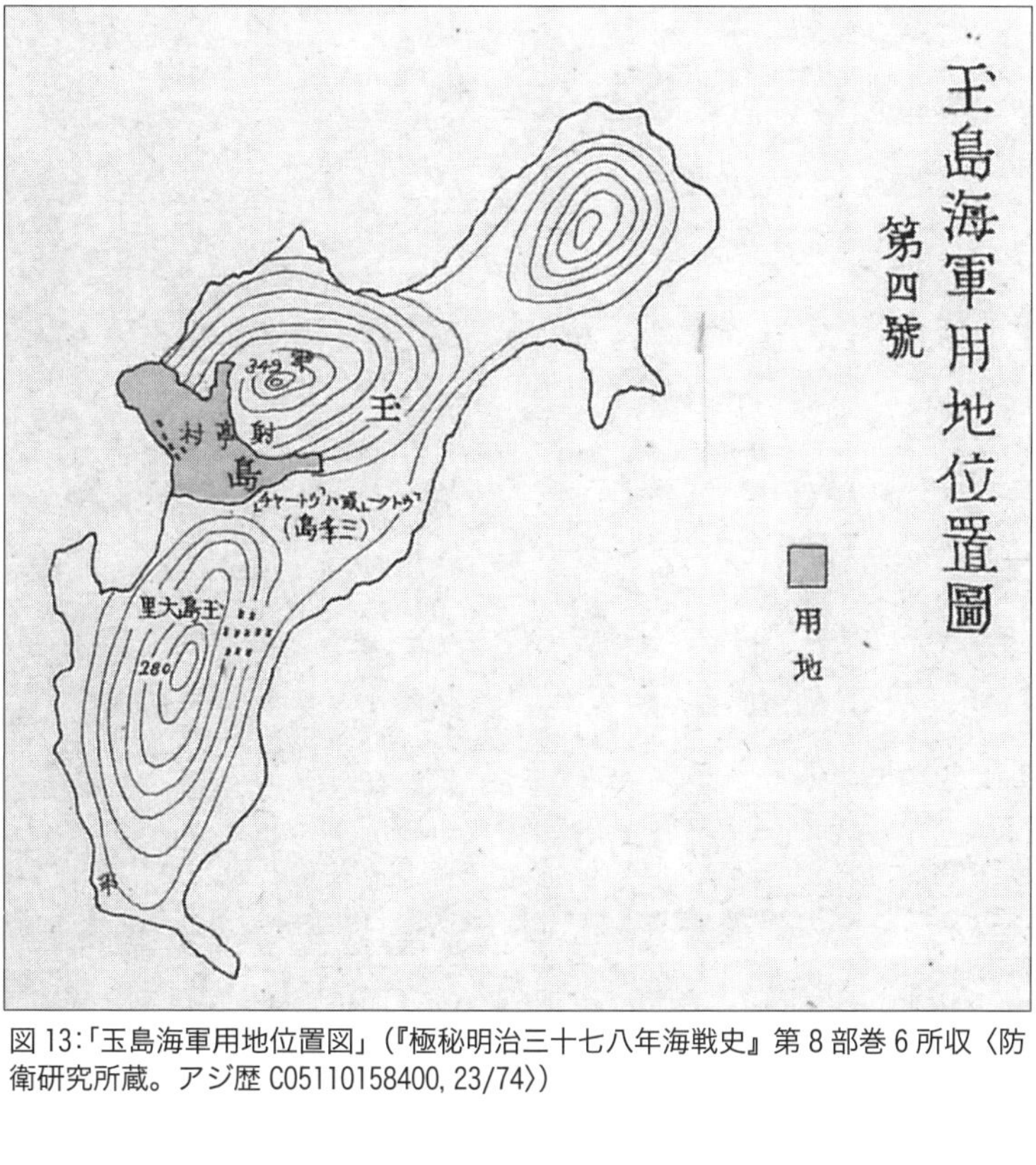

図 13：「玉島海軍用地位置図」（『極秘明治三十七八年海戦史』第 8 部巻 6 所収〈防衛研究所蔵。アジ歴 C05110158400, 23/74〉）

はじめに

日清戦争後、初代の台湾総督に就任した樺山資紀《かばやますけのり》は、一八九五（明治二八）年五月、内閣総理大臣・伊藤博文あてに、鹿児島の大隅半島から沖縄を経て台湾の基隆まで海底電線を敷設すること、そのための海底電線敷設船一隻を新造すること、また同航路の安全のために燈標（灯台）を設置することを上申した。この上申は、ただちに承認され、天皇の裁可を得た。

翌六月四日、陸軍省の所属下に臨時台湾電信建設部と臨時台湾燈標建設部が設置され、児玉源太郎が両部長に就任した。また日本政府は両部の設置に先立って、海底電線敷設船を英国グラスゴーのロブニッツ社へ発注した。

児玉は部長に就任すると、長崎西泊の海岸に、海底電線を保管するための巨大な貯線池の築造に取りかかった。また、大量の海底電線を三井物産と大倉組を通じて英国へ発注した。

グラスゴーにて一八九六年四月に竣工した海底電線敷設船は、現地で日本側に引き渡され、沖縄丸（二二七八トン）と命名された。建造費は五三万円であった。

一方、海底電線の方は、その三倍もの金額を投じて一三八八カイリ（約二五七〇キロメートル）分が購入された。陸軍省は、このほかにも大量の海底電線を購入したが、軍事秘密のため線長は不明とされている。〈注1〉

さて、日本の回航要員（船長は英国人）に引き渡された沖縄丸は、ロンドンにて二三六カイリ分の海底電線を積み込んだ後、五月六日に日本に向け出航した。それから五五日間の航海の後、六月二七日に長崎に到着した。長崎の貯線池には、すでに大量の海底電線が搬入済みであった。沖縄丸は、さっそく七月一三日から海底電線敷設工事を開始、一年後の一八九七（明治三〇）年七月一五日に、離島間を結ぶ支線分を合わせ、約一〇〇〇カイリに及ぶ敷設工事を竣工して、鹿児島―沖縄―台湾間の通信を開通させた。その後、同年九月三〇日に臨時台湾電信建設部が廃止されると、沖縄丸は逓信省に移管された。

序章で紹介したように、日本の国際通信はすべてデンマークの大北電信会社長崎支社を通じて行う取り決めになっていた。従って自ら国際電信線を敷設することも禁じられていた。その日本が、鹿児島から台湾まで海底電線を敷設することができたのは、日清戦争によって台湾を自国の領土に組み込んだからである。このことの重要性は従来十分認識されてこなかった。もしこの海底電線がなければ、日露戦争の有り様は、よほど違ったものになったであろう。

さて、台湾まで海底電線を敷設した日本は、一八九八（明治三一）年一二月に、台湾の淡水とその対岸の福建省福州との間に敷かれていた海底電線を中国電報公司から買収した。これには大北電信会社から契約違反というクレームがつき、日本は台湾発着の通信以外には使わないことを約束させられた。〈注2〉

しかし日露開戦が目前にせまると、次節で述べるように、日本はこの線をフルに活用することになる。何故ならば、大北電信会社の大株主はロシア皇室であり、日本がロシアと戦争をした場合、日本の情報が大北電信会社を通じてロシア側に漏れることを恐れたからである。これは、次のような過去の経験を踏まえた判断であった。

日清戦争時、日本は大北電信会社の上海支社長ヘニングセンを通じて清国側情報を入手していた。ヘニングセンの部下は電信局通信手として中国の要所に配置されていたのである。とくに旅順の軍港には技師が常駐していたが、彼らは中国の軍事情報をヘニングセンに報告し、ヘニングセンはこの情報を日本の逓信省のお雇い外国人ストーンに提供していた。よって逓信省通信局長・田《でん》健治郎は海外情報を極めて迅速に知り得たと、田健治郎の伝記に書かれている。

それだけでなく田健治郎は、ヘニングセンを使って日本側に都合のいい情報を欧米に流すこともしていた。当時、上海に「セントラル・ニュース」という有力な通信社があった。この通信社からヘニングセンを介してストーンに、日本の陸海軍の公報を報道し得る通信員を京浜間に探してほしいという依頼があった。田は自らこれを無報酬で引き受けた。「無報酬で」というのは、高額な電信料金を日本が負担するかわりに、日本に都合のいい情報を流すということである。

たとえば日清戦争期に遼東半島に上陸した日本軍が、旅順市内に入って無差別大虐殺を行ったが、このことが従軍記者クリールマンによってアメリカのワールド新聞に報道されたとき、それを打ち消すニュースを通信局長・田健治郎がセントラル・ニュースを利用して迅速に流したのである。そうした「業績」も彼の伝記に書かれている。〈注3〉

さて本章では、海軍大臣山本権兵衛が、日露開戦に先立って、いかなる通信戦略を立てて実行していったかを明らかにしよう。そしてその行為が、大韓帝国の領土と領海に対する明白な国際法違反であることを山本自身が充分承知の上であったことも論じよう。

山本海軍大臣の通信戦略

日露開戦を前にして、海軍大臣・山本権兵衛は、大北電信会社の管理下にある海底電線を経由して発信するよりは、英国大東拡張海底電信会社（序章〈注1〉参照）を使う方が安全であると考え、一九〇三（明治三六）年一二月二六日、台湾総督府海軍参謀長・山県文蔵中佐に訓令し、当分の間、海軍省および海軍軍令部より清国・韓国・欧州等へ発信する重要な電報は、いったん台湾の山県中佐あてに送り、そこから各々の宛先へ転送させることにした。つまり、長崎の大北電信会社を経ることなく、日本の国内線で鹿児島から沖縄を経て台湾まで送り、そこから各地へ転送させることにしたわけである。

山県は、この山本海軍大臣の訓令を実施するため、次のような方法を用いたと、軍令部編『極秘明治三十七八年海戦史』（以下『極秘海戦史』と略、本書については第Ⅲ章参照）に書かれている。［　］部分は筆者の補注である。

- 欧州行きのものは、英国大東拡張海底電信会社線［以下「大東線」と略］によってラブアン［ボルネオ島］を経由して送る。
- 米国行きのものは、マニラまで大東線で送る。［そこからは米国の太平洋横断線でサンフランシスコへ］
- 清国の福州と上海間は大東線で送る。

●上海と天津間は大東・大北線によって送る。［この間の海底線は大北、大東両社が共同で敷設した］
●天津以北は陸線を経由する。
●韓国行のものは、台湾の基隆より長崎を経て釜山［日本郵便局］に至り、陸線［日本線］を経由してソウル［日本郵便局］へ送る。
そしてこれらの電信はすべて「照校電報」で発送した。
（『極秘海戦史』四部四巻一～二頁、アジ歴C05110109600）

韓国行きのものを、いったん台湾へ送り、台湾から長崎を経て釜山に送ったわけは、通常日本から海外へ発信される電報は、すべて長崎の大北電信会社において、大北社の社員の手によって電信符号に変換されるのに対し、台湾から送った場合は、日本統治下の基隆電信局で符号化された後は、福州、上海、長崎においては自動接続されたからである。

「照校電報」とは受信局が送信局へ復唱し照合しつつ中継していく方式である。主として暗号電報を送る場合に用いられた。

対露作戦計画の策定

一九〇三（明治三六）年の末に、海軍軍令部と陸軍参謀本部は、日露開戦にあたって戦闘行動は海軍から開始すること、海軍はその発動の二四時間以前に参謀本部に通知すること、陸軍は約三千の兵を佐世保近傍より上船させ、艦隊とともに出発させて韓国に上陸させることを決めた（第Ⅴ章参照）。

また同時に、日本軍の専用回線として韓国方面に海底電線を敷設することにも合意した。しかしそのルートについては、参謀本部が門司港から対馬を経て釜山に至り、そこからすぐ西の鎮海湾に達する案を主張したのに対し、軍令部は、それでは艦隊との通信上遠回りになるだけでなく、軍事機密が漏えいする恐れがあると反対した。

結局陸軍が折れ、門司―釜山間の通信は既設の一般電線を利用することとし、特設線は佐世保と八口浦（韓国南西端の木浦港外）の間、及び対馬と鎮海湾の間に決定された。これは八口浦を「艦隊集合地」に、鎮海湾を「仮根拠地」にあらかじめ選定していたからであった。〈注4〉

参謀本部との調整を終えた軍令部は、一九〇四年一月初めに、「対露作戦第一計画」から「第四計画」までを策定した。このうち「第一計画」は、ロシア艦隊が旅順口とウラジオ方面に分かれ、その警備がまだ整っていない間に、日本から進んで攻撃して機先を制しようとするものであり、海軍にとって最も望ましいものであった。

あわせて開戦が遅くなった場合を想定して、ロシア海軍の準備が整うに従い「第二計画」から「第四計画」まで準備された。その場合は「海軍作戦の進行は意外に遅緩となるを免れざるべく、随《したがっ》て作戦の初期に於て朝鮮半島に於る帝国の利権を維持するは非常に困難を来《きた》し、恐らくは一時之を断念せざるべからざるに至らん」とされた。そのため「開戦の際最速に最大有利なる効果を収得し得るは、実に第一計画を断行するにあり」というのが海軍の主張であった。

さて、『極秘海戦史』に記載された「第一計画（要領）」とは次のようなものである。

一、内外に対し我が軍隊行動の秘密を保つ為め成し得る限りの手段を盡《つく》し、連合艦隊（第一、第二艦隊）を佐世保より出発せしめ旅順口方面の敵艦隊を急撃せしめんとす

二、連合艦隊の佐世保出航に次で、第三艦隊をして朝鮮海峡を扼《やく》し、浦潮斯徳《ウラジオストック》方面の敵に対し海峡を警衛せしめんとす

三、艦隊の発進後、時機を見て海軍戦時編成を実施す

四、仮根拠地を鎮海湾に設置す

五、佐世保、八口浦間に敷設する海底電信線に依り、韓国の南西海面に動作する我が艦隊と通信連絡路を保持す

六、対州［対馬］より巨済島を経て馬山浦に通ずる電信線を敷設し、仮根拠地及び韓国内地との通信連絡を維持す

七、艦隊発進と同時に成し得れば陸軍兵を出発せしめ、之を仁川に輸送上陸せしめんとす、之が為め極めて内密に必要なる兵力を佐世保に於て乗船せしめ置くを要す

（『極秘海戦史』一部一巻四五〜四八頁、アジ歴 C05110031200）

この「第一計画（要領）」には「備考」がついており、そこには鎮海湾占領は「彼我の状況如何に関せず先ず之を占領せんとす」と書かれている。さらに、「我が艦隊発動の秘密を保つためには海陸の電線切断及び外国電報取押へ等の手段をも採らんとす」とも書かれている。

このように日本海軍は、ロシア海軍と戦うために、朝鮮半島南西部の木浦港外にある八口浦を日本艦隊の集合地に、釜山西方にある鎮海湾を日本艦隊の根拠地とすることを、韓国には何の断りもなく勝手に決めていた。そこで前述のとおり、開戦までに日本海軍の本拠地佐世保からこの地域への通信線を確保するために、海底電線を敷設することを計画した。また、ロシア海軍の準備が整わないうちに、機先を制してロシア艦隊を急襲するのがベストであるとも考えていた。そして実際、ほぼこの「第一計画」どおりに戦争は始められた。

「第一計画」で述べられているのは、主として通信戦略である。具体的には日本側の通信線を確保すると同時に、ロシア側の通信線を切断し、日本海軍の発動を秘匿して奇襲攻撃を成功させることであり、これが日本海軍の対露開戦計画の核心であった。開戦期の通信戦略こそ、対ロシア戦争の勝敗を分ける要であると認識されていたのである。

ではこの通信戦略を成功に導くために、軍令部はどのようなことを行ったか、見ていくことにしよう。

海底電線の敷設計画

一九〇三（明治三六）年一二月二六日、山本海軍大臣は、台湾総督府の海軍参謀長・山県中佐に重要電報の中継を命じると同時に、大蔵大臣・曽禰荒助、陸軍大臣・寺内正毅、逓信大臣・大浦兼武と協議し、連名で総理大臣・桂太郎に、有事の際、日、清、韓の各地に海底電線を敷設してその連絡を図るのは作戦上最緊要の事であるが、目下国内にある予備海底線は五〇〇カイリに過ぎず、到底需要を充たせないから、英国大東拡張海底電信会社が貯蔵している一〇〇〇カイリの海底線を購入するため、一五〇万円を臨時費として支出してもらいたいと稟請《りんせい》した。これは二日後の一二月二八日の閣議で可決され、直ちに購入に着手された。〈注5〉

『極秘海戦史』によると、軍用海底電線の敷設は次のような手順で進んだと説明されている。

一九〇四年一月四日、山本海軍大臣は大浦逓信大臣に、既設の通信線のほかに軍用線として、九州及び対馬島と韓国との間に海底電線を敷設することを委託する照会を送った。それに添えられた「敷設要領書」には、次のようにある。（地名については、【図14―1】【図14―2】【図14―3】参照。傍線は筆者）

第一線（佐世保及び八口浦線）

一、肥前国佐世保電信局を起点として、陸路相ノ浦に出て、夫《それ》より水底線に依り、黒島の北方及び古志岐島付近を経て、韓国巨文島に陸揚げして、再《ふたたび》水底線に依り、所安島の南方及びグレ水道を経て、八口浦玉島に達す

本項の場合に於ては、巨文島を中継局とす

第二線（厳原及び馬山浦線）

一、対馬国厳原《いづはら》を起点とし、陸路豆酘《つつ》に至り、夫より水底線に依り、韓国巨済島と其の北東に在る利湖島との間、若くは其の附近を経過し、一度巨済島冠浦附近に陸揚げして、同島広池末附近より再《ふたたび》水底線に依り、蚕島及び実里島の各西南を経て、漆原半島の南部適宜の地点に陸揚げし、陸線を以て馬山浦に達す

本項の場合に於ては、巨済島松真附近に中継局を設く

（『極秘海戦史』八部六巻一〜二頁、アジ歴C05110158200、四部四巻掲載の同史料は傍線部を欠く）

右の照会を受けた大浦逓信大臣は、一月六日、梶浦逓信技師に逓信省所属の海底電線敷設船・沖縄丸を使って急遽これを施行するように命じた。

一月七日、山本海軍大臣は水路部部員・布目《ぬのめ》満造《みつぞう》海軍少佐に、沖縄丸に乗船してこの電線の敷設を秘密かつ迅速に完成するために、諸官憲との交渉と事業の監督にあたるように命じた。また東郷連合艦隊司令長官に電訓して、軍艦「明石」を沖縄丸の護衛として出発させるように依頼した。さらに、外務大臣小村寿太郎に、在木浦領事に対し布目少佐から要求があれば成るべく便宜を与えるように電訓することを依頼した。〈注6〉

以上が『極秘海戦史』に記載されている説明であるが、実際には、これより前の一九〇三年一二月中に、軍令部は参謀本部、逓信省と協議し、日本海軍の本拠地佐世保より韓国の鎮海湾と八口浦に至る海底電線を敷設するための三者間の協定を、韓国には何の相談もなく結んでいた。

軍令部でこれを担当したのは海軍中佐・財部彪参謀である。国会図書館憲政資料室に所蔵されている財部の日記には、次のように記録されている（ひらがなとカタカナの混在は原文どおり）。

午前八時起床、雨天、出勤、通信局長小松及工務課長大井博士、海底線ノ件［に］付来るニ付、参謀本部ノ西川少佐モ来るヲ促シ、豆酘・馬山間電線及佐世保・八口浦間電線敷設ノ計画ノ為ニ、

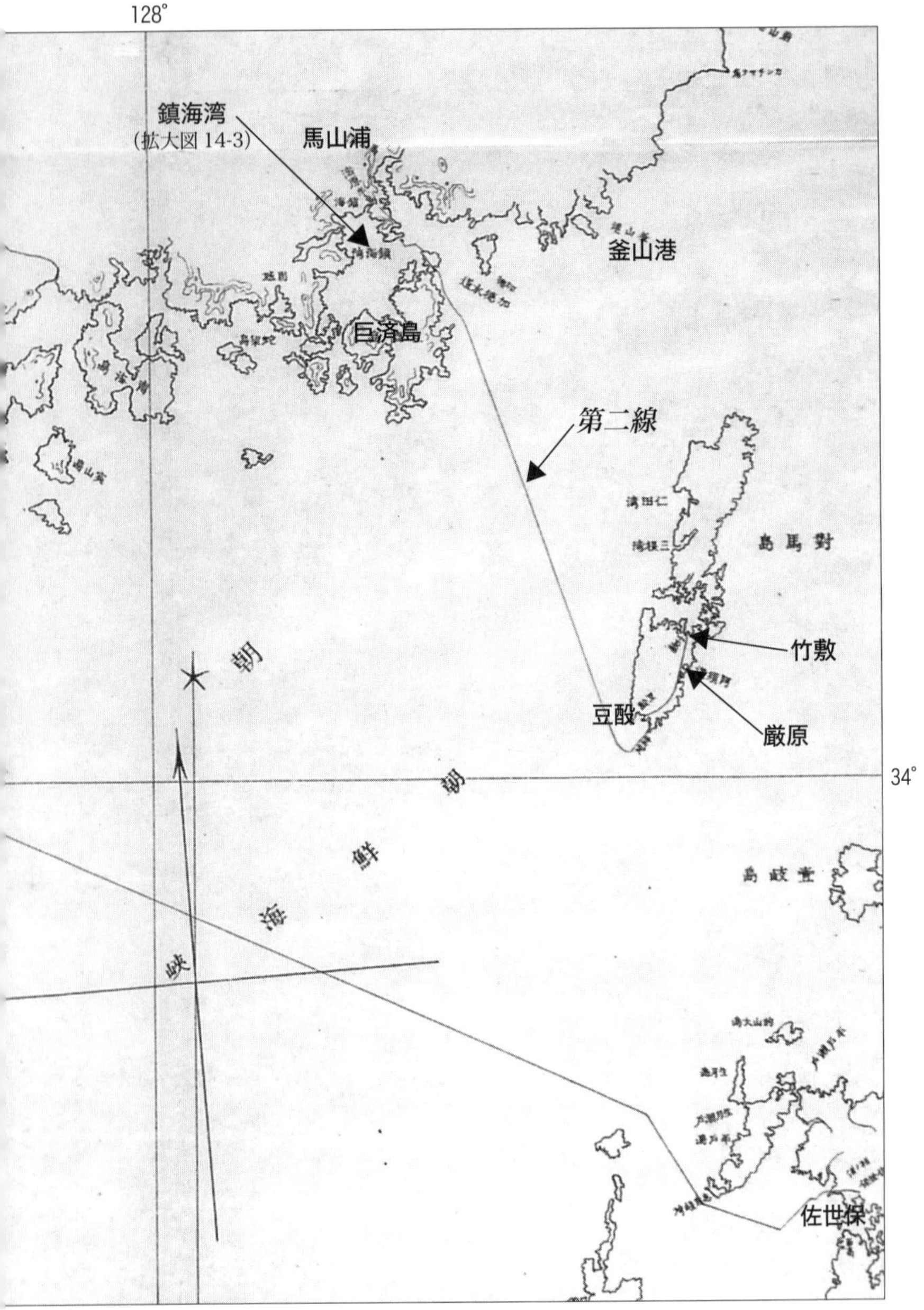

128°
鎮海湾
(拡大図 14-3)
馬山浦
釜山港
巨済島
第二線
島馬對
竹敷
厳原
豆酘
34°
島岐壹
佐世保

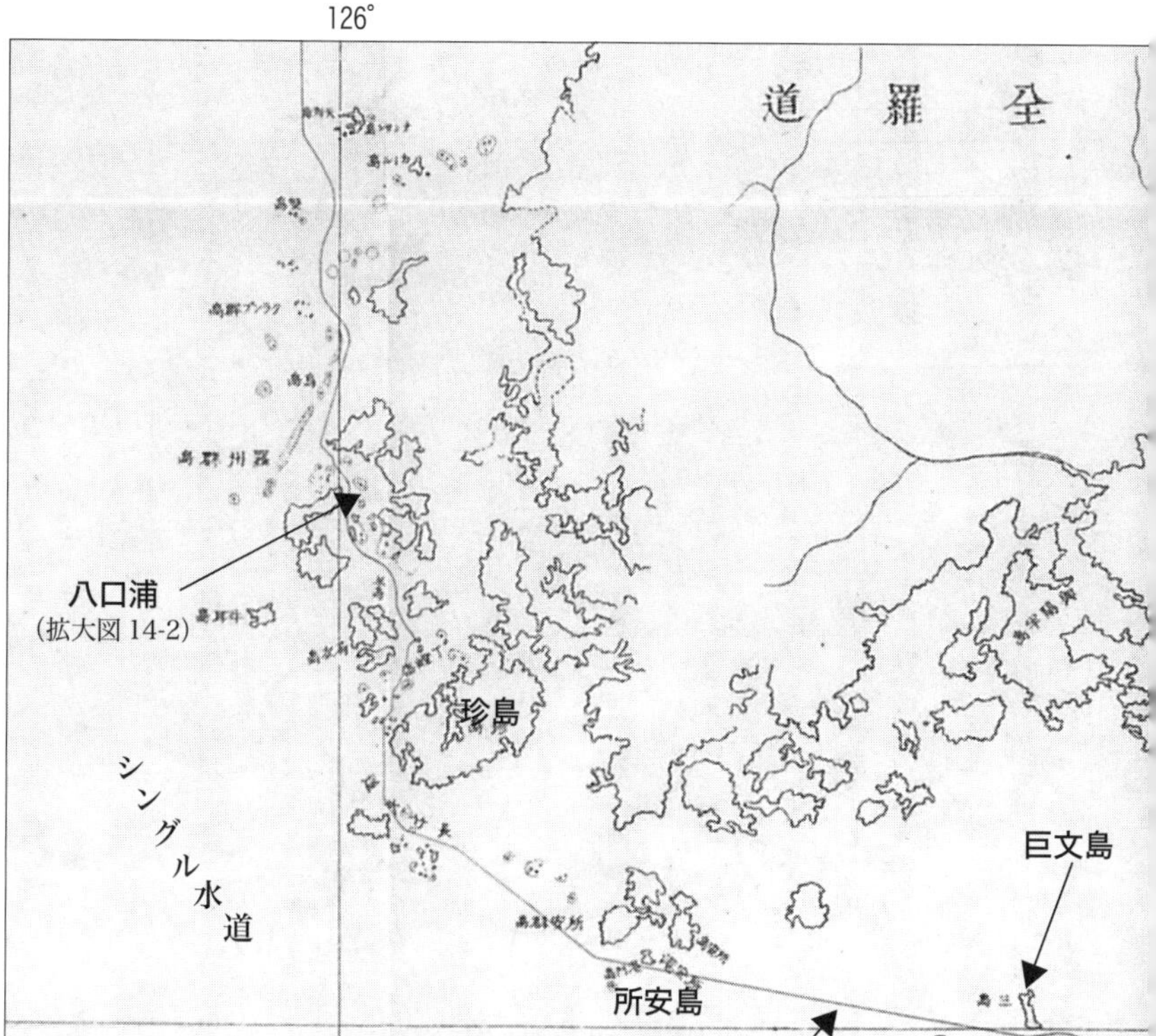

図 14-1：「軍用海底電線の敷設」（アジ歴 C05110158200, 7/33）『極秘海戦史』第 8 部巻 6 所収「朝鮮沿岸」に地名を挿入した。原図では水底線が青、陸上線が赤で表記されている。

又海底一千海里買入ノ手ハズヲ少佐、局長ト協定ス、帰途斎藤次官ヲ訪ヒ後者ヲ提出ス
（「財部日記」一九〇三年一二月二九日）

この記録から、韓国領海への海底電線敷設に関し、軍令部の財部参謀を中心に、参謀本部からは歩兵少佐・西川虎次郎、逓信省からは通信局長の小松謙次郎と工務課長であり工学博士の大井才太郎が協議に参加して、一九〇三年一二月二九日に、軍令部、参謀本部、逓信省間の協定がなり、文書化されて海軍次官・斎藤実に提出されていたことがわかる。

一九〇四年一月四日の山本海軍大臣から大浦逓信大臣への照会状は、すでに着手されていたことの追認、あるいは形式を整えるためのものであった。

では次に、日本海軍が対露開戦の一ヶ月も前から、韓国の許可なく、韓国の領海と領土に、どのように海底電線を敷設していったかを明らかにしよう。特に断らない限り、依拠した史料は『極秘海戦史』第四部第四巻所収の「有線電信」であり、またその典拠となった海軍少佐布目満造の伊東軍令部長宛て報告書である。両者で異なる記述がある場合、基本的に後者を採った。〈注7〉

第一線（佐世保―八口浦線）の敷設

逓信省所属の海底電線敷設船・沖縄丸は、一九〇三年一二月三〇日に、「奄美大島・徳ノ島間及び下関海峡の海底電線修理」という偽りの名義をもって横浜港を抜錨し、翌一九〇四年一月二日に長崎に到着、海底電線を積み込んだ後に佐世保に回航した。そこで沖縄丸の白い船体は黒色に塗り替えら

図14-2:「八口浦」周辺略図

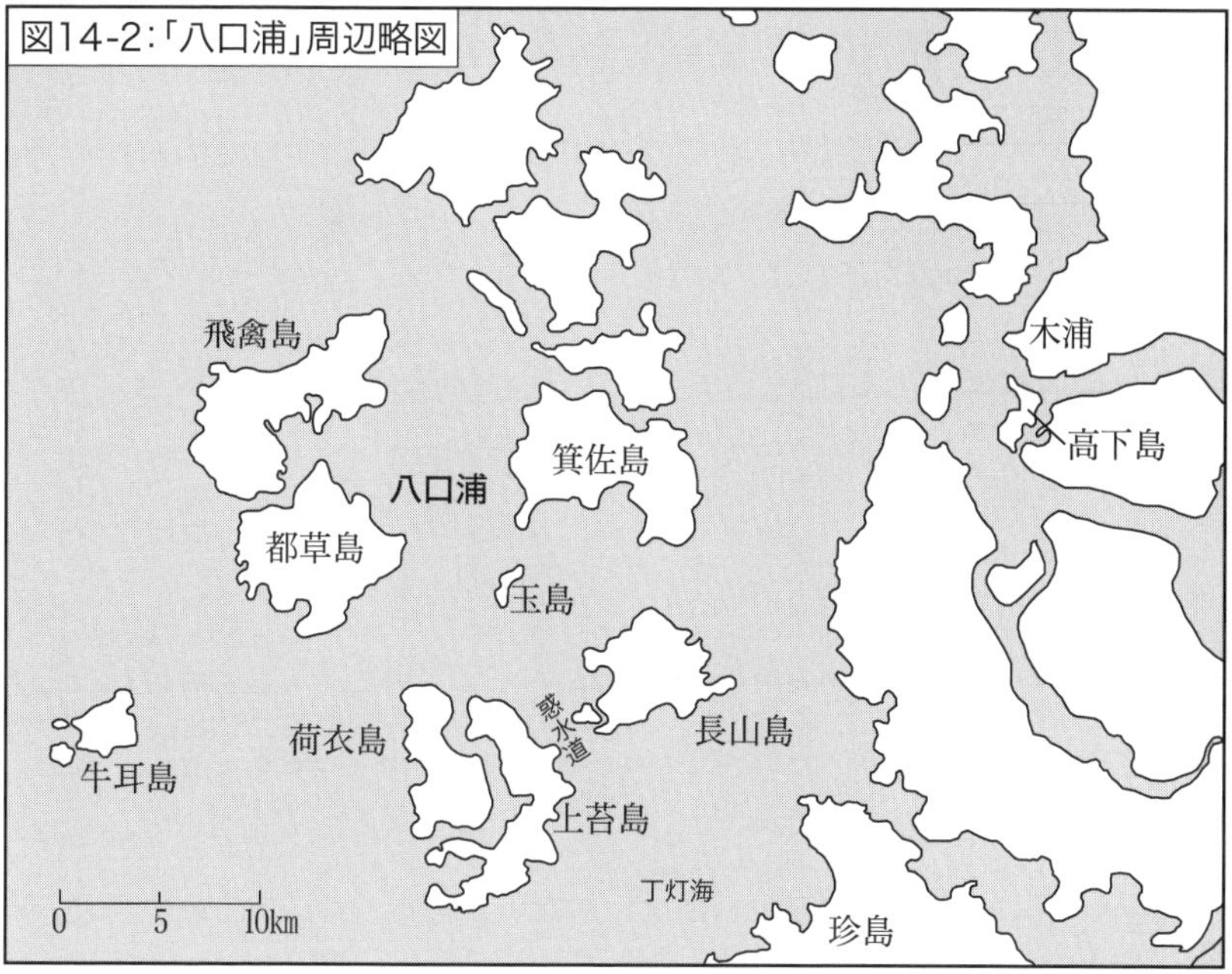

れ、船名も富士丸と偽装された。

山本海軍大臣がこの事業の責任者として選んだのは、前に述べたように、海軍大臣に直属し海図の制作にあたる水路部の図誌科員（測量科員も兼任）布目満造海軍少佐であった。布目は、その後一九〇五年二月に海軍中佐に昇進し、連合艦隊旗艦「三笠」の航海長に就任している。よく知られている東城鉦太郎作の絵画「三笠艦橋の図」にも描かれている人物である。

偽装された沖縄丸は、日本海軍の本拠地佐世保から、日本艦隊の集合地と予定されていた韓国の八口浦への通信線を確保するため、海底電線を敷設し、八口浦内の玉島に陸揚げして通信所を設置する作業にとりかかった。

八口浦《パルグポ》は韓国全羅南道の木浦《モッポ》港外、珍島《チンド》の北西にある。㋑箕佐島《キジャド》、㋺長山島《チャンサンド》、㋩上苔島《サンテド》、㋥荷衣島《ハイド》、㋭都草島《トチョド》、㋬飛禽島《ピグムド》に囲まれた内海である。その中心に㋣玉島《オット》という小さな島がある。【図14―2】

八口浦の南西海域はシングル水道と呼ばれ、長崎・下関方面から仁川、大同江に向かう船舶の常航路となっていた。

この海域が連合艦隊の第一集合地点とされた。詳しくは後述するが、一九〇四年二月六日午前九時より続々と佐世保を出港した連合艦隊は一旦ここに集合し、玉島通信所にて出港後の情報を受け取り、旅順と仁川に分かれて出撃していったのである。日本海軍が実は二年も前からこの地に目をつけ、測量を行ってきたことについても後述する。

さて、一九〇四年一月七日、布目少佐は東京を出発、途中、逓信省派遣の主任技師梶浦重蔵と相談し、沖縄丸はなるべく九日中に長崎より佐世保へ回航し得るよう準備しておくよう、電報で指示した。

九日午前中に布目は長崎に到着、直ちに沖縄丸に乗り込んで午後一時出港、午後五時に佐世保に到着した。上原鎮守府参謀長と交渉の上、至急船体の塗り替え、船首の電線走出部の被覆物製作、陸上天幕、五大力船（海川兼用の運搬船）等の借用の承諾を得た。その後、布目少佐は、沖縄丸の護衛艦「明石」の任務に関し、第一艦隊参謀長・島村大佐、宮地「明石」艦長と打ち合せた。

一月一〇日、布目は佐世保近郊の相ノ浦に出張、電線陸揚げ点の位置を選定した。巨文島陸上用電信機はいったん佐世保の倉庫に預けた。次いで「明石」と航海中の規約信号を定め、同船より信号兵二名を沖縄丸に移乗させた。同日夕刻、沖縄丸の船体塗り替えは終り、船首の艤装も翌日未明に完了した。

一一日午前九時、沖縄丸は佐世保を出港、五大力船を曳航し、午前一〇時四〇分に相ノ浦南部の三年ヶ浦付近に投錨、直ちに同浦内に海底電線の陸揚げを始め、午後一時ごろに終了した。

一二日午前零時、沖縄丸は相ノ浦を抜錨、「明石」に先導されて、時速六カイリ半（約一二キロ）の速力で海底電線を敷設しつつ、黒島の南端より古志岐灯台の北東側を経て巨文島に向かった。約二一時間後の午後九時頃、巨文島の南側に近づいた。すでに韓国の領海内である。

先に紹介したように、山本海軍大臣が大浦逓信大臣に送った「敷設要領書」には、韓国の領土である巨文島に海底ケーブルを陸揚げすることになっているが、『極秘海戦史』の記述によると、この時点では陸揚げはせずに、「距岸約二海里〔三・七キロ〕」の処を沿航し、電纜《でんらん》〔ケーブル〕に少しく余裕を残して、「明石」に嚮導されて次の目的地に向かった。つまり、いつでも陸揚げできるように、沿岸部に余分にケーブルを敷設しておいたのである。

こうして巨文島を後にした沖縄丸は、朝鮮半島南西岸沿いに、太郎島の北側を過ぎ、強雨のなかを所安島の南側に向かった。青山島をすぎたころ、一三日午前六時、濃霧のためケーブルを曳いたまま三時間ほど立ち往生した。ようやく霧が晴れたので、速力を増して七カイリとし、目的地に向かった。

一三日午後一時、長竹水道（珍島南西岸）に入り、同四時ごろ両得島と主之島との中央を通過して丁灯海に入り、同五時、八口浦への侵入路である惑水道（長山島と上苔島の間）の入口付近に投錨した。ここでケーブルを切断し、その端に浮標（ブイ）をつけて海に投入、「明石」は同所に碇泊して浮標を監視し、沖縄丸は抜錨して、次に木浦口に向かった。

沖縄丸が木浦沖合に投錨したのは一三日午後七時頃である。布目少佐は伝馬船に玉島陸上用通信機を積込み、小蒸気艇でこれを曳き、技師二名、工夫数名を率い、暗闇の中を木浦に向かった。途中で日本語のできる「韓国舟夫」に出会い、これを水先案内として木浦に到着。荷車五輛を雇い、機械を積みかえて領事館に預けたのが、午後一一時であった。

山本海軍大臣から小村外務大臣への協力要請に基づき、小村から木浦領事への指示が事前になければ、このような極秘の上陸作戦は実行できなかったに違いない。

木浦領事・若松兎三郎

その後、布目少佐は木浦領事・若松兎三郎に面会し、領事館警察署長・梅崎辰太郎をも呼び寄せて、「玉島に揚陸する電信線の秘密的保護及電柱の格納、其番人等」について打ち合せた。その結果、玉島には巡査久保喜平次と別に雇い入れた日本人船夫三名を置き、通信員の来着するまで、昼夜、韓国人に対して警戒させ、必要ならば陸上に仮小屋を建てて起居させること、電柱四〇本は五大力船を雇って積み込み、木浦の前面にある高下島内の日本海軍の測量船等を預ける場所に測量用材料と称して秘密に収蔵することを決めた。

外国である韓国で、こうしたことがぬかりなくできたのは、実は周到な準備工作を重ねてきていたからである。これより六年余り前の一八九七（明治三〇）年一〇月にさかのぼる。

この年、「鎮南浦及木浦各国租界章程」が制定され、木浦にも各国共同租界が設定された。章程では外国人の土地所有は租界内とその周囲一〇里四方（韓国の一〇里は日本の一里に相当。したがって四キロ四方）とされていた。もちろん海を隔てた島嶼の所有は許されていない。

そこで日本は、軍事機密費一〇万円を支出して、民間人手先を動員、親日派高官・李允用名義で高下島の土地を買い占めさせた。その後、李允用と渋谷竜郎という名前の日本人間に永久借用契約を結んだ。務安監理の報告によりこの事実を知った韓国の外部大臣は、租界章程にないことであると強硬に抗議したが、高下島の日本海軍基地化を防ぐことはできなかった。〈注8〉

木浦領事・若松兎三郎は後年次のように回想している。

私の木浦在勤は明治三十五年五月より満五ケ年に及んだ。この時期は日本に取り又日本の朝鮮に対する関係に於て重大であった。三十五年と三十六年二年に亘り海軍は木浦港外八口浦附近の海底測量をなした。私はこれにあらゆる便宜を供した。三十六年十二月十三日［三七年一月十三日の誤り］には海軍の御用船沖縄丸は、佐世保より八口浦内の玉島まで秘密に海底電線の施設を終えて、陸上設備に要する器具類を私の方に持来たり、私は開戦迄これが保管に任じ、又部下の巡査を玉島に使わし電線の保護をなさしめた。〈注9〉

玉島への海底電線陸揚げ

さて、木浦領事との協議を終えた布目少佐は、翌一月一四日午前七時半頃に木浦を出発し、小蒸気艇で五大力船一隻、伝馬船三隻、カッター一隻、都合五隻を曳いて沖縄丸に帰船しようとした。ところが、ちょうど逆潮に遭遇し、このあたりは特に潮の流れが速いため進行することが困難となった。午前九時頃、木浦口の海峡に差し掛かったところで、全く進行不能となった。やむをえず、曳き船を切り離して泊地に留め、小蒸気艇単独で沖縄丸に帰り、沖縄丸を泊地に回航させた。こうして同日午後二時ごろに、ようやく電柱を五大力船に降ろし終え、高下島に向かわせた。沖縄丸はその他の諸船を収容して出港し、午後五時三〇分、惑水道入口付近で浮標を守っている「明石」の側に戻って投錨した。

翌一五日午前七時、沖縄丸は抜錨して惑水道東側を沿航し、八時ごろ玉島北東端より約一鏈《れん》（二〇〇メートル足らず）の処に碇泊した。それからまず巡査及び船夫を上陸させて、「韓人ノ近寄ルヲ制止」させつつ、ケーブルの陸揚げに着手、午前一一時頃終了した。布目は次のように報告している。

此間多数の韓人、物珍らしげに三、四百米突《メートル》の距離迄近づき来りしも、巡査等をして告げしむるに、我［一字不明］測量船の近々来港する者に対する目標建設及其雇船の預《あらかじ》め来りて見張を為し居るものなることを以てせしに、彼等も別に不審を抱かず引退せり〈注10〉

玉島に海底電線を陸揚げした際に、物珍しげに近づいてきた多数の住民を制止して、偽りの言い訳をしている場面の描写である。布目の報告書にはあるが、『極秘海戦史』では、完全に削除されている。

天幕を張って技師、技手、工夫を残し、沖縄丸は抜錨してケーブルを敷設しつつ航行し、惑水道を出て、前に投下した浮標の傍らまで行き、ケーブルの両端を接合した。次いで玉島に信号を送って、玉島と相ノ浦との通信試験を行わせ、午後五時に良好な結果を得た。

これより先、佐世保郵便局より相ノ浦海底電線陸揚地に至る陸上電線は、長崎郵便局が架設し、すでに一月一二日に竣工していた。こうして、一九〇四（明治三七）年一月一五日午後五時に、第一線（佐世保―八口浦間）の海底線敷設は完了した。

翌一月一六日、風浪激しく、小蒸気艇では玉島との交通が困難のため、沖縄丸は再び惑水道を経て玉島付近に至った。開通したばかりの通信線を使い、布目は東京大本営の財部参謀に次のような電報を打っている。

陸上電線建設は直ちに韓国政府及露国政府に知れる恐れあり、実際通信の必要ある迄、見合すを可と思ふ、陸上電線建設の為めには工夫二人を木浦に残しある故、此際通信員と共に機械を装置する技手丈《だけ》を送らるゝこととし、沖縄丸は一先《ひとま》づ帰るを可と思ふ、返電を待つ〈注11〉

布目の提案が入れられ、伊東祐亨・軍令部長は、陸線の建設を見合わすように命じた。そこで、玉島に巡査と番人を、木浦には工夫二人を残し、沖縄丸は一月一六日午後八時過ぎに抜錨、「明石」の先導によって佐世保に向かった。

一月一七日午後五時、佐世保に帰着した布目少佐は、同日午後八時四七分発で、東京の伊東軍令部長あてに電報を打った。これは一時間半後の九時一〇分に届いている。

沖縄丸着、八口浦海底電線成功、韓人悟《さとる》恐《おそれ》ナシ、明日長崎港回航〈注12〉

一九〇四年一月一五日、韓国の領土である玉島に日本人巡査や船夫、技師、技手、工夫らが突然上陸し、「韓人ノ近寄ルヲ制止」しつつ、海底ケーブルを陸揚げした。さらに天幕を張って通信機材を運び込んだ。翌一月一六日、天幕に巡査と番人を残し、沖縄丸は軍艦「明石」に先導されて佐世保に帰った。

ほぼ一昼夜の航海の後、佐世保に帰着した布目少佐は、「韓人ノ悟ル恐レナシ」と伊東軍令部長に報告したのである。

シングル水道の連合艦隊

旅順港に対する奇襲攻撃を実行する前夜、韓国八口浦の玉島に設置された通信所がどのように活用されたかを、『軍艦三笠戦時日誌』（アジ歴 C09050336100）によって紹介しておこう。「三笠」は周知のように連合艦隊の旗艦である。

同書第一巻の初日、二月六日条に記載されている「連合艦隊行動予定表」には、連合艦隊所属の第一～第四戦隊、第一～第五駆逐隊、第九、第一四水雷艇隊、その他の輸送船の、二月六日から二月八日までの行動予定が書かれている。

それによると、六日午前九時に第三戦隊が全駆逐隊と水雷艇隊、及び輸送船三隻を率いて佐世保を出港した。七日早朝に第一集合地点、即ち八口浦に到着、ここで駆逐隊、水雷艇隊は石炭と水を補充した。

戦艦と違い、小型、快速を旨として設計された駆逐艦や水雷艇には、佐世保を出航して旅順まで行き、奇襲攻撃を行ったあと日本に戻って来られるほどの石炭や水を搭載することはできない。八口浦はその補給基地でもあった。これら小型船の炭水補給時間を計算の上、七日午後四時までにシングル水道で第一戦隊と合同できるように第三戦隊に先発させたのである。

次に第二戦隊が六日午前一一時に、第一戦隊が同正午に佐世保を出港し、七日午後一時までにシングル水道に到達する予定とある。最後に仁川に向かう第四戦隊がソウル占領のための陸軍部隊を載せた輸送船三隻を率いて午後二時に出港、七日午後三時までにシングル水道に達する予定であった。

さらに「連合艦隊行動予定表」の備考欄には、軍艦「明石」の行動が左記のとおり特筆されている。

明石は五日午後、八口浦に向け先発、海底電線の接続をなし、艦隊出発後の情報を得て、七日正午「シングル」水道にて第一戦隊に会合通信したる後、第四戦隊に合す

「明石」には、連合艦隊の出港よりも一日早く、二月五日午後に佐世保を出港して八口浦に向かい、そこで連合艦隊出発後の情報を東京から受け取り、それを七日正午に第一戦隊の旗艦「三笠」に搭乗している連合艦隊司令長官東郷平八郎に伝達する任務が与えられたのである。

同書二月七日条には、次のような記事がある。

午後一時、旗信に依り全隊シングル水道に於て漂泊す、此間、明石は八口浦より出来り玉島電信局にて得たる情報を齎《もた》らし右艦艇に之れを通知せり、其情報左の如し

（中略）

韓国八口浦、軍艦三笠、

東郷連合艦隊司令長官宛

森中佐より報告、六日旅順口外碇泊位置、左の通り

列外東より西へ、アスコリット、ペレスウイット、レトビザン、バルラダ、

ヂアナ、バヤン、アンガラ、エニセイ、二列、ツエサレウイッチ、

ポルタワ、ペトロパウロスク、ポペータ、ハヤリン、アムール、

列外、ノーウィク、ギリヤーク出港、

以上の外港内に碇泊、駆逐艦全数港内

軍令部長

連合艦隊の諸艦は予定より早く、七日午後一時には全隊がシングル水道に集合したようだ。「明石」は玉島電信局で得た情報を「三笠」に伝達し、この情報はシングル水道の全艦艇に通知された。布目少佐が佐世保から敷設して行って玉島に引き上げ、天幕を張って巡査と番人に守らせておいた海底電線が、すでに「玉島電信局」と呼ばれている。「明石」が人員と資材を搭載していき、急きょ設営したのであろう。

さて、「明石」が「玉島電信局」で受け取り、「三笠」の東郷司令長官に伝達した電報は、芝罘《チーフー》駐在の森中佐が、東京の軍令部に報告した旅順艦隊の各艦船の碇泊位置を詳しく述べたものであった。

『極秘海戦史』によれば、この電報は六日夜半に軍令部に届いたもので、伊東軍令部長は直ちに八口浦を経てこの情報を航海中の連合艦隊に転電したという。また七日には村上「千代田」艦長から仁川在泊のロシア軍艦の動静に異状を認められないという報告があったので、これも即時通告したと書かれている（『極秘海戦史』一部一巻九七〜九八頁、アジ歴C05110031200）。

これらの最新情報が、東郷が得ることができた最後の情報でもあった。『軍艦三笠戦時日誌』には、東郷が二月七日にシングル水道において発令した連合艦隊命令（連隊機密第一二三号）が記載されている。

一、敵状は依然たり、別紙電報の如し
二、連合艦隊は予定の行動を続行す
三、シングル水道より第五集合点に至る今夜の航行序列、左図の如し
（図略）
四、第三戦隊は単独先発、明八日午前八時小青島の南西やや西約三十浬《カイリ》の地点に達し四週《ママ》［周］を偵察し敵の有無を定め本隊に帰り報ずべし
五、天佑を確信して我連合艦隊の大成功を遂げよ

二月六日に佐世保を出港した連合艦隊の司令長官・東郷平八郎は、二月七日に連合艦隊の第一集合地点とされた韓国の八口浦にて、韓国の領土である玉島に不法に設置した電信所において、東京から

旅順と仁川の最新情報を受け取り、改めて連合艦隊の全艦船に対し、「予定の行動を続行す」と宣言したのである。

第二線（厳原—馬山浦線）の敷設

第一線の敷設を完了してから一〇日も経たない一九〇四（明治三七）年一月二四日午前七時半、布目少佐は、第二回海底電線敷設を対馬の豆酘《つつ》湾と鎮海湾間に施行すべき命を帯びて東京を出発、二五日午後四時に門司に着いた。沖縄丸は長崎より回航、同日午後六時に門司港沖合いの六連《むつれ》島付近に碇泊した。布目は門司港の港務部から小蒸気艇を借りて沖縄丸に乗り込み、対馬の竹敷《たけしき》港に向かった。二六日午後七時、沖縄丸は竹敷港内に碇泊した。

竹敷港は対馬島中部、西方に開いた浅茅湾の湾奥にある。一八九六年、日本海軍はここを「軍港」に次ぐ重要港湾として「要港」に指定し、要港部を設置した。一九〇〇年には竹敷港と対馬島東部の三浦湾の間に運河（万関瀬戸）が開削され、水雷艇はここを通って自由に対馬の東西を行き来できるようになった。

布目少佐は、一月二七日に竹敷要港部の竹敷丸に乗って技師等とともに対馬島南端の豆酘湾に行き、電線陸揚地を視察した。

これより先の一月七日、山本海軍大臣は輸送船武陽丸乗組の海軍中尉松山廉介に訓令を与えて、逓信省官吏と協議し、陸上電線架設材料と工夫一〇人、人夫三〇人を搭載して対馬に急行し、厳原《いずはら》と豆酘に一部を陸揚げして竹敷要港に回航し、後命を待てと命じた。一月一七日、武陽丸は任務を遂行して竹敷に到着した。

一月二九日、竹敷要港に在った沖縄丸は、山本海軍大臣の命により、武陽丸より「松真、馬山間陸上電線諸材料」と技手、工夫、人夫等を譲り受け、後命を待った。

このように山本海軍大臣は、すべての準備を整えた上で、布目少佐にゴーサインを出すタイミングを見計らっていたのである。

ところで本章冒頭において、日本海軍が一九〇四年一月初めに「対露作戦計画」を作成していたことを紹介した。そして、そこには、状況の如何にかかわらず、まず鎮海湾を占領すると書かれていた。

鎮海湾は朝鮮半島南岸、釜山港の西方にある。加徳島と巨済島と統営半島で囲まれ、外洋の風波から守られた広い湾内は、海軍の根拠地としても、また対馬と対峙して朝鮮海峡を守備する地としても絶好の立地であった。

鎮海湾の東北隅から北へ陸内に深く入り込んだ支湾に馬山湾があった。湾内は常に湖水のように静穏で、おまけに水深があり、大船を入れるのに適していた。このような馬山湾の湾奥に船着場として形成されたのが馬山浦である。大韓帝国慶尚南道昌原郡に属した。馬山浦は一八九九年五月に開港場となり、同年八月二〇日に昌原郵逓司、同二九日に昌原電報司が隣接して開設され、郵便と電信業務の取り扱いが開始された（第Ⅶ章参照）。

日本海軍は、日露開戦に先立ち、この鎮海湾を占領し、巨済島の北部松真浦に日本海軍の根拠地を築くことを計画していた。よって対馬と松真浦間に電信線を敷設するのみならず、韓国内の電信線に繋がる馬山浦と松真浦間にも電信線を敷設しようとしたのである。

それは対馬の南端豆酘湾から海底ケーブルを敷いて巨済島の北部、加徳水道側の冠浦付近にいったん陸揚げし、陸線で松真浦に繋ぎ、巨済島北端の広地末から再び海底ケーブルで蚕島、実里島の西南を通って鎮海湾北岸に陸揚げし、さらに馬山浦まで陸線を架設しようというものであった。

後日、この松真浦こそ、連合艦隊旗艦「三笠」の専用泊地となり、三笠は松真軍用電信取扱所を通じて常に東京と連絡を取っていたのである（第Ⅷ章参照）。


一九〇四年二月五日午後三時三〇分、布目少佐は山本海軍大臣より、予定どおり豆酘、巨済島、馬山間電線敷設に着手せよ、また施行に関しては細谷第三艦隊司令官の指示を受けよ、という命令を受け取った。そこで布目は細谷に面会し、翌六日より着手すると決めた。

二月六日午前七時、沖縄丸は竹敷を出発、正午豆酘湾に着し、直ちにケーブルの陸揚工事に着手したが、同船と陸岸との距離が遠いため、午後六時までかかった。通信試験の結果が良好であったので、午後一〇時に巨済島に向かった。

この間、佐世保から連合艦隊（第一、第二艦隊）が続々と出撃すると同時に、第三艦隊によって、鎮海湾の占領と馬山電信局の占拠がほぼ完了していた（第Ⅶ章参照）。

翌七日午前九時、豆酘湾から海底ケーブルを敷設してきた沖縄丸は、巨済島の北東部に付属する小さな島、利湖島の南方に仮泊した。ここでいったんケーブルを切断し、浮標（ブイ）を付けて海中に投じ、陸揚げ地点を捜索した。その結果、宮農湾宮農里（巨済島加徳水道側）の海岸と決定し、午後

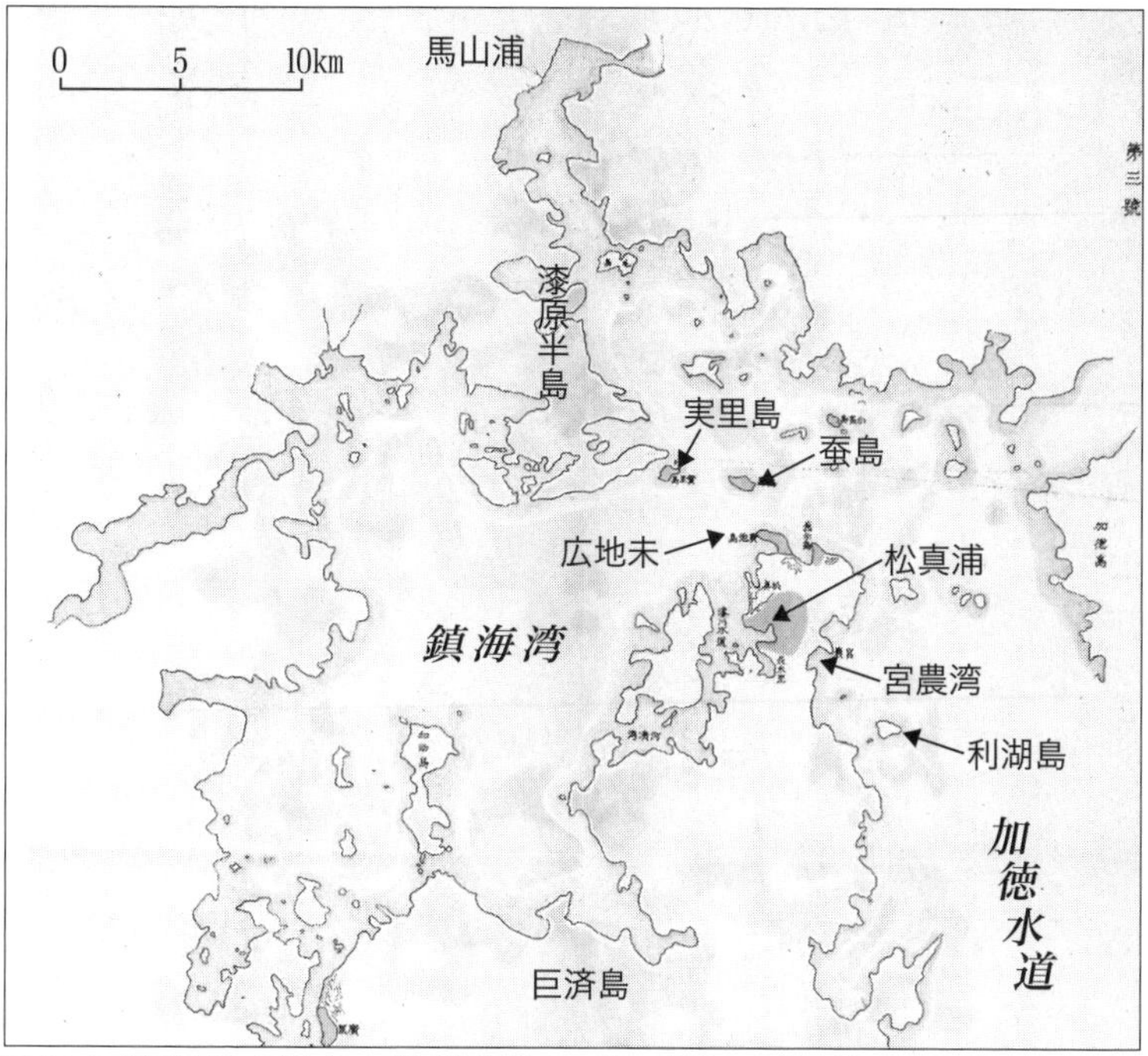

図 14-3:「鎮海湾と巨済島」(『極秘海戦史』第８部巻６所収「仮根拠地収用地」〈アジ歴 C05110158400, 18/74〉に地名とスケールを挿入した)

一時三〇分よりケーブルの陸揚げに着手し、同三時過ぎに終わった。次いで陸上の電柱その他の材料を陸揚げし、技手、工夫等を上陸させ、午後五時に抜錨、海底ケーブルを敷設しつつ、利湖島・巨済島間の狭水道を通過し、前に海中に投入しておいた浮標の位置に戻り、ケーブルを接合したあと通信試験を行った。「午后九時過、好結果を以て結了」と布目は書いている。

沖縄丸は再び宮農湾に戻って碇泊した。翌八日午前七時、さらに電柱の一部を陸揚げし、技手、工夫等を上陸させ、昨夜来当直させていた通信員らと交代させて出港、午前九時過ぎに巨済島北端の広池末に投錨し、電線陸揚地点を選定後、直ちに出港、漆原半島の端、雪津洞の左方を陸揚げ地点とし、同一一時三〇分より電線の陸揚げに着手し、午後一時頃完了したので、実里島と蚕島に接近して電線を敷設し、広池末の予定地に至り、陸揚げに着手し、午後五時頃完了した。ここでも通信試験が良好であったので、沖縄丸は直ちに馬山浦に回航し、電柱及び諸機械類の保管並びに通信員の配置に関し、領事及び郵便局長と協議した。

二月九日、沖縄丸は電柱約五百本とその他の諸材料器械等を馬山郵便局に陸揚げして、再び松真沖に至り、馬山より乗せて来た二名の通信員と通訳を上陸させ、材料等を陸揚げし、「海門」艦長・高橋守道中佐に通信並びに陸線工事に関し協力を求めた。この日宮野里から松真に至る陸上電線工事が完成した。つまり、二月七日午後、及び八日朝に沖縄丸が巨済島東部の宮農湾に陸揚げした電柱、技手、工夫によって、巨済島西部にある松真浦に向け陸上電線架設工事が開始され、「海門」艦長の協力を得て、二月九日中には完了していたことがわかる。

同日午後一二時、沖縄丸は松真沖を抜錨し、翌一〇日午前七時、対馬の豆酘湾に投錨し、卒土ヶ浜に残した通信員と器械等を収容し、海上線と陸上線を接合した。午前九時半出港して、同日午後五時佐世保に帰着した。豆酘陸揚地と厳原、竹敷間の電線架設は、長崎郵便局がすでに一月中に完成させていたので、厳原郵便局から鎮海湾松真を経て馬山に至る海底電線の敷設工事はここに完成を見た。

また漆原半島陸揚地より馬山浦に至る、四里一七丁余りの陸上電線架設は、大阪郵便局派出技手監督の下に、二月二一日をもって竣工した。〈注13〉

以上、日本海軍が、日露戦争を遂行するために、韓国に何の断りもなく、韓国の領土と領海に連合艦隊の第一集合地（八口浦）と連合艦隊の根拠地（鎮海湾）を設定していたこと、また日本海軍の本拠地である佐世保から両地点への通信線を確保するために、日露開戦の一ヶ月も前から、極秘裏に海底ケーブルを敷設していたことを明らかにした。

では次に、ロシアに通じる電信線をいかに切断したかを述べよう。

ロシアの通信線を切断

日本海軍は、自己の通信線の確保をはかると同時に、「敵の通信を杜絶し、以て彼等相互間の意思疎通を防止すること、亦戦略上欠くべからざるの事にして、就中《なかんずく》、開戦当初に於て最《もっとも》是《これ》を緊要と為す」と考えた（『極秘海戦史』第一部第一巻三九頁）。

そこで、海軍軍令部は陸軍参謀本部と協議して、次の電線を切断することに決めた。

（1）京城［ソウル］より北韓方面及び義州方面［中国国境］に至る陸線

（2）旅順・営口より北京方面及び奉天・吉林等を経て西伯利［シベリア］横貫線に連絡する陸線

（3）北京より恰克図［キャフタ］に至り西伯利横貫線に連絡する陸線

（4）旅順より［渤海を横断して］芝罘に至る海底線

軍令部と参謀本部は、（1）については、韓国公使館付海軍少佐・吉田増次郎に命じ、（4）については、芝罘駐在の軍令部参謀海軍中佐・森義太郎に命じる。（2）（3）については、陸軍によって切断すると決めた（『極秘海戦史』第四部第四巻三頁）。

一九〇四年一月一八日、吉田少佐は、「開戦四日前に電命すべきにより、京城―旅順線、京城―元山―浦塩《ウラジオ》線を切断する準備を整へ置べし」という命令を受けた。

吉田少佐は、ウラジオ方面線については元山以北において、旅順方面線については開城以北において切断することを計画した。そしてその切断実行を前者は元山守備隊に依頼し、後者は適当な日本人を傭い、前もって開城に派遣しておき、吉田の電報を待って、その夜ただちに電線を切断し、その後一週間、電線に沿って北進しつつ、毎夜切断を続行させることにした。

二月五日、軍令部長・伊東祐亨は、吉田少佐に電線切断を命じた。吉田は同日午後九時に旅順方面線を、翌六日午前二時にウラジオ方面線を切断した。

吉田は、その手記に旅順方面線を切断した民間人の言葉を記録している。電柱に登り電線を切断したとたん、電線は異状な響きを起こして急に巻く、その音が暗闇に響き渡って本当に恐ろしかった、このような御用は今後は御辞退する、と（後掲参考資料1「海軍中将吉田増次郎手記」参照）。

また、（4）については、当初、諸方面の電線をことごとく切断すれば、通信が一時に途絶え、かえって敵に疑いを起こさせるだけでなく、日本にとっても敵の動静を知る手段がなくなるので、「芝罘、旅順口間の海底線のみは、其の儘《まま》存すること、為せり」（『極秘海戦史』第一部第一巻三九頁）とされたが、二月一二日にいたって、軍令部長は、森中佐に「海底電線の利用の見込みなくば切断せよ」と命じた。

森は、直ちに海底電線の切断に着手したが、様々な困難のために、切断を完了したのは同月一八日であった。『森中佐（後ニ大佐）報告』（第Ⅳ章参照）から、森がいかに苦労して芝罘―旅順線を切断したかを見ておこう。

森は二月一四日午前七時三〇分、軍令部長あてに、「一二日に決行しようとしたが、港外風波の為めに妨げられてまだ終わっていない」と発信した。その二日後の一六日午前一〇時七分、「探海の件、いろいろ故障があって、まだ目的を達することができない。昨夜、本官出張、［切断］場所は確定した。一応ご報告を」と発信した。そして、翌一七日午前四時五分に、「午前一時、双岩から一カイリの点で切った」と発信した。

森は翌一八日に詳しい顛末を報告した。それによると、最初使用した漁船は潮流に流されて操船できなかったので、一五日からは一一トンの漁船を雇い入れ、森自身が現場で指揮して、ケーブルを探索し、これを爆破しようとしたが、爆薬が発火しなかった。焦慮の末、日本人鍛冶屋の巧みなものがいることを知り、領事を介して密談の結果、鋸を使用することにした。ケーブルを海底より若干巻き揚げ、潜水者をして鋸をつかって切断させた、という。

一方、陸軍では、二月四日、参謀総長・大山巌は、在北京陸軍砲兵大佐・青木宣純に電訓し、八達嶺附近において、北京―キャフタ間の電信線を破壊させた。翌五日には、在営口陸軍歩兵大尉・川崎良三郎に旅順―営口線を破壊させた。

キャフタとは、一七二七年にロシアと清国の間で通商条約が締結されたことを契機として、両国間の交易拠点として発展した国境の都市である。大北電信会社は、北京からゴビ砂漠を越えてキャフタまで電信線を架設し、これをシベリア横断線に接続していた。当時においては、北京―ペテルブルクを最短距離で結ぶ電信線でもあった。これを北京西北の万里の長城で有名な八達嶺付近で、二月四日に切断させたのである。
また営口は、遼東半島の西北つけ根に位置し、渤海湾に臨んだ交通・通信の要衝である。旅順からきた電信線はここで北京方面へ行くものと、奉天（瀋陽）、吉林を経てシベリア横断線に接続するものとに分岐していた。二月五日に川崎大尉によって破壊された。

海外発送電報の停止

一九〇四年二月四日に山本海軍大臣が逓信大臣大浦兼武に照会を発し、二月五日正午より七二時間の海外発送電報の停止を依頼したことは、第II章で紹介した。これは、同年一月一六日に海軍省と逓信省が協議の上、取り決めておいたことに則った措置であった。

この取り決めの内容については、『極秘海戦史』第九部「国際事件」巻一第二篇第八章「海外電報の取締に関する件」（巻一所収）に、次のように書かれている。

開戦当時に於る軍機の漏洩を防ぐ為め、海外電報取締に関し、逓信省に交渉の上、明治三十七年一月十六日、左の通り協議決定せり
必要の時期に際しては海外電報を左の通り取扱度《とりあつかいたし》
一、海外へ発送する電報は、露国以外の国の公信及び我が官庁公署の通信を除き、七十二時間其の発送を停止す
但、普通商業電報及び新聞電報（暗号のものは翻訳せしめ）は一切逓信省の検閲に付し、軍事

に渡るものは之を停止し、支障なしと認むるものは之を発送すること
一、右発送の時期は海軍大臣より逓信大臣へ通知す

この取り決めに従い、二月四日、山本海軍大臣は逓信大臣大浦兼武に対し左記の照会を発し、二月五日正午より、協定の実行を依頼した、と『極秘海戦史』に書かれている。読み下し文に直して紹介しておこう。

予《かね》て御協議致し置き候、必要の時期に際し海外電報取り扱い方の件は、明五日正午より御実施の事に御取り計り相い成り度し、此の段、御照会に及び候也
（『極秘海戦史』九部一巻一九〇頁、アジ歴 C05110188900）

つまり、ロシア以外の外国公館と日本の官公庁から発信される電報を除き、日本国内より海外へ発送される電報の発送を二月五日正午より七二時間停止したのである。但し、商用のものと新聞電報については、すべて逓信省で検閲し、支障なしと認めたものについては発送するとしている。これは、日本軍の軍需品調達等の面からも必要であったからであろう。
二月五日正午より七二時間とは、二月八日正午までということである。
先に紹介した「連合艦隊行動予定表」によれば、連合艦隊主力は二月八日午前八時に第五集合地点（小青山島の南方約一〇カイリ）に達し、さらに旅順近海の円島を目指して前進している予定であった。

また第四戦隊は、七日午後にシングル水道にて本隊と別れ、ソウル占領のための陸軍部隊を乗せた輸送船を護衛して仁川に向かい、二月八日午前八時にベーカー島付近に達し、仁川港から密かに脱出してきた「千代田」と会合し、仁川の最新情報を得た後に、陸軍部隊の揚陸地を決定して行動している予定であった。

二月八日正午以降に、どのような情報が日本国内から発信されても、旅順・仁川奇襲と陸軍部隊の韓国上陸作戦には影響はないと、山本海軍大臣は判断したのである。

こうして、「旅順口の耳目」を断って、日本海軍はその出動がロシア側へ伝わることを防いだのである。旅順、仁川奇襲攻撃を成功させるためであった。

旅順、仁川奇襲作戦は「違法な開戦奇襲」ではないという議論が、日本においては今なお多い。その論拠は、二月六日午後四時に栗野公使がロシアのラムズドルフ外務大臣に最後通牒を手交しており、実際の攻撃はそれから二日も経ってから行われた、というものである（大江志乃夫『バルチック艦隊』一七八頁）。

しかしこの議論は、日本がこの間にロシアの通信を違法な手段で遮断していた事実を全く知らずに主張されたものであろう。

日本は、「開戦奇襲」を成功させるために、開戦前に日本の通信線を違法に敷設し、ロシアの通信線を違法に切断していたのである。旅順、仁川奇襲作戦は「違法な開戦奇襲」であったと言わなければならない。

おわりに

一九〇三（明治三六）年一二月二九日、軍令部、参謀本部、逓信省の代表者は、韓国領海へ海底電線を敷設することに合意した。

逓信省所属の海底電線敷設船・沖縄丸は、一二月三〇日に横浜を抜錨して長崎に向かい、海底電線を積み込んだ。工事監督にあたる水路部所属の布目海軍少佐は一月七日に東京を出発した。布目は一月一一日午前九時、「富士丸」と偽装された沖縄丸に搭乗して佐世保を出港し、ケーブルを敷きつつ韓国南西端の八口浦に向かった。

これは、一九〇四年一月初めに軍令部が作成した「対露作戦第一計画」の第五条「佐世保、八口浦間に敷設する海底電信線に依り、韓国の南西海面に動作する我が艦隊と通信連絡路を保持す」がすでに実行に移されていたことを意味する。

同計画の第六条「対州［対馬］より巨済島を経て馬山浦に通ずる電信線を敷設し、仮根拠地及び韓国内地との通信連絡を維持す」については、総ての準備を整えて対馬に待機させた布目少佐に、山本海軍大臣が予定通りの実行を命じたのは、二月五日午後三時三〇分であった。

そして同計画の第四条「仮根拠地を鎮海湾に設置す」は、二月六日未明より、当時海軍大臣指揮下に置かれていた第三艦隊によって実行に移された（第Ⅶ章参照）。

一九〇四年一月三一日、数日内の開戦を決意した海軍大臣山本権兵衛は、各司令長官と司令官に開戦前における最後の訓示を送り、その中で「我が軍隊の行動は恒《つね》に人道を逸するが如きことなく、終始光輝ある文明の代表者として恥づる所なきを期せられむこと、本大臣の切に望む所なり」（傍線は筆者、次も）と述べた。これについては第Ⅱ章で紹介した。

ところがこのとき山本は、仁川港でロシア艦の監視を続けていた「千代田」艦長村上大佐にも訓示を送っている。それには、次のようにあった。

（前略）今後或いは電信の不通を見るが如きことあるべしと雖も、貴官は我が連合艦隊の其の方面に出現する迄、其の地に止まることに心得、臨機の処置は貴官の専断に任ず、又韓国沿岸に於ては、他の列強との関係を惹起せざる限りは、国際公法上の例規を重視するを要せず

（『極秘海戦史』第一部一巻五八頁）

開戦を決意した山本海軍大臣は、仁川港の「千代田」艦長村上大佐に、今後は電信が不通となることがあるかも知れないが、「千代田」は連合艦隊が仁川に現れるまで、その地に止まるものと心得よ。また韓国沿岸においては、他の列強との関係で問題さえ生じなければ、国際法を気にしなくてもよい、と訓令したのである。

その国の主権が及ぶ「領海」という観念は、一八世紀初頭、英仏間の紛争に際し、オランダが他国の軍艦が自国三カイリ（五・五キロ）以内に勝手に入ることを拒絶すると主張したことが国際的に認め

られたことから始まったとされている。

三カイリというのは当時の大砲が届く距離であった。その後大砲の届く距離の延長とともに、三カイリをさらに延長すべきであるという議論が各国から出ていた。〈注14〉従って、韓国の許可なく、韓国の領海に海底電線を敷設することが、韓国の主権を侵害し、国際法に違反するものであることは、山本をはじめ海軍も逓信省も外務省もよく認識していたはずである。対露開戦の決意を固めた海軍大臣・山本権兵衛は、日本の軍隊が「終始光輝ある文明の代表者として恥づる所なき」ように訓示する一方で、韓国沿岸においては、他の列強との間に問題を引き起こさない限り、「国際公法上の例規を重視するを要せず」と訓令した。

日露戦争が、国際法に違反して、韓国の領土と領海への侵略戦争として開始されることを、山本海軍大臣自ら認めていたのである。

【注】

〈1〉日本電信電話公社海底線施設事務所編『海底線百年の歩み』一四二頁、一九七一年

〈2〉貴志俊彦「植民地初期の日本—台湾間における海底電信線の買収・敷設・所有権の移転」『東洋史研究』七〇（二）、二〇一一年九月

〈3〉田健治郎傳記編纂會『田健治郎伝』一九三二年、非買品

〈4〉『極秘海戦史』第一部第一巻三八〜三九頁。アジ歴 C05110031200

〈5〉『極秘海戦史』第四部第四巻一〜二頁。アジ歴 C05110109600

〈6〉『極秘海戦史』第四部第四巻二八〜二九頁、アジ歴C05110109700
〈7〉『極秘海戦史』第四部第四巻所収「有線電信」(アジ歴C05110109700)。布目満造の報告書の正式名は「自明治三十七八年一月九日至同年二月十日、相ノ浦玉島間、豆酘湾馬山間、海陸電線工事ノ顛末」で、防衛研究所蔵『明治三十七八年　電線関係　作戦班』に収録されている。同書は、表紙及び(1)から(10)までと、一一分割されてアジア歴史資料センターから公開されているが、布目報告はそのうち『電線関係』(4)(アジ歴C09050587500)に収録されている。
〈8〉高秉雲『近代朝鮮租界史の研究』(雄山閣出版、一九八七年)一四三頁
〈9〉「或る朝鮮勤務高級官僚の自伝より」
http://www5b.biglobe.ne.jp/~korea-su/korea-su/jkorea/nikkan/0604.html
〈10〉前掲「自明治三十七八年一月九日至同年二月十日、相ノ浦玉島間、豆酘湾馬山間、海陸電線工事ノ顛末」
〈11〉『明治三十七八年　電線関係』(1)アジ歴C09050587200)
〈12〉同右
〈13〉『極秘海戦史』第四部第四巻三五〜三七頁。アジ歴C05110109700
〈14〉現在では、一九八二年の国連海洋法条約で、最大一二カイリ(約二二・二キロ)まで延長されている。

参考資料1　「海軍中将吉田増次郎(手記)」

吉田増次郎は静岡出身で、海軍兵学校一七期卒である。同期には秋山真之、森山慶三郎らがいる。

一九〇二（明治三五）年一月に在清国公使館付を命じられ天津に赴任するが、一九〇三年二月には在韓国公使館付となってソウルに転任する。一九〇五年一二月に帰朝を命じられるまで、日露戦争の全期間を韓国において機密工作に従事した。

日露戦争後は軍令部参謀、「香取」艦長、臨時南洋群島防備隊司令官などを歴任、一九二〇年に海軍中将となった。一九二三年三月、予備役に編入され、一九四二年三月一四日、七四歳で死亡した。

予備役編入後の一九三五年六月、海軍省から委嘱をうけた海軍有終会が主催する「日露戦役参加者史談会」が三日間にわたって行われた（第Ⅲ章参照）。

吉田はこれに出席して、あらかじめ与えられたテーマ「諜報宣伝及機密保持に関する事項」について講演した。吉田はこのとき講演原稿を作成していた。持ち時間はひとり一齣《こま》一〇分と定められていたが、とても半分も話せなかったのではないか。『日露戦役参加者史談会記録』には、「海軍中将吉田増次郎（手記）」として全文収録されている（アジ歴 C09050719100）。

その目次は左記のとおりである。

イ、開戦前に於ける韓国陸上電信線の処置、其の他通信に関する件

ロ、開戦前後仁川京城に於ける情況

ハ、振威、牙山湾古温浦間陸上電線の架設

ニ、開戦後在京城露国公使以下館員並護衛兵の処分

このうちイの部分のみ、現代語に直して次に紹介しよう。（　）は原注であり、［　］は筆者の補注である。適宜改行した。なお、「京城」は可能な限り「ソウル」に置き換えた。

「イ、開戦前に於ける韓国陸上電信線の処置、其の他通信に関する件」

当時の韓国には、韓国政府所管の電信幹線はソウルを中心としソウル―釜山間、ソウル―義州間（旅順に通じるもの）及びソウル―元山―豆満江間（ウラジオに通じるもの）の三線があった。日本が所管する電線は、ソウル―釜山間で、釜山において大北海底線に接続しており、この海底線によって釜山を経由してソウルに来た電報は日本線に入り、「京城日本郵便局」に入る。

私は、明治三七年一月一八日、電線切断に関する左の訓令に接した。

開戦四日前に電命するから、「京城―旅順線」、「京城―元山―浦塩《ウラジオ》線」を切断する準備を整えて置くように、と。（京城―釜山間韓国線は後日我軍が使用するため切断しない）

よって浦塩方面線は元山以北において、旅順方面線は開城府以北において、切断する計画を立てた。その切断実行を前者は元山守備隊に依頼し、後者は適当な者を傭い、前もって開城に派遣しておき、私の電報命令を待って、その夜直に切断し、その後一週間電線に沿って北進しつつ、毎夜切断を続行させることにした。

浦塩線は守備隊に依頼したので確実であるが、最も重要な旅順線は、強いて責任を負わすこともできない一般人を使用するわけであるから、少し不安であった。この時参謀本部から松石歩兵中佐が派遣されてソウルに居られたので、内密にこの計画を語り、陸軍の者を使用することができないかと相談したところ、同中佐は、今、東郷少佐（気の毒に開戦直後定州附近で露軍に捕えられた）が義州方面にいるので、同少佐にも切断させれば一層安心であろうと言ってくれたので、実行を依頼した。ところが、このことが思いがけない一問題を引き起こした。

それは、当時龍岩浦監視のため北京公使館より派遣され、「京城公使館」の指示を受けていた岡部外交官補は、東郷少佐と共に義州方面に滞在していたが、東郷少佐より電線切断の内話を聴いたと見え、岡部氏は「京城公使」に電線を切断するそうであるが、自分の進退はどうすればよいかと伺い出たからである。

公使は意外の事に驚き、きっと松石中佐の計画に違いないと思い、同中佐を呼び寄せ訊ねたところ、同中佐は知らない。さらに公使館付き野津陸軍少佐に聞いても、同少佐は全く関知しない。そこで私の計画であると推断し、電話で即時の来館を求められた。出向くと、突然、何故に所属長である公使に一言の相談もなく勝手に電線を切断するのか。開戦前に電線を切断されたら、どうして平壌や城津等の領事館員に引き揚げを命じればよいのだ、と詰問された。

私は自分の計画だとも、そうでないとも答えないで、ただ日露がいよいよ戦えば、我が死傷者は幾十百万にも上るだろう。場合によっては日本全土が焦土となる覚悟がなくてはならない。たかだか外務省の十数人が捕虜となったところで歯牙にかけるほどのことではないと、坦懐に所信を述べたところ、痛く公使を憤慨させてしまったようだ。

公使の言うことは、実は至極もっともなことであるが、私が公使に打明かさなかった理由は、当時居留民は日露開戦を気づかい、戦々兢々で、私の行動も一般注視の的となっていた。例えばある日従僕が柳行李をベランダに乾したのを見て、早くも開戦切迫のため私の引き揚げ説が流布されたようなわけで、もし公使より出先領事に引き揚げをあらかじめ命令すれば、不心得な領事書記生やその家族は騒ぎ起ち、それによって露国側に我が開戦の決意を知らせてしまうことを懸念したためである。

二月五日電線切断の電命に接し、直に計画通り実行した。

このように開戦前に電線を切断したのは、言うまでもなく、仁川在泊のワリヤーク、コレーツを取逃さないためである。

前任者時代より嘱託してあった韓廷内の密偵朴義秉の報告によれば、龍岩浦問題につき我国と英国よりの抗議に国王も痛く困却し、露国公使パブロフに対し、日本の抗議は無視し難く、自分の最も恐れる所は、大院君の例もあり、日本がその軍艦に自分を拘禁して日本へ連行するかもしれないことであると述べた。露国公使は決してそのような心配はなさらず、龍岩浦問題は露国の要求を容れられるのが良い。日本が軍艦一隻を仁川に置けば、露国は二隻を置き、必ず常に優勢を保持するから御心配御無用と奏上したという。

真偽は元より確かではないが、事実上、千代田に対しワリヤーク、コレーツ二隻がいる。そうであれば千代田が仁川にいる限り、二艦もまた在泊するであろうと想像されるが、安心はできない。

また二月五日以後、我内地では露国官憲発着の電報を如何に取扱うかを知ることができないので、やや独断の嫌いがあったが、田中京城郵便局長に対し、釜山方面より日本線に依り露国公使館に来る電報は適宜文字を改削し、照校に対しては電報輻湊を口実に延引し置くように、また日本人一般の発着暗号電報は我艦隊軍隊の動静を報じる危険があるので、一切没収することを交渉したところ、初め局長も法規を楯として応じなかったが、日露の形勢を述べたところ、終に承諾してくれたことには深く感謝した次第である。（三井物産のみは陸軍の糧秣準備の関係があるので、暗号電報使用を許可した）

一方仁川へは人を派遣して露艦の動静を監視させた。時折電話して来るのだが、何分にも素人のことゆえに、煙突より黒煙があがるのを見ては、ワリヤークは今出港しそうです等と電話し、たびたび私を狼狽させた。

ところが、意外にも釜山で我軍艦がロシアの商船を拿捕したという急報（釜山憲兵よりの電報）があり、実に吃驚した。もし釜山―京城間の韓国電線によって（前に述べたように本線は切断しなかった）ロシア公使館に入電があれば、大事が去ってしまう。一刻の躊躇も許されない緊急事態であるから、陸軍に依頼して、憲兵に斧を携えさせ、馬を飛ばして、漢江の上を越える電線の高い柱を切断させた。また細谷司令官より、馬山電信局を差押えた。貴官は京城の電信局を差押えられては如何との意味の電報があった。いよいよの事の意外に驚き、司令官に対しては、当方面の情勢未だその時期にあらずと返電した。

ロシア商船拿捕の件は、右のように韓国電線を切断したのでロシア公使館へは多分入電なかったであろうと思われるが、なお心配であった。他の公使館へは如何かと思い、英国公使館を訪ね、私が平素日本語を教えている懇意の間柄であるジョンス船長に訊ねたところ、商船捕獲の事は釜山税関長より英国公使館へ電報があったが、ジョルダン公使は本件は絶対秘密を守るべき旨、館員一同に諭告したとのことで、或はロシア公使館へも入電があったかも知れないと、実に八日までは心配に心配を重ねた。

ともかく右のようにしてロシア公使館もワリヤークも何等関知する所なく、瓜生艦隊の仁川出現まで安［一字不明］であった。

八日、コレーツが出港し、旅順に向かおうとして八尾島附近で我水雷艇隊に阻止され、港内に引返した理由は、もちろん千代田が忽然といなくなったためであるが、後に聴いた所によれば、ワリヤーク艦長ルーチネツフ大佐は四囲の形勢に何となく不穏を感じるのに、旅順より何等通報がなく、また問合せに対して返電がないので益々不安を懐き、パブロフ公使に旅順廻航を交渉したが、公使は承諾せず、論争の末それではと、コレーツを出港させることとなったのだという。

開城方面より電線切断者がやって来て言うには、電柱に登り電線を切断するとき、電線は異状な響きを起して急に巻く。夜間の事であるので、その音が響き渡って本当に恐ろしかった。このような御用は今後は御辞退する、と。

また後日に至り、東郷少佐は安州附近に於て針金を以て電線と避雷線を連着して不通にしてくれたことを知り、電柱を切倒したり、電線を切断するようなことは拙策であり、またその切断点が容易に知り得るため、電線と避雷線を接着させるのは良法であるが、電気の知識のない人を使用する以上は、切断は止むを得ない方法である。将来のため適法を考慮して置く必要がある。

Ⅶ：秘匿された韓国侵略戦争

――日露戦争は鎮海湾の占領から始まった

図 15:「馬山浦」ロシア領事館（右）と日本領事館（左）（『日露戦争写真画報』第 1 巻〈博文館、1904 年 4 月〉より）

はじめに

従来、日露開戦は、一九〇四（明治三七）年二月八日午後一一時三〇分に開始された、連合艦隊による旅順港のロシア艦隊に対する奇襲攻撃から語られてきた。

あるいは、それより数時間前の午後四時ごろ、ソウル占領のための極秘派遣の陸軍部隊を満載した輸送船を護衛して仁川港に向かった第二艦隊第四戦隊所属の水雷艇が、仁川港から出ようとしたロシアの小型砲艦「コレーツ」を水雷攻撃し、「コレーツ」がこれに応戦した事実を指摘するむきもあった（第Ⅲ章参照）。

いずれにせよ、二月六日午前九時から続々と佐世保を出港した連合艦隊が、まる二昼夜の航海を経て、二月八日朝には仁川港と旅順港の近海に到着し、全く予期していなかったロシアの艦隊を奇襲攻撃したのである。このような作戦がどうして可能だったのか。ロシア艦隊は二月八日に奇襲されるまで、どうして日本の大艦隊の接近を知らなかったのか。

この問題に答えるためには、仁川および旅順奇襲作戦に先行して、二月六日に実行された韓国の鎮海湾の占領と馬山電信局の占拠、また釜山近海におけるロシア船舶の拿捕について明らかにしなければならない。それにより、連合艦隊とは別に編成された第三艦隊によって実行されたこれらの作戦こそ、日露戦争と呼ばれる戦争の最初の戦闘行為であったことが確定される。

しかし、それは当時においても明らかに国際法違反を問われるものであったため、今日に至るまで用意周到に秘匿されてきた。このことは、和田春樹『日露戦争』下巻（岩波書店、二〇一〇年二月）

三〇二頁において初めて指摘された。

本章では、一九〇四年二月六日、連合艦隊の佐世保出港に先駆けて決行された、第三艦隊による韓国の鎮海湾占領と馬山電信局占拠、韓国領海におけるロシア船舶拿捕の事実を明らかにしよう。このことは、日露戦争が、日本による韓国侵略戦争として、一九〇四年二月六日に開始されたことを証明することにもなるであろう。

依拠する主要な史料は左記のとおりである。このうちアジア歴史資料センターで公開されているものについては、そのレファレンス番号を、未公開のものについては所蔵館における請求記号を書いておく。本文中においては、レファレンス番号は省略する。

- 防衛研究所蔵『極秘明治三十七八年海戦史』（以下『極秘海戦史』と略）第一部第一〇巻所収「第三艦隊の朝鮮海峡出動」（アジ歴 C05110071600）
- 同右『極秘海戦史』第四部第四巻所収「有線電信」（アジ歴 C05110109700）
- 同右『軍艦愛宕戦時日誌』(1)（アジ歴 C09050424600）
- 同右『筑紫戦時日誌』(1)（アジ歴 C09050409200）
- 外交史料館蔵『韓国電信局占領一件』（請求記号 3-6-11-14）

第三艦隊と鎮海湾《チネ》の占領

日本海軍は日露開戦に備え、一九〇三（明治三六）年の暮れも押し詰まった一二月二八日に、常備艦隊編制を解き、軍艦（戦艦・巡洋艦・砲艦など）一一隻と駆逐艦一一隻をもって第一艦隊を、軍艦一一隻と駆逐艦八隻をもって第二艦隊を、軍艦一五隻をもって第三艦隊を編制し、このうち第一、第二艦隊をもって連合艦隊を組織した。海軍中将・東郷平八郎が第一艦隊兼連合艦隊司令長官に、海軍中将・上村彦之丞が第二艦隊司令長官に、海軍中将・片岡七郎が第三艦隊司令長官に就任した。

第一艦隊には第一、第三戦隊、第二艦隊には第二、第四戦隊、第三艦隊には第五、第六、第七戦隊が所属した。なお第三艦隊も開戦まもない三月四日には連合艦隊に編入されるが、それまでは海軍大臣山本権兵衛の直接指揮下にあった。

一九〇四年一月二六日、広島の呉軍港にあった片岡第三艦隊司令長官は、山本海軍大臣の電命により佐世保へ出張し、東郷連合艦隊司令長官と、開戦に際して連合艦隊のとるべき方針と、第三艦隊の朝鮮海峡警戒に関する方法等を協議した。

呉に帰任した片岡長官は、二月三日に細谷第七戦隊司令官に対し、巨済島方面（鎮海湾）占領計画の作成を命じた。また同日、麾下の各艦に和炭は二昼夜分だけを残し、ほかは英炭を満載せよと命じた。和炭とは日本国産の一般の石炭のことであり、それに対し英炭はイギリス産の無煙炭で、火力が強く煤煙が少ない。右の下令は、片岡が二日後の出撃を予想していた証拠と見ることができよう。

二月四日、片岡長官は、軍令部参謀山下大佐を通して山本海軍大臣の封緘《ふうかん》命令（命令があるまで開封を禁じられた命令、大海令第一号）を受け取った。またこれと前後して、同大臣から、旅順港の有力な軍艦はすべて三日に出港して行先不明であるから厳に警戒すべきこと、佐世保軍港と対馬の竹敷《たけしき》要港には水雷敷設の実施を命じたという電報を受け取った。これを受け、片岡長官は、麾下の各艦長に対し、翌五日午前八時以降は、命令から四時間以内に出港できるように準備することを命じた（『極秘海戦史』一部一〇巻五〜七頁）。

同日夜、片岡長官は、海軍大臣より竹敷に回航すべき電命を受けた。片岡は直ちに呉方面にある麾下の艦艇に、「上命に基き明五日午前七時三十分竹敷港に向け出港す」と命じた。この展開は、片岡の予想を上回るスピードであったようだ。

翌五日午前七時三〇分、まず東郷正路・第六戦隊司令官に同戦隊を率いて先発させ、午前八時、片岡自身も第五戦隊を率いて呉軍港を出港した。それから一二時間後の同日午後七時三〇分、片岡は下関海峡を通過する際に、同海峡に碇泊中の三等海防艦「大和」より、山下大佐から交付された封緘命令を開封せよ、という山本海軍大臣の電命を伝達された。

片岡長官は、下関海峡を玄界灘へ出たところにある六連島付近に第五戦隊と第六戦隊を集合させ、司令官と艦長を旗艦「厳島」に集め、左記の戦闘行動開始命令を発令した。同命令は対馬の竹敷港にいた細谷第七戦隊司令官には、まず無線によって通達し、次いで通報艦「宮古」を派遣した。

一、我が帝国は露国に対し断然自由行動を執る事に決し、第三艦隊は連合艦隊と共に東洋にある露国艦隊の全滅を図り先づ鎮海湾を占領し朝鮮海峡を警戒するの任務を有す

二、第七戦隊及び第十六艇隊は直に鎮海湾を占領すべし

（三〜七項は略す。『極秘海戦史』一部一〇巻一九〜二〇頁）

これにより、鎮海湾占領を命じられた第三艦隊第七戦隊の細谷司令官は、旗艦「扶桑」において、翌六日午前四時、「七戦隊命令」（七戦機密第十三号）を発令した。

一、本日午前四時、第三艦隊長官よりの電命に依り、第七戦隊と第十六艇隊は七戦機密第十号命令を直ちに執行せんとす

二、「海門」艦長は本職の至るを待たず、「海門」「磐城」「摩耶」を率ひ午前六時三十分、其の地（編者曰く尾崎湾なり—原注）を発し、鎮海湾に至り予定の事業を実行す可し

三、「済遠」は整備次第直ちに出港すべし

四、余は午前六時三十分を以て出発せんとす

（『極秘海戦史』一部一〇巻二五頁）

この命令の第一項にある「七戦機密第十号命令」とは、この三日前の二月三日に、片岡長官から鎮海湾占領計画作成を命じられた細谷司令官が、同日中に麾下の各艦長に下した全一七項目からなる命令書で、実行発動命令があるまで各艦長が密封保管することが付令されていた。第七戦隊の任務を述べた第二項、「愛宕」に馬山電信局占領とロシア船舶の捕獲を命じた第十項、「筑紫」に釜山電信局占領とロシア船舶の捕獲を命じた第十一項のみ次に掲げよう。

二、第七戦隊の任務は鎮海湾を占領し、巨済島に拠り朝鮮海峡を監視し、第五第六戦隊の来るを

俟《ま》って同海峡哨戒の配備に就くにあり
十、在馬山浦の「愛宕」は韓国電信局を占領し、露国船舶あらば捕獲し、其の状況を「海門」艦長に報告し、後ち馬山浦に在りて本隊との緊急通信の任務に服すべし
十一、在釜山港「筑紫」は韓国電信局を占領し、之を我が陸軍に引渡し、露国船舶あらば捕獲し、本官の至るを待ちて本隊に合すべし

（『極秘海戦史』一部一〇巻二三頁）

これに見えるとおり、対露開戦の劈頭に韓国の鎮海湾と馬山及び釜山の韓国電信局を占領し、また同地にロシア船舶があればこれを捕獲することは、正式な軍事作戦として事前に計画され実行されたものである。そのことを、まず確認しておきたい。そしてこの第三艦隊の作戦全体の指揮をとったのが、海軍大臣の山本権兵衛だったのである。

広大なる良港

鎮海湾は、朝鮮半島南岸、釜山港の西方にある。

統営半島と巨済島《コゼド》に囲まれ、外洋の風波から守られた広い湾内は、海軍の根拠地としても、また対馬と対峙して朝鮮海峡を守備する地としても絶好の立地であった。（現在も韓国海軍の主要軍港となっている。）

第Ⅵ章で詳述したように、海軍軍令部は一九〇四年一月初めに、全七項目からなる「対露作戦第一

計画」を策定するが、その第四項目には「仮根拠地を鎮海湾に設置す」とあった。さらに「備考」において、「鎮海湾は朝鮮海峡の掌握を確実にし、日韓両国間の交通を維持するに必要なるを以て、彼我の情況如何に関せず先ず之を占領せんとす」と書かれていた。

対露開戦と同時に鎮海湾を占領し、ここを日本海軍の根拠地にすることは日本海軍の確定戦略であった。

鎮海湾がいかに卓越した良港であるかについて、日露戦争から七年後になるが、一九一二年六月四日から七日にかけて、「鎮海の発展」一～四として『東京時事新報』に連載された記事のうちから、「理想的の鎮海」と見出しを付けて掲載された記事を紹介しよう。

鎮海湾は加助島、漆川島等、大小の島嶼を腹中に収めて、巨済島を以て前壁となし、閑山島、欲知島、比珍島、蓮花島、其他無数の島嶼を外洋に於ける岸壁とし、南は統営、北は加徳の狭隘なる両水道を通過するの外に船舶交通の途はない、然も統営水道は海底極めて浅く、三百噸《トン》以上を有する船舶の航通は全く不可能である故に、鎮海湾への交通は只加徳水道に頼るのみである、湾状は恰も嚢袋《のうたい》［ふくろ］の如く、湾内殆んど風浪なきを以て、一碧静波鏡面を見るが如くで、海深は七尋《ひろ》乃至二十七尋に及んで居るから、如何なる大艦巨船も安全に出入することが出来る、且つ其規模は極めて広大雄偉であって、超ド級大艦隊が易々と艦隊運動を施行し得と云えば、略《ほ》ぼ広袤《こうぼう》［ひろさ］の程も窺知《きち》し得らるるのである、此の如き広大なる良港は内地に於ては絶無である。

（『東京時事新報』明治四五年六月四日号）

鎮海湾への船舶の交通は、南は統営水道、北は加徳水道という二つの狭い水道を通過する以外にない。しかも統営水道は海底が非常に浅く、三百トン以上の船は通れない。よって鎮海湾への交通は加徳水道によるしかない。つまり防御が容易である。湾内にはほとんど波風がなく、まるで「鏡面を見る」ようだ。海深は七尋（一二・六メートル）から二七尋（四八・六メートル）もあるので、どんな巨艦でも安全に出入りすることができる。しかも規模は極めて広大で「超ド級大艦隊」が易々と艦隊運動ができる。このような広大な良港は内地（日本）においては絶無であると書かれている。日本海軍が鎮海湾占領に執着した理由が了解されよう。

しかし、忘れてならないことは、ここは大韓帝国の領土であり、沿岸部と島々には多くの韓国人が暮らしていたことである。日本側資料は、まるで無人の地を行くが如く書かれており、今日に至るまでそれをなぞる言説が横行している。その最たるものが、司馬遼太郎の『坂の上の雲』であり、同書「鎮海湾」の章において描かれた情景、「韓国の領土である陸上とはなんの交通もなかった」という記述が、いかにデタラメなものであるかについては、すでに厳しく指摘されたことがある。〈注1〉

ロシア海軍が望んだ馬山浦《マサンポ》

鎮海湾の東北隅から北へ陸地内に深く入り込んだ支湾に馬山湾があった。

［馬山］湾内には猪島があり、島の両側で湾岸が突出して一の縊《くび》れを作り、更に湾口が釜島水道

によって鎮海湾に開く部分には、小毛島があって湾口を扼《やく》し、湾内は常に湖水のように静穏である。加ふるに湾内水深く、大船を入れるに適する。

（『日本地理風俗大系』一七巻、一六頁、新光社、一九三〇年）

水深く、湖水のように静穏な馬山湾の湾奥に、船着場として形成されたのが馬山浦である。大韓帝国慶尚南道昌原郡に属した。

馬山浦は、これより五年前の一八九九（明治三二）年五月に開港場となり、各国居留地が設置された。馬山開港に伴い、馬山浦には早くも同年八月二〇日に昌原郵逓司、同二九日に昌原電報司が隣接して開設され、韓国政府は郵便と電信業務の取り扱いを開始した。〈注2〉

日本はまずこの地に釜山領事館馬山分館を置き、領事館補として木浦に勤務していた坂田重次郎を転任させた。翌一九〇〇年四月一日付けで馬山分館が馬山領事館に昇格されると、坂田が初代領事に就任した。坂田は、領事館内に開設された「馬山日本郵便局」の局長も兼任した。

この馬山浦に真っ先に目をつけたのは、実はロシア海軍であった。一九〇〇年三月三〇日、駐韓ロシア公使パブロフは韓国政府との間に二個の条約を結んだ。その第一において、韓国はロシアに対し馬山浦にロシア艦隊のために石炭貯積所と海軍病院各々一箇所を設置することを許可した。そして第二において、ロシアは韓国政府に対して巨済島及びその対岸の陸地並びに付近の諸島の租借を決して要求しないと約束した。〈注3〉

ロシア海軍は使用予定地に杭を打ち、韓国政府との交渉に入った。しかしこのロシアのやり方はいかにも鷹揚であった。それを初代の馬山領事となった坂田重次郎が黙って見逃すはずがない。日露戦争当時、逓信省の通信局長であった小松謙次郎は次のように回想している。

露西亜は日本が鎮海湾に防備するだろうといふことを恐れて、馬山の領事や京城の領事をして馬山付近の土地を買収させようとした。それを聞いたのが馬山領事兼日本の馬山郵便局長となった坂田重次郎といふ男、後年通商局長、西班牙《スペイン》公使になりましたが、之れが陸軍と交渉して、陸軍の軍事費であの辺の土地を先に買ってしまった。〈注4〉

結局ロシアの海軍基地予定地内に、日本の外務省と陸軍の意向を受けて暗躍した「民間人」の所有地が虫食い状に出現し、ロシアは海軍基地計画を断念せざるをえなかった。

その後、坂田は本省に呼び戻され、政務局参事官として、政務局長山座円次郎とともに、外務大臣小村寿太郎の日露開戦外交を推進していくことになる。

こうして鎮海湾と馬山浦がロシア海軍の基地となることを阻止した日本は、つづいてこの地を一挙に占領することを計画した。

馬山浦の軍艦「愛宕」

一九〇四年一月一一日、横須賀軍港にあった二等砲艦「愛宕」（六二二トン）は第三艦隊に編入された。『極秘海戦史』には一月一〇日編入とあるが、『軍艦愛宕戦時日誌』の記録の方を採った。以下とくに断らない限り、典拠は後者である。

一月一四日、「愛宕」艦長・久保田彦七海軍中佐は、第三艦隊司令長官・片岡七郎海軍中将の電命を受けて横須賀を出港、一月二七日に対馬の竹敷に入港、第七戦隊司令官・細谷資氏海軍少将の指揮下に入った。

翌二八日、久保田艦長は、細谷司令官より次の訓令を受けた（史料中の軍艦名にも「　」を補った）。

其艦及軍艦「鳥海」を韓国馬山浦及釜山港方面に派遣し、警備の任務に服せしむ、貴官は速《すみやか》に準備を整へ馬山浦に急航し、「赤城」艦長より任務の引継ぎを了し、特に露国艦船の挙動に注意し、直接之を海軍大臣に報告すべし

「愛宕」は、馬山浦警備の任務に就くこと、特にロシア艦船の挙動に注意し、これを海軍大臣に直接報告せよ、と命令されたのである。

その日の午後、「赤城」がすでに馬山浦より釜山に帰港したと聞き、翌二九日午前七時八分、「愛宕」は「鳥海」と共に釜山に向け竹敷を出港した。約七時間の航海の後、午後二時半、釜山港に着く。「大島」「赤城」両艦長と会合を持ち、任務を引き継ぎ、さらに幣原喜重郎《しではらきじゅうろう》釜山領事等と現地の情勢把握と今後の打ち合せを行った。

「愛宕」艦長は、「鳥海」艦長と連名で、二九日午後三時に、東京の山本海軍大臣と竹敷の細谷司令官に、

「着、大島・赤城より任務を引継ぐ」

と電報を打った。細谷司令官からは、

「今後、露国軍艦、露国商船多数出没し、愛宕・鳥海のみにては到底任務機敏を欠く畏《おそ》れありと認めらるるときは、直に意見電報す可し」

との電報があったが、これには
「港内露国艦船なし、目下の処二艘にて足れりと認む」

と返電した。これが一月三〇日午前八時三〇分のことである。引き続き、同日午前九時発でソウルの日本公使館付吉田海軍少佐に
「着、大島・赤城の任務を引継ぐ、緊急の事項あらば電報を乞ふ」

と発信し、午前一一時には馬山浦の三浦彌五郎領事にも、

「着、大島・赤城の任務を引継ぐ、不日一艘其地に回航の筈なるも、緊急の事項あらば電報を乞ふ」

と発信した。

すでに、海軍、陸軍、外務省の連携がスムーズにできていたことが見てとれる。

「愛宕」艦長は、同日（一月三〇日）、「警備報告其一」を書いた。

ロシアの捕鯨船は数日前に元山に去り、釜山港には一隻の外国船も見ない。居留民等はなんら動揺することなく、非常に静かである。過日のロシア士官が海底電線を切断云々の件は、釜山郵便局長が何の根拠もなく逓信大臣に自分の想像を打電した結果であった。釜山には陸軍の参謀官が来ており、陸軍の揚陸準備がすでに完成していることを領事から聞いた。「警備報告其一」にはそのように書か

れている。

二月一日には、「愛宕」は馬山浦にいた。そこで釜山、馬山浦碇泊軍艦と両領事館との間に、相互通信のための規約が次のとおり定められた。これは「大島」「赤城」時代のものを引き継いだもののようだ。

まず領事館より会談を必要とする場合は、領事館の旗竿に昼間は赤旗、夜間は赤燈を掲げる。それに対し応諾は碇泊艦の大檣（メーンマスト）に赤旗もしくは赤燈を掲げる。領事館が碇泊艦あての電報等を受領したときは、赤旗もしくは赤燈を半分の高さに掲げる。会談を必要としない場合は、できるだけ速やかに書面をもって相互通信の敏速をはかる、と。

第三艦隊第七戦隊所属の軍艦一二隻の内、無線通信機を積んでいたのは、細谷司令官が搭乗する旗艦「扶桑」のみであった。よって釜山港及び馬山浦に碇泊する軍艦と両地の領事館との通信方法が、昼間は赤旗、夜間は赤燈を使って行われたのである。〈注5〉

翌二月二日、「愛宕」は細谷司令官より「日露の時局益々切迫、直に釜山に回航」すべしとの命に接し、午前七時に馬山浦を出て、四時間後の一一時五〇分に釜山に入港した。ここで久保田艦長は海軍大臣あてに、一月二九日の釜山到着以来、何ら報告すべき異状はないが、ご参考のため、小官が見聞観察した目下の状態を開陳するとして、第一報告書を発信した。

そのなかで、目下釜山には陸軍将校が来ており、多数の韓国人通訳を雇うなど、すでに開戦準備の形跡が公然の秘密となっていると述べている。また釜山港の監理（開港場における韓国の行政官）呉亀栄と馬山浦の監理・李台珽が、いずれも「親露の傾あり、或は露国の使嗾《しそう》を受けつつあるやも図り難し」。つまり両地ともにロシアが日本の軍事的行動の秘密を偵察する上で、周密な手段をもっていることは確かであるから、事局の進移に伴って機敏に通信機関を杜絶させる処置をとることが極めて必要だと思われると述べている。そして「細谷司令官の命に依り、［海軍大臣の］御命令あり次第、韓国電報局を占領するための手段は、両地領事と交渉の上講じて置けり」と報告した。

「愛宕」艦長は、二月二日、山本海軍大臣に対し、命令あり次第、釜山と馬山の韓国電報局を占領する準備はできていると報告したのである。

馬山電信局占領

四日後の二月六日、「愛宕」は馬山湾から鎮海湾へ出て、内筒砲（大砲の照準訓練のために大砲の中心に小銃を装着したもの）の射撃訓練を行った。

午後零時半、同じ第七戦隊の「海門」「磐城」「摩耶」が鎮海湾占領のためにやって来た。その「海門」艦長より「愛宕」艦長は、細谷司令官の「七戦機密第十号」の実施命令を伝達された。

「七戦機密第十号」とは、前述したように、鎮海湾占領作戦命令のことである。その第十項において、「愛宕」には馬山電信局占領が命じられていた。そしてその第十一項においては、「筑紫」に対して釜山電信局の占領が命じられていたが、このとき釜山港にいた「筑紫」にはこの命令が伝わらなかった。その理由については後述する。

「愛宕」の久保田艦長は、直ちに馬山浦に向かった。

その途上、午後三時半に、馬山領事あてに「本艦は命に依り電信局を占領せんとす、就ては電信技手及び通訳一名は、海岸の上陸場に於いて右陸戦隊に合流する様、至急御取計《おとりはか》り相い成り度《た》し、此段申し進み候也」と書簡を書き、これを乗組員の藤谷少尉に託してカッター（船に積載している大型ボート）で送りだした。「陸戦隊」とは海軍の陸上戦闘部隊のことである。

このとき「愛宕」艦長が藤谷に与えた命令は「貴官は本艦が馬山浦に投錨する際、直ちに領事館に至り、三浦領事に面接し、別紙照会書を交付し、なお当地在留の露人取締の件に付、その処分法を領事に諮り、本官に報告すべし」というものである。

命令中の「別紙照会書」には「領事に協議すべき件」として次の七件が挙げられている。

一、ロシア人の監視状況はどうか。当地に陸兵揚陸まで絶対に秘密にしたい事

二、韓人が誤解しないように告示を出してはどうか。

三、本艦の任務説明の件

四、本艦と通信連絡をとるため、徴発することができる小蒸気船はないか。

五、当地にあるロシアの兵営と石炭庫は我に使用すべき事

六、本艦が必要とする場合、徴発できる船は何隻ほどあるか。

七、軍艦用の鑵水《かんすい》、飲料水、及び糧食の準備を帝国居留民に命じてもらいたい事

藤谷少尉は、「愛宕」艦の馬山浦投錨に先立ち、午後三時四〇分にカッターで出発し、四時一五分には領事館に着いて領事に面会した。

藤谷は三浦領事に艦長の書簡を手渡した上、至急、電信技手と通訳各一名を上陸場まで派出してもらいたいと要求し、あわせて馬山浦在留ロシア人に対する取締の件に付きその処分方法を相談した。『軍艦愛宕戦時日誌』に収録された藤谷の報告書によると、領事は直ちに使いを出し、約二〇分後には電信技手と通訳各一名を上陸場に出して、「愛宕」から上陸してきた陸戦隊と合流させ、四時五〇分に陸戦隊は電信局に向かい出発したと書かれている。但し、この時刻については疑問がある。このことは後述しよう。

ところで、電信局占領後の処置についての領事の意見は左記のとおりであった。

一、占領後は当分の内、兵員数名を残し、電信局を守衛させること

二、元来日本人の電信技手は韓国人の電信暗号を知らないので、若し日本人のみで電信局の事務を取るときは、釜山との通信はできるが、朝鮮人が取扱っている京城、仁川等との通信は全く杜絶せざるを得ない。故に韓人技手一名ないし二名を残し、厳重に監視の上、彼らをして事務の一部分を履行させること。もっともこの場合にも、彼らが怪しい通信をなすなどの不穏の挙動があるときは、日本人のみで事務を取ることは勿論である。

また在留ロシア人の取締については、領事はすでに「其筋よりの命令」を受けており、その大要は左記のとおりであると語った。

一、在留ロシア人又は彼らの使役せる韓人が、暗号通信又は怪しき通信をなす事を厳禁すること。
二、彼らが右のことに従わないときは拘禁して厳重に処分すること。

三浦領事に命令を出した「其筋」とは、外務省以外にありえない。
さて、三浦領事は右の外務省命令を実行するため、領事館警察の警部、巡査、通訳各々一名を出し、さらに藤谷に陸戦隊兵員二名を要求し、計五名でロシア人居宅を襲わせ、軍事上止むを得ない理由で前項一、二の条件を実行することを通告させた。
藤谷少尉の任務はこれで終わり、領事館には一五分いただけで、四時三〇分に領事館を出て、四時四五分に上陸場に到着、五時五分に「愛宕」に帰艦した。

それより少し前の午後四時、「愛宕」は馬山浦に投錨していた。久保田艦長は、分隊長心得・天野中尉を陸戦隊指揮官に任命し、陸戦隊員四〇名を率いて上陸させ、電信局の占領に向かわせた。天野中尉に与えられた命令は左の通りである。

其官は本艦馬山浦に碇泊の後、陸戦隊を率ひ馬山浦に上陸し、韓国電信局の占領を実行すべし、但し占領后の処分に付ては、馬山浦領事及郵便局長と協議の上断行し、必要なる兵員を残し帰艦し、其情況を報告すべし

『軍艦愛宕戦時日誌』に収録されている陸戦隊長・天野中尉の報告書を要約すると、電信局の占領は左記のとおり実行された。

午後四時三〇分、陸戦隊は警部の境益太郎〈注6〉と日本郵便局長ほか局員三名と共に昌原電報司［局］に到着、直に占領した。電報司長は不在であったが、主事の趙忠鎬に占領の理由を通告し、設備の機械等を故障なく受け取った。司長を捜索するため、兵士二名に局員一名をつけて所在を探したところ、局外で発見したので、直ちに帰局させた。電報司内に韓銭があったが、これらはみな司長に引き渡した。局員は別に抵抗の意志はないようであった。

多数の局員は不必要であるので、電報司には司長・徐相哲、主事・趙忠鎬、郵逓司には司長・鄭在恩、主事・具滋爀の四名と使役二名を残し、他は皆局外に放出した。電報司長より、韓国電報は従前の通り取扱ってもらいたいという要請があったが、軍事に関係ないものは許可する方針であるが、充分な通訳と監督者を得るまではこれを禁ずると告知した。

釜山局がまだ占領されていないので馬山浦・釜山間は不通である。韓人技手をして取扱わせれば通信できるが、実際にどのようなことを通信しているのか、我が技手には知ることができないので、きわめて不安であるから、釜山占領を待って通信は回復完備する。

陸戦隊は午後四時五八分を以て占領を修了した。軍艦旗を旗竿に揚げて占領の事実を示した。

天野中尉は、陸戦隊員四〇名の内一六名を残して帰艦し、午後八時一五分付けで久保田艦長あてに

「韓国馬山浦電信局占領報告書」を提出した。
藤谷の報告書と天野の報告書では、陸戦隊が馬山電信局（正しくは昌原電報司と同所にあった郵逓司）に到着した時刻等が異なっている。実際に同所を占領したのは天野であるので、天野報告を採ることにする。

その夜、日付が変わった七日の午前零時、「愛宕」は馬山浦を抜錨、鎮海湾口で「海門」艦長に、細谷司令官あての「韓国電信局占領復命報告書」を提出し、再び馬山浦に帰り警戒態勢をとって碇泊した。これは、「七戦機密第十号第十項」（前掲）の命令どおりの行動であった。

「愛宕」は馬山電信局占領後も、馬山浦に止まって、本隊との緊急通信の任務にあたることを命じられていた。東京の海軍軍令部及び竹敷の第三艦隊司令部、またソウルの日本公使館では、ロシア艦隊の情報を収集していた。その情報しだいで、鎮海湾の第七戦隊には緊急命令が発せられるはずであった。そしてその命令は、「愛宕」が占領した馬山電信局につながる韓国の電信線を経由して届けられることになっていたのであった。

釜山港の軍艦「筑紫」

ところで鎮海湾占領作戦命令である「七戦機密第十号」の第四項には「済遠は急行蔚山を偵察し露国船舶あらば捕獲引致し、異状なくば直に釜山に来り本隊に合すべし」と書かれていた。

「済遠」はこの命令を実行するため、他艦に先駆けて二月六日午前五時に竹敷を出港した。そしてこの「済遠」がロシアの休職海軍軍人によって運営されていた「義勇艦隊会社」所有の汽船「エカテ

リノスラフ」号を拿捕したのは、『日本外交文書』によると、同日午前九時、釜山北方三カイリの海上であったという。〈注7〉

『極秘海戦史』には、午前五時に蔚山方面に向かった「済遠」は、中途海上で「エカテリノスラフ」号を拿捕したと書かれており、場所は明示されていないが、そこが当時国際的に認められていた海岸線から三カイリという韓国の領海内であったことは間違いないであろう。

「済遠」は命令どおり、「エカテリノスラフ」号を捕獲して曳航し、釜山港口にある絶影島付近で本隊の到着を待った。

「済遠」に続いて午前六時半に竹敷を出港した「扶桑」「平遠」と第一六艇隊は、午後零時三〇分に釜山港外に達した。細谷司令官は「済遠」が拿捕した「エカテリノスラフ」号を、第一〇艇隊所属の水雷艇（第四二号）に命じて佐世保へ送らせた（『極秘海戦史』一部一〇巻六一頁）。

当時釜山港にいた「筑紫」の日誌、『筑紫戦時日誌』の二月六日の条には、次のように書かれている。


正午、「筑紫」に向かって、「扶桑」「済遠」「平遠」の三艦と水雷艇三隻が近づいて来るのが見えた。そして午後零時三十分に、水雷艇「白鷹」から若林司令が来船し、「済遠」がロシアの汽船一隻を捕獲したことを伝え、「筑紫」も直ちに本隊に統合するように言った。

同時刻に、馬山湾から鎮海湾に出たところで、「愛宕」艦長が「海門」艦長より「七戦機密第十号」

の実施命令を伝達されたことは前述した。それによって「愛宕」艦長は直ちに馬山電信局占領に着手した。

　同様に、若林司令は「筑紫」艦長に「七戦機密第十号」の実行命令を伝達しなければならなかったはずだ。ところが、何故かそれがなされず、本隊への合流命令のみ伝達されたのである。

　よって「七戦機密第十号」によって「筑紫」に命じられていた釜山電信局占領は実行されないまま、「筑紫」は錨を揚げて釜山港口に出たところ、「済遠」が捕獲曳航してきたロシア汽船「エカテリノスラフ」号がいた。「筑紫」はしばらく同号を監視していたという。

　釜山港では、同日、ロシア船がもう一隻捕獲された。それは、「奉天」あるいは「ムクデン」と呼ばれる、東清鉄道会社所属の汽船であった。「奉天」というのは中国東北部の中心都市「瀋陽」の旧称で、満州語ではムクデンと発音された。

　「ムクデン」の捕獲については、『極秘海戦史』には、「扶桑」「平遠」に随《したが》って竹敷を出航し釜山に向かった第一六艇隊から、「白鷹」が列を離れて急航して細谷司令官の命令を釜山港にいる「筑紫」に伝えた帰途、「同港外」において「平遠」とともに露国東清鉄道会社所有船「ムクデン」号を拿捕し、竹敷に送った、と書かれている。〈注8〉

　しかし、『筑紫戦時日誌』には、「平遠及扶桑、北港［釜山港内］に入港し、碇泊中の露国汽船奉天号を捕拿《ママ》し、平遠之を引致南航す」と明確に書かれている。日本の軍艦が釜山港内に入って、碇泊中のムクデン号を捕獲したことは疑い得ない。この問題については、山本海軍大臣が二月八日付で小村外務大臣あてに出した書簡も残っており、そこにも「露国東清鉄道会社汽船『モグデン』、右本月六

日軍艦平遠釜山港ニテ差押」とはっきり書かれている。〈注9〉

『極秘海戦史』の「同港外において」の記事は、敵船といえども中立国港内では拿捕することはできないという戦時国際法違反を避けるために、事実を曲げて記述しているものである。

『極秘海戦史』はこれに続けて、細谷司令官が将校を陸上に派遣し、韓国電信局の現状を調査せしめたところ、今朝すでに「陸軍にては、事実之を占領せるの状態なりしを以て」、午後四時三〇分、「扶桑」「筑紫」第一六艇隊を率いて釜山港外を出発したと書くが、これも事実ではない。陸軍の守備隊が釜山電信局を占領するのは、翌日の二月七日朝まで遅れた。『極秘海戦史』の記述は、海軍の「名誉」のために、命令伝達不備による重大ミスを隠蔽したものであろう。

『筑紫戦時日誌』には、「筑紫」は「扶桑」に従って鎮海湾に入り、午後七時三〇分に漆川水道に投錨した。その後、「筑紫」艦長は旗艦「扶桑」に赴いて初めて、「左記命令の既に郵送され居りたるを知るも、其到着遅延の為、本艦の行動時宜を逸せしは、乗員等の大に遺憾とする処なり、曰く」として、「七戦機密第十号」全文を掲載している。

そもそも二月三日に竹敷の「扶桑」において発令された「七戦機密第十号」自体が、釜山港にいた「筑紫」には届いていなかったことがわかる。同命令は別に実施命令があるまで各艦長に密封保管することが命じられていたものであったが、この日（二月六日）「筑紫」艦長には「七戦機密第十号」の実施命令もまた伝達されなかった。このような二重のミスを、機転を利かせて救ったのは、釜山領事・幣原《しではら》喜重郎であった。

釜山領事・幣原喜重郎

幣原喜重郎は、周知のように、一九四五年一〇月に、アメリカの軍事占領下で、第二次大戦後最初の首相に就任した外交官であるが、一九二八年に朝日新聞社から出版された『その頃を語る』に、「釜山領事時代の大手柄―日露開戦せつな夢中の電信局占領―」という一文を寄稿している。また戦後の一九五一年に同じく朝日新聞社から出版された、幣原の口述をまとめた『外交五十年』の中でも、「ロシア領事の抗議」「郵便局の武勇伝」という小見出しのもと語っている。

前書において、幣原は次のように述べている。

今に忘れもせぬ、明治三十七年二月七日《ママ》の朝まだき、僕は例のとおり床をはなれて、釜山港を一目に見渡す領事館の窓から、フト港内を眺めると、二三日前入港した許《ばか》りの、東清鉄道会社附属商船マンチュリア号に、ただならぬどよめきが起こっている様子。早速望遠鏡をとりだしてよく眺めてみると、確に武装した日本の水兵がどんどんマンチュリア号に乗り込んだかと思ふと、今まで掲げられていた露国々旗が、見る見るうちに日本の軍艦旗と変ってしまった。

幣原は、このように二月七日の朝の出来事として語り始めるが、これは二月六日の誤りである。また船名も「マンチュリア」ではなく、「ムクデン」である。このようにいくつかの記憶違いはあるが、戦時国際法違反を誤魔化すために『極秘海戦史』が「ムクデン」号の捕獲を釜山港外と書いていることに対し、それが港内の出来事であったことを証言する点において、幣原の回想は重要である。引き続き幣原は、釜山港に入港した砲艦の艦長から、ロシアの通信線切断に関し相談を受けていたことを次のように語っている。

その前の晩、丁度入港した砲艦の艦長で、広瀬武夫中佐の実兄に当る広瀬勝比古君（当時海軍中佐）が領事館にやってきて「ともかくも日露の開戦は目の前に迫っている。丁度僕は釜山の電信局を占領して、露国の通信網を断つ任務を持っているんだが、一体どういふ手続きをとったらいゝんだらう。」と僕に相談を持ちかけたものだ。（中略）翌日早朝になると肝心の任務を持っていた広瀬艦長は、八口浦方面へ出動命令を受けたといって、俄《にわか》に釜山を出港してしまった。肝心の任務を帯びている人物は、俄に出発してしまったし、眼の前には最早戦闘行為が始まって、電信局占領に就いては何等の任務も持っていない僕としても、全くヂッとしてはいられない気持ちになった。僕の焦慮はたゞもう無意識的に、釜山の電信局を押へることを僕に命じてしまった。

広瀬勝比古は「大島」艦長で、一月二〇日に馬山領事と釜山領事に韓国電信局占領に関し、協力を依頼していた（これについては後述する）。「大島」は一月二七日に第一艦隊に移動になり、任務を「愛宕」と「鳥海」に引き継いで釜山を去った。幣原は二九日には「愛宕」・「鳥海」艦長とも打ち合わせを行っている。このことはすでに紹介した。翌三〇日、機関に故障を起こした「鳥海」に代わり、釜山港に入ったのが「筑紫」であった。戦闘行為が開始されたにもかかわらず、「筑紫」が電信局占領を行わないまま釜山を出港してしまったことは前述した。幣原の回想では、この間の事情をすべて省略し、「大島」艦のこととして語っている。

また同回想では、幣原がどのような手段で釜山の韓国電信局を占領したのかについて全く触れていないが、『外交五十年』の方では、かなり具体的に語っている。幣原は、釜山港内において日本の軍艦がロシア商船を拿捕したことについて、ロシア領事から猛烈な抗議文が来たが、すでに戦争が始まったということであるから、公文書を受け取るわけにはいかないという理由で突き返したと述べ、引き続き次のように語っている。

ロシアの領事はそのままにしては置くまい。きっとこの事を、本国政府なり、京城の公使館なりに電報を打つに違いない。仁川沖には、ロシアのワリヤークだのコレーツだのという警備艇がいる。するとこれらが、日本船を撃沈するとか、捕獲するとかするだろう。これは何としても、電報を打たしちゃいかん。いろいろ考えた末、あまりいい事ではないが、一計を案じた。それで日本の警察の巡査を呼んで、「君、無理な願いだが、ひとつ朝鮮の郵便局へ行って、ロシアの領事館から電報を打ちに来たら、それを受付けさせないよう、刀を一本提げて行って脅しつけてくれ。もちろんこれは悪い事だから、それがために君は免職［に］なるかも知れん。そして僕自身も免職になるにしても、君一身の糊口の途《みち》は全力を盡《つく》して保証する。また警察に居ることが出来なければ、必らず他の職業に世話するから、僕を信用して、思い切り刀を振り廻してくれ」と、その巡査に旨を含めると、「ようがす、やりましょう」といって、巡査は郵便局へ出かけた。

果たしてロシア領事館の使いの者が長い電信を持って来て、郵便局の窓口がそれを受付けようとしていた。そこで巡査が怒鳴り込んで、その電信を受取っちゃいかん。受取れば貴様から斬り倒すぞといって、刀を抜いたものだから、朝鮮人の局員が震えあが［っ］た。その間に巡査はその電文を書いた紙を奪い取って破ってしまった。（中略）私は郵便局の窓口などで争うよりも、これは徹底的に電信の線路を切断する外はないと覚悟し、甚だ乱暴な話だが、警察から一隊を出動させて、電線切断という非常手段を取ったのであった。（中略）「あの時オレは電線を占領する計画を受持っていたのだが、ドサクサに紛れて手が廻らなかった。それを君が切断させてくれたのは、非常に役に立った。有がたかった」と海軍の方からは大いに感謝されたのであった。

釜山領事・幣原喜重郎が、領事館警察を使い、韓国の電信局の窓口でロシア領事からの電報受付を阻止すると同時に、韓国の電信線切断も実行させたのである。

当時、釜山の日本領事館直属の釜山警察署には、警部二名、巡査三一名が配置されていた。これは日本人居留民に対する警察権と裁判権を執行していた領事の一存で自由に使える強制力である。幣原があたかも知り合いの巡査ひとりに個人的に頼んで行ったかのように述べているのは、あくまで外務省の関わりを否定し、問題を矮小化するためであったと思われる。

また幣原がしきりに、これは悪いことで、免職を覚悟して自分の独断で行い、外務省にも報告していないと弁明しているのも同様の理由からで、信用できない。幣原が韓国電信局占領の任務を帯びた軍艦に援助を与えることについて、小村外務大臣に報告して許可を得ていたことについては後述する。

但し、幣原が巡査に対し、たとえ免職になっても糊口の世話は必ずすると説得したというのは本当であろう。幣原は、この一年ほど前に、三菱財閥の創業者岩崎弥太郎の末娘と結婚し、新婦を連れて釜山に赴任していた。生活の面倒は見るという幣原の言葉にはきっと説得力があったであろう。
また後日、幣原に感謝の言葉を述べた海軍士官とは、おそらく第七戦隊司令官・細谷資氏海軍少将であろう。「ドサクサに紛れて手が廻らなかった」というのは、ロシア船舶の拿捕と竹敷への曳航に気をとられてしまった、ということであろう。

海軍大臣の占領解除命令

二月七日午後一〇時三〇分、「愛宕」艦長・久保田中佐は、馬山浦において山本海軍大臣から一通の電報を受け取った。日本が占領した馬山電信局に一時間前に届いたものである。領事館の旗竿の中ほどに赤燈が灯り、電報が届いていることが「愛宕」に知らされたであろう。

発信二月七日午後八時五四分、着信二月七日午後九時三〇分
明八日午前八時を以て馬山浦及び釜山港の韓国電信局の占領を解除す可し、又外国人を迫害し猥《みだ》りに韓国陸上にて兵力を用ゆるが如き行為をなさざる様重々すべし、此旨司令官にも伝へよ、此電報を二一番とす、受領せば受領の旨電報せよ　海軍大臣

これに見るとおり、海軍大臣山本権兵衛は、二月七日午後八時五四分に、「愛宕」艦長に電信を送

り、明日午前八時を以て韓国電信局の占領を解除せよ、またこれを司令官にも伝えよ、受領すれば受領の旨返電せよ、と命令したのであった（占領解除の理由については後述する）。

海軍大臣が一軍艦の艦長あてに直接命令を下すということは、そうあることではないだろう。この事実は韓国電信局の占領がいかに重要な軍事作戦であったかを示している。

一方、この電報を受け取った「愛宕」艦長の行動については、不明な点が多い。ただ、馬山電信局を占領していた「愛宕」の陸戦隊の残員一六名が、八日午前五時五〇分に馬山電信局を釜山の陸軍分遣隊に引き渡して帰艦したことだけは確かである。つまり、「愛宕」艦長は、「占領を解除すべし」という海軍大臣の命令は実行せず、陸軍守備隊に引き渡して占領を継続させたのである。

そしてこのあと、「愛宕」艦長は海軍大臣に、午前八時半と九時に次の二通の電報を発信した。

二一電報は直に細谷司令官に伝えたり、釜山港の電信局は当司令官の希望を伝へ、釜山港の守備隊、之を占領したり、又馬山浦電信局も昨夜釜山港より陸軍守備隊の一部来り引渡済、已《すで》に陸軍の手に帰せり、右報告す

三十七年二月八日午前八時半　　艦長

馬山浦電信局占領の手段に付きては、尤も穏なる方針を取れり、又在留露国人の処置に付きては、馬山浦領事の外務省より訓令に接したる主眼は、本官の意見の通りなれば之を決行し、帝国の軍事的行動を他に洩すべからずとの告知をなし、之を監視したりしも、別に強迫を加へたるにあらず、委細書面

二月八日午前九時　　艦長

海軍大臣からの直々の電報、しかも「受領せば受領の旨電報せよ」とわざわざ指示された電報を、二月七日午後一〇時三〇分に受け取った「愛宕」艦長が、一〇時間も経った翌八日八時半になってはじめて返信したのはいかにも遅い。またその内容も、八日午前八時をもって「占領を解除す可し」という命令に対し、すでに陸軍守備隊の手に引き継いだから、命令は実行できないと返信したのである。しかも実際には馬山電信局を陸軍守備隊に引き渡したのは、八日午前五時五〇分であるにもかかわらず、海軍大臣には「昨夜」と嘘の報告をしている。ここにはいったい何があったのか。

次に、外務省史料で検討してみよう。

外務省と韓国電信局占領

外務省外交史料館蔵『韓国電信局占領一件』には、馬山領事の三浦彌五郎と釜山領事の幣原喜重郎が外務大臣・小村寿太郎あてに送った報告書が綴られている。

馬山領事のものは、電報四通と機密郵便三通が収録されているが、釜山領事のものは電報三通のみで、そのうち一通は馬山領事の電報を単に転送したものである。これに対し、小村の返信は釜山領事の第一電報に答えたものしか収録されていない。〈注10〉

幣原喜重郎と三浦彌五郎は、ともに東京帝国大学法科大学を卒業後、外務省の「外交官及領事官試験」に合格し、外務官僚となった。幣原は、第四回（一八九六年九月）に合格、三浦は第五回（一八九七年四月）に合格している。当時の合格者は毎回数人にすぎなかったから、超エリートであったことは間違いない。

幣原は、その後外務大臣（一九二四〜二六、二九〜三一年）となり、幣原外交と呼ばれる「国際協調外交」を展開しようとしたが、軍部と対立して引退した。六〇歳であった。失意不遇の一四年間を経て、一九四五年一〇月、七四歳の幣原は、アメリカ軍の占領下で、天皇から内閣総理大臣に親任され、幣原内閣を組閣した。翌年五月に吉田茂にバトンタッチして総理の座を降りるまで、「人間天皇の宣言」草案を起案し、「日本国憲法改正草案要綱」を発表するなど、戦後日本の再生にとって極めて重要な役割を果たした。一九五一年三月、八〇歳で死亡。同年九月、幣原平和財団が組織され、一九五五年一〇月に、同財団編集兼発行『幣原喜重郎』が非売品で出版された。

同書によると、幣原が釜山領事として赴任していたのは、一九〇一年九月から一九〇四年三月までである。赴任当時の釜山は、日本人家屋がすでに一〇〇〇戸を超え、その人口も五〇〇〇人以上にのぼり、まるで日本の小都市であるかのような景観を呈していた、と書かれている。さらにその四年後、日露戦争を終えた時には、日本人戸数も人口もその倍以上になっていた。〈注11〉

日本領事館は龍頭山の中腹あたり、釜山第一の建物であったという。二階のバルコニーに上ると、全市街が一望のもとに入り、遠く海の涯まで眺められた。このバルコニーから、二月六日に幣原が何を見たかについては前述した。

一方、三浦彌五郎は、一九二一年にスイス公使を最後に退官した。

『帝国大学出身名鑑』（交通調査会、一九三二年）によると、三浦は一八七二（明治五）年に千葉県に生まれ、一八九六（同二九）年に東京帝大法科大学（法律科英法専修）を卒業している。三浦の同期に、在アルゼンチン特命全権公使などを務めた諸井六郎がいる。一九三〇年一〇月六日に東京の法曹会館で開かれた「故諸井六郎氏追憶会」では、幣原が発起人挨拶と司会を行い、三浦が第一番目に故人の思い出を語っている。

そのなかで三浦は、諸井とは第一高等中学校以来の同窓で、法科大学では諸井は政治科で自分は法律科と別れたが、一八九七（明治三〇）年四月に「外交官及領事官試験」に一緒に合格し、翌五月に諸井は領事館補として上海に、自分は外交官補としてブラジルに赴任したと述べている。〈注12〉

一八九九年に馬山浦が開港されると、釜山領事館馬山分館が設置され、領事館補として木浦に在勤していた坂田重次郎が転任してきた。一九〇〇年四月一日付けで馬山分館が廃されて、馬山領事館が設置されると、坂田が初代領事に就任した。このころ京城領事は山座円次郎であった。

一九〇一年九月、小村寿太郎は外務大臣に就任するや、三五歳の山座を政務局長に抜擢して東京に呼び戻した。翌一九〇二年一二月には、坂田も外務参事官として本省に戻り、政務局長・山座円次郎の補佐役となった。坂田の後任として、第二代馬山領事に就任したのが三浦彌五郎であった。

一九〇四年一月八日、片岡第三艦隊司令長官は、馬山浦・巨済島方面におけるロシア艦の動静を監視するため、軍艦「宮古」を同方面に急派した。その後「宮古」と交代して、一月一六日に「大島」が馬山浦に入った。

「大島」艦長・広瀬勝比古（海軍中佐）は、馬山領事・三浦彌五郎と釜山領事・幣原喜重郎に対し、一月二〇日に韓国電信局占領についての協力を要請した。これに対し、両領事がどのように対応したかを見ていこう。

まず幣原釜山領事は小村外務大臣あてに次のように発信し、回訓を求めた。

第三号　万一に於て韓国電信局を我が掌中に帰せしむるか、或は外人の電報を遅滞せしむる必要に付、秘密に其準備をなし置くべき旨、当港碇泊大島艦長は其筋より電訓を受けたる趣在り、其任務施行方に付き本官に協議ありたり、如此《かくのごとき》軍事的行動に関し本官は相当の援助を与へ可然《しかるべき》か、回訓を乞ふ

（電受一三三号、明治三七年一月二一日午後零時一〇分発、同四五分着）

これに対する小村の回答は次のとおりであった。

貴電三号に関し御稟中の件は差支なし、尤も極めて秘密に手段を取らるべし

（電送第五九号、明治三七年一月二一日午後一一時発）

一九〇四年一月二一日、幣原釜山領事は、釜山港に碇泊中の「大島」艦長は韓国電信局の占領と外国人の電報差し押さえの準備をしておくように命じられた模様で、その任務遂行のため協力を求められたが、このような「軍事的行動」に援助を与えていいか、と外務大臣に聞いた。同日、外務大臣・

小村寿太郎は、「差支なし」、但し「極めて秘密にやれ」と訓令したのである。

馬山領事・三浦彌五郎

三浦馬山領事は一月二二日付けで「在馬山韓国電信局占領に関する件」と題した機密郵便を外務大臣小村寿太郎宛に送った。

この中で三浦は、電信技術者はすでに到着しているので、馬山電信局は陸軍の上陸と同時に占領すればよく、「大島」艦長の言うように「動員発令の報を得たる時」に軍艦の水兵が電信局を占領することは「平地に風波を起すの嫌」があり、拙速にすぎると批判している。三浦の理解によると、動員令が発令後、軍隊が出発するまでに一週間はかかると考えられたからである。

ところが実際には、陸軍が動員令を発令（二月五日）する以前に、第一二師団管下で臨時韓国派遣隊が編成され、佐世保近効に碇泊した輸送船内に密かに乗り込み、二月六日の連合艦隊の出動とともに出発した。しかし、暗号名「コロク」と呼ばれたこの作戦は、陸軍内部でも極秘裏に準備されたものであり、外務官僚三浦彌五郎の理解を超える動きであった（第Ⅴ章参照）。

三浦の二月八日付け報告「馬山電信局占領後今日に至る迄の情況報告の件」によれば、陸軍は馬山浦を上陸地点と定め、そのために必要な物資を集積しつつあった。同日には、上陸予定部隊中の先遣徴発隊の護衛兵として、将校六名下士官以下一六〇名が馬山浦に到着し、いよいよ公然と軍事行動を開始しようとしていた。

陸軍の馬山上陸作戦中止の決定が現地に通知されたのは、二月一〇日であるが、その時すでに「薪炭米麦等の軍需品は馬山、鎮海、晋州、露梁津等の要所に既に夥しく集積しある」という状況であった（二月一二日付け報告書）。

三浦領事が陸軍のこのような軍需物資の集積作業に協力するため、当地の韓国人役人たちを、いかに強迫懐柔しつつ、「詐欺手段類似の船繰陸揚等」を行っていたかは、二月八日付け報告書に次のように書かれている。

当港監理及警務官等、韓国役人儷《レイ》［輩の意。役人輩］は、固《もと》より恐怖の疑念を抱き、戦慄し居る模様に付、此際彼等をして一方には我に好意を表するの実を示さしめ、以て一方には充分の保護を与ふるを得業と思料致候《いたしそうろう》に付、其方針にて彼是促す所、有之候処《これありそうろうところ》、監理は自ら進で人夫牛馬等の徴発には及ぶべき丈け尽力したき旨を申出、且つ韓人等若し逃亡する様の事ありては、却《かえっ》て我軍隊の不利益となるべしとの口実の下に充分の保護を依頼し来りたるに付、右申出を受納し、我軍隊に於ては二十七八年戦役［日清戦争をさす］に於けると同様、寸毫も侵す所なきことを懇諭致置候《いたしおきそうろう》に付、今後当地附近に於て行ふべき徴発等は、必ず都合能《よ》く行はるゝ見込充分に有之候《これありそうろう》

当地海関支署長は本官と同心一体にて、海関手続きに干［関］して各般の便宜を供せられたるも、是迄何事も秘密々々の一点張りにて、其裏面には詐欺手段類似の船繰陸揚等を行ひ、海関支署長は能《あた》ふ丈け之を黙過し、又は弁護したる為め、釜山海関の方より詰責を受けたること一再に止まらず、其次第は一々本官に打明け、今後尚斯《かか》る不規則を許容するに於ては、直ちに罷免せらるる

に至るべしと迄申し居り（後略）

開港場である馬山浦には、韓国の行政官「監理」がおかれ、治安取締りのための「警務官」、税関業務のための「釜山海関支署」が置かれていた。

日本陸軍部隊の上陸、進駐に対し、馬山浦の監理や警務官ら、韓国役人たちは恐怖の念を抱いて戦慄している。この際、彼等に対して日本に協力する実を示させる一方、充分の保護を与えることが得策と考え、色々やっているところである、と三浦はまず報告した。

その成果があって、韓国の監理は、人馬の徴発にはできるかぎり協力したい。しかし徴発された韓国人が逃亡したりすれば、かえって日本の不利益になるであろうから、充分保護されたいと申し出てきた。そこで三浦は、この申し出を受け入れ、日本の軍隊は日清戦争の時と同様に、寸毫も侵すところがないと、ねんごろに説明したので、今後当地においての徴発は都合良く運ぶ見込みである、と三浦は書いている。

また、馬山浦の海関支署長が三浦に対して特別な便宜を与え、日本の「詐欺的手段」を黙認してきたため、釜山海関から何度も詰責を受けていることも明らかにしている。「詐欺手段類似の船繰陸揚」とは、日本の陸軍が、正規の税関手続きを経ないで、馬山浦に軍需物資を陸揚げし、集積していたことをさすのであろう。

さて、三浦のこの拙速批判にもかかわらず、前述したとおり、「大島」から任務を引き継いだ「愛宕」は、二月六日、陸戦隊を出して馬山電信局を占領した。三浦は外務大臣に次のように電信で報告した。

愛宕艦は昨六日午後四時半馬山電信局を占領したり
（一九〇四年二月七日午後二時二五分発、同三時一分着）

この電信が七日午後二時まで、一昼夜近くもの間発信できなかったのには理由がある。そのことについて、再び三浦に語ってもらおう。

実は占領の当時、愛宕艦は馬山電信局を占領したるも、筑紫艦は釜山電信局占領を見合はせて出港したる為め、馬山電信局には日本技手在りて、日本符号にて通信せんと試むるも、釜山の韓国技手とは相通じ得べき筈なく、翌朝釜山駐剳隊が同地電信局を占領する迄、凡《およ》そ十二時間全く電信不通の姿と相成候《あいなりそうろう》、斯《かか》る不統一に節［接］して、本官は愛宕艦長に質問したるも、同艦長は筑紫艦も同艦と同様の命令を受け居るものなりと答弁するのみにて、行違《ゆきちがい》の原因は更に明ならず、昨夜扶桑艦入港、細谷司令官と面晤《めんご》［面接］の機を得たるに付、斯る行違を生ずる如き事ありては、頗《すこぶ》る遺憾なる旨を開陳致置候《かいちんいたしおきそうろう》
（二月八日付け「馬山電信局占領後今日に至る迄の状況報告の件」）

二月六日午後四時半、馬山電信局は「愛宕」によって占領されたが、同じ命令を受けていたはず

の「筑紫」は釜山電信局を占領しないまま出港してしまった。そのため、馬山電信局を占領した日本人技手が、日本符号をもって釜山局と通信をしようとしても、釜山の韓国人技手とは通信できるはずもなく、翌七日朝、日本の釜山駐劄隊が同地電信局を占領するまでの約一二時間、全く電信が不通となった。よって馬山領事が馬山電信局占領を外務省に発信することも、翌日にならないとできなかったのである。二月七日夜、三浦は馬山に入港した細谷第七戦隊司令官に苦言を呈している。

不可解だった「占領解除命令」

ここで先述の海軍大臣・山本権兵衛が二月七日夜遅くに「愛宕」艦長に送った馬山と釜山の電信局占領解除の命令に戻る。

三浦領事は軍艦（海軍）が韓国電信局を占領することについては、その拙速を批判していた。しかし、いったん占領した電信局を二月八日午前八時かぎりで解除せよ、という海軍大臣命令にはどうしても納得できなかった。引き続き三浦の機密報告書二月八日付け「馬山電信局占領後今日に至る迄の状況報告の件」を見てみよう。

本月六日馬山電信局を占領したる愛宕艦の陸戦隊（占領の最初は将校一名水兵三二名、後ち十余名に減ず）は、釜山より到着せる同地駐劄隊［陸軍］の将校一名兵員十二名と今早朝交替致《いたし》候《そうろう》、本官は最初より軍艦が電信局を占領するを不得策と信じたるを以て、主として右の更替を促したる次代《しだい》に有之候《これありそうろう》、今朝愛宕艦長来館、本官に語れる所に依れば、海軍大臣は本日午前八時限り電信局の占領を解くべき旨を同艦長に電命したる趣に候処《そうろうところ》、愛宕艦の急速なる占領に節［接］しては、本官は可否の意見を表する暇もあらざりしが、一旦占領を了したる今日に至り、更に之を解放するは、却て不穏当被存候《ふおんとうにぞんじられそうろう》

馬山電信局の占領が、「愛宕」艦の陸戦隊から釜山駐箚の陸軍部隊に移った時刻について、三浦は「今早朝」と、二月八日早朝のこととしている。三浦は自分がこの交代を促したとは言っているが、「愛宕」艦長から海軍大臣命令を伝えられた後かどうかについても、あえて曖昧に書いている。

先に見たとおり、「愛宕」艦長は海軍大臣から直々に、八日午前八時を以て「占領を解除す可し」、「受領せば受領の旨電報せよ」とわざわざ指示された電信を、二月七日午後一〇時三〇分に受け取っていた。三浦の報告書を素直に読めば、「愛宕」艦長が八日朝になって初めて領事館に行き、三浦に海軍大臣命令を伝えたところ、ちょうど釜山から陸軍部隊がやってきて陸戦隊と交代した後だったので、海軍大臣の命令は実行できないことになった、ということになるが、これはいかにも不自然である。

「愛宕」艦長はおそらく海軍大臣命令を受け取ってすぐに三浦に伝えたであろう。そこで三浦は、せっかく占領した電信局をこのまま手放すわけにはいかないと考え、夜を徹して釜山駐箚隊へ働きかけ、その結果八日早朝、「愛宕」の陸戦隊と交代する陸軍部隊が馬山電信局に到着したというのが真相ではないだろうか。

「愛宕」艦長は二月八日午前八時半になってはじめて、馬山電信局占領はすでに陸軍守備隊の手に

引き継いだから、命令は実行できないと海軍大臣に返信した。「愛宕」艦長にしても、山本海軍大臣の意図を読みかね、三浦の占領解除反対意見に引きずられた結果であったろう。

自分の命令が貫徹されず、釜山と馬山の電信局占領が陸軍の手によって依然として継続していることを知った海軍大臣・山本権兵衛は、陸軍大臣・寺内正毅と交渉した。その結果、二月九日、寺内は釜山駐剳隊長に釜山と馬山電信局占領解除を命じた。これに対し、釜山領事・幣原喜重郎と馬山領事・三浦彌五郎が相次いで外務大臣・小村寿太郎あてに占領継続を訴えた電報を送っている。三浦のみならず、幣原もまた電信局占領解除には反対であった。

幣原→小村（明治三七年二月九日午後四時五五分発、同七時着）

過日来、我が艦隊及び軍隊に於て占領せし馬山及び当地電信局は、今回解除すべき旨、其筋より命令あり候由《そうろうよし》、之れが為め、軍事行動上の不便は別問題とするも、一旦占領せる上に於て、今更之を解除するは、我が体面上面白からずと考ふ、右命令の不明なるも、可成《なるべく》占領の継続を望む

三浦→小村（同二月九日午後七時発、同八時着）

陸軍大臣は、馬山電信局の占領を解くべき旨、本日其向へ命令せられたり、然るに占領後已《すで》に四日を経過し、応急の準備漸く其緒につき、且つ占領に対し、韓国官民は毫も怪しむ所なき上に、此後三四日を出ずして、再び占領を行ふの必要を生ずること、必然あるにも不関《かかわらず》、今日俄《にわか》に此を解放するは、角を矯《た》めて牛を殺すの処置と認む、本官は時機を誤りたる電信局占領に対しては

不同意なりしも、今に及で是れを解放するは、軍隊の威信にも関し、其の不利不体裁一層大なるものありと思考す、幸ひに卑見御採用の上は、至急其筋へ御《ご》照会《しょうかい》相《あい》成《な》り、再考を求めらるゝ様、切望に堪へず

当時、釜山においても馬山においても、陸軍の先発徴発隊が上陸し、来るべき日本軍の上陸に備えて、薪炭米麦等の軍需品の調達、要所への集積を半ば公然と進めていた。現地の領事たちは外務省の指示の下にこれに協力していた。よって、幣原も三浦も、あと三、四日もすれば陸軍の大部隊が上陸し、電信局を再び占領する必要があるにもかかわらず、電信局占領を解除せよという命令が出た理由が、どうしても理解できなかったのである。

秘匿された海軍大臣の意図

山本海軍大臣が電信局占領解除を命じた「二月八日午前八時」というのは、どういう時刻だったのか。

山本が六日正午に、仁川港でロシア軍艦の見張り役に就いていた「千代田」艦長村上大佐に与えた電命は、左記のとおりである。

連合艦隊は六日佐世保を発す、貴官は八日午前八時、外《ママ》ベーカー島の南方に於て瓜生司令官の率いる第四戦隊に合併する如く仁川港を出発す可し、八日午前八時、第一戦隊其の他は小青島の南

方に在り

（『極秘海戦史』一部一巻九六頁）

連合艦隊が佐世保を出港しつつあるとき、山本海軍大臣は、仁川港の「千代田」艦長に、二月八日午前八時に、ベーカー島（牙山湾外）の南方で第四戦隊に合流すべく仁川港を出発せよと命令した。そして同時刻には連合艦隊主力は小青島の南方に在ると伝えた。小青島とは、仁川の西北方、黄海に浮かぶ島の名前である。連合艦隊が旅順港奇襲攻撃に向かう予定航路上にあった。

山本海軍大臣は、韓国が世界に向けて「中立宣言」を発表し、日本を除く主要国がこれを承認している状況下で、韓国の電信局を軍事占領することが国際法に違反する行為であることを十分承知していた。また交戦状態が出現する前にロシアの商船を拿捕することも同様であること、ましてや中立国港内においてこれを拿捕することは、明白な国際法違反となることも十分承知していた。

しかし山本は、列強各国の注目を引かない範囲内であるなら、韓国沿岸においては国際法違反もやむを得ないと考えていた。このことについては、一月三一日に山本が「千代田」艦長に「韓国沿岸に於ては他の列強との関係を惹起せざる限りは国際公法上の例規を重視するを要せず」と訓示していたことを、前章において紹介した。

山本は、連合艦隊の発進を秘匿し、旅順及び仁川港の奇襲攻撃を成功させるため、また鎮海湾を占領した艦隊との通信線が確保できるまで、他の列強との関係を引き起こさない範囲で、最短時間だけ軍艦の陸戦隊によって韓国電信局を占領させようと考えていたのである。同様に、連合艦隊の発進情あったのである。

報を秘匿するため、釜山近海においてロシアの義勇艦隊会社と東清鉄道会社の汽船を拿捕させたのであった。

二月七日午後八時五四分発で、「明八日午前八時を以て馬山浦及び釜山港の韓国電信局の占領を解除す可し」という命令を出したのは、その時点で海軍大臣のもとに集まった情報により、二月八日午前八時には、連合艦隊主力は小青島に、陸兵を積んだ輸送船を率いた第四戦隊は牙山湾外のベーカー島付近に到着することが確実となったからである。山本は、二月八日午前八時以降に、連合艦隊の発進情報がロシア側に漏れても、作戦への影響はないと判断したのである。

また、山本海軍大臣が二月五日に布目少佐に命じた、対馬の豆酘湾より巨済島を経て馬山浦への電信線敷設工事（第二線の敷設）は、七日中に巨済島の宮農湾宮農里への海底ケーブルと陸上材料の陸揚げを完了していた。豆酘湾の陸揚地と厳原郵便局間の陸上電線架設工事は、長崎郵便局がすでに一月中に完成させていた。よって、二月七日中には、韓国の巨済島から対馬の豆酘・厳原を経て長崎・東京へと通信がつながったのである（第Ⅵ章参照）。

これによって、鎮海湾占領に任じた第三艦隊第七戦隊への通信線は確保されることになった。つまり、もはや韓国の電信線と電信局を利用して第七戦隊に通信する必要はなくなったのである。しかし、これらの事実は、現地の外務官僚、陸軍守備隊のみならず、同じ海軍の「愛宕」艦長ですら全く知らされていないことだった。

以上の判断から、山本は韓国電信局の占領解除を命じたのであったが、山本の意図に反して陸軍守備隊の手に移ったため、その命令は実行されなかった。そこで山本は、寺内陸軍大臣を通じて再度命令を下さねばならなかったのである。しかしこの寺内の命令に対しても、釜山領事と馬山領事が外務大臣に対し、異議申し立てを行ったのであった。

両領事が納得したのは、連合艦隊の奇襲攻撃が一応成功したことによって、日本海軍が黄海の制海権を掌握したことから、陸軍の上陸地点はソウルに近い仁川へ、さらに北方の大同江口の鎮南浦へと変更されたことにより、陸軍が第二案の釜山・馬山上陸計画を中止し、先発徴発隊に引揚命令が出されてからである。

なお、『極秘海戦史』は、馬山と釜山の電信局占領を第三艦隊第七戦隊司令官・細谷資氏海軍少将の独断であったかのように叙述し、「筑紫」が命令を実行しなかったことには全く言及していない。また占領の事実を知った山本海軍大臣が直ちに占領解除するように愛宕艦長に命令したところ、馬山電信局はすでに陸軍守備隊の手に渡っていたので、寺内陸軍大臣に交渉して占領を解除した、と事実と異なる説明がある。〈注13〉

このことは『極秘海戦史』もまた、事実そのものを述べたものでは決してなく、意図的な改竄が見られるという当然のことを再確認させてくれるだろう。

日露戦争はいつ始まったか？

さてここで、日露戦争はいつ始まったか、という問題を考えておきたい。

元来、交戦状態とは、開戦の意思を相手に通告した時、または実際の戦闘行為がそれに先行した場合は、その戦闘行為があった時から成立すると見なされている。

日露両国間の兵力による衝突は、二月八日午後四時四〇分に、韓国の仁川港沖において、ロシアの小型砲艦「コレーツ」と日本の連合艦隊の第二艦隊第四戦隊（瓜生艦隊）との間に始まった。その数時間後には、日本の連合艦隊に守られた駆逐艦隊が、旅順港外部碇泊地のロシア艦隊を奇襲攻撃した。開戦の意思の通告（宣戦布告）は、ロシアが二月九日付「宣戦の詔書」を二月一〇日の『官報』一面トップで大きく発表し、日本も「宣戦の詔勅」を一〇日夜の『官報』号外で配布した。以上の事実によって、日露戦争の開始は二月八日とされてきた。

しかし日本政府が、戦争の開始を二月六日とすると閣議決定していたことは案外知られていない。そこでまず、どのような手順で、日露戦争が二月六日から開始されたと閣議決定されるに至ったかを紹介しておこう。

山本海軍大臣は、一九〇四年二月一八日に外務大臣小村寿太郎あてに「戦時平時区分決定照会ノ件」（官房機密第四二五号）を送った。それには次のように書かれていた。

戦時平時区分の件に付、別紙之通、貴大臣連署を以て閣議に提出致度候條、異存無之候はば、捺印の上内閣へ送付相成度、此段及照会候也

この照会に「別紙」として添えられた閣議提出案「戦時平時区分の件」（官房機密第四二五号ノ二）は、次の通りである。（傍線、筆者。以下、同）

今回露国と戦端を開きたるに付ては、我が国が戦時の状態に移りたる時機を明にするの必要をみとむるを以て、本月六日即ち政府が日露両国の外交断絶したるを以て我国は自由行動を執るべき旨を宣告したる日より戦時と定められ度、右は事重大なるを以て茲《ここ》に閣議を請ふ

明治三十七年二月十八日

陸軍大臣　　寺内　正毅

外務大臣男爵　小村寿太郎

海軍大臣男爵　山本権兵衛

内閣総理大臣伯爵　桂　太郎　殿

つまり山本海軍大臣が、二月一八日付けで、陸軍大臣、外務大臣、海軍大臣の三者連名で、内閣総理大臣あてに提出する閣議案「戦時平時区分の件」を作成し、二人に同意を求めた。その内容は、戦時の開始は二月六日としたい、これは大変重要なことなので閣議での決定を要請したい、異存がなければ捺印の上、内閣へ送付してもらいたいというものであった。

次に一週間後の二月二五日付けで、山本海軍大臣は外務大臣小村寿太郎あてに「戦時平時区分内閣より通達の件」（官房機密四二五号ノ四）を送った。その文面は左記のとおりである。

貴大臣連署を以て閣議に提出致候戦時平時区分の件に付、別紙写の通内閣より通達相成候條、此

段及通牒候也

「別紙写」とは、この文書に添付された「内閣通達写」（内閣批第五号）のことで、左記のとおりである。

明治三十七年二月十八日官房機密第四二五号ノ二
戦時平時区分の件、請議ノ通
明治三十七年二月二十四日
内閣総理大臣伯爵　桂　太郎

（『日本外交文書』三七巻三八巻別冊一、四〇～四一頁）

要するに、実際に閣議で審議されたかどうかは不明であるが、内閣総理大臣・桂太郎は、一九〇四年二月二四日に、二月一八日付けで陸軍大臣・寺内正毅、外務大臣・小村寿太郎、海軍大臣・山本権兵衛の三者連名で提出された閣議案「戦時平時区分の件」について、「請議ノ通」と了承し、日露戦争の開始を一九〇四年二月六日とすることを認定した。

この閣議案を作成して、外務大臣・小村寿太郎に同意を求めたのも、閣議で承認されたという内閣通達の写しを小村外務大臣へ送ってきたのも山本海軍大臣であった。

山本が、戦争の開始を二月六日にすべきと考えた理由は、次の二点にある。

①二月六日午前一〇時（実際には九時）より、ロシア義勇艦隊所属の船舶に対し、交戦権の一手段である拿捕を行ったこと。

②二月八日午前において、小村外務大臣が駐日英国公使に対し、日露両国間の係争事件の平和的解決に関するランスダウン英国外相の提言について、時局はすでに戦争状態の域に到達していることを断言して拒否したこと。

山本海軍大臣は、①、②の事実を合理化するために、米西戦争の際に米国が最後通牒を発した日に遡って戦時の始期を定めた事例に鑑み、二月六日、日本がロシアに対し国交断絶と自由行動をとるべき旨を宣言した日を以て戦時の始期とすることを妥当としたのである。

これは、日本の軍事行動の開始が欧米列強から国際法違反と非難されないように、山本海軍大臣が苦心のすえ考えついた方便であった。しかし厳密に言えば、二月六日に日本がロシアに国交断絶を通告したのは、現地時間で午後四時、日本時間で言うと午後九時であり、ロシア船の拿捕は同日の午前九時から行っているのであるから、国際法違反は免れない。

ところが後世の日本の歴史家たちは、二月六日におけるロシア船の拿捕問題など全く問題にせず、また戦争の最高指導者だった山本海軍大臣のこのような苦心にも考慮を払うことなく、日露戦争の開始を一九〇四年二月八日深夜の連合艦隊による旅順艦隊奇襲攻撃としてきたのである。

なお、戦争の開始日を確定する必要性は、軍人恩給法上の戦時加算（二箇年）を適用するためにも、明確にしなければならない問題であった。

海軍省においては、明治三七年四月一九日付けで「本年二月六日以後に於て最終に帝国港湾を出発したる日、又二月六日以前より清国北部及韓国に在りたる艦船及海軍軍人は二月六日を以て明治三十七年戦役従軍年の始期とし軍人恩給法第二十一条第一号に依り二箇年を加算すべきものとし可然哉《しかるべき》」という起案が作成され、四月二〇日付けで海軍大臣山本権兵衛によって決裁されている。〈注14〉

当時の日本政府の認識から見ても、日本の法制上の規定から見ても、二月六日から戦時に入っていたとしなければならない。

さらに重要なことは、本章で明らかにしたように、日露戦争における日本軍の最初の武力行使が、二月六日未明より開始された第三艦隊による韓国の鎮海湾の占領と馬山電信局の占拠であったという事実である。欧米列強からの国際法違反の追及には極めて敏感な山本も、韓国に対しては、国際法を遵守する考えは毛頭なかった。但し、これは公言できることではなかったので、鎮海湾の占領と馬山電信局の占拠は公刊戦史から消され、なかったことにされたのである。

おわりに

一九〇四年二月六日午前九時より、連合艦隊（第一、第二艦隊）は佐世保を出港し、旅順と仁川をめざした。これに先立つ同日未明、対馬の尾崎港および竹敷港にあった第三艦隊第七戦隊は、韓国の鎮海湾と電信局占領、ロシア船舶の捕獲のために出港した。

同戦隊所属の「済遠」は同日午前九時に釜山北方の韓国領海内でロシア商船「エカテリノスラフ」

号を、「平遠」は釜山港内で「ムクデン」号を拿捕し、いずれも竹敷へ曳航した。

ロシア領事からの抗議を受けた釜山領事・幣原喜重郎は、領事館警察隊を使ってロシア領事の電報発信を阻止し、さらに韓国の電信線を切断させた。

また「愛宕」艦の陸戦隊は、同日午後四時五〇分に馬山の韓国電信局占領を完了した。翌七日朝、陸軍の釜山守備隊は釜山の韓国電信局を占領した。

二月七日午後九時、山本海軍大臣は、「愛宕」艦長に、翌八日午前八時をもって電信局占領を解除せよと電命した。しかしこの命令は、陸軍兵力の馬山及び釜山上陸の準備を整えていた陸軍と、これに協力していた釜山・馬山の両領事によって拒否され、両電信局の占領は陸軍の釜山守備隊の手によって継続された。

海軍の旅順、仁川奇襲作戦成功の結果、陸軍の上陸地点は仁川以北に変更され、二月一〇日に馬山及び釜山の陸軍先発徴発隊に引き揚げ命令が出されたため、釜山電信局は二月一〇日深夜、馬山電信局は翌一一日午前八時に占領が解除された。

海軍の公式戦史である、軍令部編『明治三十七八年海戦史』全四巻（一九〇九年）では、一九〇四年二月六日の韓国鎮海湾及び電信局占領の事実は完全に隠蔽された。

同じく軍令部が編纂し、近年に至るまで秘匿されてきた『極秘明治三十七八年海戦史』全一五〇巻には、鎮海湾占領の事実は記述されているが、韓国電信局占領については、第三艦隊第七戦隊司令官・細谷資氏海軍少将の独断であるかのように叙述し、それを知った山本海軍大臣が、「直ちに之を解除」せよと命じたと、事実を歪曲して記述している。

韓国電信局占領は、海軍大臣・山本権兵衛が国際法違反を認識しつつも直接命じた軍事作戦であったことは、本章において詳述した。

日露戦争は、一九〇四年二月六日、韓国の鎮海湾と馬山電信局占領、韓国領海におけるロシア船舶の捕獲をもって開始された。

これより先、大韓帝国皇帝高宗は日本の対露密約締結の圧力を退け、ロシア公使とフランス代理公使の協力を得て、密かに使者を中国山東半島北岸の芝罘《チーフー》に送り、一九〇四年一月二一日に、芝罘の電信局から世界に向けて韓国の戦時局外中立を宣言し、日本を除く主要国から承認の回答を得ていた（第Ⅰ章参照）。

海軍大臣山本権兵衛の指揮下で、第三艦隊第七戦隊によって、二月六日に実行された韓国の鎮海湾と馬山電信局占領は、局外中立を宣言していた大韓帝国に対する明白な侵略戦争であり、開戦後いちはやくソウルを軍事占領した日本軍によって、二月二三日に韓国に不法に強要された「日韓議定書」によっても、決して合理化しえないものであった。よって今日に至るまで、用意周到に隠蔽されてきた。

しかし事実が明らかになった以上、日露開戦二月八日説に潜む歴史の歪曲を正し、日露戦争が二月六日の韓国侵略から開始されたことが正しく認識されなければならない。

【注】

〈1〉竹国友康『ある日韓歴史の旅—鎮海の桜』六六頁、朝日選書、一九九九年

〈2〉陳錤洪「韓国逓信史」『韓国文化史大系』Ⅲ所収、高麗大学民族文化研究所、一九六八年、韓国語

〈3〉杉山萬太『鎮海』六二頁、鎮海印刷社、一九一二年

〈4〉『田中次郎』四二六頁。本書は、一九〇一年三月から一九〇六年二月まで、日本がソウルに設置した「京城郵便局」の局長の職にあり、日本による韓国の通信権収奪に非常に「功績」のあった田中次郎の一周忌を期して、一九三二年七月に、遺族によって非売品で出版されたものである。内容は、「年譜」、「自叙伝」、「日記鈔」、「逸話」、「歌集」、「故人を語る」、となっている。

〈5〉『極秘海戦史』第四部第四巻一二四頁「開戦当時に於る無線電信機装備艦一覧表」

〈6〉境益太郎は、明成皇后殺害時、ソウルの日本領事館警察署の巡査として景福宮に侵入、殺害に加担した。広島地方裁判所予審終結決定書に名前があがっている四八名の一人である。再び外務省に雇用され、警部に昇進していたことがわかる。

〈7〉一九〇四年二月六日午前九時、釜山北方三カイリの海上で、軍艦「済遠」に拿捕され、佐世保に曳航されたロシアの義勇艦隊会社の汽船「エカテリノスラフ」号は、ドイツの合名会社クンスト商会ウラジオ支店からオデッサ支店へ楽器等を送付する途中であった。積荷の所有者ドイツ人クンスト商会支配人と、汽船の所有者ロシア人義勇艦隊会社取締役会長の代理人となった弁護士増島一郎から出された積荷と船の返還請求に対し、同年五月二六日付で佐世保捕獲審検所が出した検定書（判決文に相当）は、訴願人の主張を退け、積荷および船は没収とした。その理由に「明治三十七年二月五日、帝国は露国に対し外交断絶の通知を発し、之と同時に戦備を整へ、翌六日午前七時、我艦隊は露国艦隊を攻撃せんが為佐世保を発したるものなり、乃ち彼我艦隊の行動と当時の情況とに由て察するに、抗《ママ》激行為は本件拿捕以前に公然開始せられたるものとす、故に本件拿捕の当時に於て

は交戦状態の既に成立したること明白なり」と書かれている（『日本外交文書』三七巻三八巻別冊一、一二三八「エカテリノスラフ」号事件）。
　この検定書で示された見解は、日本がロシアに対し、二月五日に外交断絶電報を発信し、二月六日午前七時よりロシア艦隊を攻撃するために佐世保を出発したから、同日午前九時に「エカテリノスラフ」号が拿捕された時点においては、すでに交戦状態が成立していたから、拿捕は正当だというものである。これは、日本の外交断絶の通告がロシアに伝えられたのは、六日の現地時間で午後四時、日本時間では午後九時であること、日本海軍の出撃は完全に秘匿されていたことを無視した暴論ではあるが、日本の軍事行動の開始を二月六日午前七時と認定しているところは興味深い。

〈8〉『極秘海戦史』第一部第一〇巻六二頁

〈9〉外務省外交史料館所蔵『日露戦役関係外国船舶拿捕抑留関係雑件　露国船ノ部』第二巻（アジ歴B07090664300）。同書簡の前半部には、二月六日に長崎に碇泊中のロシア汽船「シルカ」「マンチュリア」と、同国捕鯨船「レスニック」、ノルウェー汽船「スリップンア」を一時差し押さえたが、同日中に解放させたと述べているが、解放は事実ではない。後半には、二月六日に釜山近辺、及び釜山港内においてロシア汽船二隻を差し押さえたこと、翌七日にも韓国沿岸でロシア汽船二隻を差し押さえ、四隻は佐世保に抑留中であると書かれている。

〈10〉電信は電信符号による受信後、外務省の受信用紙に書き写されたもので、「大臣」、「総務長官」、「電信課長」、「主管」欄に、閲覧済みの署名または押印がなされている。大臣は小村寿太郎、総務長官は次官のことで珍田捨巳、電信課長は石井菊次郎、主管は政務局で、局長山座円次郎、参事官坂田重次郎、同じく倉知鉄吉が押印している。
　機密郵便は「在朝鮮国馬山日本領事館」名の入った罫紙に毛筆で書かれたものであり、欄外に「接受年月日」、「機密受信番号」、「主管政務局」等が赤字ゴム印で押され、「山座」「坂田」の署名が書き込まれている。欄外に「次官了」と書き込まれたものもある。ここに名前が挙がったメンバーこそ、日露戦争期の小村外交を支えたものたちである。

〈11〉相沢仁助『釜山港勢一班』五九頁、日韓昌文社、一九〇五年

〈12〉『諸井六郎君追悼遺芳録』、非売品、一九三一年

〈13〉『極秘海戦史』第四部第四巻九六～九九頁には次のように書かれている。

「[二月]三日、朝鮮海峡監視の任に在りて、将に鎮海湾の占領に従事せんとする第三艦隊司令官海軍少将細谷資氏は、同湾及び釜山等に於る我が軍事行動を秘するが為め、釜山及び馬山に於る韓国電信局を処分するの必要を認め、愛宕をして馬山電信局を占領せしめ、且つ釜山陸軍守備隊に交渉し、同地の電信局を占領することに内定し、同六日之が実行を命ず。（中略）次いで同七日夕、釜山陸軍駐劄隊長は、細谷第三艦隊司令官の依頼に応じ、同地電信局を占領し、馬山浦との通信を開く、然るに我が海軍に於いては、連合艦隊が愈々敵に対して最初の打撃を与うるまでは、努めて行動を秘するの方針たりしを以て、山本海軍大臣は、以上両電信局占領の報に接するや、久保田愛宕艦長に向かひ、直ちに之を解除し、且つ外国人を迫害し、猥りに韓国陸上に兵力を用ふるが如き行動を為さざる様注意すべき訓令を与へ、尚之を細谷第三艦隊司令官に伝へしめしが（下略）」

〈14〉『明治三七～三八年戦時書類』巻一四九「雑件一」、アジ歴C09020265200

Ⅷ：「日本海海戦」とリヤンコ島（現・竹島＝独島）

――朝鮮海峡の戦略封鎖とX点

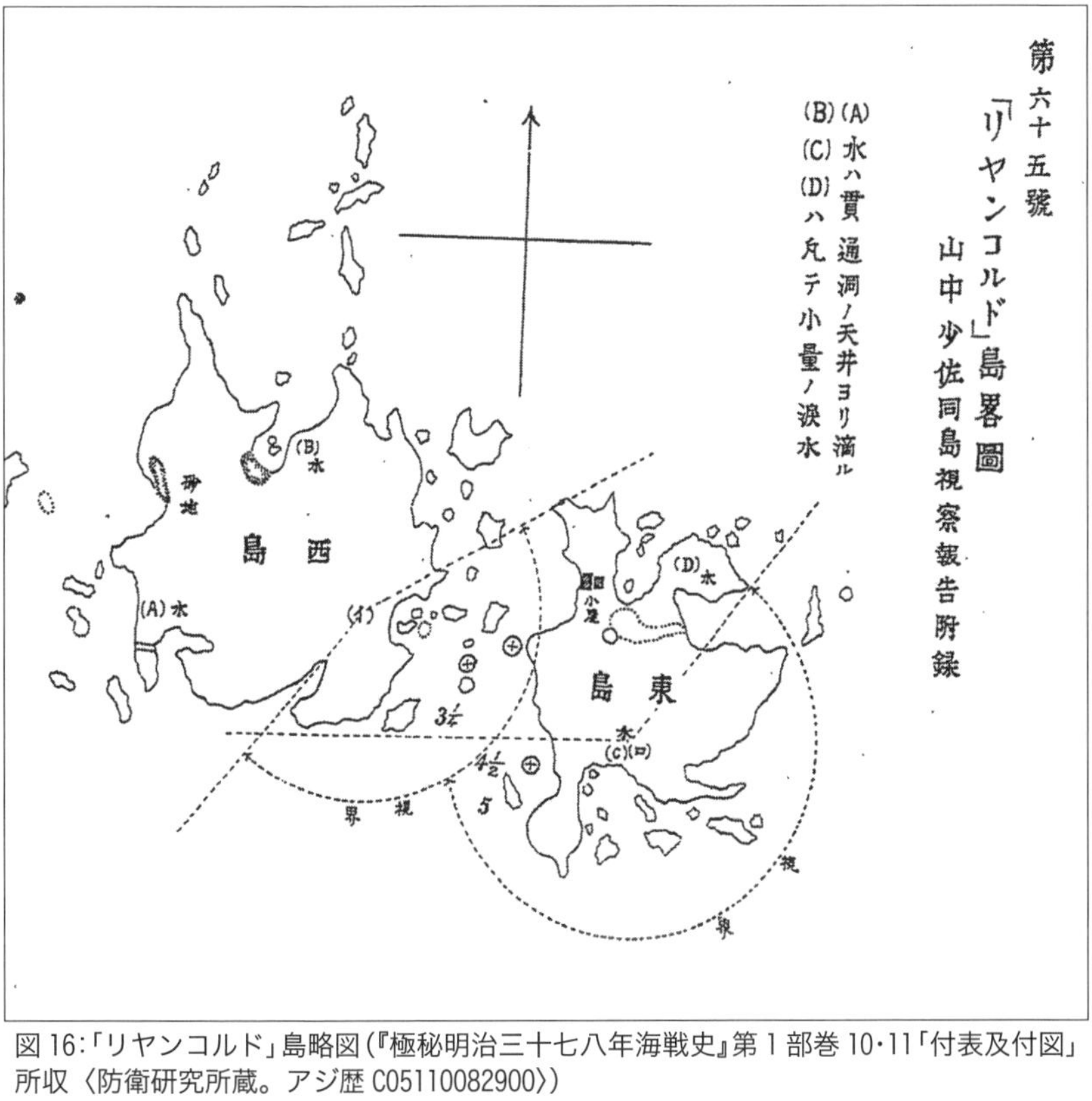

図 16：「リヤンコルド」島略図（『極秘明治三十七八年海戦史』第 1 部巻 10・11「付表及付図」所収〈防衛研究所蔵。アジ歴 C05110082900〉）

はじめに

一九〇五（明治三八）年五月二七日から二八日にかけて、日本では「日本海海戦」と呼ばれ、ロシアでは「ツシマ海戦」と呼ばれる日露両艦隊の一大海戦があり、日本の連合艦隊によってロシアの第二、第三太平洋艦隊（バルチック艦隊）が壊滅させられた。

この前年、一九〇四年二月八日深夜に、旅順口（港）を本拠地とするロシアの太平洋艦隊が、日本の駆逐艦隊による奇襲攻撃を受け、その後旅順港内に封鎖された状況下で、ロシア海軍は同年四月三〇日に第二太平洋艦隊の編成と極東への派遣を発表した。但し、このとき新たに編成される艦隊の主力となるべき戦艦は新造中で、まだ竣工の見込みすらついていなかった。よって第二太平洋艦隊が実際にバルト海のリバウ軍港を出港したのは、同年の一〇月一五日になってからであった。しかも、装備の点検、試運転、乗員の訓練等、すべてが不十分なままでの出発となった。

バルト海から北海に入り、英仏海峡を通って大西洋を南下したバルチック艦隊は、ジブラルタル海峡に面するモロッコのタンジールにて、スエズ運河を通行することができる吃水の浅い二隻の戦艦を中心とする支隊と、アフリカ最南端の喜望峰を迂回する五隻の戦艦が率いる本隊に分かれた。両者は、一九〇五年一月一一日にマダガスカル島北端部で合流し、ここで旅順港を見下ろす二〇三高地の激戦をへて旅順港が陥落したという報を聞いた。

旅順艦隊全滅という事態に直面したロシア海軍は、急きょ老朽船をかき集めて第三太平洋艦隊を編成して第二太平洋艦隊の後を追わせるという追加作戦を立てた。このため、第二太平洋艦隊は赤道直下の島において二ヶ月もの間足止めさせられ、乗組員の身体と精神が損なわれただけでなく、旅順艦隊の攻略を終えた日本の連合艦隊に十分な準備の時間を与えてしまった。

「日本海海戦」とは、七ヶ月もの間、三万キロもの航海を続けてきたために、船体も乗組員も極度に疲弊していたロシアのバルチック艦隊と、十分な休養と訓練期間を与えられ、すべての艦船のドック入りを終えて待ち構えていた日本の連合艦隊が衝突した海戦であった。

したがって、両者が正面からぶつかった場合、日本側が勝利することは当然であった。これについては両艦隊の物的戦力を綿密に分析した上で、「日本艦隊のバルチック艦隊に対する圧倒的優位は絶対的であり、万に一つも敗北する可能性はなかった」と断定した軍事史研究者の言葉を紹介しておこう。〈注1〉

日本では一般に、巨大な海軍力をもつロシア帝国に果敢に挑んで奇跡的に勝利した日本海軍という神話が広く信じられているが、それは事実ではない。

このことはロシア側も認識していた。バルチック艦隊の司令長官ロジェストヴェンスキーは、五月一四日に最後の寄港地となった仏領インドシナのバン・フォン湾（現在のベトナム）を出航するに際し、ペテルブルクに向けて、自分の艦隊があまりにも弱体であるから、制海権をにぎることはできないと書き送っている。〈注2〉

またロジェストヴェンスキーは、朝鮮海峡（対馬の東西両水道を含む）に突入する直前の五月二三日に最後の訓令を出し、「艦隊の直接目的とする所は浦塩斯徳［ウラジオストック］に達せんとするに在る」と明言している。〈注3〉

ロジェストヴェンスキーは、決して日本海軍との出合いがしらの決戦を望んでいたのではなかった。日本海軍との決戦は、ウラジオにおいて艦船を修理し、艦隊を立て直した上で可能となるはずのものであった。

この観点から見ても、バルチック艦隊の太平洋迂回という選択は有り得ない。船速の遅い石炭補給船隊を伴ってゆっくり日本東方の太平洋を北上し、五月には濃霧の発生する宗谷海峡を通過するわけにはいかなかったし、また機雷で封鎖されているに違いない津軽海峡を通過するわけにもいかなかったからである。

詳しくは後述するが、バルチック艦隊が朝鮮海峡を通過するしかないという点について、海軍の首脳部の見解は一致していた。それを前提に、一九〇五年初めには朝鮮海峡の哨戒計画が決定されたのである。

朝鮮海峡を哨戒する艦艇がいかに早くロシア艦隊を発見するか。そしてその情報をいかに早く、かつ正確に司令部に伝達するか。また司令部からの命令をいかに全艦艇に通達するか。この問題は、はじめ朝鮮海峡に出没して日本陸軍の補給線を脅《おびや》かしたウラジオ艦隊対策として、次には朝鮮海峡に出現するであろうバルチック艦隊を迎え撃つ対策として、日本海軍が取り組まねばならない最重要課題であった。

本章では、日露戦争の勝敗を決定した「日本海海戦」は、無線電信と有線電信を組み合わせ、朝鮮海峡の戦略的封鎖網を構築した日本海軍のハイテク作戦による勝利であったことを述べよう。あわせて、日本海軍がこの戦略的封鎖網を構築していく過程で、にわかにクローズアップされてきたのが、鬱陵島とリヤンコ島（現在の竹島、韓国では独島と呼ばれる）であったことも。

移り変わった島名

隠岐諸島の西北方、朝鮮との間に、ふたつの島があることは、日本でも古くから知られており、それが日本に近い方から「松島」、「竹島」と呼ばれていた。「松島」が現在の竹島、「竹島」が鬱陵島である。

隠岐に関する最古の地誌『隠州視聴合紀』（一六六七年）巻一「国代記」には、

「戌亥《いぬい》間、行二日一夜、有松島、又一日程、有竹島」

と書かれている。西北方に二日と一夜航海すれば松島があり、さらに一日ほどで竹島がある、と。

〈注4〉

帆船の時代に、隠岐を出て三日目には松島（現竹島・独島）に着き、同島を日の出に出港すれば、日没には竹島（鬱陵島）に着く、このような海上の道があったことがわかる。

絶海に屹立する岩礁の島である松島（現竹島・独島）は、日本から竹島（鬱陵島）へ渡る道筋にあり、鬱陵島を基地とすれば漁場ともなった。両島がセットでとらえられていたことは、「松」と「竹」という名前にも表れている。

江戸幕府は「竹島一件」と呼ばれる日朝交渉を経て、一六九六（元禄九）年に鳥取藩主に対し鬱陵島への日本人の「渡海禁止」を命じた。これは、鳥取藩領の米子の町人から朝鮮人の竹島（鬱陵島）への出漁を取り締ってほしいという訴えを受けた鳥取藩が、幕府に善処を要請したことから、幕府が対馬藩に命じて始められた日朝交渉であったが、その過程で幕府は鬱陵島が朝鮮領であることを認識し、一転して日本人の渡航を禁じたというものである。

しかし、その後も禁令を犯して鬱陵島へ渡る日本人が絶えなかった。そのため幕府は、一八三六（天保七）年一二月に、禁令を犯して鬱陵島へ渡り、立木等を伐採して持ち帰った石見浜田藩の会津屋八右衛門を処刑した。そして翌年二月には全国に高札を立て、「異国渡海の儀は重き御制禁に候」と改めて訓令した。

幕府が竹島（鬱陵島）を異国（朝鮮領）と認め、日本人の渡航を禁止したことには異論の余地がない。但し、幕府の元禄、天保の両禁令は松島（現竹島・独島）に言及していない。ここに、幕府の「竹島渡海禁令」には松島は含まれていないという主張（外務省ホームページなど）が生まれる余地がある。

しかし、幕府の「元禄竹島渡海禁令」は、竹島も松島も鳥取藩領ではないという鳥取藩からの返書を踏まえて出されたものであり、幕府の意図が両島を朝鮮領と認め、両島への日本人の渡航を禁止することにあったことは、すでに明らかにされている。〈注5〉

また「天保竹島渡海禁令」はそれを再度確認し、全国的に周知させるためのものであったこと、両禁令がとくに松島（現竹島・独島）に言及していないのは、当時においては、同島単独では危険を冒して渡航する価値が全くなかったからである。これについても論証されている。〈注6〉

明治維新政府は、当初は幕府の見解を引き継いでいた。そのことは、明治維新政府が最初に編纂し、一八七五（明治八）年一月に天皇に献上した地理書『日本地誌提要』に、両島が隠岐の属島外と記載されていることからも知られる。

さらにその二年後の一八七七（明治一〇）年三月には、「竹島外《ほか》一島之義、本邦関係無之義《これなきぎ》と可相心得事《あいこころうべきこと》」と、太政官（今の内閣に相当）で明確に決議された。これは島根県（当時は鳥取県を含む）から提出された「日本海内竹島外一島、地籍に編纂方伺《うかがい》」に対し答えたものであるが、「竹島外一島」が鬱陵島と現竹島・独島であることは、島根県が伺書に添付した「由来書」と地図によって明白である。

明治一〇年の段階で、日本政府が、竹島（鬱陵島）及び松島（現竹島・独島）を日本領ではないと宣言したことにも疑問の余地はない。

その後、日本において、竹島、松島の名前が入れ替わってしまう。

ことの起こりは、一八世紀末にフランスとイギリスによって鬱陵島につけられたそれぞれの呼び名「ダジュレー」と「アルゴノート」が、別個の島として欧米の地図に記載され、さらにシーボルトの『日本』付録の「日本地図」及び「日本辺境略図」に、東の「ダジュレー」に「Matsusima」、西の「アルゴノート」に「Takasima」という日本名が振られたことにある。かつて日本にいたシーボルトが、日本と朝鮮との間に、二つの島が存在し、日本では東を「松島」、西を「竹島」と呼ぶことを知っていたために起こった誤りであった。〈注7〉

欧米諸国の海図や水路誌をもとに、日本近海の海図や水路誌を作成していた海軍水路局の出版物では、一八八三（明治一六）年四月発行の『寰瀛《カンエイ》水路誌』第二巻「露韓沿岸」以降、鬱陵島を「一名松島」とし、従来「松島」と呼ばれてきた島については「リヤンコールト列岩」と表記された。〈注8〉

海軍水路局は一八七八（明治一一）年に軍艦「天城」を派遣して朝鮮沿岸調査を行い、鬱陵島の正確な位置は「ダジュレー」の方であり、その西に位置するとされる「アルゴノート」は存在しないことを確認しているが、シーボルトによって鬱陵島につけられた「マッシマ」という名前は、その後も訂正されることなく維持されたのである。

海軍水路局が、日本海上にあるもうひとつの島にあてた「リヤンコールト」という名前は、一八四九年にフランスの捕鯨船リヤンコールト号が初めて発見したとして、船名にちなんでつけられた名前である。

こうして日本においては、江戸時代から「竹島」と呼ばれてきた鬱陵島が「松島」となり、「松島」と呼ばれてきた島の名前が「リヤンコールト」、略して「リヤンコ島」と呼ばれるようになったわけである。

さて、リヤンコ島は、狭い水道（海峡）をはさんで東西にふたつの岩礁が向き合う形の石の島であり、吹き荒ぶ海風にさらされて樹木も生えず、飲料水もほとんどなく、人の住める島ではない。ただ、水道の両側にわずかばかりの平坦の礫地があり、そこに舟を引き揚げて小屋掛けをすれば、持ち込んだ水と食料で暮らしながら、アシカ猟やアワビ漁を行うことができた。

但し、そうした漁業は、鬱陵島を基地として行われていた。当時の漁船では、鬱陵島に避難基地と加工基地をもたなければ、リヤンコ島における漁業は成り立たない。リヤンコ島が鬱陵島の付属の島と見なされていた所以である。

ところが、日本政府は、日露戦争中の一九〇五年一月二八日の閣議で、リヤンコ島を新たに「竹島」と命名し、日本の領土に編入することを決めた。そしてその四ヶ月後に、このリヤンコ島付近の海域が日露両艦隊の最後の決戦場となったのである。

ウラジオ艦隊の脅威

日露開戦当時、極東におけるロシア海軍（太平洋艦隊）は、朝鮮半島の西に本隊の旅順艦隊、東に分隊のウラジオ艦隊を置き、また韓国の仁川港には二隻の軍艦を置いていた。旅順艦隊の主要艦は戦艦七隻、一等巡洋艦（装甲巡洋艦）四隻であり、ウラジオ艦隊には戦艦はなく、一等巡洋艦三隻「ロシア」「グロモボイ」「リューリック」と二等巡洋艦「ボガツイリ」があったのみである。

これらのロシア太平洋艦隊の戦力は、日本が日清戦争後に清国から得た莫大な賠償金をもとに、最新鋭の六・六艦隊（戦艦六隻、一等巡洋艦六隻）を構築し、さらに日露開戦直前にイタリアで建造中であったアルゼンチンの一等巡洋艦二隻の購入に成功した日本海軍の戦力に比べれば、総排水量においても、艦船の性能においても、見劣りのするものであった。〈注9〉

開戦に際して、日本の連合艦隊は、主力をもって旅順艦隊を奇襲し、第二艦隊の第四戦隊をもって仁川港の二隻のロシア艦の撃破と陸軍部隊の仁川上陸を実行した（第Ⅲ章参照）。

また、一九〇四年三月四日に連合艦隊に編入されるまでの間、海軍大臣の直接指揮下に置かれた第三艦隊は、連合艦隊の奇襲攻撃に先立ち、韓国の鎮海湾と馬山の韓国電信局を占領した（第Ⅶ章参照）。

第三艦隊には主として老朽艦が集められていた。搭載している無線機も、連合艦隊の艦艇には、最新の三十六年式無線機が搭載されていたのに対し、第三艦隊には、旗艦、通報艦を除いては旧式の三十四年式が充てられ、無線機を搭載していない軍艦も多かった。〈注10〉

連合艦隊司令長官・東郷平八郎は、一九〇三年一二月一五日付けの伊東祐亨・軍令部長からの私信への返信で、ウラジオ艦隊が北海道を脅かすことに対しては、とるべき対策は特にない。ただなるべく速やかに横須賀の艇隊を派遣して津軽海峡警備に充て、小樽についてはは放棄してもよい。やむを得なければ、「鎮遠」「扶桑」「松島」「厳島」「橋立」「須磨」「明石」等を向ければよいと答えた。〈注11〉

東郷が列挙した軍艦名は、「明石」を除き、その後間もなく編成された第三艦隊の中から無線機搭載艦を選んだものとなっている。つまり東郷の開戦当初における作戦計画には、ウラジオ艦隊対策はとくになかった。やむを得ない場合は、朝鮮海峡警備に当てる艦船中から無線機搭載艦を何隻か回せばよいと考えていたのである。

開戦当初は海軍大臣の指揮下に置かれた第三艦隊が、一九〇四年三月四日に連合艦隊に編入された後、東郷は、第三艦隊にかえて第二艦隊司令長官・上村彦之丞中将に朝鮮海峡警備を命じた。第三艦隊を韓国及び遼東半島に上陸する陸軍部隊の支援にあて、第二艦隊を朝鮮海峡警備に回したことは、東郷の戦略がウラジオ艦隊対策へと比重を移しつつあったことを物語っている。

ウラジオ艦隊は、日本の駆逐艦隊が旅順艦隊を奇襲攻撃した直後の一九〇四年二月一一日に、津軽海峡付近に現れて日本の小汽船数隻を撃沈したのを手始めに、同年八月一四日の蔚山沖海戦（後述）で敗退するまでの半年間に、計七回出撃し、日本陸軍の補給線を脅かした。上村艦隊（第二艦隊）はこれを捕捉することがなかなかできなかった。

○四年八月、韓国の東海岸にある蔚山港の沖合で、ついに上村艦隊に捕捉されたウラジオ艦隊は、一等巡洋艦「リューリック」が沈没、同じく一等巡洋艦「ロシア」と「グロモボイ」はウラジオへ逃げ戻ったが、その後、ウラジオ艦隊は戦力を回復できなかった。しかしそのことを、日本海軍は知らなかった。よってウラジオ艦隊の「脅威」は、その後も長く、「日本海海戦」の後までも、存在しつづけたのである。

ウラジオ艦隊の七回に及ぶ出撃中、六月の第四次出撃、七月の第六次出撃、そして最後になった八月の第七次出撃（蔚山沖海戦）を見ていこう。

上村艦隊が何故ウラジオ艦隊捕捉に失敗を続けたのか。日本海軍はそのためにどのような対策を採ったのか。この問題を解明してこそ、「日本海海戦」の真の勝因は理解される。それにより、「日本海海戦」の勝因をめぐって延々と繰り返されてきたT字戦法をめぐる議論は、あまりにも近視眼的なものであったことが明らかとなるだろう。

○四年六月一五日の早朝、「ロシア」（一万二一九五トン）、「グロモボイ」（一万二三五九トン）、「リューリック」（一万一九三〇トン）が玄海灘に現れ、陸軍輸送船の和泉丸（三二二九トン）と常陸丸（六一七五トン）を撃沈し、佐渡丸（六二二六トン）に二発の水雷を発射した後、沈没を確認しないまま立ち去った。

和泉丸は遼東半島の塩大澳《えんたいおう》に陸軍部隊を上陸させた後、宇品へ帰航中の空船であったが、ロシア艦隊の停船命令に抗して逃走、砲撃されて沈没した。乗員一一二名中七名が死亡、一〇五名がロシア艦に救助されて捕虜となったが、そのうち二三名は翌日解放された。

常陸丸の遭難は最も悲惨なものであった。同船には遼東半島の付け根、大孤山へ向かう近衛後備歩兵第一連隊の将兵ら一二三八名が乗っていたが、そのうち一〇九一名が死亡した。生存者は一四七名で、捕虜となったものはいない。

佐渡丸は、野戦鉄道提理部の将兵八六七名をはじめ、第二臨時築城団、攻城砲兵司令部など、計一二五八名を乗せて塩大澳へ航行中であった。二三六名が死亡し、小椋元吉海軍少佐以下二九名が捕虜になったが、同船は沈没を免れ、三〇時間の漂流の末、玄界灘の孤島、沖ノ島にたどりついた。生存者は九九三名である。〈注12〉

実はこのとき、第三艦隊第四戦隊所属の三等巡洋艦「対馬」（三四二〇トン）がウラジオ艦隊をいちはやく発見し、緊急警報を発信していた。「対馬」艦長の海軍中佐・仙頭武央が提出した「敵前行動報告」には、次のように書かれている。〈注13〉

「対馬」は、六月一四日早朝より「対馬海峡哨戒」勤務に就いていた（当時の史料で「対馬海峡」という場合、対馬島の東、朝鮮海峡の東水道を指す）。

六月一五日午前七時二〇分、「対馬」は哨戒勤務からの帰途、沖ノ島の南西海上にて、東北の方向に微かに煤煙を認めた。まもなく三本マスト四本煙突の一艦が現れ、次いで同型の一艦と三本マスト二本煙突の一艦が出現するに及んで、「グロモボイ」「ロシア」「リューリック」の三艦で編成されたウラジオ艦隊が南下してくることを確認した。

「対馬」は、西方へ逃避しつつ、豆酘《つっ》無線電信所（対馬島南西端）を経て「敵艦隊現出」の警報を連送したが応答がなく、混信の形跡があったので、今度は「三本マストのウラジオ艦隊三隻沖ノ島付近を南下す」と発信したが、これにも応答がなかった。

「対馬」は信号を送りつづける一方で、視界内の日本の汽船、羽後丸、芙蓉丸、舞子丸外一隻（船名不明）を避難させた。ロシア艦は「対馬」を追尾することなく、沖ノ島より南航するようであった。

午前八時一五分、「高千穂」が「出雲」と「浪速」に発信した電信、「今「BM」より「P」宛の電信分りしや」（「BM」は「対馬」、「P」は豆酘無線電信所の略符号か？）を傍受して、「対馬」は警報が確かに届いたことを確信し、針路を東やや北に転じてロシア艦監視に向かった。航行中、前方で数発の砲声を聞いた。

上村艦隊のウラジオ艦隊捜索行動

当時、第二艦隊所属の艦艇は、第二戦隊（旗艦「出雲」「吾妻」「常磐」「磐手」）と第四戦隊（旗艦「浪速」「高千穂」「新高」「対馬」「千早」）、第一一、第一五、第一九艇隊であり、第二戦隊は対馬島中央部西側にある浅茅《あそう》湾の入り口付近の尾崎湾を、第四戦隊は湾奥の竹敷湾を専用泊地としていた。〈注14〉

「対馬」の無線による警報に対し、第二艦隊司令部はいかに対応したかを見てみよう。上村第二艦隊司令長官が提出した「第二艦隊の行動詳報」には次のように書かれている。〈注15〉

六月一五日午前七時四〇分、「出雲」の無線電信機は、「対馬」が豆酘無線電信所にあてた信号を感じたが、意味が明瞭でなかった。調査の結果「敵の主力艦見ゆ」の緊急信号であることが判明した。

また「磐手」から、「対馬」が豆酘あてに発信した「三本マストのウラジオ艦隊三隻沖ノ島付近を南下す」を受信したとの報告を受けた。そこで急きょ出港を決定した。

上村長官は尾崎湾在港の総艦に「至急総罐《かん》に点火せよ。出港準備をなせ」と旗令を発し、竹敷に在った艦艇には急きょ尾崎湾に回航せよと電信で命じ、朝鮮海峡の西水道哨戒のため北航中であった「千早」には大河内無線電信所（対馬島北部に所在）を経由して、「速やかに帰れ」と命令し、馬関（下関）港務部に警報を発信して船舶の西航を停止させた。この時、午前八時二〇分であった。

その直後、午前八時三五分に、「対馬」より「敵は沖ノ島付近に在り、我之を見失はざるため同方に向ふ」という無線が入った。また、九時には「敵は沖ノ島南方に於て我が商船を砲撃しつつあり」と入った。

いったん火を落とした蒸気船は、点火してもすぐに動き出せるものではない。上村長官は、第二艦隊の艦船に、「蒸気出来次第整備旗を上げよ」と命じた。

上村長官は、「対馬」との無線通信を維持するため、対馬島南部を迂回して、沖ノ島北方を目指すことにした。上村艦隊が尾崎を出港できたのは、午前一〇時であった。「対馬」に向け、「本隊今尾崎を出でたり」と発信した。午前一一時ごろから雨がますます激しくなり、視界は三〇〇〇メートルにすぎず、そのため上村長官は、第二戦隊に後続している第四戦隊の所在を見失った。

『軍艦対馬戦時日誌』によると、この日の天候は午前四時頃までは「展望極めて良好」であったが、四時以降「漸次陰鬱」となり、七時に至って「満天乱雲」をもって蔽われたが、展望はなお良好であった。八時ごろから「濃霧」が発生し、九時半頃からは「暴雨襲来」、午後に至っては「視界一鏈《れん》（一八五メートル）内外」に過ぎなくなった、と書かれている。〈注16〉

「対馬」は途中何度かウラジオ艦隊を見失いながらも午後一時半頃まで接触を保っていたが、ついに完全に見失ってしまった。「対馬」がウラジオ艦隊を最後に確認した時、同艦隊は北西へ航行しているように見えた。その旨を報告すると同時に、「対馬」は第二艦隊に合流しようと、北西へ転針した。

このころ、風雨がますます激しく、濛気《もうき》（もや）がいよいよ濃厚になり、視界が閉ざされた。第二艦隊では、艦隊の操縦がたいへん困難になった。しかも午後二時に「出雲」の無線電信垂直線が風のために切断されて、「対馬」との直接通信の便が失われた。「出雲」は後続艦の「吾妻」に電信の中継を命じた。

午後二時一〇分、「吾妻」は「対馬」の無線を、次のとおり「出雲」に信号で送った。

「敵は対馬より約四千メートルにあり、雨激しく展望きかず、又見失う、貴隊の位置を知りたし」

上村長官はウラジオ艦隊が日本の艦隊の接近にも拘わらず、まだ沖ノ島付近にとどまっていると判断し、艦隊の針路を南東やや東に転じて沖ノ島南方に向かった。

午後三時三〇分、「出雲」は突然右舷艦首方向に沖ノ島を発見、舵を急転して衝突を避けた。距離は二カイリに過ぎなかった。このとき、後続の第四戦隊旗艦「浪速」から、「対馬」が隊列に合流したことを伝えられた。上村長官は、ウラジオ艦隊がすでに第二艦隊の隊列の間を通過して北航したものと判断した。そこでこれを追尾すべく、総艦に対し

「沖ノ島の西方三浬《カイリ》より針路を北々西に転ず」

と発信した。

午後七時二〇分、再び総艦へ、

「止むを得ざるの外、無線電信を使用すべからず、明朝会合点、鬱陵島」

と発信した。

午後一〇時、濛気甚だしく、後続艦を見ることすらできなくなったため、止むを得ず艦尾灯を点じ、万一の接触事故を予防した。

上村長官は、ウラジオ艦隊が鬱陵島付近を通過してウラジオストックに帰港するであろうと予測し、翌一六日朝に第二艦隊を鬱陵島に集め、待ち伏せする作戦をとったのである。そのため、ウラジオ艦隊に日本艦隊の所在を知らせる恐れがある無線の使用を禁止した。ところがこの予想は外れ、ウラジオ艦隊は現れなかった。上村艦隊は一七日には元山まで北上して捜索した。

実際には、ウラジオ艦隊は、一六日には隠岐の沖合で、石炭を満載した英国汽船アラントン号(四二五三トン)を拿捕し、第九運礦丸を停止させ、これに和泉丸の捕虜一〇五名中二三名を移して解放していた。

各地からロシア艦の目撃情報が軍令部に集められ、軍令部から各地の鎮守府、要港部、外務省へも通報された。ただウラジオ艦隊捕捉に出動した上村艦隊には連絡する術がなかった。このとき鬱陵島にはまだ軍事施設は設置されておらず、望楼すらなかったのである。

上村艦隊にウラジオ艦隊の目撃情報が伝達されたのは、上村艦隊が鬱陵島からさらに北上して元山沖に達し、通報艦「千早」を元山に入港させて、上村司令長官から軍令部長への報告の打電を元山駐在の大木副領事に依頼すると同時に、同副領事から軍令部が外務省を通じて上村長官あてに送った電報を受け取った時であった。「千早」は元山沖に待機する旗艦「出雲」に無線で伝達した。すでに一七日の午後五時になっていた。

「千早」が元山において受け取った三本の電報中、最新のものは、上村艦隊の本拠地である竹敷要港部司令官から一七日午前一〇時四二分発で軍令部に発信されたもので、それには同日午前九時四五分より一〇時二〇分頃迄、要港部のほぼ北東方向、四〇カイリ以上の地点から、六、七発の砲声が聞こえた。角島及び一岐望楼（壱岐島に所在）よりも砲声が聞こえたという報告があった、というものであった。〈注17〉

上村長官が、一五日午後三時半の時点で、ウラジオ艦隊がすでに第二艦隊の隊列の間を通過して北方に去ったと判断したことは誤りであった。しかし上村はまだ希望を持っていた。ウラジオ艦隊が一七日午前一〇時頃に対馬島北東海上にいたならば、きっとウラジオへの最短コースである鬱陵島近海を通って帰航するであろう。これに対し網を張って捉えよう、と。

上村長官は、一七日午後一一時に、総艦に対し、「明朝より捜索列を張る」と無線で伝えた。

翌一八日午前五時から開始された艦隊運動により、午前七時に捜索列が整った。第四戦隊の「浪速」「高千穂」「新高」「対馬」が五カイリの間隔をあけて横一列に並び、その後ろ一〇カイリの距離をおいて本隊である第二戦隊が水雷艇隊を従えて前進するという陣型で南航を開始した。

その日は天候晴朗となり韓国の海岸諸山と鬱陵島を同時に見ることができた。上村は、もしウラジオ艦隊が北上してきたら、決して取り逃がすことはないと期待した。しかし、期待に反しウラジオ艦隊は現れなかった。午後四時、上村長官は捜索列を解いた。全艦艇が尾崎湾に帰港し、直ちに石炭の積み込みを始めたのは、一九日午前八時二〇分であった。

実は、ウラジオ艦隊は六月一七日にはリヤンコ島に集合していた。しばらくリヤンコ島付近を航行した後に北西に去ったことを、鬱陵島からリヤンコ島に出漁していた漁師が目撃していた。このことは、三ヶ月後に鬱陵島に上陸した「新高《にいたか》」の乗組員が知ることになる。これについては後述しよう。

韓国東岸に望楼を設置する

ウラジオ艦隊が三日間も沖ノ島近海に留まっていたにも拘わらず、第二艦隊がその捕捉に失敗したことは、海軍軍令部に対し深刻な反省を促した。『極秘海戦史』には、次のように書かれている。

> 朝鮮海峡の衝《しょう》に当れる沖ノ島には、開戦の当初望楼を設置したるも、海底電線の連絡あらざりしを以て、浦塩艦隊の南下に対し、作戦上遺憾尠《すくな》からざるものあり、尚其の他枢要の地点に、通信機関を設備するの必要を認めしを以て、七月五日伊東海軍軍令部長は、山本海軍大臣に商議するに、左記の如く海軍通信機関を設備せんことを以てす（後略）〈注18〉

沖ノ島には日露開戦当初に望楼が設置されたが、海底電線が敷かれていなかったため、ウラジオ艦隊を目視しても、それを伝達する上で支障があった。軍令部長はこの経験に鑑み、一九〇四年七月五

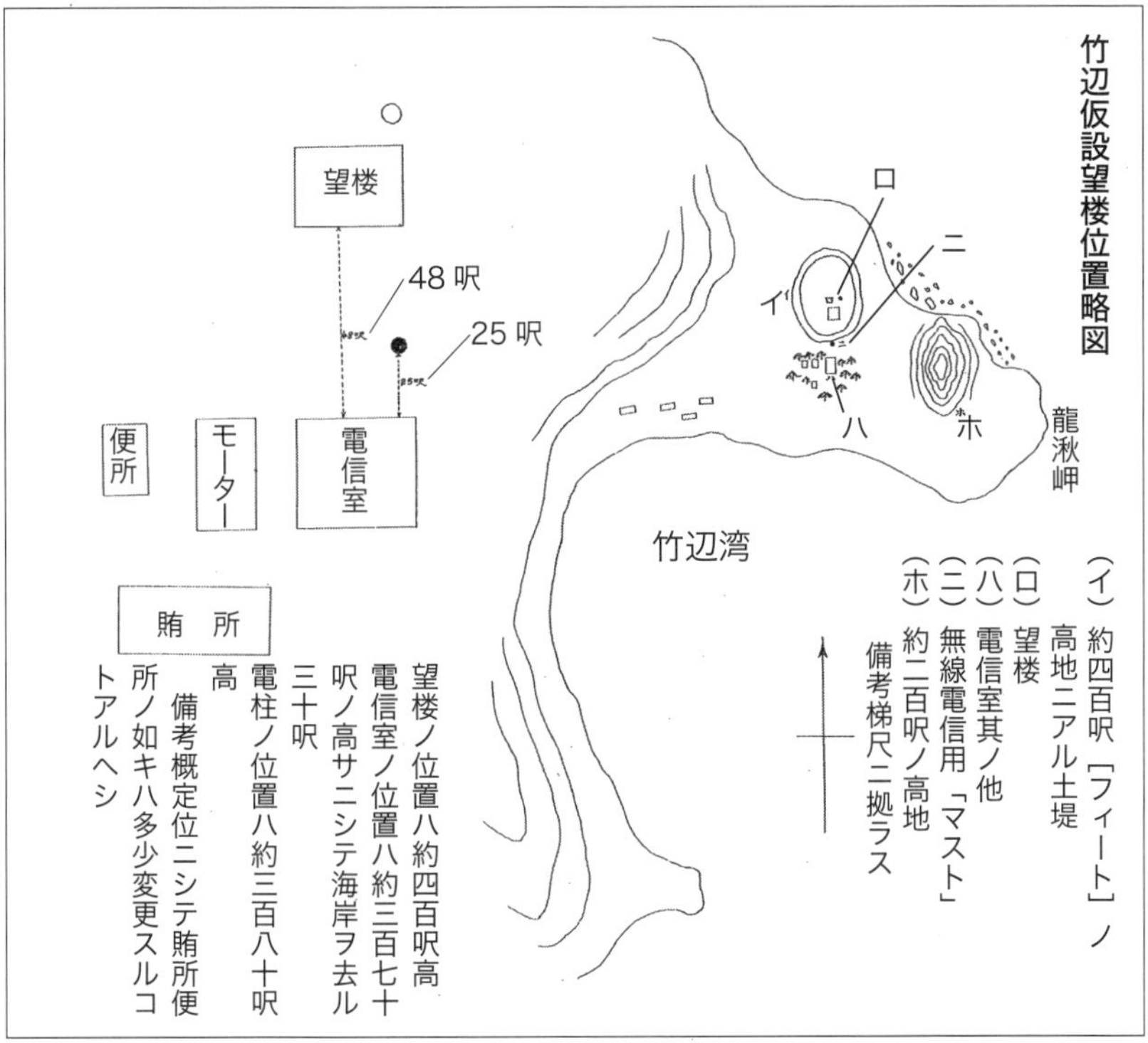

図17：竹辺仮設望楼位置略図（『極秘明治三十七八年海戦史』4部4巻「備考文書」50号〈アジ歴 C05110110100, 375/441〉）※図中の文字は判読しづらいため、新たに文字をあてた。

日に海軍大臣に対し、海軍通信機関の設置計画を提案した。それは、次のような内容である。

一、韓国東岸の島嶼である鴻島、絶影島、鬱陵島（二カ所）と、玄海灘に浮かぶ見島（山口県）に仮設望楼を設置する。

二、海底電線を第二艦隊の司令部（対馬の竹敷）と連合艦隊の司令部（鎮海湾の松真）間、竹敷と沖ノ島、角島、見島間、韓国東海岸の竹辺と鬱陵島間（鬱陵島の二望楼は陸線で連絡）に敷設する。

三、沖ノ島望楼に電信事務を開始する。

四、北海道の各灯台所在地に海軍監視兵を配置する。〈注19〉

このうち韓国東岸への望楼設置については、ウラジオ艦隊の取り逃しが判明した直後から、山本海軍大臣の命令によりすでに着手されていた。【図17】は、竹辺湾望楼の位置選定と材料運搬の任務を遂行した海軍中尉・村越八郎が七月八日付けで提出した報告書に添付された「竹辺仮設望楼位置略図」である。〈注20〉

村越中尉の報告書によれば、六月二六日に命を受け、青龍丸に技手一名、職工一六名、人夫四〇名、仮設望楼建築諸材料と糧食二〇日分を積み込み、翌二七日に佐世保を出航した。途中対馬の尾崎と釜山に立ち寄り、第二艦隊参謀、釜山領事と協議した。青龍丸は、軍艦「浪速」と水雷艇「鷗《かもめ》」に守られて、六月三〇日午前八時に竹辺湾に到着した。

その日は風波が強く、材料の揚陸が容易でなかった。村越は、「韓人の漁舟を雇はんと欲するも、浪の荒きを口実として応ずるものなし、漸《ようや》く之を威圧して用を為さしめ」たと書いている。それでも材料の揚陸に午後八時までかかった。

その間、村越と技手は上陸して望楼の位置を選定した。龍湫岬の最高部にまるで砲台のように見える凹地があったので、そこに決めたと報告している。そこが墓地であることは、村越にもわかっていた。

突然現れた日本軍が、好き勝手に韓国の土地を、それも地元の人々にとっては聖地である墓地を、軍用地として収用したのである。日露戦争中に韓国の領土に二〇カ所も設置された望楼は、すべてこのようにして造られたものである。

ウラジオ艦隊、東京湾近海に現れる

第二艦隊司令部には、各地の望楼より艦艇通過の報告が届いた。しかしその報告は、「何艦型軍艦一隻通過す」といったものが多く、これではそれがロシア艦なのか、味方の船なのか、判断に苦しんだ。そこで上村司令長官は、一九〇四年七月五日、第二艦隊所属の各艦艇に対し、望楼所在地付近の海上を通行する場合は、必ず符号・信号と鮮明な軍艦旗を掲揚するように訓令する一方で、望楼を所管する各鎮守府、要港部にも管下の各望楼への通達を依頼した。〈注21〉

しかし、ウラジオ艦隊は、そうした監視をかいくぐって、七月二四日には東京湾近海に出現し、大本営を慌てさせた。

大本営は、ウラジオ艦隊が東京湾近郊から南西へ向かい、東シナ海から黄海に入って旅順艦隊と合同しようとしているものと判断し、七月二四日一二時、上村第二艦隊司令長官に、麾下艦隊を適宜引率して都井崎望楼（宮崎県）に到り後命を待て、と電命した。

ところが八時間後の同日二〇時には、上村長官は東郷連合艦隊司令長官から、逆方向の北海道方面へ向かいウラジオ艦隊の帰途を遮断し攻撃せよ、という電命を受け取った。司令長官側は、ウラジオ艦隊は北上して津軽海峡を通りウラジオへ戻ると見たからである。しかし第二艦隊はすでに九州方面へ出動して六時間が経過していた。上村長官は大本営命令に従った。

この大本営を慌てさせたウラジオ艦隊の第六次出撃は、遠征範囲も広大で、かつ戦果も最も華々しいものであった。

七月一七日、エッセン司令官は「ロシア」に搭乗し、「グロモボイ」「リューリック」を率いてウラジオ港を出港した。二〇日の夜明けを待って、敷設機雷を避けつつ津軽海峡を通過して太平洋側に出た。そこで高島丸（三一八トン）と出会い、乗員を退避させた上で撃沈した。その後、同海域で日本の小汽船、帆船に対する臨検、撃沈を繰り返した後、二一日夕刻より針路を南にとり、翌二二日一〇時三〇分頃、福島県の塩屋崎沖でドイツの貨物船アラビア号（二八六三トン）を拿捕、ウラジオへ連行した。二四日午前四時三〇分頃には、静岡県の御前崎の南方で、鉄道材料を搭載して横浜に向かう英国汽船ナイト・コマンダー号（四三〇六トン）を拿捕、同船はウラジオまで行く石炭を保有していなかったので乗員を収容した上で撃沈した。

その後は東方に向かい、二五日午前九時四五分頃、英国汽船カルカス号（六七四八トン）を拿捕し、ウラジオへ連行した。その後ウラジオ艦隊は北上して帰途につき、三〇日には堂々と津軽海峡を通過し、八月一日ウラジオストックに帰港したのだった。〈注22〉

この間、七月二七日、軍令部はウラジオ艦隊北上の情報をつかんでいたが、上村司令長官に対しては、第四戦隊は紀伊半島で待機、または帰港させてもよい。貴官は第二戦隊のみ率いて布良《めら》望楼（房総半島南端）付近まで行動すべしと訓令した。

そこで上村は、第四戦隊に対馬への帰港を命じた後、第二戦隊を率いて布良望楼沖に至り、伊豆諸島方面を探索したが、もはやウラジオ艦隊を発見することはできなかった。

その後、伊東軍令部長は、七月三〇日午前三時、上村司令長官に対し三〇日夜明けにその地を発して対馬方面に帰投せよと命じた。第二戦隊が布良沖を出発し、途中佐世保で炭水を補給した後、対馬の尾崎湾に帰着したのは八月四日になっていた。第四戦隊はそれに先立つ七月二九日、対馬の竹敷港に帰港、朝鮮海峡の哨戒任務に就いていた。

黄海海戦

ウラジオ艦隊に振り回された第二艦隊が、本拠地に復帰して朝鮮海峡の哨戒任務について間もない一九〇四年八月一〇日、旅順艦隊はウラジオへの脱出を図り、大挙して港外に出てきた。待ち構えていた連合艦隊はこれを捕捉し、一大海戦が戦われた。結果は、日本の一方的な勝利であった。

このような結末になるであろうことは、旅順艦隊の司令長官並びに司令官全員がわかっていたことであった。彼らは、戦力において優勢な敵が、水雷を敷設した上で待ち構える港外への脱出は不可能であると考えていた。これには一八九八年の米西戦争において、キューバのサンチャゴ湾に閉じ込められたスペインの大西洋艦隊が、脱出を試みて、待ち構えていたアメリカ艦隊に全滅させられたという前例もあった。したがって旅順艦隊の司令官たちの主張は、旅順要塞と運命を共にしつつ、第二太平洋艦隊（バルチック艦隊）の到着を待つ、というものであった。但し、一九〇四年四月に派遣が決定されたバルチック艦隊の出航の見込みは、この夏の段階ではまだ立っていなかった。

一方、極東における軍事権と外交権をニコライ皇帝から委ねられた極東総督アレクセイエフには、バルチック艦隊の到着まで、旅順要塞が持ちこたえられるとは思えなかった。そこで旅順艦隊司令長官に対し、皇帝命令をもって、坐して自滅の道を選ぶより打って出て血路を開けと命じた。こうして旅順港脱出は、旅順艦隊にとっては、強いられた無謀な作戦となった。よって当初より戦意に欠けていた。

海戦に敗れた旅順艦隊の主要戦艦五隻と巡洋艦一隻、駆逐艦四隻、病院船一隻は同日中に旅順港に舞い戻り、他方、戦艦一隻、巡洋艦三隻、駆逐艦三隻が遁走したが、膠州湾、上海、サイゴンなど、逃げ込んだ港湾を管理するドイツ、清国、フランスの官憲の手によって武装解除された。これらの処置が、遁走ロシア艦入港の情報を得た日本側の引き渡し要求があっての措置であったことは言うまでもない。

そうした中で唯一、膠州湾で石炭を搭載した後、いち早く出港して武装解除を免れた巡洋艦「ノーウィク」のみが、東シナ海から太平洋へ大回りして宗谷海峡まで来たが、ここで「対馬」と「千歳」に捉えられ、撃破された。


旅順艦隊出港時、ウラジオ艦隊に旅順出港時刻を通知する必要上、旅順残留艦〈ウラジオストックまで回航不可能のもの〉の内から駆逐艦「レシーテリヌイ」が選ばれて、緊急電報を在芝罘《チーフー》ロシア領事に手渡す特別任務が与えられた。旅順が日本によって通信封鎖されていたからである。〈注23〉日露開戦以前において、日本が、旅順に通ずる電信線のうち芝罘―旅順間の海底線以外をすべて切断していたことについては、第Ⅵ章で述べた。これは「旅順口の耳目」を断って、二月六日午前九時から開始された日本の連合艦隊の出動情報がロシアへ伝わることを防ぐための措置であった。

日露開戦後、伊東軍令部長は、清国芝罘出張中の大本営参謀・森海軍中佐に命じて、芝罘―旅順間の海底電線も切断させた。その後、陸軍の旅順包囲作戦によって旅順口が陸側からも包囲されると、

同地におけるロシア軍は、完全に通信封鎖されたわけである。〈注24〉

「レシーテリヌイ」の芝罘入港は、翌一一日には同地駐在の森中佐に発見された。山東半島北岸にある芝罘港について、またそこを拠点に諜報活動に従事していた森中佐については、第Ⅳ章で紹介した。

森の急報によって、大連にあった細谷第三艦隊第七戦隊司令官は、藤本第一駆逐隊司令に、芝罘に向かい「レシーテリヌイ」を処分することを命じた。藤本は芝罘において清国官憲の制止を無視して「レシーテリヌイ」を拿捕し、大連に曳航した。〈注25〉

しかし、「レシーテリヌイ」が芝罘に持ち込んだ緊急電報は、ロシア領事の手によって打電され、旅順艦隊出港の報は、一一日夕刻ウラジオ艦隊に届いた。

ウラジオ艦隊司令官・エッセン少将は、一二日午前六時、「ロシア」に搭乗し、「グロモボイ」、「リューリック」を率いてウラジオストックを出港、旅順艦隊を迎えるべく朝鮮海峡に向かった。しかしこのとき、エッセンは旅順艦隊がすでに黄海において敗北し、主要艦は再び旅順港に戻ったこと、また遁走艦は各地で武装解除されたことについては全く知らなかった。〈注26〉

旅順艦隊救援に向かうならば、ただ一隻、宗谷海峡まで逃げてきた「ノーウィク」をこそ救援すべきであったが、八月一二日にウラジオストックを出港したエッセンには、もはや新たな情報を入手する術はなかったのである。エッセンは、旅順艦隊が日本艦隊と砲撃を交えつつ、朝鮮半島南岸を経て朝鮮海峡を北上してくるものと予想し、それを掩護するために、第二艦隊が待ち構える朝鮮海峡に危険を冒して出て行ったのだった。

蔚山《ウルサン》沖海戦

一九〇四年八月一〇日の日没後、黄海において砲撃を停止した連合艦隊は、敗走する旅順艦隊の捜索行動に移った。遁走艦船のウラジオへの逃走の可能性が大きいと判断した東郷司令長官は、第二艦隊に対し、遁走したロシア艦の朝鮮海峡通過を阻止し、またそれを掩護するために出現するであろうウラジオ艦隊を攻撃する任務を与えた。

八月一四日午前五時頃、上村司令長官が直接率いる第二艦隊第二戦隊は、韓国東岸をいったん北上して鬱陵島に達し、転針して南下中、韓国蔚山沖において、ついにウラジオ艦隊、「ロシア」「グロモボイ」「リューリック」を発見、砲撃を開始した。

ロシアの三艦は、日本側の追撃を振り切って逃走しようとしたが、速力の劣る「リューリック」に砲火が集中した。そこで他の二艦は何度もその救出を試みて、上村艦隊に接近した。

一方、第二艦隊第四戦隊（瓜生司令官）には、根拠地である対馬から離れすぎない範囲内において敵を要撃する任務が与えられていたが、交戦を知って蔚山沖へ向かい、午前八時頃には、「浪速」と「高千穂」が交戦現場に到着した。

エッセン少将は最終的に「リューリック」救出を断念して北方に針路を急転してウラジオへ逃走した。

上村司令長官は「リューリック」を第四戦隊にまかせ、「ロシア」「グロモボイ」二艦を追跡したが取り逃がし、現場に戻って沈没しつつある「リューリック」の乗員の救出を指示した（このことで、日本国内では上村司令長官を「露探（ロシアのスパイ）」と糾弾する世論が巻き起こる）。

「リューリック」沈没現場に最後に駆けつけたのは第四戦隊の「新高《にいたか》」というのは、台湾の「玉山」のことである。日清戦争の勝利で台湾を領土に組み入れた日本は、この山を「新高山」と名付けた。富士山より二〇〇メートル以上も高いこの山は、第二次世界大戦までは日本の最高峰であった。

さて八月一四日未明、「新高」は、対馬の南海上において哨戒任務に就いていた。「新高」の行動については、『軍艦新高行動日誌』（防衛研究所蔵）に、次のように書かれている。

［明治三七年八月一四日］午前三時豆酘《つつ》沖に於、水雷艇に遭ひ味方暗号を交換す、仝《どう》六時、神埼《こうざき》望楼沖通過の際、頻《しき》りに「浦塩艦隊第七地点に見ゆ」の電信感じたるを以て該地点に向航す、仝六時半合戦準備を整へ、速力原速十八浬《カイリ》となす、仝七時二〇分「高千穂」より大河内への無線電信により、今三八六地点に於て交戦中なることを知り、該地点に向ふ、仝十時二十分「浪速」「高千穂」二艦が露艦「リユーリック」と交戦せるを認め、各員を戦闘配置に就けしむ、士気頗る壮なり、仝十時三十分「リユーリック」沈没するを確め、本隊に合せんと欲し、並航せしに、会々《たまたま》本隊南下するに会し同行す、「露艦リユーリック」号の溺者一四名を収容し、本隊と共に尾崎に向ふ〈注27〉

「豆酘」は対馬島南西端、「神埼」は同南端にある岬である。「新高」は八月一四日午前三時に豆酘沖を東に向かい、同六時に神埼望楼沖を通過しようとしたとき、「浦塩艦隊第七地点に見ゆ」と無線機が頻りに鳴った。そこで「新高」は対馬東海岸を北上し、当該地点へ向かった。午前七時二〇分には、「高千穂」が対馬北部の大河内望楼へ発信した無線通信により、「三八六地点」で交戦中であることを知った。〈注28〉

一〇時二〇分、「新高」は「浪速」「高千穂」二艦が「リューリック」と交戦しているのを認め、乗組員を戦闘配置に就けた。一〇分後、「リューリック」が沈没するのが見えた。そこで「新高」は海に投げ出された「リューリック」の乗組員一四名を収容し、本隊とともに尾崎湾に向かった。

日本海軍は日露戦争に至るまでに無線電信の研究を重ね、有効通信距離を飛躍的に伸ばしてきた。しかし、一九〇四年一〇月に軍艦「扶桑」に最新式通信機を搭載して一四時間に及んで行われた実験の結果は、通信の最大有効距離数は五八カイリ（一〇七キロメートル）、全部で三〇本の電報のうち、明解受信電報数は一九、半解受信電報数二、不達電報数九、明解電報中誤謬字数五、となっている。〈注29〉

この時点では無線電信が非常に不安定なものであったことが知られる。さらに無線は傍受される恐れがあり、妨害電波によって通信不能になる場合もあった。

これを補うために、日本海軍は各地に望楼を設置し、望楼間を有線で連結した。また望楼に無線電信機を設置した。望楼は目視及び望遠鏡による監視をする場所であるだけでなく、得られた情報を直ちに伝達する機能を持ち、同時に艦船に搭載された無線機による通信を中継する機能ももっていた。

第二戦隊がウラジオ艦隊を発見した蔚山沖に、三時間後には第四戦隊の「浪速」「高千穂」が駆けつけ、さらにそれから二時間三〇分後に「新高」が駆けつけたのは、無線と望楼と有線によって、朝鮮海峡の戦略的封鎖が成功しつつあったことを示している。

しかし、この時には「ロシア」「グロモボイ」二艦を取り逃がしてしまった。

鬱陵島へ海底電線敷設

蔚山沖海戦を経た一九〇四（明治三七）年九月八日、上村司令長官は、瓜生司令官へ新たな訓令を与えた。それは、韓国の竹辺湾と松島（鬱陵島）に海底電線を敷設する逓信省所属の「沖縄丸」を掩護すること、また直接掩護する前進艦と本隊（対馬の第二艦隊司令部）との通信を中継することである。後者の任務には竹辺湾と本隊との直接通信連絡を得るまでという期限がつけられており、その間は沖ノ島付近の哨戒任務が免除された。沖縄丸の任務は、次のとおりで、各々所用日数が予定されていた。

① 竹辺湾附近でウラジオ線を捜索（予定日数三日間）
② 竹辺湾に同線を陸揚（同二日間）
③ 松島（鬱陵島）竹辺湾線布設及松島にて陸揚（同三、四日間）〈注30〉

当時、韓国東海岸から鬱陵島へ渡るには竹辺湾から出航した（竹辺湾は大韓帝国江原道蔚珍郡に属していたが、現在は慶尚北道に属している）。この竹辺湾の望楼（名称は竹浜望楼）の位置選定と材料運搬は、すでに六月中に海軍中尉・村越八郎によって実行されていたことは前述した。その後引き続き、望楼設置工事が実施され、七月二二日に竣工し、八月一〇日から供用開始されている。同様に、鬱陵島の東南部に「松島東望楼」が、東北部に「松島西望楼」が、いずれも九月一日に竣工し、翌日から供用開始となっている。〈注31〉

軍令部は、一九〇四年七月五日に海軍大臣へ報告した海軍通信機関の設置計画どおり、鬱陵島と竹辺湾に望楼を建て、その間を海底電線で結び、さらに竹辺湾においてウラジオ線を引き揚げてそれと接続し、鬱陵島と佐世保を海底電線で接続しようとしていたのである。

ウラジオ線を捜索して引き揚げるとは、長崎に支社を置くデンマークの大北電信会社が長崎―ウラジオストック間に敷設した海底電線（二回線）を引き揚げて無断で使うということである。海軍は、一九〇四年六月中より長崎近郊の志自岐付近で大北線を切断して佐世保鎮守府内に繋ぎ換える工事に着手し、七月九日には完了していた。〈注32〉

敵国資産と認定することが困難な大北電信会社の資産を無断で使用することが、戦時国際法に違反することは、海軍省も逓信省も充分認識していた。よってポーツマス条約締結後、海軍は大急ぎで大北線の復旧作業を行っている。〈注33〉

海軍は韓国の南海岸及び東海岸に望楼を建設し、日本の九州、山陰沿岸、および島嶼に設置された望楼と合わせ、朝鮮海峡を巡航する哨戒艦の無線通信が、望楼を経由して直ちに第二艦隊の司令部（対馬の竹敷）と連合艦隊の司令部（鎮海湾の松真）に届き、また司令部から発信する命令が直ちに全艦艇に届く体制を構築しようとしていた。これは、ウラジオ艦隊と旅順艦隊の合同を阻止するためにも、またいずれ出現するであろうバルチック艦隊を迎え討つためにも、構築しなければならないインフラであると認識されていた。
このような海軍の戦略のなかで、重要な通信及び監視拠点として、にわかに注目をあびることになったのが、鬱陵島とリヤンコ島であった。

さて、鬱陵島と竹辺湾の望楼間を海底電線でつなぎ、さらに大北線を無断使用して佐世保に繋ぐ工事は、ウラジオ艦隊の襲撃を警戒するなかで行われた。そのため瓜生司令官は、沖縄丸の直接掩護艦と対馬の司令部への通信中継艦を出すために、配下五艦のローテーションを組んだ。〈注34〉
一九〇四年九月一〇日午後一時、沖縄丸が対馬の竹敷港を出港した。最初の掩護艦となったのは「対馬」であり、「浪速」が中継艦となった。
次に九月一二日「新高」が竹敷を出港、一三日午前六時に中継地点に達し「浪速」と交代した。「浪速」は北進して掩護艦となった。午後一〇時、「新高」は「対馬」が帰途に就くのに出会った。
翌一四日午前六時、「新高」は掩護艦となるため、竹辺湾に向かった。同日午後六時、沖縄丸は竹辺湾への大北線の陸揚げを完了した。よって「新高」は中継艦「千早」を経て次のように第二艦隊司令部へ報告した。

一四日午後六時、沖縄丸報告、電纜《でんらん》［ケーブル］接続済み、今より竹辺湾と内地との通信差支なし。同湾にては天幕を張り、仮り通信をなし居れり。明日尚地《ママ》［他］の一線の引揚を試みる筈、当夜沖縄丸は「ルツドネル」岬付近に仮泊、本艦は巡航警戒を為す〈注35〉

沖縄丸は、九月一四日に、竹辺湾付近で大北線を切断し、竹辺湾に天幕を張って作られた仮通信所まで引き揚げ、竹辺—佐世保間の通信を完成させたのである。

翌一五日、沖縄丸は「ルッドネル」岬付近で、もうひとつの回線を引き揚げようと試みたが、「海底急に深く到底捜索し得ざるを以て」、この作業は午前九時に打ち切られた。〈注36〉

この後、沖縄丸は竹辺湾に回航、大北線と鬱陵島線の陸揚げの完成作業に従事した。これは、天幕を張って仮通信をしていた状態から、竹浜望楼内への引き込みを完了するという意味であろう。この間、「新高」は警戒のため同湾内を巡航していた。

「新高」は正午に報告をあげた。午後三時、第二艦隊司令長官から、中継艦を止め、本日より「千早」を沖ノ島の哨線に移す、「対馬」が明日交代に行く、という電信を受け取った。

中継艦には、竹辺湾と第二艦隊司令部との直接通信連絡ができるまでという期限がつけられていたことは前述した。大北線を使って竹浜望楼と佐世保鎮守府の通信が繋がった以上、佐世保を経由して対馬の第二艦隊司令部との通信も可能になり、中継艦は打ち切られたのである。

このあと「新高」は、竹辺湾から鬱陵島へ海底電線を敷設する沖縄丸の護衛艦として鬱陵島へ向かった。「新高」が残した日誌には、鬱陵島で収集したリヤンコ島の重要情報が記載されている。しばらく『軍艦新高行動日誌』を読んでみよう。

「新高」のリヤンコ島情報

『軍艦新高行動日誌』第五巻〈注27〉参照）には、次のように記載されている。日付のあとに記録されている位置情報は省略した。固有名詞を除き、片仮名は平仮名に変え、句読点と濁点を補った。

［］は筆者の補注である。

［一九〇四年九月］十六日（金）

午前七時、沖縄丸と会し共に松島［鬱陵島］に向ふ。正午頃より風波漸く荒し。午後二時、沖縄丸と別れ先づ松島に到り、望楼より異情《ママ》なき報を得て附近監視に任ず。午後九時、沖縄丸松島南方に来りしも、風波強くして良好の錨地を発見し得ざりしを以て、遂に九時五十分、其電纜《でんらん》［ケーブル］を切断し、浮標［ブイ］を附して投棄し、本夜此附近漂泊に決す。依て午后十時、左の報告をなす。

竹辺湾松島間電纜布設了《おわ》れり。明日陸揚の予定。本艦午后十時松島発、帰途に就く。四直哨兵配備［乗員の四分の一を以て警戒にあたる意］。

午后十時松島を発し、尾崎に向ふ。北東の風波益々増加し、艦の傾斜三十度を超ゆる事あり。

「新高」は、鬱陵島南方海上を漂泊する沖縄丸を残し、一六日午後一〇時に鬱陵島を発し、翌一七日午後零時三〇分に対馬の竹敷に入港した。これは「対馬」が交代に来ることを知らされていたからであろう。しかし、「対馬」は来なかったようだ。沖縄丸は暴風に堪え切れず、夜一二時に鬱陵島を出発し、翌一七日午後六時半に竹敷に入港している。

九月一八日から二一日まで、「新高」には休暇が与えられたのであろうか。日誌には、石炭と糧食の積込みと竹敷港へ出入りする艦艇名が綴られている。

さて、二二日から、「新高」は再び動き出した。

二二日の午前中に出港した沖縄丸に遅れて、「新高」は午後零時三〇分に出港したが、午後三時には沖縄丸に追い付き、ともに鬱陵島に向かった。ところが風波が次第に強くなり、沖縄丸の要請で行先を竹辺湾に変更した。

二十三日（金）

竹辺付近に仮泊。

午前七時三十分、沖縄丸と共に竹辺湾に入港し、龍湫岬の南西微南½南六鏈《れん》［約一キロ］に投錨す。此日風波尚止まず、遂に此方面の作業にも亦従事する事を得ず。

午后十時出発。沖縄丸と同行松島に向う。四直哨兵配備。

潜水機を使用して艦底の検査をなす。異状なし。半舷上陸［乗員の半数に上陸許可］、散歩を許す（約二時間）

二十四日（土）

午前五時三十分、松島着。同島付近にありて監視に任ず。（後略）

二三日は風波が強く、竹辺湾での作業もできなかった。同日午後一〇時に竹辺湾を出発、二四日午前五時三〇分に鬱陵島に到着した。

翌九月二四日の日誌の続きには、沖縄丸が松島東望楼の南西方に、ケーブルの一端を陸揚げし、それと前に竹辺湾から敷いてきて、浮標を付けて海中に投棄しておいたものとを海上で接合させる作業に入ったことが書かれている。

同日午後五時一〇分に、第二艦隊司令長官から発信された「浦塩斯徳《ウラジオストック》艦隊修理済の報あり、沖縄丸工事落成至急を要す、進行の模様如何」という電報を「竹浜無線電信及び沖縄丸電信」が受信した。これは、対馬の第二艦隊司令部から佐世保を経て竹辺湾の竹浜望楼に有線で届いた電信を、鬱陵島の「新高」に無線及び工事中の有線で中継したのである。竹浜望楼には三十六年式無線電信機が装備されていた。〈注37〉

続いて「浦塩斯徳艦隊、二十一日夜出港の報あり。沖縄丸工事中止せしめ尾崎に帰れ」という第二艦隊司令長官の命令を「沖縄丸電信」が受信した。

「新高」は「応急接合一時間にて終る見込みなる故、結了后速力十二浬《カイリ》にて海岸に沿ひ南下す」と返信した。「新高」は、沖縄丸の陸上派遣員を収容する一方、工事を急がせた。午後八時半、接続工事が完了した。九時二〇分、「新高」は沖縄丸を率い鬱陵島を出発して帰途についた。

翌九月二五日午前一一時、釜山沖にて沖縄丸と別れ、「新高」は速力を増加して午後三時竹敷港に帰着した。それから二時間遅れて沖縄丸も入港した。

さて、問題のリヤンコ島情報はこれに続けて書かれている。「リヤンコ略図」(右が西島、左が東島)

「松島東南望楼台より望遠鏡を以て見たる『リヤンコ』島」も含めて、「日誌」のなかに、報告者名も宛名もなく、通常の業務記録の体裁で書かれている。【図18】

これは、「リアンコルド」岩を鬱陵島の韓国人は「独島」と書き、日本人は「リヤンコ島」と呼んでいることを初めて報告した記録として、また同島におけるアシカ猟が鬱陵島を基地として行われている情況を報告した記録として重要な史料であるので、ここに、図とともに原文を掲げておこう。

なお、九月二三日の日誌の最後に記録された「潜水機を使用して艦底の検査をなす。異状なし。半舷上陸、散歩を許す（約二時間）」という文言は、二三日午後一〇時に沖縄丸とともに竹辺湾を出港した「新高」が、二四日午前五時三〇分に鬱陵島に到着した後の事である。よって二五日の条に書かれているリヤンコ島情報は、九月二四日早朝に、「新高」乗組員の半数が鬱陵島へ上陸し散歩することを許された二時間の間に得られた情報であることを確認しておきたい。

松島に於て「リアンコルド」岩実見者より聴取りたる情報

「リアンコルド」岩、韓人之を独島と書し、本邦漁夫等略して「リヤンコ」島と呼称せり。別紙略図の如く二坐の岩嶼《がんしょ》より成り、西嶼は高さ約四〇〇呎《フィート》、険阻《けんそ》にして攀《のぼ》ること困難なるも、東嶼は較低くして雑草を生じ、頂上稍《やや》々平坦の地あり、二三小舎を建設するに足ると云ふ淡水は東嶼東面の入江内にて少許《すこしばかり》を得。又同嶼の南B点、水面より三間《げん》余の所に湧泉ありて四方に浸出す。其量稍々多く年中涸渇することなし。西嶼の西方C点にも亦清水あり。

嶼の周囲に点在する岩は概して扁平にして、大なるは数十畳を敷くに足り、常に水面に露出す。

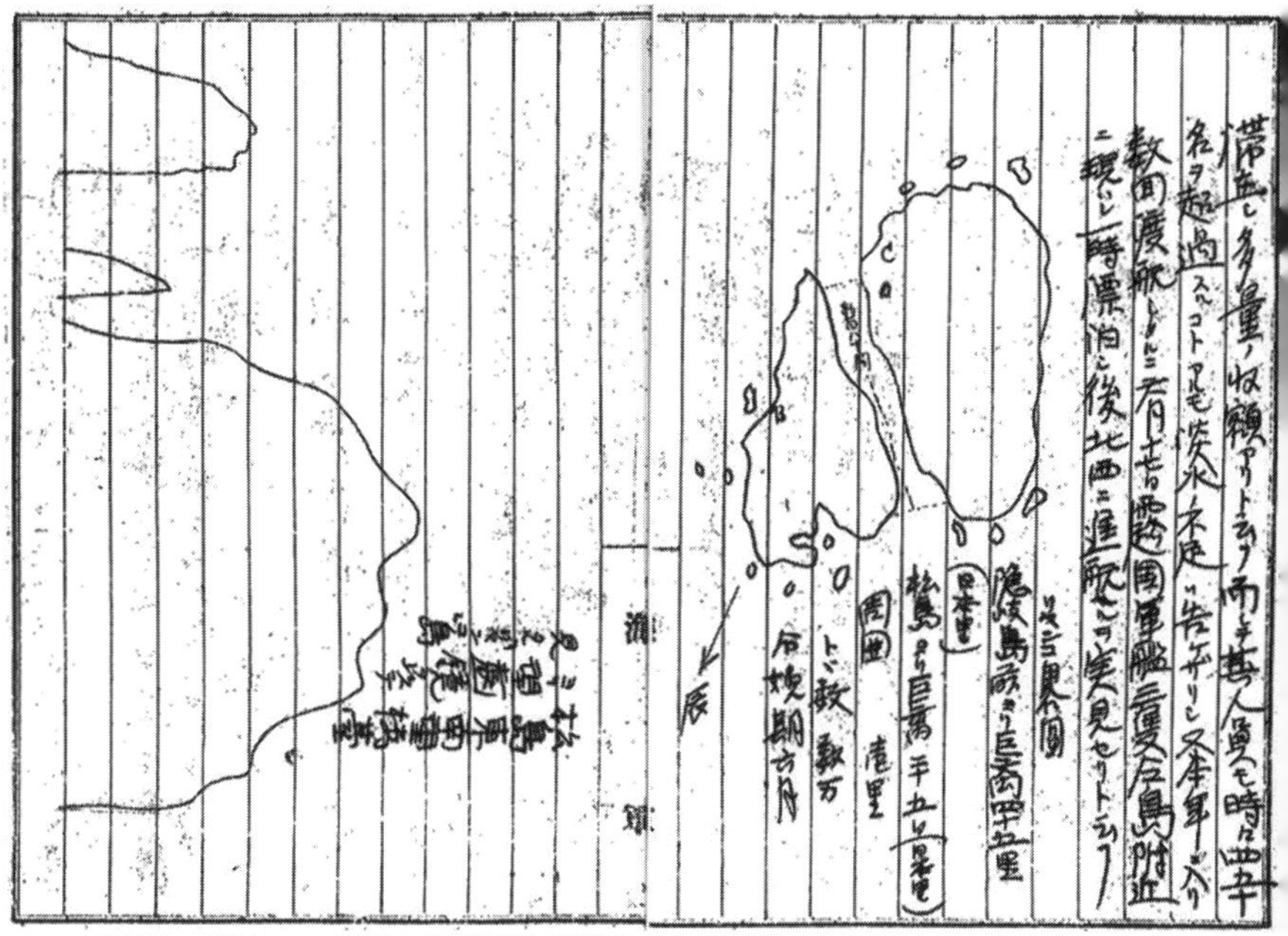

図 18：「リヤンコ略図」「松島東南望楼台ヨリ望遠鏡ヲ以テ見タル『リヤンコ』島」（『軍艦新高行動日誌』第 5 巻所収〈アジ歴 C09050457300、68 ～ 69/73〉）※辰は北から右廻り 120 度の方角

海馬［アシカ］茲《ここ》に群集す。両嶼の間は船を繋ぐに足るも、小舟なれば陸上に引揚ぐるを常とし、風波強く同島に繋泊し難き時は、大低松島［鬱陵島］にて順風を得、避難すと云ふ。

松島より渡航、海馬猟に従事する者は、六、七十石《こく》積の和船を使用し、嶼上に納屋を構え、毎回約十日間滞在し、多量の収穫ありと云ふ。而して其人員も時々四、五十名を超過することあるも、淡水の不足は告げざりし。又本年に入り数回渡航したるに、六月十七日露国軍艦三隻、同島附近に現はれ、一時漂泊し、後北西に進航せるを実見せりと云ふ

当時、第二艦隊は対馬に本拠を置いて、ウラジオ艦隊捕捉に躍起となっていたが、ウラジオ艦隊は忽然と現われては、日本の陸軍部

隊を載せて遼東半島へ向かう輸送船や日本に軍需物資を運び込む外国汽船を襲撃し、第二艦隊の追撃を振り切ってウラジオストックへ逃亡していたことは前述した。

海軍軍令部は、ロシア艦隊の発見と通報をより速くより確実にするために、鬱陵島と韓国東海岸に望楼を建設し、望楼間を海底電線で繋ぐ工事を急いでいた。

海底電線敷設船・沖縄丸の掩護艦として鬱陵島に派遣された「新高」によって、九月二四日に得られたリヤンコ島情報、とりわけ三ヶ月前の六月一七日に、ロシアの軍艦三隻がリヤンコ島付近に現れ、一時漂泊した後に北西に去ったという情報は、第二艦隊司令部および大本営をして、リヤンコ島の戦略的価値に開眼させる契機となった。

リヤンコ島がウラジオ艦隊の集合地点となっていることを、日本海軍が初めて知ったのである。

「対馬」のリヤンコ島上陸調査

一九〇四年一一月九日、東郷連合艦隊司令長官は、上村第二艦隊司令長官あて次のように電訓した。

朝鮮海峡両岸各地に在る無線電信所は、従来の監督に不便なるが故に、敵艦隊出没等の際、発信個々に互《わた》り混信を来《きた》す等、通信の遅延を来せしことありし様承知せり、婆羅《バルチック》的艦隊来航の事実近き今日、同海峡に在る陸海電信線、望楼、無線電信所の通信系統を一層明にし、重要なる通信所に将校を配する等、通信連絡の敏速を計るは最必要なることと思考す、貴官は同海峡方面に於る従来の経験に鑑み、最適当と思惟する考案を立て、直接大本営へ具申せらるべし

（『極秘海戦史』第一部第一一巻一〇一頁、アジ歴C05110072800）

これを受けた上村長官は、翌一〇日、伊東軍令部長あてに、八カ条の要望を提出した。そのうち第三条は次のとおりである。

三、リアンコルド島に望楼を新設し、松島［鬱陵島］より海底電線連絡を取ること
在松島漁民の所説によれば、東西両島の間には適良なる可航水道あり、錨地に適し、且島内諸所に清水湧出し、其の地積も充分に望楼を建設するに堪ふるが如し

（同右、一〇二頁）

上村司令長官のリヤンコ島に関する情報源が、「新高」が鬱陵島で得た情報であることは明らかであろう。

一一月一三日、大本営は改めて、第四戦隊の瓜生司令官を通して軍艦「対馬」艦長・仙頭武央海軍中佐に訓令を与え、左記三点を命じた。〈注38〉

㋑高崎山無線電信所の通信試験を施行する。また、このための試験係官を同地に送致する。
㋺「リヤンコルド」島は電信所（無線電信所に非ず）設置に適するかどうかを視察する。
㋩松島・竹浜・蔚崎各望楼へ材料人員を送致する。

高崎山無線電信所は隠岐の島前高崎山望楼内にある。また松島、竹浜、蔚崎望楼は、いずれも韓国の東海岸の鬱陵島、竹辺湾、蔚山港に日本海軍が勝手に設置した望楼である。各々の望楼の供用開始は、高崎山が一九〇四年七月、鬱陵島の松島東、松島西がいずれも同年九月、竹浜望楼は同年八月、蔚崎は同年九月となっている。

なお、鬱陵島には「日本海海戦」の後に松島北望楼がさらに設置され、このとき同時にリヤンコ島にも竹島望楼が設置されるが、それについては後述する。〈注39〉

さて、「対馬」は一一月一九日午前八時四〇分に竹辺湾に到着、望楼用材料を陸揚げした後、鬱陵島に向かった。午後四時二〇分に到着、望楼材料を陸揚げした。

次いで翌一一月二〇日午前七時二〇分に、リヤンコ島に到着、副長の山中柴吉少佐と軍医長の今井外美太郎・大軍医（軍医の階級で大尉相当官）を上陸させた。

三時間半後の午前一〇時五五分、副長、軍医長が帰艦したので、「対馬」は隠岐に向かった。午後七時に隠岐島前の別府湾に入港、試験係官を上陸させた。翌二一日、乗員の半数に上陸散歩が許可された。二二日、無線の通信試験のため、「対馬」は別府湾を出港したが、波が高いため試験は中止され、別府湾にもどった。二三日、再び出港、無線の通信試験の結果は良好であった。

翌二四日午前一〇時三八分、「対馬」は尾崎湾に入港、正午に竹敷港に回航した。同日の日誌には「対馬機密第一二七号、今回の行動に関する報告を提出す」と書かれているが、内容に関する記述はない。

しかし『極秘海戦史』には、次のように書かれている。

［一一月］二十四日に至り、対馬は松島、竹浜望楼員の送致、リヤンコルド島の視察、及高崎山無線電信所通信試験を終へて、同日午前尾崎に入り、リヤンコルド島は、実査の結果大工事を施さざれば到底望楼を設置し得る見込なき旨を報告せしを持って、上村司令長官は直に伊東海軍軍令部長に向ひて、此の旨を報告せり

（『極秘海戦史』第一部第一一巻一〇五頁、アジ歴C05110072800）

上村長官は、「対馬」の帰港を待ち構えるように、リヤンコ島に関する報告を受け、これを直ちに軍令部長に報告した。リヤンコ島に上陸調査した「対馬」の副長山中少佐がもたらしたものは、大工事をしなければリヤンコ島に望楼を設置できる見込みはない、ということであった。

山中少佐の「視察報告」自体は『極秘海戦史』にも収録されていないが、「リヤンコルド島略図」が「山中少佐同島視察報告付録」として、同書第一部巻一〇、一一別冊「付表及付図」中に収録されている（本章扉）。

しかし、それから四〇日後の一九〇五年一月五日に、「対馬」艦長仙頭武央が水路部長あてに出した報告書、「リヤンコールド島概要」が、『極秘海戦史』第四部巻四の「備考文書」中に収録されている。〈注40〉

仙頭艦長が一九〇四年一一月二四日に「対馬機密第一二七号」として報告を上げた相手は第二艦隊

の上村司令長官であった。それから四〇日も経って、仙頭艦長が水路部長あてに報告書を提出している理由は、おそらく、鳥取県東伯《とうはく》郡小鴨《おがも》村（現在の倉吉市）出身、当時は島根県周吉《すき》郡西郷《さいごう》町（隠岐群島の島後《どうご》島）に居住していた中井養三郎が、一九〇四年九月二九日に、内務、外務、農商務の三大臣あてに提出した「リヤンコ島領土編入並に貸下願《かしさげねがい》」に関連して、内務省がリヤンコ島の位置、形状などを水路部長に問い合わせ、水路部長が現地調査をした仙頭艦長に報告を求めたからであろう。

中井の行動は、日露戦争中にアシカの皮の需要が急速に高まったことを背景として、リヤンコ島周辺におけるアシカ猟の事業性に目をつけ、その事業の独占権を得ることを目的としたものである。〈注41〉

水路部長とは肝付兼行海軍少将であり、リヤンコ島が朝鮮領だと思い込んでいた中井養三郎に対し、リヤンコ島の所属は明確になっていない、むしろ日本領に編入した方がよいと示唆し、中井がリヤンコ島の日本領土編入と一〇年間の貸し下げ願いを日本政府に提出するきっかけを作った人物であることは、島根の郷土史家・奥原碧雲が一九〇七年に出版した『竹島及鬱陵島』に書かれている。

同書は、一九〇六年三月に島根県知事・松永武吉の命により、島根県第三部長・神田由太郎が隠岐島司・東文輔以下四四名を率いて実施した「竹島視察」の報告書として予約出版されたものである。一行中には奥原碧雲と中井養三郎も入っており、中井と水路部長の関係は中井の談話に拠るものと思われる。〈注42〉

では、仙頭艦長は水路部長あてにどのように報告したかを見ていこう。

仙頭は、リヤンコ島が二個の主島とその周囲に碁列する小嶼からなり、主島は全部不毛の禿岩で、吹き荒ぶ海風に曝されて、一株の樹木もない。全周は断崖絶壁で、どこからも登ることは不可能であり、また平坦地に乏しいと断じる。そして次のように書いている。

要するに本島は瘠《せき》たる禿岩にして、海洋の蛮風に露出し、其の猛威を避くるに足るの面積を有せず、炊くに燃料なく、飲むに水なく、食ふに糧なし、聞く、毎年六七月の頃、海豹猟の為め渡来するもの数十名の多きに達することあり、是等は皆一回約十日間宛仮居をなし、猟獲に従事すれども、皆其の他の季節に於ては殆ど来るものなし

仙頭は、このようにリヤンコ島が不毛の禿岩であることを強調した。しかし、強いて「風浪の鋭鋒を避け得べき家屋建築用地」を求めれば、二カ所あるとして次のように述べた。現代文に訳して紹介しておこう。

(イ)西島の東面に山崩がある。その傾斜は非常に急で、上半分は殆ど直立し、到底登ることはできないが、下半分はややゆるやかになり、辛うじてその中腹まで登ることができる。ここの地質は強固な岩層で、これを切り開けば三坪弱の平坦地を得ることが可能で、東風の外は悉《ことごと》く遮蔽することができる。

(ロ)東島頂部は一見平坦な部分が多く、家屋建設に適するように見えるが、これを踏査するには経路に多大の工事を施さなければそこに達することができないので実見することができな

かったが、海洋の蛮風に対して周囲すべてがさらされているという難点がある。しかし南端にある平坦地のみは、三、四坪の広さがあって、西北の一方は遮断されているようである。

この文章にある（イ）（ロ）は、一九〇四年一一月二〇日午前七時二〇分にリヤンコ島に上陸し、三時間半ほど調査を行った「対馬」副長の山中柴吉少佐が作成した「リヤンコルド島略図」（本章扉中の（イ）（ロ）と一致している。前述したとおり、山中少佐の視察報告自体は確認することはできないが、仙頭「対馬」艦長の水路部長あて報告が、山中報告に基づくものであることは明らかであろう。

そしてその内容を要約すると、リヤンコ島は海風の猛威にさらされた石の島であり、燃料も水も食糧も得られない。毎年六、七月頃にはアシカ猟に従事するものが数十人も来るが、皆一回およそ一〇日間ほど、仮小屋を建てて住むだけで、他の季節にはほとんど来るものもいない。しかし、強いて有線電信所設置のための用地を求めれば、西島、東島に各々一カ所ずつある、というものである。

リヤンコ島の日本領土編入

戦時下の一九〇五（明治三八）年一月二八日、日本政府は閣議において、リヤンコ島を「竹島」と命名して日本領に編入することを決めた。

国立公文書館に所蔵されている『公文類聚《こうぶんるいしゅう》』第二九編第一巻（アジ歴A01200222600）に、閣議決定に至る関係文書が数点収録されている。それによると、リヤンコ島の「日本領土編入」は次のような手順で行われた。

まず一九〇四（明治三七）年九月二九日に中井養三郎が、内務、外務、農商務の三大臣あてに「リヤンコ島領土編入並に貸下願」を提出した。

これを受けた内務大臣芳川顕正が、一九〇五年一月一〇日付けで内閣総理大臣桂太郎あてに、「無人島所属に関する件」を送り、閣議を要請した。内容は、リヤンコ島は他国においてこれを占領したと認めるべき形跡がなく、一昨年から本国人中井養三郎なる者が同島においてアシカ漁に従事し、今回領土編入並に貸下願を出願した。この際同島の所属と島名を確定する必要があるので、同島を「竹島」と名付け、今後は島根県所属隠岐島司の所管としたい、というものである。

同文書には、一月一二日付けで、内務次官山県伊三郎から内閣書記官長柴田家門にあてた関係書類の送り状もつけられていた。関係書類とは、左記三点であるが、山県が「御用済みの上は、返却相成りたく、此段申添候」と返却を要求していたため、これらの関係書類は内閣府には残らず、従って『公文類聚』に収録されていない。

一、中井養三郎の請願書
一、水路部長の回答
一、外務、農商務両次官並びに島根県知事の回答

このうち、「中井養三郎の請願書」と外務次官の回答は、外務省外交史料館所蔵の『帝国版図関

係雑件』（アジ歴B03041153100）に収録されている。外務次官の回答とは、中井の出願を受けて一九〇四年一〇月一五日付けで山県内務次官から珍田外務次官あてに出された照会に対し、珍田が「右領土編入並びに貸下の義に付ては本省に於て異存無之候」と回答したものである。農商務次官の回答もおそらく同様のものであったと思われる。

島根県知事の回答というのは、新島の名前と所管についての内務省からの照会に対し、一一月一五日付けで島根県内務部長から隠岐島司に問い合わせ、一一月三〇日付け隠岐島司の回答を踏まえて、新島を「竹島」と命名し、隠岐島司の所管としたいと回答したものである。〈注43〉

次に閣議決定書となる。これには閣議に出席した内閣総理大臣以下全閣僚一〇名の花押（署名に代わるサイン）があり、法制局長官が押印している。結論部分には次のように書かれている。

別紙内務大臣請議、無人島所属に関する件を審査するに（中略）明治三十六年以来中井養三郎なる者が該島に移住し漁業に従事せることは、関係書類に依り明なる所なれば、国際法上占領の事実あるものと認め、之を本邦所属とし、島根県所属隠岐島司の所管と為し差支無之儀と思考す、依て請議の通、閣議決定相成可然と認む

以上の史料を検討してみると、次のようなことが指摘できる。

まず、中井養三郎が一九〇四年九月二九日に提出した請願書には二点の要求が含まれていた。一点はリャンコ島を日本領土に編入してほしいというものであり、もう一点はリャンコ島を一〇年間貸下

げてほしいというものである。この請願を受けて、半月ほど後の一〇月一五日には、内務省は中井が要求する二点とも認める方向で、外務省と農商務省の意見をとりまとめようとしており、外務省は、これに異存はないと回答していた。

ところが、一九〇五年一月一〇日付けで内務大臣が内閣総理大臣へ閣議を請うた時、内務大臣が提案したのは、リヤンコ島の日本領土編入に関してのみであり、中井への貸下げ問題は除外された。これは、一九〇四年一〇月一五日以降に、リヤンコ島の中井養三郎への貸し下げに反対する意見が出て、内務省の方針を修正させたからであろう。

反対意見は、水路部長の回答ではなかったかと推測される。水路部長・肝付兼行海軍少将と中井養三郎との関係については、前述した。従来、中井の談話に基づいて、中井の請願を後押しした人物としてのみ見られてきたが、海軍大臣直属の要職にあった水路部長が、リヤンコ島の日本領土編入に賛成することはあっても、海軍の通信戦略上の要地であるリヤンコ島を個人へ貸し下げることに同意するわけはないからである。

次に、この閣議決定書は、「明治三十六年以来中井養三郎なる者が該島に移住し」と、事実認定において重大な作為がある。内務省が閣議資料として事前に内閣府に提出した中井自身の「請願書」にも、内務大臣の「請議書」にも、そのようなことは書かれていない。

そもそもリヤンコ島は人が住めるような島ではない。閣議決定のわずか二ヶ月前に現地調査をした「対馬」艦長の報告書に、毎年六、七月ごろにアシカを求めて数十名の漁師たちがやって来るが、彼らは「皆一回約十日間宛仮居をなし、猟獲に従事すれども、皆其の他の季節に於ては殆ど来るものなし」

と書かれていることは前述した。
それに加えて、一九〇六（明治三九）年一〇月一八日付けで中井が島根県に提出した「竹島漁業組合」の設置申請が、県から農商務省水産局に照会した上で、中井が「竹島」に居住していないことを理由に不許可になっているという事実がある。〈注44〉
したがって、中井養三郎のリヤンコ島移住という虚構は、一九〇五（明治三八）年一月二八日の閣議において、「国際法上占領の事実」を主張するために、あえて作為されたものであると言わなくてはならない。

なお、韓国政府がリヤンコ島の日本領土編入を知ったのは、先に述べた一九〇六年三月の島根県の「竹島視察団」一行の鬱陵島訪問によってであった。一行四五名を乗せた二四〇トンの小汽船「第二隠岐丸」は、一九〇六年三月二六日午後六時に隠岐の西郷港を出港、翌二七日に「竹島」に上陸した後、同日午後九時に鬱陵島に到着した。翌二八日午前一〇時に、神西部長以下十数名が同島駐在の日本人巡査部長を通訳として郡守を訪問した。
郡守沈興澤《シムフンテク》は、翌二九日に江原道観察使に「日本の官人一行が官舎に到り、独島が今日本の領土になったので視察に来たと告げた」と報告した。これを受けて江原道観察使李明来《イミョンレ》は、四月二九日付で沈報告を議政府参政大臣（首相）に伝達した。これは五月七日に議政府に届いた。参政大臣李斉純《イジェスン》は五月二〇日付で「独島が日本領になったということは全く根拠のないことである」と断じ、さらに詳しい調査を命じた。〈注45〉

軍艦「新高」が、一九〇四年九月において、鬱陵島の韓国人は「リアンコルド」岩を「独島」と書くと報告していることは先に紹介した。

以上の事実は、一九〇四年から一九〇六年にかけて、韓国の知識階級及び国家機関において、リヤンコ島を自国領の「独島」であるとする共通意識が存在したことを明示しており、一九〇五年一月の日本領土編入の論拠である「無主地論」に対する有力な反証となっている。

「日本海海戦」の真実

リヤンコ島の「日本領土編入」から四ヶ月の後、このリヤンコ島周辺の海域が、日露両艦隊の最後の決戦場となった。バルト海に臨むリバウ軍港からはるばる地球を半周してやってきたロシアのバルチック艦隊（正式名称は第二、第三太平洋艦隊）が、待ち構えていた日本の連合艦隊によって、この海で一九〇五年五月二八日に壊滅させられたのである。

連合艦隊司令長官東郷平八郎は、この日、次のように大本営に打電した。


連合艦隊の主力は二十七日以来残敵に対して追撃を続行し、二十八日リヤンコールド岩附近に於て敵艦ニコライ第一世（戦艦）アリヨール（戦艦）セニヤーウイン（装甲海防艦）及イヅムールド（巡洋艦）より成る一群に会して之を攻撃せしに、イヅムールドは分離して逃去せしが、他の四艦は須臾《しゅゆ》にして降伏せり。我艦隊には損害なしこの電報は翌二九日午前中に大本営に届き、同日付『官報』号外にそのまま掲載された。民間においても、新聞各紙が五月三〇日付で掲載した。『東京朝日新聞』は電文に添えて「大海戦地点（公報参照）」と題した地図を掲げ、その中心点に「リヤンコイルド岩」と名前を振った。

ところが、六月五日の『官報』に次のような訂正記事が出た。

去月二十九日官報号外本欄、日本海海戦戦報の項其三、及同三十日、同日本海海戦続報の項其五中、「リヤンコールド岩」を孰《いずれ》も「竹島」に訂正す　海軍省副官

連合艦隊司令長官も、長官名の電報を起草した参謀たちも、またそれを受け取って官報局に回した海軍軍令部の幕僚たちも、それを記事にした新聞記者たちも、「リヤンコールド岩」が四ヶ月前に「竹島」という名前で日本領に編入された事実を知らなかったのである。したがって、外務省のホームページに、竹島の日本領土編入が、「当時の新聞にも掲載され広く一般に伝えられました」と書かれているのは事実ではない。

『官報』に「海軍省副官」名で修正記事を出させたのは、同島を「竹島」と命名して日本の領土に編入することを決めた閣議に出席していた海軍大臣山本権兵衛であろう。

山本は、鬱陵島及びリヤンコ島付近が日露両艦隊の決戦場になることを予想していた。そのために、蔚山沖海戦（一九〇四年八月）の後に、鬱陵島への望楼設置と海底電線敷設を急ぎ、リヤンコ島情報

収集に乗り出し、さらにリヤンコ島を日本領に編入したのである。

山本海軍大臣がリヤンコ島近辺を決戦場と予想したのは、もちろん彼ひとりの推測ではない。バルチック艦隊がバルト海から出航した一九〇四年一〇月中旬から一ヶ月半が経った一二月三〇日に、東郷連合艦隊司令長官は、上村第二艦隊司令長官と幕僚を率いて上京し、山本海軍大臣、伊東軍令部長と今後の戦略を協議した。その直後の〇五年一月二日、彼らは旅順陥落の報に接している。

協議の主眼が、ロシアのバルチック艦隊を迎え撃つ方策であったことは言うまでもない。その結果、「朝鮮海峡に於ける地点幹線警戒線予定図」(明治三十八年一月一日連隊法令第四号図)が制定され、一〇日から実施された。【図19】

同図には、朝鮮海峡を横断する第一から第六に至る六本の警戒線と、それと交叉して縦断する三本の幹線が描かれており、主要地点にはアルファベットが振られている。これは朝鮮海峡に進入するであろうバルチック艦隊の捕捉網であり、その後の哨戒活動の基本となるものであった。

これら朝鮮海峡に引かれた警戒線のうち、最北に設定されたのは、島根半島東端の地蔵崎《じぞうざき》から隠岐の島前、「リアンコールド島」、鬱陵島を経て韓国東岸竹辺湾の龍湫岬に至る第五警戒線であった。この第五警戒線の中央に位置し、X点という符号をふられた「リアンコールド島」をめぐって、この時どのような議論があったのかを語る史料は、今のところない。

しかし、同島を「竹島」と命名して日本の領土に編入することを閣議決定したのは、「朝鮮海峡に於ける地点幹線警戒線予定図」制定の直後であり、その閣議には、この図の制作にかかわった山本海軍大臣が出席していた。

朝鮮海峡ニ於ケル地點幹線警戒線豫定圖

明治三十八年一月一日聯隊法令第四号圖

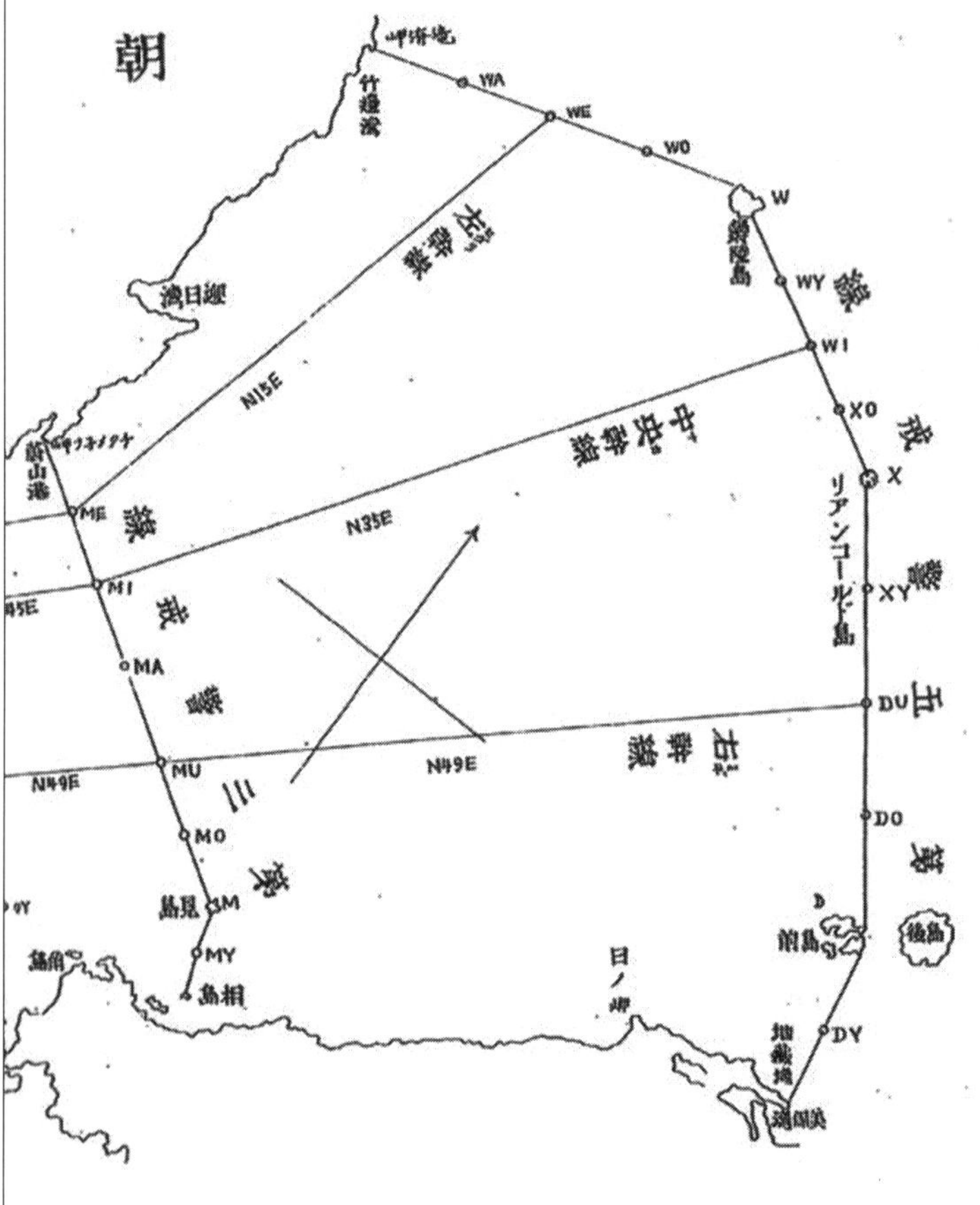

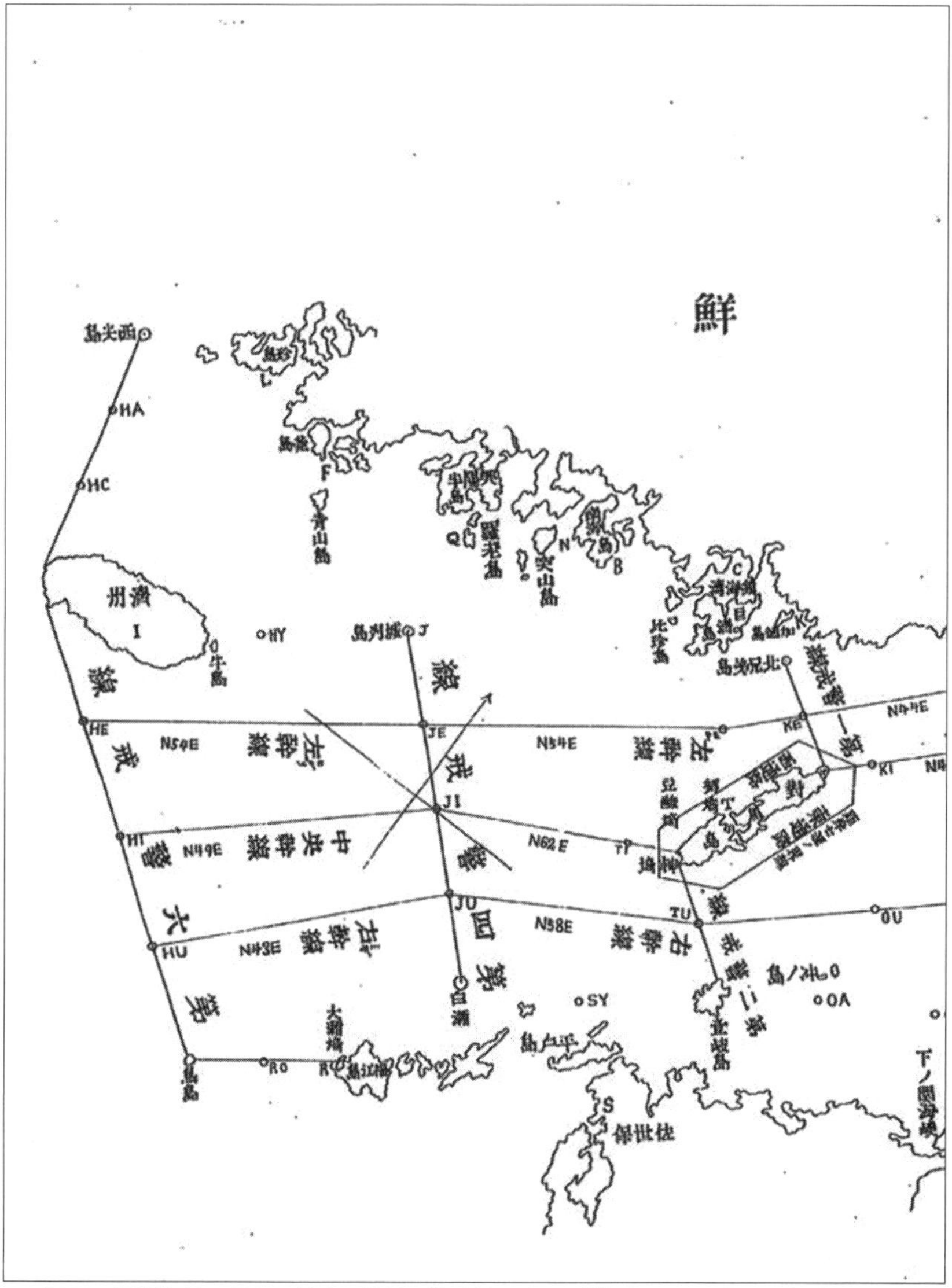

図 19：朝鮮海峡ニ於ケル地点・幹線・警戒線予定図（『極秘明治三十七八年海戦史』第 2 部巻 1 所収〈アジ歴 C05110083400, 5/37〉）

ロシア艦隊発見の第一報は、五島列島の西方で、第四警戒線南方において哨戒任務についていた仮装巡洋艦「信濃丸」が、五月二七日午前四時四五分に全艦艇に向け発信した無線電信「敵艦ラシキ煤煙見ユ」であった。引き続き「信濃丸」は四時五〇分に「敵ノ第二艦隊見ユ、地点二〇三」と発信した。これを受信した「厳島」が、同五時五分に東郷司令長官の搭乗する旗艦「三笠」に「敵ノ第二艦隊見ユ」と転送した。〈注46〉

実際にはこれらの文言は、あらかじめカタカナ一文字に略符号化されており、同様に記号化された艦艇名と数字化された地点番号、時刻とともに、無線通信の手順に従い、連打された。

『三笠戦時日誌』によれば、「厳島」から「敵発見」の無線電信を受けた「三笠」は直ちにすべての艦艇に点火を命じ出動準備にかかった。

「三笠」は、巨済島北西端の松真浦を専用泊地とし、同所に置かれた松真軍用電信取扱所を通じて常に東京の大本営と通信していたが、一九〇五年三月以降、艦隊指揮に便利な鎮海湾C地点に出て来ていた。

そのため、仮装巡洋艦「台中丸」が連合艦隊付属港湾部兼特務艦隊司令部旗艦として同地に係留され、多数の通信船を擁して海上における港湾業務をになった。同船内には軍用電信取扱所が開設され、松真軍用電信取扱所との間が海底電線で結ばれた。また松真から逓信省吏員が移り、乗船勤務した。

「三笠」が東京の大本営に発信した「敵艦見ユトノ警報ニ接シ、連合艦隊ハ直チニ出動シ之ヲ撃滅セントス、本日天気晴朗ナレ共波高シ」という有名な電信は、「台中丸」付属の通信船「千鳥丸」に託されて、「台中丸」船内の軍用電信取扱所から有線で東京へ発信されたものである。〈注47〉

泊地を出た「三笠」は、連合艦隊の主力が待機する加徳水道で、甲板上の予備石炭三トンを海中に投棄した上で、第一戦隊の先頭に立ち、ロシア艦隊との接触地点と予想される沖ノ島を目指した。

一方、ロシア艦隊は朝鮮海峡を目前にして、船足の遅い石炭補給船隊を切り離すため、五月二三日に最後の石炭補給を行った。そのため過剰積載状態となり、これによって船速が落ちただけでなく、喫水線が上がり、分厚い鉄板によって砲弾を跳ね返すべき装甲部分が水面下に沈み、甲板上では大波を被って大砲の発射にも支障が出るような状態にあった。

この間、「信濃丸」の無線を受け、いち早くロシア艦隊に接触した哨戒艦「和泉」から、ロシア艦隊の位置、陣形、進行方向に至るまで、「三笠」は正確な情報を刻々と得ていた。〈注48〉

無線電信と有線電信を組み合わせて構築された日本海軍の通信戦略が、ロシアの大艦隊との決戦を前に大きな威力を発揮しつつあった。

朝鮮海峡を通過するであろうロシア艦隊をいち早く捉え、決戦を挑む。バラバラになったロシア艦隊は、おそらくリヤンコ島を目指し北上するであろう。連合艦隊はその前に鬱陵島に集合し、リヤンコ島海域で最後の決戦を挑む。これは極めてオーソドックスな戦略である。

このような筋書きは、「朝鮮海峡に於ける地点幹線警戒線予定図」を前に、山本海軍大臣も東郷司令長官も当然考えたであろう。そして結果的にほぼこのとおりになった。

「敵発見」の無線を受けた連合艦隊が、鎮海湾から沖ノ島沖に出てバルチック艦隊の進路を塞ぎ、両艦隊の砲撃戦が始まったのは同日午後二時であった。午後七時三〇分、同海域で日没を迎えた連合艦隊司令長官東郷平八郎は、全艦船に砲撃中止と翌朝の鬱陵島集合を命じた。以後、ロシア艦隊に対する攻撃は、駆逐隊、水雷艇隊に委ねられた。これは、駆逐艇隊が味方の軍艦を誤射する懸念なく、思う存分ロシア艦隊に向け水雷攻撃を加えることができるようにとの配慮からであった。昼戦において激烈な砲撃にさらされ、もはや艦隊行動を維持することもできなくなったロシアの諸艦は、今度は一晩中水雷攻撃にさらされた。それでも生き残ってリヤンコ島付近まで北上して来るであろうロシアの残艦に対し、夜明けとともに最期の決戦を挑むため、連合艦隊は鬱陵島に集結したのである。

沖縄丸が一九〇四年九月に竹辺湾と鬱陵島間に海底電線を敷設し、竹辺湾で引き揚げた大北電信会社の海底電線と接続し、佐世保まで有線による通信を可能にしたことについては、すでに詳述した。鬱陵島は佐世保を経由して東京の大本営とも繋がっていたのである。

東郷司令長官は、五月二七日夜半、大本営に同日の昼戦について次のように報告した。

> 連合艦隊は本日沖ノ島付近にて敵艦隊を要撃し、大に之を破り、敵艦少くも四隻を撃沈し、其の他には多大の損害を与へたり、我が艦隊には損害少し、駆逐隊水雷艇隊は日没より襲撃を決行せり〈注49〉

連合艦隊が二七日の昼戦においてあげた成果は、正確に言うと、戦艦四隻、巡洋艦一隻、工作船一隻、雑役船一隻の撃沈と病院船二隻の拿捕であった。そのほか撃沈には至らずとも、東郷の言うように「多大の損害」を蒙ったロシア艦は多かった。

二七日の日没後、重傷を負ったロジェストヴェンスキー中将から指揮権を引き継いだネボガトフ少将は、戦艦「ニコライ一世」に「我に続行せよ」の信号を掲げ、先頭に立ってウラジオストックを目指した。しかし、翌五月二八日夜明けとともに連合艦隊に発見され、リヤンコ島南南西約一八カイリの地点で完全に包囲された。このとき、「ニコライ一世」に従って逃げ延びて来たのは、戦艦「アリヨール」、巡洋艦「イズムルード」の他、装甲海防艦二隻のみであった。しかも「アリヨール」はすでに瀕死の状態にあった。

午前一〇時三〇分、連合艦隊は砲撃を開始したが、ロシアの艦船は全く応戦することなく、間もなく各艦は軍艦旗を半降し、万国船舶信号を揚げて降伏の意を表した。ただ、快速を誇る「イズムルード」のみがこれに従わず、連合艦隊の追跡を振り切って逃走した。

降伏受領のため、「三笠」から参謀海軍中佐・秋山真之と分隊長海軍大尉・山本信次郎が、「ニコライ一世」に赴いた。

『極秘海戦史』には、礼服に着替えて「三笠」に赴くネボガトフ少将が、秋山中佐にしばしの猶予を願い出て、甲板上に総員を集めて行った最後の訓示が記載されている。おそらく通訳の任にあたった山本信次郎によって記録されたものであろう。

予は年齢既に六十、何為《なんす》れぞ復《また》余命を惜しまん。惜しむ所は偏《ひとえ》に諸子の身上に在り、諸子は尚春秋に富む、此際須《すべか》らく恥を忍で将来祖国の為め盡《つく》す所あるべし、若《も》し無謀にも此の数分間に憤死せしか、誰か能《よ》く露国将来の海軍を興復する者ぞ、加之《しかのみならず》諸子の身後には数千の孤児を残すに至らん、降伏の責《せめ》は予之を一身に負はん〈注50〉

ネボガトフは、このあと佐世保において、ニコライ皇帝に対し、二四〇〇名の将兵の命を無益に捨てるに忍びず降伏の道を選んだ、と報告した。しかしこの報告はニコライには受け入れられなかったようだ。ネボガトフは釈放されて帰国後、軍法会議で戦闘放棄の罪で死刑の宣告を受けたが、一〇年の要塞禁錮に減刑された。その後の消息は不明とされている。

竹島望楼の設置と撤去

一九〇五年五月三〇日、「日本海海戦」を終えた伊東軍令部長は、山本海軍大臣に対し、今後の作戦上必要な設備として次の四点を挙げ、検討を申しいれた。

一、松島（鬱陵島）に無線電信所一カ所（高圧電流を用い長距離送信ができるもの）

二、迎日湾口の冬外串角に仮設望楼一カ所（松島無線電信所が完成すれば、竹辺無線電信所をここに移す。竹辺望楼はそのまま存続）

三、第一次として松島とリヤンコールド間、第二次にリヤンコールドと隠岐列島高崎山間に海底電線敷設

四、リヤンコールド島に望楼設置、但し、該望楼は其の建物は一切露出せざる様、十分隠蔽して

設置し、必要の場合のみ旗竿を植立し得る様装置す〈注51〉

これは、明らかにウラジオ艦隊対策のためのものである。前述したとおり、ウラジオ艦隊がすでに戦力を喪失していたことは、日本海軍にはわからなかったからである。

注目すべき点は、リヤンコ島に建設される望楼が、建物を一切露出させず、十分隠蔽して設置するとされていることである。これはリヤンコ島への望楼設置の事実を秘匿し、ウラジオ艦隊が安心して近づいて来ることを期待する意図からであろう。そして、リヤンコ島で得られた情報が確実に伝達されるために、第一次として鬱陵島とリヤンコ島間に海底電線を敷設すること、第二次としてリヤンコ島と隠岐間に海底電線を敷設することが計画された。この提案を受け、六月二四日に、山本海軍大臣は、リヤンコ島に「竹島仮設望楼」の設置を命じた。〈注52〉

このように対ウラジオ艦隊封鎖網においても、リヤンコ島は戦略的重要地点、X点であった。「明治三十七八年戦役中望楼一覧」（『極秘海戦史』四部四巻二三三頁）には、舞鶴鎮守府所管海軍望楼中に、仮設望楼「竹島」があがっている。所在地は「リヤンコールト岩」となっており、望楼手一名、下士官一名、兵卒二名が配置され、その他に「順時傭人二名」とある。起工は一九〇五年七月二五日、竣工は同八月一九日で、同日に供用開始された。艦船に対する通信器の設備については「完備」となっている。

一九〇五年九月五日、ポーツマスにおいて日露講和条約が調印され、一〇月一〇日には日本がこれを批准し、一〇月一四日にはロシアが批准した。

これによって日本は、そもそもの戦争目的とした韓国の領有をロシアに認めさせ、さらに満州におけるロシアの権益を引き継ぎ、樺太の南半分と沿海州における漁業権をも獲得した。しかし一〇年前の日清戦争では莫大な償金を獲得したのに対し、今回は全く償金を獲得することはできなかった。このことは、日本国内では、戦勝ムードに煽られて過大な期待をいだいた国民を失望させ、大規模な暴動事件を招いた。

一〇月一九日、山本海軍大臣は、弾埼《はじきさき》、入道崎、高崎山、竹島、沢崎、杵築《きつき》、見島、越前崎望楼の廃止を命じた。真っ先に撤去されたのは竹島望楼であり、一〇月二四日のことであった。〈注53〉

また戦争終結に伴って海底電線敷設計画は見直され、リヤンコ島―隠岐間は中止となり、鬱陵島からリヤンコ島を経て島根県の松江までの海底電線敷設が一一月九日に完了したが、そのときすでに竹島望楼は撤去された後であり、リヤンコ島への海底電線の陸揚げは見送られた。〈注54〉

おわりに

「日本海海戦」は、無線電信と有線電信を組み合わせ、朝鮮海峡の戦略的封鎖網を構築した日本海軍のハイテク勝利であったことを述べた。そして、この戦略的封鎖網構築の過程で、鬱陵島とその付属の島、リヤンコ島がにわかにクローズアップされてきたことも紹介した。

大本営は、一九〇四年八月の蔚山沖海戦の後、鬱陵島への海底電線敷設を急ぎ、リヤンコ島情報収集に乗り出した。また、一九〇四年末から一九〇五年初にかけて、東京において、山本海軍大臣、伊東軍令部長、東郷連合艦隊司令長官、上村第二艦隊司令長官は今後の戦略を協議し、一九〇五年一月一日付けで「朝鮮海峡に於ける地点幹線警戒線予定図」を制定し、一月一〇日から実施した。同図の中央にX点という符号をつけられた「リアンコールド島」に「竹島」という名前を与えて日本の領土に編入することを決めたのは、その半月ほど後の一月二八日の閣議においてである。しかし日本政府はこのことを『官報』に告示せず、島根県に訓令して管内への公示を指示するに留めた。島根県では二月二二日に『島根県報』で告示し、地元の『山陰新聞』が二月二四日に「隠岐の新島」という小さな記事を掲載した。よって、「竹島編入」の事実は、島根県外ではほとんど知られることもなかった。

それから二ヶ月後の四月一四日、島根県では、リヤンコ島におけるアシカ漁を「許可漁業」に指定した。中井養三郎は竹島漁猟合資会社を設立して、六月五日に島根県から鑑札を受けた。すでに漁期は始まっていたため、中井は警察官を同行して出漁し、六月八日にリヤンコ島に到着した。同島で操業していた同業者たちに警察官が退去を命じると、彼らは漁舎と漁具を竹島漁猟会社に売り渡して退散した。〈注55〉

六月二四日、山本海軍大臣が「竹島仮設望楼」の建設を命じたのは、リヤンコ島に多数の漁民が自由に出漁していた状況を改め、このように許可を得ていないものを密漁者として追い出す手筈を整えてからであった。

こうした行政権の適用は、同島を日本領土に編入しなければできなかったであろう。このことは、海軍がリヤンコ島に計画した望楼が外から建物が見えないもの、つまり望楼の設置自体を秘匿するという極めて特異なものであったこととも関連して、当時、「日韓議定書」の第四条「軍略上必要な地点を臨機収用することを得る事」を根拠に、韓国の領土をほしいままに軍用地に収用していた日本政府が、何故、敢えてリヤンコ島のみ日本領土に編入するといった行為を密かに行ったかを説明してくれるであろう。

【注】

〈1〉大江志乃夫『バルチック艦隊』（中公新書、一九九九年）一九六頁

〈2〉ロストーノフ『ソ連から見た日露戦争』（原書房、一九八〇年）三三六頁

〈3〉外山三郎『日露海戦新史』（東京出版、一九八七年）二二三頁

〈4〉『隠州視聴合紀』は、出雲松江藩士斎藤豊宣が隠岐諸島を巡回して得た見聞を記録し、藩に提出したもので、日本の西北の限界は隠岐国だとしている（池内敏『竹島問題とは何か』一八頁、名古屋大学出版会、二〇一二年）。

〈5〉前掲『竹島問題とは何か』二四～三〇頁。内藤正中『史的検証　竹島・独島』（岩波書店、二〇〇七年）四〇～四三頁

〈6〉前掲『竹島問題とは何か』三一～三五頁

〈7〉シーボルトの『日本』は、一八三二年にオランダのライデンで分冊の形で刊行が始まり、一八五三年までに二〇分冊が予約購入者に頒布された。一八六六年のシーボルトの死後、彼の著作の売れ残りを一括購入した英国の古書籍商の手によって、一八六九年に再発行されている。

〈8〉海軍水路局は明治一九年以降、海軍水路部となり、二一年以降は水路部となる。

〈9〉ロシア海軍軍令部編、日本海軍軍令部訳『千九百四、五年露日海戦史』（芙蓉書房出版復刻、二〇〇四年）上巻二〇頁

〈10〉軍令部編『極秘明治三十七八年海戦史』（以下『極秘海戦史』と略）四部四巻一二四頁「開戦当時に於る無線電信機装備艦一覧表」、アジ歴 C05110109800

〈11〉『極秘海戦史』一部二巻一五頁、アジ歴 C05110031700

〈12〉『極秘海戦史』一部一〇、一一巻「付表及付図」
第一〇号「佐渡丸、常陸丸、和泉丸乗組人員及び生存者員数表」、アジ歴 C05110074200
第一一号「佐渡丸、常陸丸、和泉丸戦死者表」、アジ歴 C05110074300
第一二号「佐渡丸、常陸丸被捕者一覧表」、アジ歴 C05110074400

〈13〉『極秘海戦史』第一部一〇巻「備考文書」第二二号「明治三十七年六月十六日対馬艦長海軍中佐仙頭武央の提出せる同月十五日に於る軍艦対馬の敵前行動報告」、アジ歴 C05110072200

〈14〉一八九六年に対馬周辺を防衛する拠点として、対馬島西部の浅茅湾内に竹敷要港部が置かれた。浅茅湾は一九〇〇年に開削された運河「万関瀬戸」によって対馬島東部の三浦湾と連結された。

〈15〉注〈13〉に同じ。第二三号「六月十五日より十九日に至る浦塩艦隊策敵に関する第二艦隊の行動詳報」

〈16〉『軍艦対馬戦時日誌』(3)、アジ歴 C09050402600

〈17〉外務省外交史料館蔵『日露戦役の際浦塩艦隊玄界灘に来襲常陸丸、佐渡丸及和泉丸遭難一件』、アジ歴 B07090680200, 33/100

〈18〉『極秘海戦史』四部四巻一〇頁、アジ歴 C05110109600

〈19〉同右

〈20〉同右「備考文書」第五〇号、アジ歴 C05110110100

〈21〉同右二一九頁、アジ歴 C05110109900

〈22〉前掲『日露海戦新史』一九〇～九一頁
〈23〉前掲『千九百四、五年露日海戦史』下巻一三〇頁
〈24〉『極秘海戦史』四部四巻一八八頁、アジ歴 C05110109800
〈25〉「レシーテリヌイ」はその後日本海海戦において、偽装ロシア駆逐艦として、ロシア艦隊の針路に水雷を敷設する任務に使われた。
〈26〉前掲『日露海戦新史』一九五頁
〈27〉『軍艦新高行動日誌』(5)、アジ歴 C09050457300, 18/73
同書は、「新高」の日誌（明治三七年二月～同一二月）全一一冊中の第五冊で、一九〇四年八月一日から九月三〇日までの日誌が収録されている。日露戦争終結後の一九〇六年三月二〇日付で、「新高」艦長・山県文蔵から第二艦隊司令長官・出羽重遠あてに提出されたものである。第二次大戦後、進駐軍に接収され、一九五八年四月に米国より返還された旧日本軍記録の一つでもある。
〈28〉「第七地点」および「三八六地点」は、朝鮮海峡における地点番号である。一九〇四年五月三〇日に尾崎湾において瓜生司令官が発令した「四戦機密九九号」に添付された地図（特設地点信号図）によれば、第七地点とは、北緯三五度三〇分から同五〇分、東経一三〇度から同二〇分の二〇分間隔の経緯線で囲まれた地点である（アジ歴 C09050637700,28/55)。三八六地点については不明である。なお、この地点番号は、機密保持の観点から何度か変更された模様である。
〈29〉『極秘海戦史』四部四巻一〇九頁、「自三十六年八月至同年一二月　無線電信試験成績表」、アジ歴 C05110109800
〈30〉同右五一頁、アジ歴 C05110109700
〈31〉同右二三三頁「明治三十七八年戦役中望楼一覧表」、アジ歴 C05110109900
〈32〉同右四八～四九頁、アジ歴 C05110109700

〈33〉同右八九頁
〈34〉同右五四頁
〈35〉前掲『軍艦新高行動日誌』(5)
〈36〉「ルッドネル」岬とは、「氷嶂末」のこと。迎日湾と龍湫岬の間にあり、「高峻円形の陸頭」が海に突き出た格好になっている(［海軍省］水路部『朝鮮水路誌』二六九頁、一九〇〇年)。北緯三六度四〇分五一秒、東経一二九度二十分五三秒(水路告示一七七四号五一二項、明治三九年二月十七日官報六七八八号)。
〈37〉『極秘海戦史』四部四巻一四三頁「戦役中無線電信機(三十六年式)を装備せし諸望楼表」、アジ歴C05110109800
〈38〉『第四戦機密 戦策 明治三七』、アジ歴C09050638000,54/55
〈39〉『極秘海戦史』四部四巻二二五頁「明治三十七八年戦役中望楼一覧表」、アジ歴C05110109900
〈40〉『極秘海戦史』四部四巻「備考文書」第六十七号「明治三十八年一月五日対馬艦長海軍中佐仙頭武央より水路部長に提出せるリヤンコールド島概要」、アジ歴C05110110100
〈41〉井上貴央「ニホンアシカの復元にむけて(8) 日本海竹島のニホンアシカ その1、アシカ猟の変遷」(『海洋と生物』一六―四、一九九四年)
〈42〉奥原碧雲『竹島及鬱陵島』(報光社、一九〇七年)二八頁(ハーベスト出版が二〇〇五年に復刻)。
〈43〉前掲『史的検証竹島・独島』九二頁
〈44〉伊藤康宏「島根漁民の朝鮮近海出漁」(竹島問題を学ぶ講座 第六回講義記録、二〇〇八年一一月一六日)
〈45〉前掲『史的検証竹島・独島』九八~九九頁
〈46〉『極秘海戦史』四部四巻一八二頁、アジ歴C05110109800

〈47〉中村治彦「日本海海戦」(『太平洋学会誌』九八号、二〇〇五年)
〈48〉『極秘海戦史』四部四巻一八二～三頁、アジ歴 C05110109800
〈49〉『極秘海戦史』二部二巻一五頁、アジ歴 C05110084400
〈50〉『極秘海戦史』二部二巻一七七頁、アジ歴 C05110084600
〈51〉『極秘海戦史』四部四巻二〇～二一頁、アジ歴 C05110109600。朴炳渉「日露海戦と竹島=独島の軍事的価値」(『北東アジア文化研究』第三六、三七合併号、二〇一三年三月)は、この資料を一九〇四年五月三〇日のものと誤読している。
〈52〉『極秘海戦史』四部四巻二七六頁、アジ歴 C05110109900
〈53〉同右
〈54〉『極秘海戦史』四部四巻二〇～二一頁、アジ歴 C05110109600
〈55〉田村清三郎『島根県竹島の新研究』復刻補訂版八四頁、島根県総務部総務課、二〇一〇年

終章　万国平和会議への道

——大韓帝国の皇帝と外交官たち

図 20：第 2 回万国平和会議へ派遣された高宗皇帝の特使たち（左から李儁、李相卨、李瑋鐘）（『韓国ニ於テ第二回万国平和会議へ密使派遣並同国皇帝ノ譲位及日韓協約一件』第 1 巻所収〈外務省外交史料館。アジ歴 B06150550500, 57/99〉）

はじめに

第I章で、日露開戦必至と見た大韓帝国皇帝高宗が、日本軍によるソウル占領を予見し、日露両国に韓国の戦時局外中立の保障を求めていたことを紹介した。ロシアはこれを承認したが、日本はこれを門前払いした後、韓国に対し対露密約の強要を開始した。高宗は、日本の圧力を巧みにかわして、世界に向けて「中立宣言」を発表し、日本を除く多数の国がこれを承認、あるいは受け取ったと回答した。このような韓国の動きを封殺したのが、日本の軍事行動であった。

当時、大韓帝国は、朝鮮国時代に締結された、日本、アメリカ、イギリス、ドイツ、イタリア、ロシア、フランス、オーストリアの八カ国との修好通商条約を引き継ぎ、清、ベルギー、デンマークの三カ国と新たに修好通商条約を締結し、計一一カ国と条約関係を維持していた。また、日本、アメリカ、イギリス、ドイツ、ロシア、フランス、清の七カ国に海外公館を設置して、七人の特命全権公使を常駐させていた。そのうち駐英公使はイタリア公使を、駐仏公使はベルギー公使を、駐独公使はオーストリア公使を兼任していた。

首都・漢城（ソウル）には、修好国のうち、日本、アメリカ、イギリス、ドイツ、ロシア、フランス、清、イタリア、ベルギーの九カ国が公使館を置き、各国の外交官たちが駐在していた。

韓国の海外公館の閉鎖と外交官の引き揚げは、日露戦争後の一九〇五年一一月に締結された第二次日韓協約（保護条約）によって、韓国が日本に外交権を奪われた結果であると、一般に理解されているが、決してそうではない。日本はすでに、日露開戦直後から韓国の海外公館と本国との通信を阻害し、海外公館の運営資金の送金を妨害していた。次いで保護条約を強要すると、韓国の海外公館の業務と資産をその地の日本公館によって接収してしまったのである。

そうした中で高宗は、条約締結諸国に親書を送り、保護条約は日本の強要によるもので自分は決して承認していないから無効であると訴え、海外公館には業務を継続するように命じた。ただその指令は、高宗が日本軍の監視下に置かれ、公的な通信手段を奪われていたため、密かに行われざるを得なかった。

このような状況下で、一九〇五年五月には、駐英代理公使・李漢膺が抗議の自決をした。弱冠二七歳であった。ロンドンの韓国公使館の三等参書官であった李漢膺は、本国に呼び戻された後いつまでも帰任できない駐英公使・閔泳敦の代理を務めながら、閔泳敦の帰任への協力をイギリス外務省に働きかけていた。

また駐仏公使・閔泳瓚は、一九〇五年一一月に高宗の密命を帯びて渡米し、ワシントンにおいて、高宗の親書を託されてソウルから一足先に到着していたハルバートと合流し、保護条約の無効を訴えるためにセオドア・ルーズベルト大統領に面会を求めた。しかしルート国務長官からもたらされたのは、高宗の親書は正規のルートで受け取ったものでないためアメリカはこれに答えることはできないという拒否回答であった。閔泳瓚はパリに戻って公使館を閉鎖した後、上海に行きフランス領事館に身辺保護を求めた。そして同地のフランス租界に身を潜めた。

駐露公使・李範晋は、引き揚げ命令に抗して公使館業務を継続していたが、韓国が完全に日本に併合された後、一九一一年一月にペテルブルクで自決した。遺書には「国は滅亡し君は位を失はれたるも、其形勢は讐敵《しゅうてき》を退《しりぞ》くること能《あた》はず、国家を恢復するの策なければ、生存は却って罪たるのみならず、憤激の情に堪へ能はざるを以て自殺を遂げたり、之を諒せよ」という意味のことが書かれていた（後掲、次男李瑋鐘の手紙より）。

日露戦争期に、日本による韓国の外交権の剥奪がいかにして実行されたか。それに抗して闘った大韓帝国の外交官たちの苦難の生涯を紹介して終章としたい。

あわせて、従来、一九〇七年六月の所謂「ハーグ密使事件」が、高宗の「思い付き」であるかのように語られてきた誤りを正し、高宗が一九〇二年八月に駐仏公使・閔泳瓚をオランダのハーグ平和会議に派遣して以来、一貫して韓国の万国平和会議参入を求め、「国際紛争平和的処理条約」の加盟国になった上で、日本の不法行為を国際仲裁裁判所へ提訴し、国際世論を喚起して、日本に奪われた国家主権を回復しようと努力していた事実を明らかにしよう。

1　駐韓公使・林権助と韓国外交権の剥奪

韓国海外公館閉鎖計画

日露戦争開始の一九〇四年二月、駐韓日本公使・林権助は、駐清韓国公使に任命された閔泳喆に、赴任の便宜を図りたいと日本船の提供を申し出て、閔泳喆を日本に拉致しようと計画して失敗したことは、第Ⅰ章「韓国要人の日本への拉致」で紹介した。これが、その後につづく、日本による韓国の外交権剥奪の始まりであった。

林公使が韓国の海外公館を撤廃し、外国における韓国の利益保護を日本に依頼させる方針を小村外務大臣に最初に提起するのは、一九〇四年五月である。

このころ韓国政府は、中国の天津地方における自国民の保護を委託するため、天津駐在の日本の総領事・伊集院彦吉を「大韓名誉領事」に任命しようとしていた。名誉領事とは、在外公館が設置されていない地域における自国民保護を、現地に居住する個人に委託する制度で、現在の日本においても世界各国に多数の名誉領事を置いていることは、外務省のホームページで「名誉（総）領事一覧」として公開されている。名誉領事、あるいは名誉総領事は、現地における有力者が名誉職として無報酬で引き受ける場合が多い。

駐清韓国公使・閔泳喆を通じて、韓国政府から名誉領事就任の打診を受けた伊集院彦吉は、小村外務大臣の許可を仰いだであろう。

小村は、この問題に関し、五月二四日に林権助・駐韓公使の意見を求めた。林は、五月二六日に返信し、名誉領事の名称を受けることは政略上何の利益にもならない、むしろ韓国政府に対し天津地方における韓国の利益保護を日本の天津領事に委任させる方が良いと述べた。同時に北京にある韓国公使館を撤去して、清国に対する韓国の外交関係を日本の公使に依頼させたいという北京駐在の内田公使の意見（一九〇四年四月二五日付機密第三〇号）を挙げて、これは欧米諸国にある韓国公使館を撤廃する動機として自分も同意見であると述べた。〈注1〉

小村はこれに対し、五月二八日、「御意見至極適宜」と思われるので、「右の旨意により韓廷へ交渉方、可然《しかるべく》御《お》取計《とりはからい》ありたし」と訓令した。〈注2〉

但し、この時点では、韓国政府が林の思いどおりになったわけではない。韓国政府は、同年七月に在天津の日本総領事・伊集院彦吉を駐清公使・閔泳喆を通じて、林が反対していた大韓名誉領事に任命している。

このあと林は、同年九月六日付の小村あて機密書簡で、さらに具体的に韓国の海外公館閉鎖計画を述べた。林は、韓国の海外公館閉鎖と外交官の引き揚げを、日本政府の手によってではなく、韓国の関税収入を管理するイギリス人総税務司ブラウンの意向として実行させることを提議した。〈注3〉

というのは、ブラウンの手元には韓国の全ての海関（開港場におかれた税関）の関税収入が蓄積されていたが、それは韓国の貴重な財源であるにもかかわらず、ブラウンとの契約によって、韓国政府が自由に使うことができないことになっていた。そのため韓国政府は、一八九七年一〇月にブラウンを解雇しようとしたが、イギリスはブラウンの地位を守るため、軍艦まで派遣して恐喝し、その計画を撤回させたのだった。

こうして韓国の海外公館の経費は、すべてブラウンが管理し、三ヶ月ごとに送金することになっていた。つまり韓国の海外公館の資金源はブラウンの手ににぎられていたのである。

一九〇四年九月六日付の機密書簡で、林公使が小村外相あてに述べた意見は、速やかに韓国海外公館の外交官に帰国を命じ、あわせてブラウンによる送金を停止させるというものであった。すでに駐露公使は免官となり、日、英、米の韓国公使は帰国している。残るは仏、独、清の三国だけである。海外公館には一人だけを残し、適当な時期に、その地の日本公館が韓国公館の業務と資産を引き継ぐのがよい、と林は書いている。

林の計画では、韓国から外交権を取り上げるのに、条約の締結など必要なかったのである。北京駐在の特命全権公使・閔泳喆は、一九〇四年一一月二五日に帰国すべき電命を受けたが、これに応じなかった。おそらく駐露公使・李範晋、駐仏公使・閔泳瓚の場合（後述）と同様に、高宗から中国に留まって国権回復に努めよ、という密命を受けていたであろう。

こうして送金を止められた北京の韓国公使館の館員一同が非常に困窮していること、その困窮のあまり日本公使館の密偵となって閔泳喆の行動を逐一通報する反逆者も出てきたことが、北京の内田公使から小村外相にあてた報告書に記録されている。〈注４〉

閔泳喆はその後上海に移り住んだ。『統監府文書』（韓国国史編纂委員会、一九九九年）第八巻所収の「韓官人の経歴一般」には、閔泳喆について、「日露戦役後再び軍部大臣となり李容翊、李根澤等と中立の方策を計画し、露《あら》はれて清国公使に請得て北京に駐在し、玄尚健等と尚ほ運動を継続す、現今上海に在りて帰国せず」と書かれている。

前述のブラウンは、一八九三年に朝鮮の総税務司となり、財政の実権を握ったが、第一次日韓協約（一九〇四年八月）の結果、一九〇四年一〇月に日本の大蔵省主税局長・目賀田種太郎《めがたたねたろう》が財政顧問として韓国に赴任すると、同年一一月に、韓国の関税収入の積立金三〇〇万円を目加田に引き渡して韓国を去った。このときブラウンは、林の斡旋で韓国政府から多額の補償金を受け取り、英国政府からは爵位を得たという。

後年、林がブラウンについて語った言葉を紹介しておこう。

〈注5〉

日本が朝鮮の財政に口をさしはさむ事になって以来、税務総司のブラウンの好意によって、ひどく遣りよかったものだ。日本の政策に対してフランスが何んと言はうが、ロシアが何んと言はうが、そんな事は一向お構ひなしに、ブラウンは頑張って万事日本側と打合せて着々事を運んだ。

海外公館撤収命令を出す

一九〇五年一一月一八日未明、第二次日韓協約、いわゆる保護条約が、特命全権大臣・林権助と外部大臣・朴斉純によって記名調印された。

この条約の第一条「日本国政府は、在東京外務省に由り、今後韓国の外国に対する関係及事務を監理指揮すべく（後略）」と、第二条「（前略）韓国政府は、今後、日本国政府の仲介に由らずして、国際的性質を有する何等の条約、若《もしく》は約束をなさざることを約す」によって、韓国は外交権を喪失したとされる。

林は、保護条約調印から約一月後の一二月一四日午後八時に、桂・臨時外務大臣あてに「五一四号電報」を発信し、本日韓国政府は、外部大臣・李完用名で在独、仏、米、清、日本の各駐箚公使に日韓協約の結果として撤退を命じ、その記録と財産を日本公使（東京は外務省）の保管に移し、俸給・旅費等は日本公使を経て申し出よと訓令したと報告した。また在ニューヨーク、ロンドン、芝罘《チーフー》の各名誉領事へも同様の訓令を出したと報告し、このことを当該日本公館にも通知してくれるように依頼した。同時に各々への訓令文を別紙一から七として添付した。〈注6〉

このとき、小村寿太郎外務大臣は、日露講和条約（ポーツマス条約）によってロシアから日本が獲得した遼東半島租借権と東清鉄道所有権を、清国に認めさせるために北京に出張中であった。その間、首相の桂太郎が臨時外務大臣を兼任していたのである。

林の報告を受けた桂は、翌一五日正午に英文電報で返信し、韓国の領事代表に関しては、『ゴータ年鑑』一九〇五年版によれば、ロンドン、ニューヨーク、芝罘だけではなく、ハンブルク、サンフランシスコ、ブリュッセル、パリにもいることになっている。貴下はこれが本当かどうかを確かめ、もしそうであるならば、韓国政府に対し、これらの人物にも貴下の五一四号電報で述べられたと同じ趣旨の訓令をだすように促せ、と命じた。〈注7〉

『ゴータ年鑑（Almanach de Gotha）』とは、ドイツのゴータで一七六四年に創刊された、フランス語で書かれた世界年鑑で、各国における外交団に関する情報が掲載されている。一九〇五年版（一九〇四年一一月一五日付けの序文あり）には、桂の言うように、ドイツ、アメリカ、ベルギー、フランスにおける韓国の外交団に関する記事中に、ハンブルクにはH.C.Edouard Meyer（領事）が、サンフランシスコにはF.F.Boslwick（総領事）が、ブリュッセルにはEm.LeHon（総領事）が、パリにはC.Roulina（総領事）がいることが記載されている。〈注8〉

桂の電報を一六日午前三時五五分に受け取った林は、おそらく外部顧問官として韓国政府に雇い入れさせたスチーブンスを叩き起し、『ゴータ年鑑』を確認したことであろう。そして同日午後一時には、林は桂に次のように返電した。

韓国在外名誉領事は前電の外、尚、巴里《パリ》「サンフランシスコ」「ブラッセル」及「ハンブルグ」に存在せる事を発見したるに付、在巴里名誉領事へは記録額《ママ》［類］を在仏日本公使館へ、「サンフランシスコ」名誉領事へは同所日本領事へ、「ブラッセル」名誉領事へは同地日本公使館へ「ハンブルグ」名誉領事へは在伯林《ベルリン》日本公使館へ委托《ママ》［託］すべき旨、更に夫々《それぞれ》訓示せり〈注9〉

この電報には、外部大臣・李完用名で発信された各国駐在・韓国名誉領事への訓令文が別紙として添付されている。林は存在すら知らなかった各国に駐在する韓国の名誉領事に対し、訓令文を作成して発信し、それを東京の桂に報告するまで、約一〇時間というスピードでやってのけた。しかし林は最早、韓国政府が発令したとは言わなかった。外部大臣・李完用名の訓令を林が勝手に作成し発令していたことは明白であろう。

それにしても駐韓公使の林が、首相の桂に『ゴータ年鑑』を見て指摘されるまで、韓国の名誉領事がどこにいるかも知らなかったとはお粗末な話である。これは林に積極的に協力する韓国政府要人が皆無であったことを物語っている。林はもっぱらイギリス人総税務司ブラウンを取りこんで情報を得ていたのであるが、名誉領事という無報酬の仕事については、ブラウンの手許には何らの情報もなかったからである。

慶運宮炎上する

王妃殺害（一八九五年）後のいわゆる「露館播遷《ろかんはせん》」で、高宗はロシア公使館滞在中に慶運宮の補修を始め、一年後にロシア公使館を出てここに入ったことは、序章で述べた。その後も高宗は慶運宮の造営を続け、七年の歳月をかけて、堂々たる二層建築である正殿・中和殿の竣工をもって、一九〇三年に一旦完成した。一旦というのは、石造殿の建築工事がなお継続中であったからである。

ソウル東大門外の採石場から掘り出された花崗岩を使い、ルネッサンス様式で建築された純西洋建築の石造殿は、今もその威容を誇っている。しかし不思議なことに、石造殿造営に関する記録は、韓国の宮廷資料中に全く残っていないという。植民地期に京城帝国大学教授であった小田省吾は、当時ソウルに居住していた、一九〇五年以降の工事責任者イギリス人デヴィットソンからの聞き取りを『徳寿宮史』（李王職、一九三八年）に記録している。徳寿宮というのは、高宗退位後の慶運宮の名称である。

それによると、石造殿の建築は総税務司ブラウンの指揮下に一九〇〇年に始まり、目賀田財務顧問に引き継がれ、一九〇九年に竣工し、李王家に引き渡されたのは、一九一〇年八月であったという。建築に要した経費はブラウンから九四万円、次いで目賀田から三五万円が支払われ、計一二九万円に上っている。これはすべて韓国の関税積立金から支払われた。

工事を受注したのはイギリスの設計事務所であり、基礎工事は韓国技師の監督の下に行われたが、実際に主体建築工事を請け負ったのは、日本の大倉組であった。大倉喜八郎が創設した大倉組（大成建設の前身）が、参謀本部の御用掛りとして、日清・日露戦争を通じて大陸進出を果たし、大倉財閥をつくりあげていったことはよく知られている。

『大成建設社史』（一九六三年）は、第三章「大倉土木組前期」の最後に「京城徳寿宮」という小見出しを立て、「大倉土木組は、石井周平を工事主任として派遣し、［明治］三十六年八月着工した。花崗岩三層の石造殿が完成したのは三十九年の十一月のことである。」（一五七頁）と書いている。

日露戦争の全期間を含んで、慶運宮の一角で大倉組の請け負った工事がずっと続いていたことは、今まで歴史の死角となっていた。

さて、日露開戦後間もない一九〇四年四月一四日、造営されたばかりの慶運宮に大火災が発生し、宮域の北西部に所在する数個の殿閣（浚明殿、嘉靖堂、惇徳殿、九成軒、および建築中の石造殿）を残して、ほとんどの建物が焼失した。

火の手は、一四日夜一〇時四〇分頃に、修理中であったという高宗の居殿「咸寧殿」から上がり、強風にあおられて宮域を嘗めつくし、翌朝五時に鎮火した。〈注10〉

この間の午後一一時頃に、高宗は西の小門「平成門」より出て、宮外の皇室図書館・漱玉軒（重明殿を中心とする建物群）に避難した。こうして、地上二階地下一階の小さな西洋建築物である重明殿が、高宗の居殿兼外国使節との謁見室となり、一年半後には日本による「保護条約」強要の現場となったのである。

林公使は、火災発生の翌日、四月一五日午後一時に、小村外相あてに「今回の大火は陛下に対しては気の毒の至なれども、陛下をして旧両王城の一に還御せしめ、由来現宮城の位置より生じたる諸種の弊害を一掃するには屈強の好機会と信ずるに付、本使は英米両公使及総税務司と協議の上、陛下をして可成《なるべく》旧王城の一に還御せしむる様盡力《じんりょく》す可し」（往電三八四号）と発信した。〈注11〉

つまり林は、この火災が高宗を旧両王城（景福宮と昌徳宮）へ連れ戻し、現宮城（慶運宮）の位置、つまり欧米諸国の公使館地区にあることから生じる諸種の弊害を一掃するには「屈強の好機会」であると言ったのである。そして、林は、イギリス公使、アメリカ公使、総税務司ブラウンと協議の上、高宗が景福宮か昌徳宮に戻るように尽力するつもりだと報告した。

小村への報告どおり、林は高宗に旧王城への帰還要請を繰り返したが、高宗はこれを退け、慶運宮の再建を目指した。しかし、財政上の理由により、二層建築であった中和殿は一層へと、規模を縮小せざるを得なかった。現在、徳寿宮と呼ばれている慶運宮の姿は、再建以降のものである。

ところで林は、なぜ高宗を旧王城へ連れ戻したいと思ったのか。外国公館の目にさらされた慶運宮では、日本軍の行動は制限されざるを得ないからである。また高宗が再び外国公館へ逃げ込むかも知れないと、日本側は心配した。ロシア公使はすでにソウルから退去していたので、日本がもっとも恐れていたのはフランス公使館であった。

火災が発生するや、林公使は即刻日本軍をフランス公使館に送り、火災予防という名目で公使館の入り口を徹底的に「守備」した。代理公使フォントネは翌日林を訪れ、たいした洞察力だと皮肉った。〈注12〉

慶運宮火災については、現地では日本側の放火だという噂が流れた。また高宗自身が日本の放火だと信じていた。このことは一九〇四年七月一日付けで高宗がロシアのニコライ皇帝に送った秘密書簡に書かれているという。〈注13〉

このような噂が流れるであろうことは、林公使の予想するところだった。林は火災発生からわずか三時間余り後の四月一五日午前二時、小村外相あて電報で、「出火の原因は咸寧殿内の一室、温突修繕中誤って火を失したるものなりと云ふ」（第三八二号電報）と報告した。〈注14〉

また、翌一五日午後一時には、「昨夜宮城の火災に際し我憲兵及兵士は陛下の御避難及消防に非常の盡力をなし、宮中の感情甚だ好良なり、又付近の各国公使館に対しても我兵士は警備に盡力する所ありたる為め、各国使臣は本官に対し深く感謝し居れり」（第三八五号電報）と送信した。〈注15〉

そして同日午後四時には次のような電報を送った。

昨夜宮中出火の原因は先電の如く最も分明にして疑を挟む所無きも、韓人間には種々の捏造風説ありて内外の通信者は斯る風説を信じて本国に電報する事無しと限らず、依て当方第三八二号電報、並我憲兵及兵士の盡力に関する第三八五号電報は内地は勿論外国にても発表せらるゝ様御取計あらば好都合なる可し、皇帝は我帝室の御親電に対し謝意を本使に述べられたり〈注16〉

つまり、林は小村あてに、火災についての「捏造風説」を防ぐため、出火原因を述べた「第三八二号電報」と日本の憲兵と兵士の盡力に対し、宮中のみならず各国公使館からも大変感謝されていることとを述べた「第三八五号電報」を日本国内はもとより外国においても発表してもらいたいと依頼したわけである。

これは火災発生からまだ一七時間余りしか経っていない時点での話である。あまりにも手回しの良すぎる林の行動が、より一層疑惑を深める結果となっている。

慶運宮の正殿である中和殿が炎に包まれている状況をカメラに収めた人物がいる。

火災から三週間後の五月八日に博文館が刊行した『日露戦争写真画報』第二巻には、炎上中の中和殿のみならず、消失後、まだ燻りつづける中和殿の燃え跡と並べて、火災以前の慶運宮の姿を撮影した写真を掲載している。これを撮影したのは誰であろうか。【図21】

また、同書には、中澤弘光が描いた「韓国皇宮の炎上」という絵も掲載されている（カバー前袖参照）。

中澤は黒田清輝に師事した白馬会に所属する洋画家であるが、恐らく博文館から提供された写真等を見て、想像を加えて描き込んで仕上げたのであろう。大安門の造りや逃げ惑う人物の服装などは、かなり正確なもので、中澤が火災時に現場にいたのでなければ、写真があったとしか考えられない。そして中澤が現場にいた可能性は低い。〈注17〉

火災は夜間に起こった。夜間撮影は現在でも困難であるが、当時は現在とは比較にならないほど困難であったに違いない。この夜、慶運宮が燃えることをあらかじめ知っており、準備をした上で、夜間撮影に臨んだ写真師がいたのではないだろうか。

図 21:「炎上せる韓国皇宮」(『日露戦争写真画報』第 2 巻〈博文館、1904 年 5 月 8 日〉より)

2　フランス公使・閔泳瓚

閔家の人々

閔泳瓚（一八七三〜?）は、保護条約（一九〇五年一一月一八日調印、一七日付）に抗議して、高宗に批准拒否の上訴を続けた後、一一月三〇日に、小刀《しょうとう》でのどをかき切って自決した閔泳煥（一八六一〜一九〇五）の年の離れた弟である。

閔泳煥は当時侍従武官長であり、政府閣僚に入っていなかった。閔泳煥が閣僚として入閣していれば、あるいは保護条約締結時の様相はかなり違ったものになっていたかもしれない。少なくとも、伊藤博文の恐喝に五人の閣僚が安易に屈するというような事態は避けられ、日本はさらに剥《む》き出しの軍事力の使用を強いられたであろう。

泳煥と泳瓚の父・閔謙鎬は、一八八二年の壬午軍乱の渦中で乱民に襲われて死亡した。そのとき泳瓚はまだ九歳、泳煥は二一歳であった。以後、泳瓚にとって兄泳煥は父親代わりとなった。

閔泳煥は、一八九六年五月のニコライ二世の戴冠式に特命全権公使として出席した。同年四月一日にソウルを出発、仁川─上海─長崎─東京─カナダ─ニューヨーク─ロンドン─オランダ─ドイツ─ポーランドを経て五月二〇日にモスクワに到着した。戴冠式は五月二六日に、クレムリン宮で行われた。このとき日本からは山県有朋、清国からは李鴻章が来ていた。

閔泳煥は死に臨んで、二通の遺書を残した。一通は外国公使館にあてた抗議文であり、もう一通は国民にあてた声明文である。この二通の遺書は、一九〇七年六月にオランダのハーグで開催された第二回万国平和会議に現れた高宗の特使たちによって、各国代表団に配布された仏文小冊子「日本の非行の概略を記した文書」に掲載された。

では、ハーグにおいて世界に紹介された閔泳煥の遺書の仏語訳を、日本語に置き換えて紹介しよう。外国公使館あて、国民あて遺書は各々次のとおりである。

(外国公使館へ)

大韓帝国の皇宮下の各国代表の皆さん、私は皆さんに以下のことをお伝えできることを名誉に思います。私が無能なばかりに、日本の陰謀を予見することができず、二〇〇〇万の民を敵の支配下に落とし入れてしまいました。私は祖国が置かれた現実に対して罪責を感じています。私は自分が行ったことを正確に評価し、死のうとする人間の最期の言葉が訴える力を強め、皆さんの援助を取り付けることができるだろうという強い希望を持ちつつ、喜んで命を絶ちます。

皆さんは、単に各国政府の代表者であるということにとどまらないでしょう。皆さんの使命は、あらゆる深刻な事態における公正な裁判官たることを要請されているのではないでしょうか。独立をいやおうなく蹂躙されたわが国に対し、皆さんが親切に助力してくれることを嘆願します。

私の死後も、私の魂は皆さんに深い感謝の念を抱き続けるでしょう。

〈国民へ〉

親愛なる皆さん、祖国が置かれた現実と我々の敵の策謀に意気消沈するかわりに、この国に加えられた暴力に抵抗するために、皆さんの力を結集しなければなりません。祖国を愛する人すべてが国のために命を捧げるべき時です。その犠牲が無駄になることはないでしょう。それは目的を持っているからです。

私の死が、わが国の独立を蹂躙する者たちと闘争する勇気を与えるだろう、という希望と目的をもって自決を決心しました。たとえどんな闘争がおきても挫けずに戦って下さい。皆さんが弱気になったときは、私の死を思って下さい。私、閔は、祖国の独立を確実にする瞬間までの絶え間ない闘争の中で、皆さんに勇気を与えるために正当に死んだと思って下さい。そうすれば私の魂は喜ぶだろうし、私の死は無駄にならないでしょう。

私利私欲を忘れ、皆さんそれぞれのものである祖国の利益のことだけを思って下さい。〈注18〉

閔泳煥は、このとき四四歳、泳瓚は三二歳であった。泳瓚は終生、兄の残した言葉を背負って生きていかざるを得なかったであろう。

泳煥と泳瓚の父・謙鎬の姉は大院君の妻である驪興府大夫人、つまり高宗の生母である。従って泳煥・泳瓚兄弟は高宗の従兄弟であった。また謙鎬の実兄・升鎬は、第一九代粛宗妃・仁顕王后の父、閔維重の宗家に養子に行き、高宗妃明成皇后の兄となった。従って泳煥と泳瓚は明成皇后の甥でもあった。

閔泳瓚が欧米ではプリンス・ミンと呼ばれ、高宗の皇室外交の重要な担い手となり得たのは、このような出自によるところが大きい。

閔泳瓚は一八八九年に文科（朝鮮における高等文官試験）に合格し、一八九〇年中に弘文館正字（正九品）から成均館大司成（正三品堂上官）まで一気に駆け上がった。まだ数え年で一八歳であった。

一八九五年、閔泳瓚は明成皇后の推薦を受け米国留学の途についた。しかし米国到着後、何ヶ月にもならないうちに、明成皇后暗殺の凶報に接し急きょ帰国した。〈注19〉

一八九五年一〇月八日未明、景福宮に侵入した日本軍によって明成皇后が殺害された。翌年二月一一日、前にも述べたように、高宗は王太子（後の純宗）を連れて密かに景福宮を抜け出し、ロシア公使館に保護を求めた。〈注20〉

高宗は、欧米各国の公使館が建ち並ぶ貞洞地区にある慶運宮の補修を始め、翌一八九七年二月二〇日に、一年ぶりにロシア公使館を出てここに入った。その一〇日後の一八九七年三月二日に、高宗は故王后閔氏の諡《し》号を明成と定めた。そして同年八月に元号を「光武」と改めた。

同年一〇月一二日、高宗は皇帝に即位し、国号を「大韓」とすることを宣布した。以後一九一〇年八月の「併合条約」によって滅亡するまでの一三年間を「大韓帝国」と呼ぶ。

高宗は、皇帝即位と同時に故王后閔氏を皇后に追尊し、光武元年（一八九七）一一月二一日から二二日にかけて、その葬儀を盛大に挙行した。

閔泳瓚は高宗のロシア公使館滞在中の一八九六年一二月二三日に学部協弁（次官）となった。さらに大韓帝国成立後の一八九八年四月二六日には法部協弁に就任した。

パリ万国博覧会

法部協弁・閔泳瓚は、一八九八年六月一三日、パリ万国博覧会（一九〇〇年四月〜一一月）の「在漢城本国博物事務副員」に任命された。〈注21〉
韓国が万国博覧会に参加するのは、一八九三年のシカゴ万博につづいて二度目であるが、シカゴ万博の出品については決して満足していなかった高宗は、一九〇〇年四月から開催されるパリ万国博覧会を、大韓帝国が国際社会において正当な認知を得る機会と捉え、景福宮の正殿である勤政殿を模したパビリオンを建て、自ら展示物を選択したりもした。
日本の農商務省は、一九〇二年に『千九百年巴里万国博覧会臨時博覧会事務局報告』（上下二冊）という大部な報告書を出している。同書には、韓国のパリ万博事務局が、名誉総裁の閔泳瓚を筆頭に、七名のフランス人スタッフで構成されていたことが記載されている。清国の事務局がフランス人事務官長一名のみであることに比べれば、韓国のパリ万博にかける意気込みが想像されよう。〈注22〉
閔泳瓚は一九〇〇年一月一六日、パリに向け出発した。
パリ万国博覧会における二八歳の閔泳瓚の姿は、写真家ユージン・ピロウ Eugène Pirou によって撮影された各国代表委員の肖像写真集（*Exposition universelle de 1900 : Portraits des commissaires*

図 22：閔泳瓚

généraux）に収録されている。閔泳瓚の肖像写真には、「プリンス・ミンヨンチャン閣下—韓国名誉総裁」と書かれている。【図22】

　同書に収録された各国代表四一名の肖像写真中、「S.Exc.」（閣下）を冠せられているのは一〇名のみである。その他はすべて「Mr」である。日本の博覧会事務館長であった林忠正も「Mr T.HAYASHI」であった。

　今回の博覧会には三七カ国が参加し、分野別に造られた各列品館に各々出品するほかに、三三カ国がその国独自の建築様式で特別館（パビリオン）を建てた。

　フランスの週刊画報誌 *Le Petit Journal* は、博覧会開会前の一九〇〇年二月二五日号から、閉会後の同年一二月一六日号に至るまで、ほとんど毎週、各国のパビリオンをフルページを使ったカラー挿絵にして掲載し、別頁に簡単な紹介記事を載せた。このスタイルは、どの国のパビリオンに対しても

図23：「パリ万博 韓国館」（*Le Petit Journal* 1900年12月16日号）

図24：「パリ万博 日本館」（*Le Petit Journal* 1900年9月9日号）

平等である。

韓国館は最終回の一二月一六日号に掲載された。【図23】日本館は九月九日号に出ている。【図24】

挿絵中のパビリオンは、実際に建造されたものを見て写実的に描かれており、この挿絵からだけでも韓国館が景福宮の勤政殿を、日本館が金閣寺を模したものであることがわかる。しかしその周囲に配された人々の姿は、いくつかの写真をもとに、フランス人画家の想像によって描き込まれたものであろう。韓国館の周りにはのんびりと歩く人々が描かれているのに対し、日本館には軍隊と人力車と芸者が配されている。これは、当時の欧米人が両国に対して抱いていたイメージを表現していると言えよう。

先に紹介した日本の農商務省の報告書においても、「各国特別館」の紹介記事がある。

韓国館については、「朝鮮帝国特別館」という表題を掲げて、「朝鮮国が博覧会に参同して其の国産を出品したるは実に今回の巴里大博覧会を以て初とす」と書きだしている。これが誤りであることは前述した。さらに「其出品物と云ひ又館内の構造と云ひ一も進歩の気運を徴すべきものなく。欧米人は云ふも更なり、本邦人の眼を以て之を見るも一目其の劣等国たるを認むべく」と誹謗中傷が甚だしい。〈注23〉

しかし、欧米人はかならずしもそのようには見ていなかった。左は *Le Petit Journal* 一九〇〇年一二月一六日号に掲載された韓国館の紹介記事全文である。

極東のもっとも端に位置し、その近隣の人々に最大の強い憧れを引き起こす国のひとつは、まちがいなく韓国である。

そこではすべてが隠されている。彼らの慣習は特別であり、住民がもっとも望んでいることは、いかなる外国とも関係を結ばないことだ。

だから、韓国の万博への参加は、喜ばしい驚きであった。

韓国政府は、変わった建築様式のパビリオンを建造させたが、それはかつての帝政時代の法廷を想像させるものである。そこでは韓国製品と工業、産業の見本品が展示された。それらは、このミステリアスな地域との関係が確立し、続いていくことへの強い欲望を人々にもたらした。〈注24〉

「帝政時代の法廷を想像させるもの」とは、パビリオン内部が、大広間に玉座が据えられた「謁見の間」の構造になっていたことを指しているのであろう。

閔泳瓚は、万国博覧会の会期中に、本国からの訓令を受け、スイスの首都ベルンで一九〇〇年七月二日に開催された万国郵便連合創立二五周年の祝典に参席した。

これより先、一八九七年五月にワシントンで開かれた万国郵便連合の第五回大会で、朝鮮は万国郵便連合に加入が認められ、いよいよ自らの手で国際郵便を取り扱おうとしていた。

駐米公使・李範晋を首席全権とする朝鮮の代表団は、外交史上初めて太極旗を会議場に掲げて国際会議に参席し、六月一五日に万国郵便条約及び議定書に署名した。七月二九日には、高宗は必要な諸条約を批准し、その正本が一二月二三日に米国郵政庁へ届けられた。〈注25〉

万国郵便連合加盟、パリ万国博覧会出展、万国郵便連合創立二五周年祝典への参席は、大韓帝国が国際社会において正当な認知を得ることによって、国家主権を守護していこうとする高宗の外交政策に基づくものであり、閔泳瓚はその重要な担い手となったのである。

駐仏全権公使となる

一九〇一年一二月三日、閔泳瓚は駐フランス兼ベルギー全権公使に任命された。翌一九〇二年二月一七日、高宗は一九日にソウルを発つ泳瓚を召見した。

閔泳瓚は四月五日ごろパリに到着したようだ。一二日には外務大臣を礼訪し、韓国公使館員名簿を提出した。それには、李鐘燁、姜泰顕、金明秀、李琦、P.M.Saltarel 等の名前が載せられていた。

閔泳瓚は、閔泳煥、李範晋、金晩秀に続く四代目の駐仏公使であるが、パリの韓国公使館の態勢は、閔泳瓚公使によってはじめて整えられたと見ることができよう。六月には公使館をエロー大通り（19 et 21, Avenue d'Eylau）に移転した。そしてここが最後のパリ韓国公使館となった。〈注26〉

駐仏公使閔泳瓚は、高宗の信任状を帯びて多くの国際会議に出席し、諸条約に署名した。その当面最大の目的は、韓国がハーグ万国平和会議の正式メンバーになることにあった。

李王家の図書館であった蔵書閣には、一九〇二年一〇月九日付で韓国が荷蘭国（オランダ）に宛てた国書控えがあり、その内容は韓国が赤十字社に入会するために、閔泳瓚に全権を委任するというものである。

閔泳瓚が一九〇三年二月八日に、「ジュネーブ陸戦病傷軍人救護協定」に署名調印したことは、『旧韓国外交文書』によって確認できる。「ジュネーブ陸戦病傷軍人救護協定」とは、一八六四年のジュネーブ条約（第一回赤十字条約）のことである。〈注27〉

また、スイス政府は駐仏公使・閔泳瓚を通じて韓国政府に対し、一九〇三年九月四日にジュネーブで開催される万国赤十字会議に韓国代表を派遣することを要請した。これを受けた外部大臣・李道宰は、六月二三日に駐仏全権公使・閔泳瓚を韓国代表とすると返答した。〈注28〉

閔泳瓚は一九〇三年七月二日付で韓国赤十字委員に任命され、スイスに行き会議に参席せよ、という高宗の命を受けた。〈注29〉

本人は後年「一九〇四年に世界赤十字韓国代表としてハーグに参席」したと述べているが、記憶違いがあるようだ（後掲参考資料2）。

ハーグ万国平和会議はロシアのニコライ二世の呼びかけとオランダのウィルヘルミナ女王の協力で始まった。第一回会議は、オランダのハーグにおいて、一八九九年五月に二六カ国が参加して開催され、「陸戦の法規慣例に関する条約」、「ジュネーブ条約の原則を海戦に応用する条約」、「国際紛争平和的処理条約」の三条約が締結された。アジアからは日本、清（中国）、シャム（タイ）、ペルシャ（イラン）が参加した。

これらの諸条約は、今日の武力紛争法、国際人道法につながるものとして、また、国際紛争を戦争ではなく平和的に解決する道筋を人類史上初めて示した試みとして高く評価されているものである。「国際紛争平和的処理条約」では、国際仲裁裁判を行う常設仲裁裁判所の設置と裁判手続きが定められた。そしてこれに基づいて、一九〇一年にハーグに常設仲裁裁判所が設置された。そこには、同条約締約国から推薦された裁判官名簿が備えられ、紛争国双方が各々二名（うち一名は自国民）の裁判官を選定し、選ばれた裁判官が共同で裁判長を選出して仲裁裁判が開始されるという手続きが定められた。もっとも同条約は、任意的仲裁裁判を採用しているため、紛争国双方がこれに応じなければ裁判は始まらない。

この第一回万国平和会議に韓国が招待されなかった理由は、韓国が当時まだ、この会議のもともとの発案国だったロシアの首都ペテルブルクに公使館を設置していなかったからである。

同会議に日本の全権委員の法律顧問として同行した有賀長雄が、青木外務大臣にあてた報告によると、ロシア政府はペテルブルクに外交官を駐在させている列国にのみ回章（通知）を送ったが、その後オランダ政府からの招待状に応じて全権委員を派遣したのは、二六カ国になったとして、国名を挙げている。

その中で有賀が、ブルガリアは実際には内政外交とも独立しているが、名目上はなおオスマン・トルコ帝国の属国であるので、法律論から言えばブルガリアには同会議における投票権がないはずであるが、ロシアの推挙でブルガリアに権利が与えられたと書いていることは注目される。後に、高宗が第二回万国平和会議への韓国の出席について、最後までロシアの支援を期待したことも、それなりの根拠があったと見ることができよう。〈注30〉

一八九七年五月のワシントンにおける万国郵便連合第五回大会に引き続き、一八九九年五月のハーグにおける第一回万国平和会議に韓国が代表を送り、「国際紛争平和的処理条約」の締結国になっていれば、その後の韓国の歴史は変わっていたかも知れない。

少なくとも高宗は、日本が韓国の中立宣言を侵犯して韓国に軍隊を上陸させた時点で、国際仲裁裁判所へ仲裁の申し立てを行うことができたであろう。もちろん日本はこれに応じなかったであろうが、日本が軍事力にまかせて韓国に「日韓議定書」を押しつけることは、ずっと困難になったはずである。

では、次に第一回万国平和会議に代表を送れなかった大韓帝国皇帝の高宗が、日露開戦に先立って、韓国のハーグ平和会議参入を求めていかに苦心したかについて述べよう。

ハーグ平和会議へ

蔵書閣には、一九〇三年八月に高宗がオランダ女王に宛てた親書控えがあることは、画像とともに第I章で紹介した。ここで日本語訳をもう一度書いておこう。

オランダ国大后主陛下に謹んで申し上げます。

昨年八月、我が駐仏公使閔泳瓚に弊国が万国平和会に参入することを命じました。交渉がなされましたが、まだ決定されていません。今東洋においては風雲が怪しくなり、該会への参入は一刻も猶予することができません。

陛下の特別な御好意を得て即刻参会したいというのが、私の厚く希望するところです。大后主陛下の福禄が無疆《むきょう》でありますように。

高宗は、「昨年八月」、つまり一九〇二年八月に、駐仏公使・閔泳瓚に韓国が万国平和会議に参入することを命じたと述べている。

閔泳瓚自身も、後年、「一九〇二年にハーグ万国平和会に韓国代表として参席」したと述べている(後掲参考資料2)。閔泳瓚は高宗の命を受けて、一九〇二年八月にハーグに行き、韓国が第一回万国平和会議で締結された諸条約に加入する意思を伝えたのである。

韓国が、第一回ハーグ万国平和会議で締結された三条約中の「ジュネーブ条約の原則を海戦に応用する条約」に一九〇三年二月七日に加盟し、「陸戦の法規慣例に関する条約」に同年三月一七日に加盟したことは、同年五月八日に、駐日オランダ公使から日本政府に通知された。両条約には加盟規定が

定められており、未加盟国はオランダ政府に通知することで加盟することができたからである。〈注31〉

同日、駐日オランダ公使は、韓国が「国際紛争平和的処理条約」への加盟の希望をオランダ政府に伝えたことも日本政府に通知している。但しこの条約への加盟規定は定められておらず、韓国の希望はすぐには叶えられなかった。そのため、日露開戦必至と見た高宗は、オランダ女王に親書を出し、一年前からの懸案事項であった韓国の平和会議参入問題解決への助力を求めたのである。

このオランダ女王あて高宗の親書が、ロシア皇帝ニコライ二世あて親書とともに、宮内府礼式院翻訳課長・玄尚健に託して届けられたものであることは、第I章において紹介した。また、玄尚健の任務については、従来十分理解されていなかったことも指摘した。

駐韓公使・林権助は、小村外相の問い合わせに対し、玄尚健派遣の目的について、一九〇三年八月一九日に次のように答えている。

昨日発二四六号に関し、玄尚健の知合ひなる本邦人をして其使命を確めしめたるに、玄は仏国にて駐仏韓公使と会し和蘭《オランダ》に同行し、平和会議員と会見して日露開戦の場合に於ける韓国の地位及び開戦の際に於て中立を維持する能《あた》はざるが為め、自然国境内を両国兵に蹂躙せらるゝ事あるべし、此場合に於ける損害等に関し予《あらか》じめ研究を求むる為めなる旨を談《かた》れり、右本邦人は玄の身上に関し一種の関係ある者なり、又駐仏韓公使は、兼て中立問題に関し韓廷の内旨を帯びし事ありし者なれば此迄御参酌ありたし〈注32〉

林が言うとおり、玄尚健が最初にフランスに入ったのは、一九〇二年八月以来、韓国の平和会議加入問題を交渉していた閔泳瓚と同行してオランダに行き、平和会議員と会見するためであった。林はこの情報を玄尚健の知り合いの日本人から得ていた。しかし林は高宗が玄尚健にオランダ女王にあてた親書を託し、韓国の「国際紛争平和的処理条約」への加盟を依頼しようとしていることまではつかんでいなかった。

ハーグにおける交渉がいかなるものであったのか、明らかにすることはできない。おそらく、「国際紛争平和的処理条約」に加盟するには、第二回万国平和会議で承認される必要があると、繰り返し説明されたのではないだろうか。

高宗の憂慮していたとおり、一九〇四年二月、日本は韓国の中立宣言を踏みにじって韓国に軍隊を上陸させ、「日韓議定書」を押しつけてきた。

高宗は第二回万国平和会議に最後の望みを託していた。韓国が同会に出席し、「国際紛争平和的処理条約」加盟国となれば、日本の非行を国際仲裁裁判所に訴えることができる。仲裁裁判所の判事を選出する権利も得ることができるだろう、と。

ロシア皇帝ニコライ二世が、第二回万国平和会議を発議し予備的な招請状を各国へ発送したのは、一九〇五年九月のポーツマス条約調印直後のようだ。但し駐露公使・李範晋はこれより少し早く受け取っていた可能性がある。これについては次節で述べよう。

翌年一九〇六年五月に至り、ロシアは関係諸国に、①第二回万国平和会議開催の時期、②会議に提出すべき議案、③国際紛争平和的処理に関する一八九九年条約加盟の方法について、という三通の公文を送付した。

③の内容は、第一回平和会議に参加しなかった諸国のうち、第二回平和会議に招請された際に、一八九九年の条約に加盟することをオランダ政府に通告すれば、直ちに該条約に加盟したと見なすというものであった。

この通知を受け取った外務大臣・林董《ただす》は、「若し右の如き簡単なる方法を採用する時は韓国との関係に於て面倒を惹起《ひきおこ》す虞《おそれ》なきにあらず」と考え、六月五日付けでロシアに対し、同意し難い旨を回答した。一〇月に至り、日本はロシアから第二回万国平和会議に韓国を招請しないという言質をとった上で、異議を撤回した。しかし、その後、林はロシアが韓国に招請状を発していた形跡があるのに気付き、一二月三日付けで長谷川統監代理に調査を依頼している。〈注33〉

こうした経過をへて、一九〇七年六月のハーグに、第二回万国平和会議への出席を求めて、韓国皇帝の三人の使節が現れることについては、次節で述べよう。

保護条約無効を訴える

日露戦争は、これまで述べてきたように、日本海軍による韓国の鎮海湾と馬山電信局占領、韓国領海におけるロシア船の拿捕、それに続く旅順、仁川奇襲攻撃と陸軍部隊の仁川上陸、ソウル占領から開始された。こうした周到かつ敏速な日本軍の動きとあわせ、日本政府の干渉と送金停止によって、パリの韓国公使館運営は大変困難な状況になった。

開戦から一年余り後のことであるが、日露戦争中の一九〇五年四月二一日、ロシアの駐仏大使ネリドフが、外務大臣ラムスドルフへ送った通信文に次のように書かれている。

大韓帝国パリ駐在公使閔泳瓚が訪ねて来て次のように言った。

「日本は大韓帝国のすべての収入源と通信手段をひとつひとつ掌握し、今や国際的独立の最後の象徴として残っている海外外交代表部を廃止しようとしています。上記目的を実現しようと、日本は海外公館から送るすべての電報と報告書の配達を遅延させ、検閲し、公館運営資金の送金を妨げています。」

閔公使は状況が厳しくなるや、祖国に私信を送り、帰国許可を要請しましたが、高宗皇帝は、宮廷で仕事をしている閔公使の母親を通じて、帰国せずに公使職を維持せよという王命だけを伝達してきたといいます。閔公使はペテルブルク駐在李範晋公使を通じ、ロシア帝国政府に彼の困難な実情を訴えて援助を請おうとしています。露・清銀行のパリ支店で彼に公使館維持金を融資し、戦後に大韓帝国政府がこれを償還することができるようにしてほしいと要請しました。

閔公使はパリで大変正しく身を処しています。大韓帝国が現在日本の強圧下で苦しんでいるので、彼の気の毒な境遇を考慮して同情すべきと考えます。〈注34〉

これに対し、ロシア外務省は一九〇五年五月一日付けで次のように回答した。

パリ駐在大韓帝国公使が直面している困難な状況に同情する。しかし閔公使が維持金を受け取れないからといって、ロシアが金銭的に手助けしなければならない如何なる責任も義務もない。

（中略）

ロシアはただ外交的に大韓帝国を支援しようとする。〈注35〉

その後、パリの韓国公使館がどのように維持されたのかは不明である。

しかし閔泳瓚は、同年一一月には高宗の特命を帯びてアメリカに渡り、一二月一一日に国務長官のルートに面会し、ルーズベルト大統領との会談を求めている。閔泳瓚のワシントン到着に先立って、アメリカ人ハルバートが高宗の親書とともに到着していた。

ハルバートは一八八六年に朝鮮最初の近代的国立学校「育英公院」の教師として赴任して以降、生涯をかけて韓国を愛し、韓国人のために闘った人物である。日本語に訳された著書としては、『朝鮮亡滅』（太平出版、一九七三年）などがある。

国務長官ルートは、閔泳瓚に対し、一二月一九日付けで韓国皇帝の親書はたしかに受け取ったが、それは非公式の経路を通じての受け取りだったため、米国政府はどのような行動もとることができないという回答書をあたえた。そして、これらのことは、米国国務省から逐一、駐米日置《ひおき》臨時代理公使に通報された。よって、日置から本国へ報告され、『日本外交文書』に収録されている。〈注36〉

それによると、日置は一二月一三日付け機密郵便で、「閔泳瓚及ハルバートの動静に関する件」を報告し、「両人は何事か密議を凝らし居る模様有之候」と書いた。そして左記三点の新聞記事の切抜きを添付して送った。

「プリンス閔、日本の韓国に対する処置に抗議する」　イブニング・スター一二月一一日
「プリンス閔、拒絶される――ルート国務長官は日本に対する韓国の抗議を聞く」　ワシントン・ポスト一二月一二日
「韓国からの抗議――皇帝は日本との協約に署名しない」　イブニング・スター一二月一三日

これらの新聞記事について、日置は、調べてみたところ記事内容は全く事実であるが、当国の朝野の人心に何等特別の感覚を与えた模様はない、と付け加えている。〈注37〉

高宗の訴えを拒否した米国政府

一八八二年に締結された「朝米修好通商条約」第一条には、「第三国が締約国の一方を抑圧的に扱う時、締約国の他方は、事態の通知をうけて、円満な解決のための周旋をおこなう」と規定されていた。〈注38〉

高宗はこの条約上の義務の履行を米国に求めたのである。ところが、日本と帝国主義的利害を共有する米国は、その義務を履行しなかっただけでなく、逆に韓国の行動を逐一日本に通報していたのである。

一九〇五年八月一〇日、ポーツマスにおいて日露講和会議が始まる、その一二日ほど前、フィリピ

ン訪問の途中に来日したアメリカの特使、ウイリアム・タフト陸軍長官は、内閣総理大臣であり、臨時外務大臣を兼ねていた桂太郎と会談し、合意文書（一九〇五年七月二九日付、桂・タフト覚書）を作成した。その内容は日本がアメリカのフィリピン支配を認める代わりに、アメリカは日本の韓国支配を認めるというものであった。この秘密協定はその後長く公表されなかった。よって高宗の知る由もなかった。

ハルバートは高宗の親書を安全に伝達するため、新任の駐韓米国公使モルガンの協力を求め、親書を外交郵便袋に入れてソウルからワシントンに送る許可を得た。ところがこのことはモルガンからアメリカ国務省に通知されており、ルーズベルト大統領とルート国務長官は、事前に親書の内容（条約上の義務履行の要求）を知っていた。というのも、モルガンは、親韓国的言動が多かった前任のアレン公使を更迭して、日本の官憲と絶えず密接な関係を保ち日本の行動と一致する行動をとるようにというルーズベルトの訓令を受けて赴任したばかりの人物だったからである。そのためハルバートの行為は逆に裏目に出た。〈注39〉

このような事情から、ルート国務長官は、閔泳瓚とハルバートからの面会要請に対し、多忙を理由に引き伸ばし、日本から保護条約締結の通知を得た上でようやく応じた。そして形式的な瑕疵《かし》を理由に韓国皇帝の要請を拒絶したのである。

前述したように日露開戦直後に慶運宮は炎上し、高宗はアメリカ公使館に隣接した漱玉軒に移っていた。漱玉軒内の中心建物である重明殿に軟禁された八名の大臣たちの閣議の場に、一九〇五年一一月一七日午後八時ごろ、長谷川好道・韓国駐箚軍司令官を伴って入室してきた日本の全権大使・伊藤博文が、大臣たち一人ひとりに賛成か反対かを詰問し、曖昧な回答をしたものを含め五人の大臣が賛成したとして、外部大臣に調印を強要した。一八日未明に、外部大臣・朴斉純は、一一月一七日付けのいわゆる「保護条約」に調印した。

その夜は好天で月が高くかかっていた。アメリカ公使館と重明殿とは低い壁を挟んで二〇メートルほどしか離れていない。モルガン公使は、交渉が行われている建物とすぐとなりの皇帝の住居の周りに日本の全権大使を護衛する兵士が立ち並び、外部との出入りを遮断していた様子、その直前の二日間にわたってソウルの街頭で行われた日本軍の示威行動を挙げ、一八日未明に行われた条約の調印が全く自由意思でなされたとは思えないと、極めて控え目に国務長官に報告（一九〇五年一一月二〇日付）している。〈注40〉

高宗はこの条約が無効であることを訴えるために、中国山東半島の芝罘《チーフー》から同月二六日に次のような電報をワシントンのハルバートに送った。

朕は、銃剣の威嚇と強要のもとに最近韓日両国間で締結した、いわゆる保護条約が無効であることを宣言する。朕はこれに同意したこともなければ、今後も決して同意しないであろう。この旨を米国政府に伝達されたし。〈注41〉

この電報は、一二月一一日に国務長官ルートに伝達されたが、アメリカ政府はこれを黙殺した。しかし、高宗が閔泳瓚とハルバートを通じて行った訴えは、歴史の証拠として残っている。これらは、保護条約締結時における、一方の主権者による無効宣言として、保護条約が成立要件を欠いていることの重要な証拠となっている。

当時パリ大学法学部で講義を担当していたフランシス・レイは、『国際公法総合雑誌』一三号（一九〇六年）に「韓国の国際状況」という論文を発表し、一九〇五年一一月の「保護条約」には「二つの瑕疵」があるため無効であると断定した。「二つの瑕疵」とは、韓国政府側の「同意の瑕疵」と日本の韓国に対する「保障義務違反」の二つである。「同意の瑕疵」について、レイは次のとおり書いている。（傍線は筆者による。）

極東からの特電によれば、この一一月の条約は、日本のような文明国が精神的・身体的強迫によって韓国政府に強要し締結されたものである。条約の署名は、全権大使である伊藤侯爵と林氏［林権助駐韓公使］を護衛する日本の軍隊の圧力の下で、大韓帝国皇帝と大臣たちから得たものにすぎない。二日間の抵抗の後、大臣会議はあきらめて条約に署名したが、皇帝はただちに諸大国に代表を、とくにワシントンには大臣を送り、加えられた強迫に対して猛烈に異議を提起した。

署名が行われた特殊な状況を理由に、われわれは一九〇五年の条約が無効だと主張するのに躊躇しない。実際に、公法に私法の原理を適応することによって、強国による弱小国への強制、それは同意を完全に打ち壊すのに決して十分ではないのだが、それとは異なり、全権を有する個人

に加えられた強迫は同意の瑕疵となり、条約は無効となることが認められる。〈注42〉

「保護条約」を無効とするもうひとつの瑕疵、「保障義務違反」については、レイは日韓議定書第三条において韓国の独立を保障した日本は、これに反する条約を締結することはできないと指摘している。

レイが論文中で述べている、皇帝がワシントンに送った「大臣（ministre）」が、閔泳瓚を指していることは間違いないだろう。

ところが従来、高宗がワシントンへ急派した特使としては、ハルバートにのみ注目され、駐仏公使・閔泳瓚の役割が知られていなかった。

高宗は、閔泳瓚が大韓帝国の全権として数々の国際会議に出席し、欧米においては「プリンス・ミン」と名が通っていた実績を踏まえ、自身の名代として閔泳瓚をワシントンに急派したのである。ハルバートには、ワシントンで閔泳瓚と落ち合い、高宗の親書を伝達する役割を与えた。閔泳瓚はその高宗の親書を持ってルーズベルトに面会する予定であった。

閔泳瓚は、パリに戻ると、公使館を閉鎖してパリを発った。しかし彼が向かったのは、ソウルではなく上海であった。閔泳瓚は、一九〇六年四月、上海で従兄の閔泳翊の斡旋でフランス領事館に身辺保護を要請した。フランス外務省は上海のフランス租界地に居住するかぎりでの身辺保護を約束した。〈注43〉

数年後、閔泳瓚は韓国にもどったが、母親が死亡（一九二五年一〇月）した後、再び中国へ逃れた。韓国にいた間、日本の植民地下で、閔泳瓚は総督府中枢院参議という「名誉職」に三期九年間就いていた。これをもって解放後の一九四九年八月一三日、七七歳の閔泳瓚は、反民族行為特別調査官・李亮範の尋問を受け、さらに八月二七日、特別検察官・李義植の再尋問を受けねばならなかった。反民族行為特別検察部は、同年八月三一日に閔泳瓚の不起訴処分を決定した（後掲参考資料2）。

閔泳瓚がいつ亡くなったのか、残念ながら明らかにすることができない。

3　ロシア公使・李範晋とその息子

ロシア公使・李範晋

大韓帝国の最初で最後の常駐ロシア公使となった李範晋（一八五三〜一九一一）は、日清戦争後、一八九五年一〇月八日の日本軍による明成皇后殺害時、王宮から脱出して真っ先にロシア公使館に急報した人物である。以後ロシア公使館内に身を隠しながら、日本軍と親日政権下で囚われの身となった高宗の救出に腐心し、一八九六年二月一一日、ついに高宗と王太子（後の純宗）の王宮脱出とロシア公使館逃げ込み（露館播遷）を成功させた中心人物でもあった。

李範晋は新政権下で法部大臣に就任するが、同年六月にはアメリカ公使に任命され、夫人と一〇歳の次男・瑋鐘を伴って赴任した。二年遅れて長男・璣鐘が駐米公使館書記生として合流した。赴任の翌年、一八九七年五月にワシントンで開かれた万国郵便連合第五回大会で、李範晋が首席全権となり、朝鮮の外交史上初めて太極旗を会議場に掲げて国際会議に参加したこと、六月一五日には、万国郵便条約に署名したことは前節で述べた。

続いて李範晋はロシア・フランス・オーストリア公使（三国兼任）に任命され、夫人と二人の息子を伴って一九〇〇年三月にアメリカを発ち、ロンドンを経由して五月四日にパリに到着した。ちょうどパリ万国博覧会が開催中であった。このあとオーストリアを経てペテルブルクに行き、それぞれ信任状を提出するが、主としてパリに滞在したようだ。

一九〇一年二月二日には英国女王の葬儀に韓国代表として参列した。同年三月、兼任を解かれてロシア公使職に専念する。以後、本国からの送金が途絶え、移転を余儀なくされる一九〇六年初めまで、ペテルブルクの夏宮殿の近く、各国公館が建ち並んだペステリア通りの韓国公使館で執務した。

駐露公使館三等参書官に任命された長男・璣鐘は、一九〇二年一〇月に、高宗の在位四〇年を祝うロシアの祝賀団とともに帰国した。このとき李範晋の夫人、つまり璣鐘、瑋鐘兄弟の母親も一緒に帰国している。〈注44〉

その後、璣鐘もその母親も、再び韓国から出国することはできなかった。

駐露公使・李範晋の活動は、駐仏公使・閔泳瓚と同様に、一九〇四年二月の日露開戦以降たいへん困難なものになった。日本軍は韓国の局外中立宣言を無視して仁川に上陸、ソウルを占領すると、まず韓国の通信機関を掌握し、「日韓議定書」を押しつけ、韓国政府に在ロシア公使館を閉鎖し、李範晋公使を召還することを要求した。

李範晋の元には、ソウルの外部大臣より撤収命令が届いた。一九〇四年三月二日、李範晋はロシアの外務大臣ラムスドルフに面会し、韓国皇帝から直接指示を受けるまでは、駐露公使としての職務を続けることを申し出た。その直後に、撤収命令は皇帝の意志ではなく、日本人に強要されたものであり、皇帝は李範晋が引き続きペテルブルクに残ることを望んでいるという内容の電信が、李範晋のもとへ届いた。

さらに同年七月、李範晋は再び高宗の指令を受け取った。それには日本人の手先になった外部大臣の指示に従わず、どのようなことがあっても公使職を守り通せ、とあった。李範晋はこれをラムスドルフ外務大臣に伝えている。〈注45〉

一九〇七年六月にハーグに出現した三人の密使の一人として、次男・瑋鐘の名前が報道された。伊藤統監に追及された高宗は、自己の関わりを否認した。李完用内閣は、欠席裁判で李相卨に死刑を、李儁と李瑋鐘に終身刑を宣告した(「官報」一九〇七年八月一二日号)。

一九〇九年一〇月二六日、ハルビン駅構内で伊藤博文が暗殺された。この事件との関連を疑われ、ソウルの李範晋の家は、一〇月三〇日に武装した日本の憲兵隊と三名の捜索要員たちに襲われた。捜索要員たちは、家中から紙という紙をすべて持ち去ると同時に、璣鐘を憲兵隊本部へ連行した。その三日後には李範晋の妻が連行された。璣鐘が釈放されたのは翌年の二月一九日である。この間、璣鐘には苛酷な拷問が加えられたことが、ソウルのロシア領事館を通じて、「白代理人」が李範晋に送っ

た手紙（一九一〇年七月七日付）に書かれている。〈注46〉
李範晋は、一九一一年一月一三日、ペテルブルク郊外の自宅と執務室を兼ねたアパートで、ピストル自殺した。死の数日前から道具屋が入り、家財道具が売却されていた。おそらく、すべての書類も焼却したであろう。
李範晋がロシアで使っていた名刺は二種類知られているが、そのひとつには「Prince Tchin Pomm Yi」と書かれている。〈注47〉
李範晋は李氏朝鮮王朝第四代国王、世宗の第五子・廣平大君の第一八世孫にあたるが、第二一代英祖の子・思悼世子の第四世孫であり、第二六代国王となった高宗とはどのような姻戚関係があったか明らかにされていない。そのため李範晋は王族を詐称しているという中傷が当時から、とりわけ日本人のなかにあった。
たしかに李範晋の父は、高宗即位後、捕盗大将、御営大将、禁営大将、判義禁府事を歴任し、二〇年間にわたって兵権、警察権を掌握した李景夏であるが、母は李景夏が晋州兵使として赴任したときの妓生であったと言われている。つまり、李範晋は李景夏の庶子であった。
伝統的な朝鮮社会では、四代祖（父、祖父、曽祖父、外祖父）を明かにしなければならない科挙には、庶子は応試できず、官僚への道を閉ざされていた。これを打破して人材登用を進めたのは高宗である。
李範晋は、一八七九年の文科に及第しているが、このときの榜目（合格者名簿）に記載されているのは、字《あざな》「聖三」、生年「癸丑《きちゅう》（一八五三年）」、父名「景夏」、本貫「全州」、居住地「京」ということのみである。〈注48〉

ところが李範晋は、家門においては父景夏の後継者とは認められず、一族中から養子が迎え入れられた。法部大臣に就任し、新政権の中心人物と見做されていた李範晋が、二人の息子を連れてアメリカ公使に赴任したのは、息子たちに広い世界を見せたいと願ってのことであったろう。

高宗は、このような李範晋を王族として待遇した。李範晋がロシア皇帝ニコライ二世へ差し出した、高宗の李範晋にあてた親書（一九〇八年一月三一日付）では、高宗が範晋を「愛する甥」と呼びかけている。〈注49〉

李範晋が「プリンス李」を名乗り、大韓帝国皇帝の近親としてロシア帝国と皇室外交を展開することは、高宗自身の外交政策の一環であった。また息子の李瑋鐘も、父親の身分を継いで自ら「プリンス李」を名乗った。

李公使の自決

李公使の自決はペテルブルクで大きな反響を呼び、新聞各紙は連日特集記事を掲載した。

それから八〇年を経て、大韓民国が旧ソ連と初めて外交関係を樹立し、最初の外交官としてモスクワに赴任した徐賢燮は、李範晋の事跡に関心を持ち、三年余りの勤務の傍ら、当時の新聞記事を集め、さらには文書館に通って資料調査をした。その後外交官を退職し、日本の大学教員となった徐賢燮は、「ロシア資料から見た駐露公使李範晋の自決」（〈注47〉参照）という日本語論文を発表した。

この論文では、韓国が日本に外交権を奪われて以降の困窮を極めた駐露韓国公使館運営の実態、にもかかわらず李範晋がペテルブルク貴族社会の名士として敬愛されていたこと、端正な顔つきの彼が朝鮮の伝統衣装を着て馬車に乗れば、多くの見物人が集まって「王子様！」を連呼したことなどが印象深く述べられている。

李範晋は死に臨んで、葬儀社に自らの葬儀費用の支払いを済ませ、英語とロシア語で書かれた三通の遺書を残した。徐論文によると一通はロシア皇帝ニコライ二世へ、もう一通は前大韓帝国皇帝高宗へ、あと一つは管轄区域の警察署長あてであったとされている。

これは当時の現地新聞記事に依ったものであるが、後述するように、次男の瑋鐘がソウルの母親に出した手紙によると、三通の遺書とは、ニコライ二世と高宗と長男にあてた電信文であった。管轄区域の警察署長あてのメモは、遺書とは別に遺されたものであろう。瑋鐘は、この電信文の発信をロシア外務省に依頼した。

外国語に精通していなかった李公使が何故英語とロシア語で遺書を残すことができたかについて、警察は調査に入ったが、新聞報道を見てコバルスカヤという女性が出頭し、遺書作成の顛末を詳細に述べて問題は氷解した。外国銀行に勤務した経歴があり数カ国語を駆使するコバルスカヤは、李公使に内外の新聞雑誌を読み聞かせ、国際情勢を説明する仕事をしていたのである。

一九一〇年の年末にコバルスカヤは問題の遺書をロシア語と英語で書いてくれと頼まれた。そのとき李公使は日本人にひと泡吹かせるのが目的で実際に自殺する意図はないと説明したという。

李瑋鐘は、父親の葬儀を済ませた後、韓国にいる母親に長い手紙を出した。父親の自殺の顛末と葬儀の模様を詳しく述べ、父の遺言どおり遺体を韓国へ送ることができず、ロシアで葬ったことを詫びている。また「一六年間、万里異郷に、ただ父子の間のみ相頼みたる、私の今回の不幸は何と譬へん」と嘆きの言葉を綴り、「葬儀節次も無事了《おわ》りたれば、母上も御諦め上、御安心下されたし」と母を思いやる言葉をかけている。

しかし、この手紙は母親の元には届かなかった。途中で朝鮮憲兵隊司令官明石元二郎に奪われ、朝鮮総督寺内正毅に送られたのである。さらに日本語訳が作成されて外務大臣小村寿太郎に送られ、小村はまたその写しをロシアの本野一郎大使に送っている。〈注50〉

こうして、李瑋鐘の母への手紙の日本語訳（後掲参考資料3）が、日本の外務省外交史料館の所蔵資料「不逞団関係雑件」ファイル中に残ることになった。原本がどうなったかは不明である。

次に、高宗と側近たちの最後の戦いとなってしまった「ハーグ密使事件」と李瑋鐘の事跡について述べよう。

「ハーグ密使事件」

「ハーグ密使事件」とは、オランダのハーグで開催された第二回万国平和会議（一九〇七年六月～一〇月）に、大韓帝国皇帝の信任状を持った三人の特使が現れ、韓国代表としての参加を求めたことを言う。

同会議には四四カ国から二二五名が参加し、ロシア代表ネリドフが議長に選出された。また同会議は、全体会議と四部に分けられた委員会で構成されていた。第一委員会は仲裁裁判に関する事項、第二委員会は陸戦法規に関する事項、第三委員会は海戦法規に関する事項、第四委員会は海上私有権に関する事項を審議した。韓国の特使たちが参加を求めたのは、全体会議と仲裁裁判に関する事項を扱う第一委員会であった。

特使たちは、宿舎としたホテルに大極旗を掲げ、大韓帝国の正式な代表部として、議長国ロシア、主催国オランダをはじめ、各国代表部を訪問して精力的に活動した。しかし、結果的には会議への正式参加はおろか、議場への立ち入りすら認められなかった。

理由は、一九〇五年一一月に締結されたとされる第二次日韓協約、いわゆる保護条約によって、韓国は日本の保護国となり外交権を喪失したとされたためである。

特使たちの使命は、他ならぬその保護条約の無効を訴えることにあった。

会場入りはできなくとも、日本を除く各国代表委員あてに、三人が署名した六月二七日付仏文書簡を送り、これが現地で発行されていた『万国平和会議報』(*Courrier de la Conférence de la paix*)の六月三〇日号に掲載され公開された。

同書簡で、特使たちはそれぞれ「前副総理李相卨」、「前高等裁判所予審判事李儁」、「前駐露公使館書記官李瑋鐘」と名乗り、韓国皇帝より平和会議委員として派遣されたものであることを明らかにした。

次に、日本が国際法を無視し、韓国皇帝の意に反し、兵力を用い、韓国の法規慣例を蹂躙して韓国の外交権を奪取したこと、その結果自分たちが韓国皇帝派遣の委員であるにも拘わらず、平和会議に参与することができないことを遺憾とすると述べた。

さらに、本書面には日本の非行の概略を記した文書を添付したこと、詳細の事項を知ろうと欲し、または韓国皇帝の付与された全権を確かめようと欲する委員には、それに応じる用意があると述べ、我々が平和会議に参与し、日本の陰謀を暴露し、侵害された我が国の権利を守ることができるように、好意的な調停を依頼したいと結んだ。

平和会議各国代表委員に配布された「公開書簡」には、「日本の非行の概略を記した文書」が添付されていたことがわかる。

また『万国平和会議報』七月五日号は、三人の特使の写真とインタヴュー記事を掲載した。三人が揃って撮影されたこの写真は、「ハーグ密使事件」の代名詞ともなり、広く流布している（本章扉写真）。『万国平和会議報』に掲載された同写真には、李瑋鐘にのみ名前の前に「Prince」という敬称が付けられている。〈注51〉

特使たちの旅立ち

特使の一人、李相卨が韓国を出国したのは、一九〇六年四月であった。これは、もともと第二回万国平和会議が一九〇六年夏にハーグで開催されることが予定されていたからである。ところが、会議は一年近く延期されることになった。李相卨は、韓国人が多く居住する北間島（中国吉林省）龍井村で「瑞甸学塾」を開設し、青少年の教育事業を始めた。

一方李儁は、その一年後の一九〇七年四月二一日に、高宗のロシア皇帝あて親書を帯びてソウルを発ち、龍井村で李相卨と合流した後、シベリア鉄道でペテルブルクに向かった。二人の案内役を務めたのは、ロシア名「車ニコライ」という現地育ちの中学生だったという。〈注52〉

二人の特使は、ペテルブルクで李範晋・李瑋鐘親子と協議した後、ニコライ皇帝に高宗の親書を伝達した。このときニコライに伝達された高宗の親書の草案は、高宗の甥であり、侍従を勤めていた趙南昇の手を経て、ソウルのフランス教会内に隠されていたが、日本の統監府の官憲に発見され押収された。一九三〇年に黒龍会が出版した『日韓合邦秘史』上巻二八〇頁にその日本語訳が載せられている。

（前略）韓国は曾《かつ》て露日開戦の前に於て中立を以て各国に声明し、皆承認せり。是れ即ち世界の共に知る所にして、現下の情勢は深く憤慨に堪へず。陛下、敝邦《へいほう》［韓国］の故なくして禍を被るの情を特念せられ、努めて朕が使節をして敝邦の形勢を該会議［平和会議］開催の際に説明するを得せしめ、以て万国公然の物議を致さば、即ち之に因て敝邦の原権、庶《こいねがわ》くは回収するを得ん。果して然らば是れ真に朕及び我が韓国民は、感激して陛下の恵徳を忘れざるべし。貴前駐韓公使撤去に際し願望の深衷《しんちゅう》を附陳し、兼ねて該公使に托する所あり。惟《ただ》に垂諒あらんことを望む。

高宗は、自分が派遣した特使たちが、第二回万国平和会議で発言の機会を得られるように、ニコライ皇帝に協力を依頼したのである。そして「万国公然の物議」（国際世論）を喚起して、日本に奪われた韓国の「原権」を回収したい。もしそれができれば、私と我が韓国民は、陛下の徳を忘れないでしょう、と述べている。

また、このことについては、貴国の前駐韓公使が韓国を去る時に、かねて該公使に託したところである、とも書いている。高宗が、韓国の中立声明を侵犯して韓国に軍隊を上陸させた日本の不法行為を第二回万国平和会議で国際世論へ訴える意向を、一九〇四年二月一二日に韓国から退去するロシア公使パブロフにすでに伝えていたと解釈される。

しかし、この高宗の親書は、すでに日本との妥協の道を選択していたニコライ二世を動かすことはできなかったようだ。イズヴォリスキー（一九〇六年五月一一日外相就任）は、特使たちの希望を拒絶した。そして平和会議のロシア代表で同会議の議長を兼ねるネリドフに、韓国の使節との接触を禁止する訓令を出した。

はるばるやってきた特使たちと、李公使らの失望はいかばかりであったろうか。

後述するように、一九〇五年夏、ポーツマス条約締結以前に、韓国はロシアから第二回万国平和会議の通知を受け、韓国政府は駐ペテルブルク公使、即ち李範晋をハーグにおける代表とすると回答していた。本来ならば、李範晋を正使として韓国代表団が組織され、堂々とハーグに乗り込むはずであった。

李範晋の代表団参加を見送ったのは、ロシアから補助金を得て辛うじて維持していた韓国公使館を存続させるためであったろう。よって李瑋鍾の参加は、単に通訳としてだけではなく、父李範晋の代理という側面が大きくなった。二二歳という若さの李瑋鐘があえて「プリンス李」を名乗り、三人を代表して講演し、インタヴューに答えているのは、単に語学力に秀でていたからだけではない。

ロシアから一切の協力が得られないとわかったところで、特使たちはハーグ行きを中止するわけにはいかなかった。とにかくハーグへ行って訴えよう、そう考えたはずだ。

ペテルブルクを発った特使たちは、ハーグに入る前に、ベルリンに立ち寄り、「控告詞」を印刷したとされる。このベルリンで印刷された「控告詞」を「公開書簡」の意味に解釈する研究者が多い。しかし、「公開書簡」にはハーグ入りした後のことも記されているから、ベルリンで印刷されて持ち込まれたものとは思えない。

では、「控告詞」とは何であったろうか。

平和会議への告訴状「控告詞」

「控告」とは、告訴するという意味で、「控告詞」とは「告訴状」と訳してもよいだろう。特使たちが、日本の不法行為を国際仲裁裁判所へ提訴する目的で、事前に印刷してハーグへ持ち込んだ「告訴状」という本来の意味から考えるならば、「公開書簡」とともに各国代表団に配布された「日本の非行の概略を記した文書」こそ「控告詞」と呼ばれるべきものであろう。

しかし従来は、長文の「控告詞」に添えて、その趣旨を簡明に要約し、これを配布する意図を説明した「公開書簡」の方が、「控告詞」と呼ばれ、本来の「控告詞」が逆に「付属書」と呼ばれてきた。さらに言うならば、日本においてはこの「付属書」の方は、その存在すらほとんど知られていなかったのである。

さて、この「控告詞」については、韓国においてはオランダ国立文書保管所に所蔵されている原本にもとづいて、仏語原文と韓国語訳が尹炳奭著『李相卨伝』（一潮閣、一九八四年）に収録された。日本においては、『李相卨伝』をもとに、日本語に翻訳されたものが、海野福寿編『外交史料　韓国併合』上（不二出版、二〇〇三年）に収録された。

「控告詞」には、日本の韓国侵略行為、とりわけ日露開戦後、伊藤博文が韓国に乗り込み、いかに大臣たちを強迫して外交権を奪う保護条約に署名させたか、いかに多くの韓国人がこれに抗議する過程で命を落としたか、皇帝はこの条約を決して認めていない、ということが生々しく記述されている。

前節で紹介した閔泳煥の二通の遺書はその一例である。

当時、李相卨は議政府参賛、つまり議政府参政（総理大臣）の次官として、日本による保護条約強要騒動の渦中におり、伊藤の強迫に屈した五人の大臣たちを死刑にするように高宗に上訴した人物である。「公開書簡」では、李相卨は、「日本の陰謀の目撃者」であると書かれている。「控告詞」に描かれた保護条約強要時の状況は、李相卨が直接見聞きしたものであろう。しかも高宗の許可を得て万国平和会議に集まった各国代表の前に訴え出たものである。日本側当事者たちが残した歪曲記録を打破する上で、最も重要な史料である。

ところが、この「控告詞」が日本の外交史料館に所蔵されていることは、ほとんど知られていないようだ。そこで次に、「控告詞」が外交史料館に収蔵されるに至った経緯を説明しよう。

ハーグにおける日本の全権大使都築馨六《けいろく》は、東京の外務大臣林董《ただす》あてに、六月三〇日の電信によって「公開書簡」の内容要旨を急報した。特使たちは日本代表には「控告詞」を配布しなかったので、都築がこの「公開書簡」の内容を確認し得たのは、『万国平和会議報』の六月三〇日号によってであったからである。〈注53〉

ついで都築は、七月七日付で外務大臣あてに機密郵便を送り、「大要申進置候、韓国人書翰、及付属書、並右韓人肖像一葉、茲《ここ》に在封差進候間《あいだ》、御査収相成度《あいなりたし》（大体の要点は申し上げて置きましたが、韓国人の書翰と付属書、並びにこの韓国人の写真一枚を同封してお送りいたしますので、ご確認下さい）」と書き添えて、①「公開書簡」が掲載された『万国平和会議報』六月三〇日号の記事の切抜き、②「公開書簡」に添えて配布された「付属書」、③特使たちの肖像写真一枚、以上三点を郵送した。〈注54〉

よって、①「公開書簡」の全文は『日本外交文書』に収録されている。ところが同書に収録された「公開書簡」には「本件書簡の付属書（「日本人の非行及び常用手段の概略」を叙したるもの）及肖像省略す」という註記があり、②と③は『日本外交文書』には収録されなかった。「付属書」、すなわち「控告詞」の存在が日本においてはほとんど知られることがなかった理由のひとつがここにある。

しかし、都築が送ってきた三点の資料は、外交史料館が所蔵する簿冊『韓国ニ於テ第二回万国平和会議へ密使派遣並同国皇帝ノ譲位及日韓協約一件』全五巻中の第一巻に綴じられている。〈注55〉

そこにある「付属書」とは、縦二〇センチ、横一〇センチの、厚手の表紙がつけられた小冊子で、本文は仏文で一九頁に及んでいる。

「韓人肖像一葉」とは、『万国平和会議報』七月五日号に掲載された特使たちの肖像写真と同一のものである（本章扉写真）。

特使たちが、ベルリンで印刷したのは、この仏文小冊子で、日本の不法行為を国際仲裁裁判所に訴えるために、事前に用意してきた告訴状、即ち「控告詞」である。

ベルリンで印刷したのは、ロシアの協力が得られず、ロシアで印刷することができなかったためであろう。特使たちのハーグ入りが遅れた（六月二五日ハーグ着、会議は一五日に開幕）のも、このためであろう。

李瑋鐘のインタヴューと演説

さて、特使たちは、万国平和会議を取材するために、欧米諸国から集まってきていた報道人の取材に応じた。『ニューヨーク・タイムズ』六月三〇日号は、李瑋鐘のインタヴュー記事を載せている。

李瑋鐘は、

「ネリドフ氏［ロシアの代表で平和会議議長］が我々との面会を拒否したことは驚くべきことだったし、痛ましい思いだった。わが国とロシアとの関係は、米国との関係と同様に、極めて良好なものだったので、この両国がわれわれへの支援を拒むとはとても思えなかった」

と落胆する思いを率直に語った。さらに続けて、

「一九〇五年夏、ポーツマス条約締結以前に、韓国はロシアからこの平和会議の通知を受け、韓国政府は駐ペテルブルク公使をハーグにおける代表とする旨、指示している」

と明らかにした。〈注56〉ロシア政府が正式に平和会議招請状を発送する前に、ラムスドルフ外相と李範晋公使の間で話し合いが持たれていたのであろう。

ハーグ万国平和会議は、前述のようにロシアのニコライ二世の呼びかけとオランダのウィヘルミナ女王の協力で始まった。第一回会議は、一八九九年に二六カ国が参加して開催され、「陸戦の法規慣例に関する条約」、「ジュネーブ条約の原則を海戦に応用する条約」、「国際紛争平和的処理条約」が締

結され、常設の国際仲裁裁判所を設置することが決められた。

前節で明らかにしたように、韓国は、一九〇二年八月以来、この第一回万国平和会議で締結された諸条約に加盟し、平和会議の正式メンバーになるための交渉を重ねてきた。その結果、一九〇三年二月に「ジュネーブ条約の原則を海戦に応用する条約」に加盟し、同年三月には「陸戦の法規慣例に関する条約」に加盟した。

日露開戦の危機がせまる中で、高宗は「国際紛争平和的処理条約」への早期加盟を図るため、これも前述したように、オランダ女王への親書を託して玄尚健をハーグ平和会議へ派遣した。しかし、韓国の同条約加盟は叶わなかった。高宗は、第二回万国平和会議に最後の望みを託していたのである。

一方、このような韓国の動きに気付いた林董外務大臣は、韓国の第二回万国平和会議参入を阻止すべく、ロシアに圧力をかけた。

ハーグ万国平和会議第二回大会は、はじめ一九〇六年八月に予定されていたが、延期された。ロシアは一九〇六年に再び参加国の意志確認をした。このとき、日本が韓国の参加に強く抗議したため、韓国に対する意志確認は行われなかったようだ。一九〇六年四月三日付けでハーグ駐在ロシア大使がオランダ外務省へ提出した招待国名簿には、韓国は回答がない国とされている。この間、ロシアの外務大臣は、ラムスドルフからイズヴォリスキーに変わり、ロシアの外交方針が日露協約へと大きく変化していった。〈注57〉

さて、ハーグにおける一九〇七年七月八日の夜、新聞記者たちの集会「国際主義の会」で、李瑋鐘は司会者に「プリンス李」と紹介されて登壇し、「韓国の訴え」と題して、日本を激しく非難する演説を一時間余りに及んで流暢なフランス語で行った。これは聴衆に大きな感動を与え、韓国への同情の表明が満場一致の拍手で議決された。このことは、地元新聞である『ハーグ新報』*Haagsche Courant* 一九〇七年七月一〇号に掲載された。〈注58〉

日本の新聞社で現地へ特派員を派遣していたのは、大阪毎日新聞社のみであった。大毎の高石真五郎記者は、三人の特使と直接面談した唯一人の日本人であるが、連日スクープ通信を打電した。『大阪毎日新聞』明治四〇年七月一〇日号には、「韓人の誣妄《ふもう》演説」と見出しを付けて次のような記事が出た。

今夜、李瑋鐘は英国雑誌主筆ステッド氏の紹介にて演説をなせり。彼は日韓条約の無効なるを述ぶること滔々数万言、流暢なる仏語を以て日本が韓国に対する虐政不道徳を指摘し、結局韓国人民に同情を表する決議案を可決せり。右演説主催の協会は矯激なる国際平和希望者の団体にて勢力あるものにあらず。

このハーグで不幸な出来事が生じた。三人の特使のひとり、李儁が急死したのだ。現在では病死であったということがほぼ明らかになっているが、当時韓国では「抗議の自決」と報道され、多くの韓国人の憤激を呼び起こした。

その後、李瑋鐘と李相卨は、ハーグからアメリカに渡り、ルーズベルト大統領に面会を求めたが、ルーズベルトは応じなかった。

しかし、『ニューヨーク・タイムズ』八月二日号が、再び李瑋鐘のインタヴュー記事を掲載した。その中で李瑋鐘は、

「文明諸国は、昨年一一月の［保護］条約がどのようにして獲得されたかを知ったら、それを承認しないでしょう。それは、皇帝の同意も国民の同意もなしに獲得されたのです。それには五人の大臣が署名しましたが、彼らは日本に買収された売国奴でした」

と語っている。このとき記者は李瑋鐘を「韓国のプリンス」と紹介し、

「プリンスは非常に聡明で、落ち着いた、身なりのよい二三歳の若者だ。彼の父は、前韓国皇帝の甥にあたる。彼は父親の李範晋がわが国で公使だったとき、ワシントンで四年間を過ごした。その後、フランスのサン・シールで二学年を過ごした」

と書いている。〈注59〉

二三歳というのは李瑋鐘が自分でそう言ったのであろう。当時の年齢の数え方に従った、いわゆる「数え年」である。李瑋鐘の生年については、従来いくつかの説があったが、『全州李氏濬源続譜』にある「丙戌（一八八六年）正月九日生」というのが、ニューヨーク・タイムズの記事にも合致する。ハーグ事件当時、李瑋鐘は、満年齢で言えば、まだ二二歳であった。

サン・シールとはフランスで最も由緒ある陸軍士官学校である。日本人では秋山好古が一八八九年に卒業している。李瑋鐘はここに一九〇一年一一月から一九〇三年八月まで在学し、一一月から始まる最後の学年を終えないまま中退したようだ。同年九月一日付けで李瑋鐘は駐露韓国公使館三等参書

官に任命され、ペテルブルクに着任した。〈注60〉日露開戦の機運が高まる中で、父李範晋は高宗の指示のもと、韓国の独立維持の道をロシアと交渉していた。李公使が瑋鐘の助けを必要としたのであろう。

おわりに

ハーグ事件以降、日本政府は李瑋鐘を目の敵にし、密偵を放って情報を収集していた。李瑋鐘がその後どのような波乱に満ちた人生を送ったかについては、別の機会に譲りたい。

さて、大韓帝国の主権者であった高宗は、保護条約（第二次日韓協約）の批准書への署名を拒否していた。また、日本によって公的な外交手段が奪われた状況下で、密かに使節を派遣して、この条約は国際法に違反して強要されたものであり無効であるということを欧米列強に訴え続けていた。「ハーグ密使事件」は最後の訴えとなった。何故なら、この事件の渦中に日本の圧力よって高宗は退位させられ、子の純宗に譲位を余儀なくさせられたからである。

一九〇七年七月三日、初代統監としてソウルにいた伊藤博文は、この「事件」を好機ととらえ、東京の外務大臣宛てに電信を送り、

「右ノ運動果シテ勅命ニ基クモノナレバ、我政府ニ於テモ、此際韓国ニ対シテ局面一変ノ行動ヲ執ルノ好時期ナリト信ス、即チ前記ノ陰謀確実ナルニ於テハ、税権・兵権又ハ裁判権ヲ我ニ収ムルノ好機会ヲ與フルモノト認ム」〈注61〉

と言い放った。さらに七月七日には

「本官ハ皇帝ニ対シ、其ノ責任全ク陛下一人ニ帰スルモノナルコトヲ宣言シ、併テ其ノ行為ハ日本ニ対シ公然敵意ヲ発表シ協約違反タルヲ免レズ、故ニ日本ニハ韓国ニ対シ宣戦ノ権利アルモノナルコトヲ総理大臣ヲ以テ告ゲシメタリ」〈注62〉

と報告した。

つまり伊藤は、高宗に向かって「宣戦布告」という言葉まで持ちだして恫喝したのである。そしてこの機会に韓国の内政権まですべて奪いとろうと計画した。伊藤が行動を開始した七月三日というのが、七月三〇日に調印された第一回日露協約の交渉妥結を待ってのことであったのは間違いあるまい。第一回日露協約は、その秘密条項において、ロシアは韓国における日本の優越的地位を、日本は外蒙古におけるロシアの特殊地位をそれぞれ尊重することを約束していた。

そして事実、同年七月二四日には、韓国の軍隊を解散させ、行政・立法・司法を日本の統制下に置く第三次日韓協約に、李完用をして調印させた。日本の韓国侵略は、このように常に帝国主義諸国との妥協を重ねながら、周到に、しかし韓国に対しては強引かつ暴力的に進められたのである。

高宗は保護条約の批准を拒否したまま退位することによって、保護条約は永久に形式を整えられない欠陥条約となった。

日本では、「密使事件」を高宗の「陰謀好き」に帰結するかのような言説が、一世紀以上を経た今もなおまかり通っている。また、条約の成立に批准書は必ずしも必要ではないと嘯《うそぶ》いた日本政府の見解に引きずられて、保護条約の根源的欠陥を無視してきた。従って、高宗と側近たちが身命を賭して訴え続けた「保護条約無効」の叫びは、今なお歴史の闇にこだましつづけていると言えよう。

【注】

〈1〉『日本外交文書』三七巻一冊四八一番、以下『日外』と略
〈2〉同右四八二番
〈3〉同右四八三番
〈4〉同右四八四番
〈5〉林権助述『わが七十年を語る』（第一書房、一九三五年）二四四頁
〈6〉『駐韓日本公使館記録』二四巻四五七頁、一一—（二〇〇）往電第五一四号、以下『駐韓』と略
〈7〉『駐韓』二四巻四六三頁、一一—（二〇七）欧第二九一号
〈8〉『ゴータ年鑑』は、日本においては国会図書館をはじめ各地の大学図書館等が小部数ずつ所蔵しているのみであるが、一九〇五年版については、大阪府立図書館が所蔵している。また、フランス国立図書館は、一八二一年版（五八号）から一九一〇年版（一四七号）まで、途中欠号分を除いて七九冊（一九〇五年版を含む）を所蔵しており、その全画像データを同館の電子図書館 Gallica で公開している。
〈9〉『駐韓』二四巻四六五頁、一一—（二一二）往電第五一九号
〈10〉火災の発生時刻については、諸種の報道記事があるが、韓国駐劄軍司令官・原口兼済が、四月一七日付けで、大山巌・参謀総長に報告したものを採用した（アジ歴 C06040626800「皇居焼失報告の件　韓国駐劄軍司令官」）。
〈11〉『駐韓』二三巻二三六頁、二—（三〇五）往電三八四号
〈12〉李昌訓「二〇世紀初フランスの対韓政策」『韓仏外交史一八八六—一九八六』（平民社、一九八七

年）所収、韓国語

〈13〉李玟源『韓国の皇帝』（テウォン社、ソウル、二〇〇一年）九四頁、韓国語

〈14〉『駐韓』一三巻二三五頁、二一（三〇三）往電三八二号

〈15〉同右二三六頁、二一（三〇六）往電三八五号

〈16〉同右二三七頁、二一（三〇七）往電三八六号

〈17〉二〇一四年に三重県立美術館で開催された「生誕一四〇年中澤弘光展」の図録に収録されている「中澤弘光年譜」にも、また本人の遺稿「思い出」（一九八〇年奈良県立美術館「中澤弘光展」図録所収）にも、日露戦争中に韓国に行った話は全く出てこない。

〈18〉「日本の非行の概略を記した文書」は、外交史料館所蔵の原本を利用した。また、尹炳奭著『李相卨伝』（一潮閣、一九八四年）に収録された韓国語訳、海野福寿編『外交史料　韓国併合　上』（不二出版、二〇〇三年）に収録された日本語訳も参考にした。

〈19〉三五年後の一九三〇年に、『東亜日報』が「韓末政客の回顧談　忠正公親弟閔泳瓚氏（1）（2）」（一九三〇年一月一九日、二一日号）を掲載した。（1）では、「閔泳瓚氏は今年五七歳。明成皇后閔氏の身内で、現在生存する人として最も近い親戚である」と紹介された。（2）では、閔泳瓚が「新知識を学ぼうと英語を勉強し始めたところ、明成皇后が私を選んで乙未年（西暦一八九五年）に米国へ送られた。この時、同行したのが閔景植で、二人で勉強を初めて何ヶ月にもならない一〇月八日に、明成皇后が景福宮で惨禍に遭われたという消息を聞いて、学業を中断して即時帰国した」と語っている。

〈20〉一八九四年一二月一七日（陰暦）に王室尊号の改称があり、国王に対する尊称が「主上殿下」から「大君主陛下」へ、王妃については、「王妃殿下」から「王后陛下」へ、世継ぎの王子は、「王世子邸下」から「王太子殿下」に変更された。これらの尊称は、一八九七年一〇月一三日（陽暦）の大

韓帝国の成立に伴い、さらに「皇帝陛下」「皇后陛下」「皇太子殿下」に変更された。
〈21〉閔泳瓚の経歴については、韓国歴史情報統合検索システム（Korean History On-line）で調べた。
〈22〉『千九百年巴里万国博覧会臨時博覧会事務局報告』上、五七～八頁（農商務省、一九〇二年）。同書は『明治前期産業発達史資料　勧業博覧会資料』二〇一巻～二〇四巻（一九七六年）に復刻分冊収録されている。
〈23〉前掲『千九百年巴里万国博覧会臨時博覧会事務局報告』上、四八二～八四頁、『明治前期産業発達史資料　勧業博覧会資料』二〇三巻
〈24〉日本語訳は住吉真弓氏による。
〈25〉水原明窗『朝鮮近代郵便史』（日本郵趣協会、一九九三年）二四一頁
〈26〉韓興寿「駐仏公使館設置過程」前掲『韓仏外交史一八八六―一九八六』所収、韓国語
〈27〉『旧韓国外交文書』第二一巻瑞案四二号、四四〇頁
〈28〉『旧韓国外交文書』第二一巻瑞案四五号、四四六頁
〈29〉『高宗実録』光武七年七月二日
〈30〉『日外』「万国平和会議関係」第一巻九八番、一二四頁
〈31〉『日外』「海牙万国平和会議関係」第一巻八七一頁
〈32〉『駐韓』二一巻三三五頁、五―(249)「玄尚健は韓帝の内旨を受け仏国に赴く」
同右三三六頁、五―(250)「玄尚健の使命に関して知人の談話上申」
〈33〉『統監府文書』三巻三九二頁、一三―（1）「第二回万国平和会議に関する件」
〈34〉朴鐘涍編『ロシア国立文書保管所所蔵韓国関連文書要約集』（韓国国際交流財団、二〇〇二年）三〇九頁、韓国語
〈35〉同右

〈36〉『日外』三八巻一冊四八一番、六七三頁

〈37〉『日外』三八巻一冊四八〇番、六六九～六七二頁。日置臨時代理公使から外務省へ送られてきた新聞の切抜きそのものは、外交史料館蔵『韓帝ヨリ欧米諸国へ密書発送雑件』全一巻に収録されている。『日本外交文書』に収録されているものには、意図的とも思われる削除があるので、新聞記事の見出しは、原本によった。なお、同文書はアジア歴史資料センターから公開されている（レファレンスコードB07091181500）。

〈38〉長田彰文『セオドア・ルーズベルトと韓国』（未来社、一九九二年）一三頁

〈39〉金基奭「光武帝の主権守護外交―一九〇五～一九〇七年―」『日韓協約と韓国併合』（明石書店、一九九五年）一四八頁

同論文は、一九〇五年以降の高宗の「主権守護外交」を明かにした画期的な労作ではあるが、米国に「朝米修好通商条約」上の義務の履行を求めた高宗の特使としては、ハルバートにのみ注目しており、閔泳瓚の役割については、注記において、「皇帝がなぜ閔公使を選んで米国に急遽派遣したのか、いまだにはっきりしていない。」（同書一六八頁）と書いている。

〈40〉李泰鎮・笹川紀勝編『国際共同研究　韓国併合と現代』（荒井信一執筆）、（明石書店、二〇〇八年）二五〇～二五一頁

〈41〉金基奭前掲論文一四九頁。

なお、同日（一九〇五年一一月二六日）に、高宗が駐露公使李範晋を通じてロシア政府に届けた親書の内容は、和田春樹によって紹介された。そこには、保護条約強要時の状況が、「日本人は私の居室へ乱入し、私の玉璽と外務大臣の印を奪った。日本人は彼等が作成した文書に玉璽を押したあと、私に署名するようにあらためて求めたが、私は、最初の時と同様、強く拒絶した。」と書かれている。この親書を受け取ったロシア外務省は、在外公館にその内容を通達した。（和田春樹「日

露戦争と韓国併合―ロシアという要因から考える」『国際共同研究　韓国強制併合一〇〇年　歴史と課題』（明石書店、二〇一三年）

〈42〉Francis Rey, La Situation Internationale de la Corée, *Revue Générale de Droit International Public*, 13 , 1906, Paris, p.40-58,

同論文の韓国語訳は一九八七年にソウル大学が刊行する『法学』第二七巻二・三号に「大韓帝国の国際法的地位」として、また日本語訳は『季刊戦争責任』第二号（一九九三年冬季号）に「フランシス・レイ『韓国の国際状況』」として掲載された。しかし本文に引用した傍線部分について、『季刊戦争責任』の日本語訳は「皇帝は、ただちに諸大国に代表を派遣した。なかでもワシントン駐在の公使は、皇帝に加えられた暴力を強く抗議した」と誤訳している。そのため閔泳瓚が果たした役割が駐米韓国公使の行為にされてしまった。よって原文に忠実に翻訳し直すことに努めた。なお、翻訳にあたっては住吉真弓氏の協力を得た。

〈43〉金基奭前掲論文一八四頁

〈44〉尹炳喜「李範晋・璣鐘・瑋鐘三父子の家系及び行蹟」、『李範晋の生涯と抗日独立運動』（大韓民国外交通商部、二〇〇三年）四頁、韓国語

〈45〉パク・ポリス「ロシアにおける李範晋の外交活動」前掲『李範晋の生涯と抗日独立運動』所収

〈46〉「白代理人」がソウルのロシア総領事館を通じてペテルブルクの李範晋に送った手紙（一九一〇年七月七日付）に、収監されている璣鐘に食料を差し入れに行った家族が、血に染まった璣鐘の外套を受け取り、気を失いそうになったと書かれている。前掲『李範晋の生涯と抗日独立運動』二三五頁。

李範晋はロシア領事館を通じて家族と連絡を取っていた。また家族を通じて他の人物とも連絡を取っていた。しかし「白代理人」は、韓国の現在の状況がいかに厳しいものであるかを述べ、「も

うこれ以上は手紙をやり取りしない方がよいと思う。何故なら、些細な内容の手紙でも日本政府の手に入れれば、大変なことになるからです」と李範晋に書き送った。そしてロシア領事館はこの手紙を最後だとして受け取ってくれたとも書いている。このことは李範晋が自決を選択する一つの動機となったであろう。李範晋は自分が生きている限り長男が殺されると考えたはずだ。

〈47〉徐賢燮「ロシア資料から見た駐露公使李範晋の自決」、長崎県立大学国際情報学部『研究紀要』第九巻、二〇〇八年

〈48〉『国朝棒目』（大韓民国国会図書館、一九七一年）四七八頁

〈49〉前掲『ロシア国立文書保管所所蔵韓国関係文書要約集』一六〇頁

〈50〉外務省外交史料館蔵『不逞団関係雑件　朝鮮人之部　在欧米』の第一冊に「注意人物李緯《ママ》鐘ノ書簡ニ関スル件」と題する一連の文書がある。それらによると、李瑋鐘の手紙は一九一一年五月一五日付けで、朝鮮総督府政務総監山県伊三郎から外務次官石井菊次郎宛てに送られた。送り状には、「朝鮮人李緯鐘ニ関スル件ニ付、明石憲兵隊司令官ヨリ別紙写之通リ報告有之候ニ付、御参考ノ為、右茲ニ及送付候也」とある（朝機密発第五六号、秘受第一六三四号）。次に五月二四日付けで小村寿太郎外務大臣から在露の本野一郎大使へ送られた。送り状には「朝鮮人李緯鐘ノ書簡ニ関シ、朝鮮総督府ヨリ別紙写ノ通リ報告有之候ニ付、為御参考、右茲ニ及御候送付候間、御査閲被成度、此段申進候、敬具」とある（機密送一七号）。手紙本文は巻末に添付した。

〈51〉李泰鎮他『百年後に出会ったハーグ特使』巻頭写真（太学舎、二〇〇八年）韓国語

〈52〉尹炳奭著『李相卨伝』（一潮閣、一九八四年）六二頁、韓国語

〈53〉『日外』四〇巻一冊四四〇番、四二九頁

〈54〉『日外』四〇巻一冊四五三番、四三四頁

〈55〉二〇〇七年六月に、韓国独立運動史研究所（独立記念館内）から崔起栄編『ハーグ特使一〇〇周年

記念資料集』全二巻が出版された。この資料集の第二巻は日本の外交史料館が所蔵する簿冊『韓国ニ於テ第二回万国平和会議へ密使派遣並同国皇帝ノ譲位及日韓協約締結一件』全五巻の一部を影印版で縮小印刷したものであるが、ここにはじめて「付属書」が影印版で収録された。なお外交史料館は、近年、同簿冊をアジア歴史資料センターを通じてインターネットで公開した。第一巻の第一分割（レファレンス番号B06150550500）中に①、②、③は収録されている。

〈56〉村瀬信也「一九〇七年ハーグ密使事件の遺産」、『変容する社会の法と理論』（有斐閣、二〇〇八年）二二八頁

〈57〉前掲『百年後に出会ったハーグ特使』七〇頁

〈58〉同右一五五頁

〈59〉『外国新聞に見る日本』四巻原文編（毎日コミュニケーションズ、一九九三年）一一八頁

保護条約に署名したのは、駐韓公使林権助と外部大臣朴斉純であるが、閣議の場に参入してきた伊藤博文によって、一人ずつ賛成か反対かを問われた大臣たちのうち、あいまいな返答をしたものを含め、五人の大臣が賛成したとされた。この五人に対して日本から現金が提供されていたことは、林の桂首相（当時外相を兼任）への報告書によって確認できる。第Ⅰ章〈注59〉参照。

〈60〉前掲「李範晋・璣鐘・瑋鐘三父子の家系及び行蹟」

〈61〉『日外』四〇巻一冊四四三番、四三一頁

〈62〉『日外』四〇巻一冊四七三番、四五四頁

参考資料2 反民族行為特別調査委員会「閔泳瓚被疑者尋問調書」

一九四九年八月一三日、反民族行為特別調査官・李亮範、立会人書記・劉仁相によって作成された「閔泳瓚被疑者尋問調書」（『反民族行為特別調査記録』所収）全文は左記のとおりである。なお、本記録は、韓国国史編纂委員会が提供する韓国歴史情報統合システム（Korean History On-line）で閲覧した。［　］は筆者の補注である。

問　姓名、年齢、身分、職業、及び本籍地は如何。
答　姓名は閔泳瓚、年齢は七七歳、身分は両班、職業は無し。
住所　ソウル市鐘路区水標洞二〇番地
本籍　ソウル市鐘路区益善洞三四番地
問　爵位、勲章、記章を受け、年金、恩給を受けたり、又は公務員ではないか。
答　西紀一九〇二年に韓国政府より八爵《ママ》［卦］章と太極章を受け、西紀一九〇〇年にフランス政府よりレジオンドヌール勲章と同一九〇三年にイタリア政府からイタリ皇冠勲章と西紀一九〇四年にベルギーからプル勲章を受けた事実が有ります。
問　今まで刑事処分、起訴猶予、又は訓戒放免等を受けた事実の有無。
答　各該当事実ありません。
問　学歴及び経歴は如何。
答　漢学を学習し、学校経歴はありませんが、韓国時代、即ち西紀一八九七年頃に韓国学府［部］次官、西紀一九〇〇年頃に仏国駐劄公使として赴任し、六年間居りました。

問　日帝時代には如何なる経歴が有るか。

答　仏国駐在公使であった乙巳《いっし》［一九〇五］年に乙巳保護条約が締結され、丙午《へいご》［一九〇六］年に上海に来て二年間居りましたが、乙酉《いつゆう》［一九〇九］年に帰国し、庚戌《こうじゅつ》［一九一〇］の国恥を見たあとは家に閉じこもっておりました。当時伊藤博文が何度も出仕を勧告してきましたが、固辞して応じませんでした。合併後十余年が経過した後、年月未詳ですが、昔、本人が仏国公使であった時から面識があった松永という者が京畿道知事になってきて、本人にあるいは懐柔、あるいは脅迫して出仕を何度も要請しました。※1

当時本人の事情としては外国に亡命するほかありませんでしたが、舎兄忠正公［閔泳煥］がすでに逝去され、母ひとりを残して私まで故郷を離れるわけにはいきませんでした。それゆえ仕方なく中枢院参議を承諾し、三期九年間名義を帯びていましたが、一回も発言または建議をした事実はありません。母の葬儀で家産を蕩尽しましたので、後顧の慮なく、西紀一九二三［一九三三の誤記か？］年頃に中国へ逃避しました。※2

問　中国へ行って幾年間滞留し、何をしていたのか。

答　仕事をするのがいやで逃げたので、何もしないで三年間おりましたが、再び帰国しました。

問　帰国後、何をしたのか。

答　何もしませんでした。

問　太平洋戦争中には、どんな団体に加担したのか？

答　どこにも関係せず、門を閉ざして家におりました。

問　欧州で滞在中には何をしたのか？
答　西紀一九〇〇年に仏国巴里万国博覧会に韓国代表として行き、同年に政府から信任状を受けてスイスの首都ベルン、一九〇二年にハーグ万国平和会に韓国代表として参席し、同一九〇四年に世界赤十字韓国代表としてハーグに参席し、同一九〇五年に高宗皇帝の特命を秘密裏に受けて米国ワシントンへ行き、大統領ルーズベルトに面会した事実があります。
問　財産と生活程度は如何。
答　不動産は少しもなく、住居も昌徳宮官舎であり、家具を売って生活しています。

この調書に基づき、反民特委は一九四九年八月一七日、被疑者は「日帝の監視恐喝懐柔に耐えられず、中枢院参議に就任したが、一度も発言した事実が無く、母親の死亡後は中国に逃避した」と認定し、被疑者の行為は反民法第四条二項に該当するが、不起訴処分が妥当であるとの意見書をまとめ、反民族行為特別検察部検察官長あてに提出した。

同年八月二七日、特別検察官・李義植は、反民特委の尋問調書を確認する形で再び閔泳瓚を尋問した。

問　被疑者は檀紀四二五八年（一九二五）頃、中枢院勅任参議となった事実があるというが如何。
答　そのような事実があります。
問　中枢院参議となった動機は如何。

答　本人は良い家門に生まれ、仏国公使となり、また米国に行ってルーズベルト大統領にも会ったりしたので、ほっておいてくれませんでした。本人はそれでも中枢院参議を拒絶しましたが、後には脅迫まで受けました。その後も何度か辞表を提出しましたが、その都度却下されました。私が参議九年間の間に出席したのは数えるほどですが、発言は一回もありません。

特別検察官から、最後に何か言いたいことはないかと聞かれた閔泳瓚は、次のように発言した。

答　特にありませんが、本人はウェノム［日本人の蔑称］を見るのが嫌で、門外に出ませんでした。ただ公正な処罰が下ることを望むだけです。

※1　「松永」とは松永武吉のことであろう。逓信官僚出身で、一九〇〇年七月にスイスの首都ベルンで開催された万国郵便連合創立二五周年記念の祝典に出席している。これには閔泳瓚も出席したことは本文中で紹介した。松永は、一九一六年三月に朝鮮総督府京畿道長官に就任、官制改正により一九年八月からは京畿道知事となった。その間の一九〇五年一一月には島根県知事に就任し、「竹島」の島根県編入を担当した。

※2　閔泳瓚の母、貞敬夫人徐氏は、一九二五年一〇月に死亡した。八九歳であった。同月三〇日、純宗が閔泳瓚に祭粢《さいし》料五〇〇円を特賜したことが、『純宗実録』に記載されている。その一〇年ほど前の一九一六年六月三日には、徐氏の八〇歳の祝宴に、純宗から三〇〇円、徳寿宮（高宗）から二〇〇円が閔泳瓚に贈られている。徐氏は夫閔謙鎬を一八八二年の壬午軍乱で亡くして以来、宮中に仕えていたようだ。閔泳瓚が駐仏公使のとき、高宗の密旨を伝えたのも、この母であった。

参考資料3

ハーグ特使・李瑋鐘の母への手紙

これは、ハーグ特使・李瑋鐘が、ペテルブルクにおいて父駐露公使李範晋の葬儀を終えた後に、ソウルにいる母親に父の自殺の顛末、葬儀の次第をくわしく書き綴って送った手紙である。しかしこの手紙は母親の元には届かなかった。途中で朝鮮憲兵隊司令官・明石元二郎に奪われ、朝鮮総督・寺内正毅に送られたのである。総督府によって日本語訳が作成され、外務大臣小村寿太郎に送られた。小村はまたその写しをロシアの本野一郎大使に送っている。

こうして、李瑋鐘の母への手紙の日本語訳が、日本の外務省外交史料館の所蔵資料「不逞団関係雑件」ファイル中に残ることになった。原本がどうなったかは不明である〈注50〉参照）。

この手紙は、総督府の役人の手で当時の日本語手紙文に翻訳されたもので、途中省略された部分もある。ここに掲載するにあたって旧漢字を常用漢字に変え、句読点および濁点を補った。「及び」「並びに」等、一部送り仮名を補い、「被下度」を「下され度し」に「被成」を「成され」と読み下した。（　）は原注、［　］は筆者の補注である。

母上様　三月一日上書

多年の御無音を謝す。

父上御逝去の報には嘸《さぞ》かし御驚愕のことと、私にも悲哀の情は筆紙に盡《つく》し難《がた》く候。陽暦一月二十六日（陰暦十二月二十七日）朝十一時、「チンタイ」（範晋随従の人ならん）より直ぐ来《きた》れとの電話に接し、父上の寓所に到れば、屍体は板の間に横《よこた》はり、警察官既に臨場検視中にて、此時の感情譬《たと》ふるに物なく云々（哀悼の言）

警官検視の後、屍体を寝室に安移したるとき、気脉は絶へたるも体温は未だ冷却せず。警官の指図に依り遺言其他の書類並金銭の有無を調ぶるも見当らず。其後臥床《がしょう》の下より金九百五十円、電信案三通、一通は露国皇帝へ、一通は太皇帝へ、一通は兄上に発送すべきものなりしが、其内容は他にあらず、国は滅亡し君は位を失はれたるも、其形勢は讐敵《しゅうてき》を退くること能はず、国家を恢復するの策なければ、生存は却って罪たるのみならず、憤激の情に堪へ能はざるを以て自殺を遂げたり、之を諒せよとの意味なり。

午後七時警務庁に一同召喚せられ夫々《それぞれ》訊問を受け帰宅の上書類を取調ぶれば、葬儀等の次第を父上自ら定められ、其葬儀社に対する注文書ありたるに付、葬儀社に依属［嘱］して棺其他を夫々取揃へ、既に入棺せんとする際、屍体は病院に送るべき旨、裁判官の命ありたるにより、仮棺に納めて病院に送れり。「チンタイ」を外部［ロシア外務省］に遣はし始末を通知す。

二十九日医師の検視済みたれば、屍体は防腐剤を施し大礼服を着用して遺書の通り工造したる棺に納め、特別に装置したる室に安置す。棺は内面は鉄にて造り、鉄の内部は朱子及硝子を以て飾りあり。

外部に赴き電信発送方を依頼し、陰暦正月一日、露国全国に散在せる韓人より父上の別世を驚き悲愴なる吊電数百通を接受せり。正月二日、外部秘書課長に面会し、屍体を本国に送るに付、保護方を依頼せしに快く承諾せられ、露国租界迄は厳重に保護すべきも浦塩斯徳《ウラジオストック》の境界を過ぎたる後の事は日本公使に依頼せよとの事なれども、父上去世の原因に顧み決意し兼、更に埋葬地の指定方を申込みしに、夫れは教大師が許諾する慣例なりとの事故、教大師方に赴き其許諾を得たり。

正月三日、外部より秘書課長、大臣の命なりとて埋葬諸費として露貨五百円を贈与せられたるにより、諸費に使用す。露京に在留する韓人弔問者頗る盛にて教中よりも呪文捧げたり。

正月四日教大師「ピンランプー」の「ウスペンスク」と云ふ墓地を仮埋葬地と定めらる。露京より二里計《ばかり》の所なり。

警務庁の手続等を了し、鉄道会社にも到り特別車を依頼し、露暦正月二十一日午後十分発車と定む。

正月六日屍体のみを載する列車に安置し、如何に再［最］後の慟哭を為すも詮方なし。会葬者は数百名、其中本国人も多数見受けたり、韓人代表者露国官吏等も多数会葬せり、棺には私、「チンタイ」、舅妻の伯父、妻の兄弟、妻の甥及び韓人代表者従行せり云々（此間親戚の黒衣を着たること、礼拝状況、喪駒と白馬六頭、人夫のこと、喪室は電燈を点じたること、及び当日の厳寒なりしこと等の状況を記せり）

葬儀節時次も無事了りたれば、母上も御諦めの上、御安心下され度し。

父上は御病死と違ひ、卒然、国の為め自殺せられたるに付き、母上、兄上に万事の御差図を受る遑《いとま》もなく専断葬儀を営みたる罪を謝す。

父上生前三、四ヶ月箇は至極愉快に過され何等異常も認めざりしに忽然斯《かか》る仕合にて、一六年の歳月も遂に空しく経過し、父上御心中も察せられ候、申上げ度き事尽きざるも再会の日もあるべきに付き他日に譲り候。母上を始め御大切に御自愛下され度し。私は母上、兄上、姉上の御身安全を天に祈るのみに候。親類の皆々へも宜く御伝えを乞ふ。

父上生前の諸物品は皆売却致候。衣服書籍等は父上より各人に夫々御分配成されたるに付き、物品とて椅子、卓子の如きもののみなり。一六年間万里異郷に只父子の間のみ相頼みたる私の今回の不幸は何と譬へん云々（是より普通の愁嘆の言葉を繰り返す）

あとがき

五年前に、『朝鮮王妃殺害と日本人』（高文研、二〇〇九年二月）を上梓しました。

この本では、日清戦争終結から半年後に、朝鮮に駐屯していた日本の軍隊によって実行された朝鮮の王妃殺害事件を考察しました。そしてこの事件の背景には、日清戦争中に日本軍が占領した朝鮮の電信線を、戦後も引き続き日本軍の支配下に置こうとする大本営と日本政府の野心があったことを論じました。

これに対し、拙著を好意的に評価してくださった研究者の方々からも、電信線は、他の諸々の利権の一種であって、日本の侵略政策をそれのみに集約しすぎているという批判をいただきました。

本書『日露戦争と大韓帝国』は、この批判に対して答えようとしたものです。日清戦争から一〇年後に、韓国を完全に日本の支配下に置くことを目的とし、日本がロシアに仕掛けた日露戦争を分析しました。

日本の韓国侵略において、電信利権は、他の諸々の利権、例えば鉱山利権、鉄道利権、漁業利権等と同じような、単なる利権の一種では決してありません。電信線は、海外に軍隊を出して近代戦を遂行する上で必須の軍事施設だったのです。このことについては、本書においてより具体的に実証できたかと思います。

日本の韓国侵略は、電信線の支配から始まりました。これによって日本は、日清、日露戦争を有利に戦い、日露戦争中には「通信合同」という名のもとに韓国の通信権を完全に奪い取りました。残念ながら本書においては「通信合同」には触れることができませんでしたが、このとき日本から多数の逓信関係者が軍隊に守られて韓国に乗り込み、韓国全土の郵便・電信局を接収したのです。

本書終章で明らかにしたように、韓国の海外公館が現地の日本の公館に接収されたとき、韓国の海外公館が所有していた記録類もすべて日本側に引き渡すことが強制されました。同様に、それより半年早く、逓信史料もまた日本に奪われました。引き渡しを拒んで自ら焼却したケースも十分想像されます。

このように大韓帝国は日本によって完全に滅亡させられる以前に、多くの公文書を失いました。また国家機関に多数の侵略者が入り込むことによって、公文書がねつ造され歪曲されてきました。本書終章において、各国駐在の韓国名誉領事あての外部大臣李完用名の訓令が、実は駐韓公使林権助によって発給されていた事実を指摘したのは、氷山の一角に過ぎません。

このことは日本と韓国の近代史研究の大前提として、史料を取り扱う上で十分自覚されなければなりません。

一介の在野の研究者に過ぎない私が二冊も著書を出せたのは、ネットで原史料にアクセスできる環境が大幅に整ってきたからです。

アジア歴史資料センター（アジ歴）を通じて、『極秘明治三十七八年海戦史』や『日露戦役参加者史談会記録』のみならず、日露戦争時の軍艦の戦時日誌に至るまで、自宅に居ながら容易に閲覧・印刷できるようになったことは、以前には考えられなかったことです。

また韓国に存在する史料についても、韓国国史編纂委員会が提供する韓国歴史情報統合システム(Korean History On-line)によって、日本に居ながら容易に閲覧・印刷できます。

コンピューターのおかげで誰もが研究の入り口に立てる時代になりました。しかし、コンピューターでアクセスできる史料だけでは決して研究はできません。

アジ歴で公開されている画像は、すべて白黒です。『極秘海戦史』に収録されている膨大な地図類の多くはカラーです。そこには電信線が赤線で引かれていますが、白黒画像では見えません。

『極秘海戦史』は、数年前までは、恵比寿にある防衛研究所の図書室で自由に閲覧できましたが、今はできません。請求記号を書いて申し込むと、アジ歴画像を打ち出して製本されたものが出てきます。原本保護が理由です。

基本的に正しい措置であるとは思いますが、それならばせめて図書室で閲覧できる複製本はカラーで複写したものを置いてもらいたいものです。出納カウンターで、「電信線が見えないから原本を見せてください」と、何度も担当者を困らせた閲覧者として、お詫び方々、お願いしたいと思います。

終章扉頁に掲載したハーグ特使の写真は、私自身が外務省外交史料館で撮影したものです。アジ歴のレファレンス番号も書いておきましたが、アジ歴の画像はもっと不鮮明です。外交史料館でこの写真に出会い、興奮しながらシャッターを切ったことは、忘れられない思い出です。

本書は、多くの方々の協力を得て、書き上げることができました。

前著に引き続き、奈良女子大学名誉教授の中塚明先生のお力添えがなければ、本書を完成させることはできなかったと思います。先生はいつも私の最初の読者で、厳しい査読者でもあられます。「解りにくい」と優しく言われたら、書き直せということだと理解しました。

日露戦争当時、軍令部参謀であった財部彪は、本書のメインキャストの一人です。日露戦争から三〇年後に、海軍部内で密かに行われた「日露戦役参加者史談会」における財部彪の発言から、従来の日露戦争史の定説をくつがえす多くのヒントを得ることができました。財部の発言を裏付けようと、国会図書館憲政資料室に架蔵されている財部の日記帳の複製本のコピーを取り、毛筆で横書きに書かれた暗号のような悪字（本書二一三頁）と闘いました。

何とか読めるようになったのは、古文書解読の達人である友人の島津良子さんのお陰です。また東京在住の友人、間瀬久美子さんは、わざわざ憲政資料室に出向いて原本を閲覧し、複写からはわからない微妙な墨の滲みから、読めなかった文字の解読に貴重なアドバイスをくれました。

大韓帝国が世界に発信した「中立宣言」がフランス語であったように、当時国際共通語の地位にあったフランス語の文献解読は避けて通ることができません。これには友人の住吉真弓さんが協力してくれました。皆、奈良女子大学でともに学んだ仲間たちです。

日露交渉断絶のロシアへの通告が、東京からベルリン駐在の井上勝之助ドイツ公使を介してペテルブルクに伝えられたことは、今まで隠されてきた事実です。ベルリンからいかなる方法でペテルブルクへ伝達したかを調査するために、ドイツの鉄道事情を調べていたとき、奈良女子大学の千田春彦先生は、ドイツの鉄道時刻表の一九〇五年復刻版をドイツから取り寄せ、該当箇所に付箋までつけてくださいました。残念ながら今回は十分活用できませんでしたが、今後の課題として、いつか先生のご好意に応えたいと思います。

最後に出版不況と嫌韓本の氾濫の中で、前著に続いて出版を引き受けてくださった高文研には頭が下がります。とりわけ私の未熟な文章に丁寧に目を通され、読者に通じる文章にするために多大の労を執られた高文研前代表の梅田正己さんと、梅田さんから編集担当を引き継がれた真鍋かおるさんには、本当にお世話になりました。お二人のお力添えがなければ、本書が世に出ることはなかったと思います。ありがとうございました。

二〇一四年九月七日

金　文子

金　文子（キム・ムンジャ　Kim Moonja）
1951年兵庫県に生まれる。奈良女子大学文学部卒業。79年4月から86年3月まで同大学文学部助手。98年4月から現在に至るまで、同大学学生相談室勤務。
論文等：「朴珪寿の実学」（『朝鮮史研究会論文集』17号、1980年3月）「李朝後期科挙制度について」（『研究年報』24号、奈良女子大学文学部、1981年3月）「三・一運動と金允植」（『寧楽史苑』29号、奈良女子大学史学会、1984年3月）「明成皇后殺害について」（『歴史地理教育』776号、歴史教育者協議会、2011年7月）
著書：『朝鮮王妃殺害と日本人』（高文研、2009年2月）

日露戦争と大韓帝国

●二〇一四年一〇月一五日——————初版第一刷発行

著　者／金　文子

発行所／株式会社　高文研
東京都千代田区猿楽町二—一—八
三恵ビル（〒一〇一—〇〇六四）
電話03＝3295＝3415
振替00160＝6＝18956
http://www.koubunken.co.jp

印刷・製本／シナノ印刷株式会社

★万一、乱丁・落丁があったときは、送料当方負担でお取りかえいたします。

ISBN978-4-87498-554-0　C0021

◈観光コースでないシリーズ◈

観光コースでない　ソウル
佐藤大介著　1、600円
ソウルの街に秘められた、日韓の歴史の痕跡を紹介。ソウルの歴史散策に必読！

観光コースでない　韓国　新装版
小林慶二著／写真・福井理文　1、500円
有数の韓国通ジャーナリストが、日韓ゆかりの遺跡を歩き、歴史の真実を伝える。

観光コースでない「満州」
小林慶二著／写真・福井理文　1、800円
日本の中国東北〝侵略〟の現場を歩き、克服さるべき歴史を考えたルポ。

観光コースでない　台湾
片倉佳史著　1、800円
ルポライターが、撮り下ろし126点の写真とともに伝える台湾の歴史と文化！

観光コースでない　香港・マカオ
津田邦宏著　1、700円
中国返還されて15年。急速に変貌する香港にマカオを加え、過去を交えて案内する。

観光コースでない　沖縄　第四版
新崎盛暉・謝花直美・松元剛他　1、900円
「見てほしい沖縄」「知ってほしい沖縄」沖縄の歴史と現在を伝える本！

観光コースでない　広島
澤野重男・太田武男他著　1、700円
広島に刻まれた時代の痕跡は今も残る。その現場を歩き、歴史と現状を考える。

観光コースでない　東京　新版
轡田隆史著／写真・福井理文　1、400円
今も都心に残る江戸や明治の面影を探し、戦争の神々を訪ね、文化の散歩道を歩く。

新版　観光コースでない　ベトナム
伊藤千尋著　1、600円
あれから40年、戦争の傷跡が今も残る中、新たな国づくりに励むベトナムの「今」！

観光コースでない　グアム・サイパン
大野　俊著　1、700円
先住民族チャモロの歴史から、戦争の傷跡、米軍基地の現状等を伝える。

観光コースでない　ロンドン
中村久司著　1、800円
英国の歴史が刻まれたロンドンの街角を、自由・人権・抵抗をキーワードに訪ねる。

観光コースでない　ベルリン
熊谷　徹著　1、800円
ベルリンの壁崩壊から20年。日々変化する街を在独のジャーナリストがレポート。

観光コースでない　ハワイ
高橋真樹著　1、700円
観光地ハワイの知られざる〝楽園〟の現実と、先住ハワイアンの素顔を伝える。

観光コースでない　ウィーン
松岡由季著　1、600円
ワルツの都のもうひとつの顔。ユダヤ人迫害の跡などを訪ね二〇世紀の悲劇を考える。

観光コースでない　アフリカ大陸西海岸
桃井和馬著　1、800円
自然破壊、殺戮と人間社会の混乱が凝縮したアフリカを、歴史と文化も交えて案内する。

◎表示価格は本体価格です（このほかに別途、消費税が加算されます）。